Wissenschaftliches Arbeiten und Schreiben

Marcus Oehlrich

Wissenschaftliches Arbeiten und Schreiben

Schritt für Schritt zur Bachelor- und Master-Thesis in den Wirtschaftswissenschaften

3., vollständige überarbeitete Auflage

 Springer Gabler

Marcus Oehlrich
Fachbereichsleitung FB2
accadis Hochschule
Bad Homburg, Hessen, Deutschland

ISBN 978-3-658-34790-1   ISBN 978-3-658-34791-8   (eBook)
https://doi.org/10.1007/978-3-658-34791-8

Die Deutsche Nationalbibliothek verzeichnet diese Publikation in der Deutschen Nationalbibliografie; detaillierte bibliografische Daten sind im Internet über http://dnb.d-nb.de abrufbar.

Planung/Lektorat: Ulrike Loercher
Springer Gabler ist ein Imprint der eingetragenen Gesellschaft Springer Fachmedien Wiesbaden GmbH und ist ein Teil von Springer Nature.
Die Anschrift der Gesellschaft ist: Abraham-Lincoln-Str. 46, 65189 Wiesbaden, Germany

So können wir sagen, dass der dauerhafteste Beitrag, den eine Theorie zum Wachstum der wissenschaftlichen Erkenntnis leisten kann, in den neuen Problemen besteht, die durch sie aufgedeckt werden. Wir werden also zu der Auffassung zurückgeführt, daß es die Probleme sind, mit denen die Wissenschaft und auch das Wachstum der Erkenntnis beginnt und wohl auch endet; Probleme von stets wachsender Tiefe und stets zunehmender Fruchtbarkeit im Aufdecken von neuen Problemen.
KARL R. POPPER

Vorwort zur dritten Auflage

Anlass für die Überarbeitung und Ergänzung des Lehrbuches war die Entscheidung meiner Hochschule, auf die vor fast zwei Jahrzehnten „selbst gestrickten" Zitiervorgaben zu verzichten und stattdessen einen international anerkannten Standard (APA) als verbindlich vorzuschreiben. Diese Entscheidung war insbesondere geleitet von dem Wunsch, die internationale Durchlässigkeit des Studiums auch in diesem Aspekt zu verbessern, sodass „Bildungsinländer" einen Zitierstil erlernen, den sie auch im Auslandsstudium anwenden können, genauso wie „Bildungsausländer" sich im doch recht straffen Masterstudium nicht noch einen für sie unbekannten Zitierstil aneignen müssen. Daher habe ich die Gelegenheit genutzt, neben der Berücksichtigung des neuen Zitierstils auch inhaltliche Ergänzungen vorzunehmen. Diese sind im Einzelnen:

- Das zweite Kapitel wurde um Ausführungen zur Themenfindung (inklusive der Kreativitätstechniken) und zur Entwicklung von Forschungsfragen ergänzt. Zusätzliche Abbildungen und Beispiele verdeutlichen zudem die Anwendung. Auch die Gliederung des Kapitels wurde entsprechend angepasst, um dem Versprechen „Schritt für Schritt" Rechnung zu tragen.
- Die wichtigsten Änderungen betreffen das dritte Kapitel. Diesem wurde in Abschn. 3.1 eine Übersicht über die notwendigen Schritte bei der Arbeit mit Literatur und Quellen vorangestellt. Die Darstellung der Literaturarbeit in Kap. 3 wurde vollständig neu erstellt, damit sie mit den einschlägigen APA-Kategorien im Einklang steht. Vor allem die Ausführungen zur Zitierung von Literatur (Abschn. 3.3) bzw. zum Literaturverzeichnis (Abschn. 3.4) wurden weitgehend neu gefasst und stark erweitert, um die detaillierten Vorgaben des APA-Zitierstils angemessen darstellen und deren Anwendung bei

wirtschaftswissenschaftlichen Arbeiten anhand zahlreicher Beispiele verdeutlichen zu können. Da dieser weltweit anerkannte Zitierstil den Einsatz der elektronischen Literaturverwaltung ermöglicht, wurde eine Übersicht über die entsprechenden Angebote ergänzt. Stark erweitert wurden auch die Ausführungen zur Erhebung von Quellen (Abschn. 3.6), um den Besonderheiten von qualitativer und quantitativer Forschung besser Rechnung tragen zu können.

- Das gesamte Buch wurde auf die APA-Zitierweise umgestellt, sodass die Leser neben den zahlreichen Textbeispielen das Buch selbst als Musterbeispiel dafür nehmen können, wie eine wissenschaftliche Arbeit korrekt zu gestalten ist.
- Zur sprachlichen Umsetzung der Gender-Gerechtigkeit wurden neu gefasste Abschnitte unter Verwendung des „generischen Femininums" erstellt. Diese vor allem im US-amerikanischen Raum verbreitete Praxis ermöglicht die Umsetzung des berechtigten Anliegens ohne sprachliche Verrenkungen.

Auch diese dritte Auflage wäre ohne die Unterstützung meiner Hochschule und ohne die zahlreichen Rückmeldungen und Anregungen nicht möglich gewesen. Ich danke daher Frau Gerda Meinl-Kexel, Geschäftsführende Gesellschafterin der accadis Hochschule Bad Homburg und Bildungsidealistin, für die Möglichkeit, das wissenschaftliche Arbeiten in verschiedenen Vorlesungen und bei der Betreuung von Bachelor- und Master-Thesen den Studierenden zu vermitteln und auch selbst wieder aus diesem Austausch Anregungen für das Buch zu erhalten. Für inhaltliche Anmerkungen danke ich (in alphabetischer Reihenfolge) Herrn Prof. Dr. Christoph Kexel, Herrn Prof. Dr. Florian Pfeffel, Frau Prof. Dr. Maria Ratz und besonders auch Herrn Univ.-Prof. Dr. Dr. Manuel René Theisen. Dem Springer-Gabler-Verlag und hier besonders Frau Ulrike Lörcher danke ich für die Flexibilität und die Möglichkeit, die Neuauflage kurzfristig einzuplanen. Die Einarbeitung der Änderungen und die technische Erstellung der Abbildungen wurden in dieser Auflage von Herrn Erik Bender und Herrn Eric Schmidt vorgenommen, denen ich für ihren unermüdlichen und kompetenten Einsatz zu großem Dank verpflichtet bin. Meiner Frau Katja danke ich für die hilfreiche logistische Unterstützung.

Darmstadt und Bad Homburg   Marcus Oehlrich
im Juni 2021

Hinweise zur Benutzung

Fast jeder Studierende wird in seinem Studium zumindest einmal folgende Situation erleben: Man sitzt Stunden vor dem PC-Bildschirm mit dem Ziel, eine wissenschaftliche Arbeit zu schreiben, und kommt einfach nicht weiter. Es gibt denjenigen, der drauflos schreibt, aber später mit dem Geschriebenen nicht zufrieden ist. Andere hingegen trauen sich aus Furcht vor den Fehlern gar nicht erst, etwas zu schreiben, so als würden sie ihren Textentwurf in Stein „meißeln". Nur wenigen ist aber das wissenschaftliche Schreiben „in die Wiege gelegt". Die Ursache dieses Problems ist klar: Auch wenn der schriftlichen wissenschaftlichen Arbeit in den Geisteswissenschaften die höchste Bedeutung beigemessen wird, da sie etwa in Form der Bachelor-, Master- oder der Doktorarbeit das Studium krönen soll, erhalten die Studierenden nur in seltenen Fällen eine strukturierte Ausbildung, wie eine wissenschaftliche Arbeit zu schreiben ist. Es überrascht daher nicht, dass in vielen Fällen diejenigen Studierenden im Vorteil sind, die bereits außerhalb des Studiums Schreiberfahrung sammeln konnten.

Das vorliegende Buch soll die Studierenden in die Lage versetzen, diesem Mangel an strukturierter Ausbildung im wissenschaftlichen Schreiben selbst abzuhelfen. Entstanden ist es auf Basis der mehrjährigen Unterrichtung von Bachelor- und Masterstudenten im wissenschaftlichen Arbeiten. Vor der Lektüre des Buches sollte jeder Studierende bei der eigenen Hochschule die verbindlichen Vorgaben für wissenschaftliche Arbeiten (Haus- und Seminararbeiten bzw. Bachelor- und Masterarbeiten) erfragen. Die grundlegenden formalen Vorgaben wie etwa der Wort- oder Seitenumfang sind meist in der Studien- und Prüfungsordnung geregelt. Diese werden oftmals durch separate Richtlinien oder Musterseiten im Anhang ergänzt bzw. durch den Betreuer bzw. Themensteller konkretisiert. Im Zweifelsfall gehen diese Vorgaben natürlich den Ausführungen des Buches vor. In Unterabschn. 2.4.3 ist angegeben, wo sich Abweichungen ergeben können.

Bei der Lektüre während der Erstellung einer wissenschaftlichen Arbeit sollten die Kap. 1, 2 und 3, Abschn. 4.1 und 4.6 sowie Kap. 5 gelesen werden, wobei offensichtlich nicht relevante Abschnitte (z. B. praxisorientierte Arbeit bei einer Literaturarbeit) übersprungen werden sollten. Hervorhebungen und Unterstreichungen helfen dabei, das Gelesene umzusetzen. Bei mangelnder Zeit können die Checklisten am Ende der Abschnitte dazu genutzt werden, die wichtigsten Themen zu erkennen, um sie dann gezielt nachzuschlagen. Die Abschn. 4.2 bis 4.5 sind ebenso wie der Anhang nur für fortgeschrittene Arbeiten relevant. Den *Kern des Buches* stellt Kap. 3 dar, in dem sehr wahrscheinlich bei den ersten Arbeiten regelmäßig nachgeschlagen werden muss, während sich die Inhalte von Kap. 5 in den meisten Fällen schon beim ersten Durcharbeiten erschließen. Um einen stetigen Lernerfolg sicherzustellen, ist es ratsam, sich jeweils nach Benotung einer wissenschaftlichen Arbeit eine individuelle *Checkliste* für die nächsten Arbeiten zu erstellen.

Inhaltsverzeichnis

Über den Autor

Marcus Oehlrich ist seit 2007 Professor an der accadis Hochschule Bad Homburg, er leitet den Fachbereich Finance and Accounting und gehört dem Senat der Hochschule an. Von 2011 bis 2015 war er Forschungsleiter der accadis Hochschule. Zuvor war er 8 Jahre Geschäftsführer eines gemeinsamen Forschungsinstituts der Universitäten Heidelberg und Mannheim. An der Universität Mannheim war er Mitglied des Forschungsrats, des Senats, der Studienkommission für den Bachelor Unternehmensjurist sowie stellvertretendes Mitglied der Kommission zur Untersuchung von Vorwürfen wissenschaftlichen Fehlverhaltens.

Prof. Oehlrich studierte an der Goethe-Universität Frankfurt am Main Betriebswirtschaftslehre (Abschluss: *Diplom-Kaufmann*) sowie Rechtswissenschaften an den Universitäten Frankfurt, Marburg (*Zusatzqualifikation Pharmarecht*) und Cambridge (*Certificate of Continuing Education in Legal Studies*). An der medizinischen Fakultät der Universität Witten/Herdecke absolvierte er den Studiengang Pharmaceutical Medicine (*Master of Science*). An der Goethe-Universität Frankfurt wurde er mit einer agency-theoretischen Arbeit bei Prof. Dr. Dr. h. c. Helmut Laux zum *Dr. rer. pol.* promoviert.

Prof. Oehlrich hat neun Fach- und Lehrbücher in mehreren Auflagen sowie über 70 Beiträge in Zeitschriften und Sammelbänden veröffentlicht, u. a. in den Zeitschriften *Deutsches Steuerrecht, Internationales Steuerrecht, Zeitschrift für Internationales Rechnungswesen, Neue Zeitschrift für Gesellschaftsrecht, Juristische Ausbildung, Gewerblicher Rechtsschutz und Urheberrecht (GRUR), Neue Juristische Wochenschrift (NJW)* sowie *Pharmaceuticals Policy and Law.*

Er ist Korrespondent der Zeitschrift Internationales Steuerrecht, Mitherausgeber der Reihe Medizin-Recht-Wirtschaft im LIT-Verlag und hat für den Verlag Vahlen bei der Textauswahl der Reihe Aktuelle Wirtschaftsgesetze mitgewirkt.

Prof. Oehlrich betreut seit ca. 20 Jahren regelmäßig Bachelor- und Masterarbeiten an der accadis Hochschule. Seit ca. 10 Jahren fungiert er auch als
Zweitgutachter und hat für Studierende im Bachelor- und Masterstudium die Vorlesungen Wissenschaftliches Arbeiten, Academic Writing und Research Methods
angeboten. Zudem war er langjähriger Gutachter der Akkreditierungsagentur
FIBAA und hat für diese 30 Universitäten und Hochschulen in Deutschland,
Österreich, der Schweiz und Jordanien vor Ort begutachtet, sodass er auch
die Vorschriften anderer Hochschulen hinsichtlich wirtschaftswissenschaftlicher
Abschlussarbeiten kennengelernt hat.

Das Interesse für das wissenschaftliche Arbeiten entwickelte er beim Verfassen
der eigenen Abschlussarbeit an der Goethe-Universität Frankfurt im Jahr 1997,
als er ausgestattet mit dem damals wie heute erstklassigen Lehrbuch von Prof.
Dr. Dr. Manuel René Theisen endlich herausfand, was er in den eigenen Haus-
und Seminararbeiten hätte besser machen können. Der Erfolg dieser Bemühungen
zeigte sich nicht nur in der Erlangung der Bestnote, sondern auch in der Tatsache, dass die Abschlussarbeit auf Betreiben des Betreuers, Prof. Dr. Dr. h. c.
Helmut Laux, in der von Prof. Dr. Rosemarie Kolbeck im damaligen Gabler-
Verlag herausgegebenen Reihe „Gabler Edition Wissenschaft" mit finanzieller
Unterstützung der Interessensgemeinschaft Frankfurter Banken als Buch veröffentlicht wurde (Oehlrich, 2001). Kleinere Auszüge aus dieser Diplomarbeit sind
als Beispiele in das vorliegende Lehrbuch übernommen worden.

Abkürzungsverzeichnis

a. A.	anderer Ansicht
AG	Amtsgericht
a. M.	anderer Meinung
anon.	anonymous (ohne Verfasser)
APA	American Psychological Association
Art.	Artikel
Aufl.	Auflage
Ausg.	Ausgabe
Az.	Aktenzeichen
BAG	Bundesarbeitsgericht
Bd.	Band
Bearb.	Bearbeiter
Beschl.	Beschluss
BFH	Bundesfinanzhof
BGBl.	Bundesgesetzblatt
BGH	Bundesgerichtshof
BGHSt	Sammlung der Entscheidungen des BGH in Strafsachen
BGHZ	Sammlung der Entscheidungen des BGH in Zivilsachen
Bs.	Beschluss
BSG	Bundessozialgericht
BT-Drs.	Bundestags-Drucksache
BVerfG	Bundesverfassungsgericht
BVerwG	Bundesverwaltungsgericht
Cf.	Confer (Vergleiche)
CMOS	Chicago Manual of Style
c. p.	ceteris paribus (alles andere gleich)

ders.	derselbe (veraltet)
DFG	Deutsche Forschungsgemeinschaft
dies.	dieselben (veraltet)
Diss.	Dissertation
DIW	Deutsches Institut für Wirtschaftsforschung
DNB	Deutsche Nationalbibliothek
DOI	Digital Object Identifier
ebd.	ebenda (veraltet)
Ed.	editor (Herausgeber)
ed.	edition (Auflage)
Eds.	editors (Herausgeber)
et al.	et alii (und andere)
f.	folgende (Seite, Spalte)
ff.	fortfolgende (Seiten, Spalten); nicht empfohlen
FG	Finanzgericht
griech.	(alt-)griechisch
H.	Heft
h. M.	herrschende Meinung
Hrsg.	Herausgeber
ibid.	ibidem (ebenda)
ISBN	International Standard Book Number
ISSN	International Standard Series Number
iss.	issue (Heft, Ausgabe)
Jg.	Jahrgang
KVK	Karlsruher Virtueller Katalog
LAG	Landesarbeitsgericht
lat.	lateinisch
l. c.	loco citato (veraltet)
LG	Landgericht
lit.	litera (Buchstabe)
m. E.	meines Erachtens (nicht empfohlen)
MLA	Modern Language Association of America
MSE	mean squared error (mittlerer quadrierter Fehler)
m. w. N.	mit weiteren Nachweisen
NBER	National Bureau of Economic Research
n.d.	no date
No.	number
o. J.	ohne Jahr
o. Jg.	ohne Jahrgang

OLG	Oberlandesgericht
o. O.	ohne (Verlags-)Ort
OPAC	Online Public Access Catalogue
op. cit.	opere citato (veraltet)
OR	odds ratio
o. V.	ohne Verfasser(angabe)
p.	page
p. a.	pro anno
passim	an verschiedenen Stellen des angegebenen Werkes (veraltet)
pp.	pages
Rdn.	Randnummer
RePEc	Research Papers in Economics
RGBl.	Reichsgesetzblatt
S.	Seite
s.	siehe
s. a.	siehe auch
S. D.	standard deviation (Standardabweichung)
S. E.	standard error (Standardfehler)
sic	so
Sp.	Spalte
SSRN	Social Science Research Network
Trans.	translator(s)
u. a.	und andere
Übers.	Übersetzer
Univ.	Universität
unveröff.	unveröffentlicht
UrhG	Urheberrechtsgesetz
Urt.	Urteil
v.	vom
VG	Verwaltungsgericht
VGH	Verwaltungsgerichtshof
Vgl.	Vergleiche
VHB	Verband der Hochschullehrer für Betriebswirtschaft
Vol.	Volume (Band, Jahrgang)
ZEW	Zentrum für Europäische Wirtschaftsforschung
zit.	zitiert
zugl.	zugleich (bei Hochschulschriften)

Symbolverzeichnis

Cov	Kovarianz
E	Erwartungswert
H_0	Nullhypothese
H_1	Alternativhypothese
L	Lagrange-Funktion
N	Umfang der Grundgesamtheit
n	Stichprobenumfang
OR_{mh}	Odds Ratio nach der Mantel-Haenszel-Methode
p	Anteil der Merkmalsausprägung in der Stichprobe
Q	Homogenitätstest
q	Quartil
R^2	Bestimmtheitsmaß
s^2	Varianz der Stichprobe
s	Standardabweichung der Stichprobe
t_{Stat}	Teststatistik für die t-Verteilung
X_j	Merkmalsausprägung der Variable x an der Stelle j
X_{Med}	Median
$\bar{x}$	arithmetisches Mittel der Stichprobe
Z_{Stat}	Teststatistik für die Normalverteilung
α	Signifikanzniveau, Fehler erster Art
β	Fehler zweiter Art
λ	Lagrange-Multiplikator
μ	arithmetisches Mittel der Grundgesamtheit
π	Anteil der Merkmalsausprägung in der Grundgesamtheit
σ	Standardabweichung der Grundgesamtheit
σ^2	Varianz der Grundgesamtheit
∂	partielle Ableitung

Abbildungsverzeichnis

Tabellenverzeichnis

Einleitung

Jedes Hochschulstudium basiert auf wissenschaftlichen Erkenntnissen und soll den Studierenden neben den fachlichen Inhalten auch die wissenschaftliche Methodik und Arbeitsweise vermitteln. Universitäten und Hochschulen für angewandte Wissenschaften („Fachhochschulen") unterscheiden sich dabei nur in der Schwerpunktsetzung, jedoch nicht in der grundsätzlichen wissenschaftsbasierten Ausrichtung. Insofern müssen Studierende in ihrem Studium mehrfach unter Beweis stellen, dass sie in der Lage sind, wissenschaftliche oder berufspraktische Fragen mithilfe von wissenschaftlichen Methoden zu untersuchen und dabei neue Erkenntnisse zu gewinnen. Am deutlichsten wird dies an der in allen Studiengängen geforderten Abschlussarbeit etwa als Bachelor- oder Masterarbeit. Besondere Bedeutung gewinnt die wissenschaftliche Arbeit im Promotionsstudium, das – wenn es nicht in der in Deutschland noch seltenen Form eines strukturierten Promotionsstudiums durchgeführt wird – beinahe ausschließlich in dem Verfassen und Verteidigen der Doktorarbeit besteht. Damit ergibt sich schon aus studientechnischen Gründen die Notwendigkeit, sich mit dem wissenschaftlichen Arbeiten und dem wissenschaftlichen Schreiben zu beschäftigen. Dabei soll die wissenschaftliche Arbeit den Verfasser nicht nur im Bereich des zu bearbeitenden Themas fortbilden; vielmehr sollen hier die grundlegenden Fertigkeiten des wissenschaftlichen Arbeitens vertieft und gleichzeitig unter Beweis gestellt werden.

Es wäre jedoch zu kurz gedacht, dem wissenschaftlichen Arbeiten nur im Hinblick auf den erfolgreichen Abschluss des Studiums eine Bedeutung beizumessen. Dies würde implizieren, man könne diese Kompetenz beim Eintritt ins Berufsleben getrost vergessen. Allerdings würde man dann auf eine der wichtigsten Erfahrungen des Hochschulstudiums verzichten. Denn dieses besteht nicht etwa im Auswendiglernen von Fach- und Faktenwissen, welches heutzutage über das Internet fast allen Bevölkerungsschichten offensteht, sondern in

M. Oehlrich, *Wissenschaftliches Arbeiten und Schreiben*, https://doi.org/10.1007/978-3-658-34791-8_1

der kritischen Auseinandersetzung bei der Anwendung dieses Wissens. Denn wie die Wissenschaftsgeschichte gezeigt hat, kann es keine anerkannten, für alle Zeit feststehenden Erkenntnisse geben. Der Akademiker wendet daher solche wissenschaftlichen Erkenntnisse nicht einfach an, sondern wird überprüfen, ob die bisherigen Erkenntnisse vor dem Hintergrund neuer Entwicklungen von Produkten oder Märkten, der Änderung der Rahmenbedingungen oder der Überzeugungen der Menschen (Unternehmensethik) überhaupt anwendbar sind. Die Auswirkungen der Finanzmarkt- oder der Eurokrise haben gezeigt, dass jeder, der einfach Bisheriges fortführt, in die Gefahr gerät, von neuen Entwicklungen überfahren zu werden. Unerwartete Entwicklungen wie etwa die Corona-Pandemie machen ganz neue Lösungen erforderlich.

Der Aufbau des Buches orientiert sich an der typischen Vorgehensweise bei der Erstellung einer wissenschaftlichen Arbeit. Es kann daher sowohl vorbereitend eingesetzt werden, indem die Kapitel durchgearbeitet werden und der Lernerfolg anhand der Übungsaufgaben vertieft wird. Es dient jedoch auch als begleitendes Nachschlagewerk bei der Konzeption und dem Verfassen einer wissenschaftlichen Arbeit. Das vorliegende Buch soll damit zweierlei bezwecken: Zum einen soll der Leser in die Lage versetzt werden, eine solide wissenschaftliche Arbeit zu verfassen. Zum anderen soll er durch den Prozess des eigenständigen Verfassens der Arbeit auch weitere Fertigkeiten erlernen, die nur zum Teil in die Benotung einfließen, aber den Erfolg der wissenschaftlichen Arbeit sicherstellen können.

Vor der Texterstellung sind zunächst sowohl die Zielsetzung der Arbeit, die Forschungsfragen und die zugrunde liegende Hypothese festzulegen (Kap. 2). Diesen Punkten kommt nicht nur deswegen eine große Bedeutung zu, weil eine Arbeit ohne klare Zielsetzung in der Gefahr steht, zu einem „Besinnungsaufsatz" zu verkommen. Vielmehr lässt sich mit den grundlegenden Entscheidungen bereits der Anspruch der Arbeit festlegen. Denn wie bei einem Leichtathleten gilt es, die Hürde festzulegen, die zu überspringen ist. Ist die Hürde zu tief angesetzt, so ist es ein Leichtes, sie mit perfekter Technik zu nehmen, allerdings wird das Interesse für einen solchen Erfolg gering sein. Umgekehrt wird eine zu hoch angesetzte Hürde zwar zunächst hohe Erwartungen des Beobachters schüren. Wenn der Erfolg jedoch ausbleibt, dann gerät auch ein technisch guter Sprung schnell in Vergessenheit. Genauso wie im Sport muss jeder Studierende die Hürde individuell den eigenen Fähigkeiten und Ansprüchen gemäß festlegen. Viele gute Studierende wundern sich über eine nur durchschnittliche Note der wissenschaftlichen Arbeit. Dies liegt meist schon daran, dass die Zielsetzung die eigenen Fähigkeiten nicht ausreizen konnte. Durchschnittliche Studierende hingegen scheitern oft an dem zu hohen Erwartungsdruck, den sie sich selbst auferlegt haben. Der Vorteil beim Verfassen einer wissenschaftlichen Arbeit im Vergleich zum Sport ist, dass das Ziel noch im Prozess des Schreibens angepasst werden kann. Dies setzt jedoch voraus, dass bereits frühzeitig ein konkretes Ziel gesetzt und damit gearbeitet wurde.

Zwar kann die Festlegung der Zielsetzung nicht ohne eine vorherige Literatur- und Quellenarbeit erfolgen, doch wird die erste Materialsuche überblicksartig und kursorisch bleiben. Denn erst nach Festlegung der (ggf. vorläufigen) Zielsetzung kann sich die umfassende Materialsuche und -bewertung anschließen (Kap. 3). Hierbei handelt es sich um eine weitere grundlegende Weichenstellung für die nachfolgende Arbeit, da gravierende Mängel wie etwa das Arbeiten mit dem falschen Material später nicht mehr ausgeglichen werden können. Dazu gehört aber auch, dass von vornherein korrekt zitiert wird. Denn wenn Zitatnachweise erst später („wenn man Zeit dafür hat") eingefügt oder vervollständigt werden, birgt dies die Gefahr einer falschen Zitierung und eines damit zusammenhängenden Plagiatvorwurfs, was schlimmstenfalls ein endgültiges Nichtbestehen der Prüfung zur Folge haben kann.

Entsprechend der gewählten methodischen Vorgehensweise, die allgemein als empirisch oder theoriebasiert ausgestaltet werden kann, ist auf Grundlage der Literatur und der Quellen der Hauptteil der Arbeit zu verfassen. Auch wenn hierzu nur sehr allgemeine Hinweise gegeben werden können, da jede Zielsetzung einer individuellen Argumentation bedarf, so lassen sich doch in Abhängigkeit vom Forschungsdesign jeweils einzelne Grundfertigkeiten ausmachen, die unter Beweis gestellt werden müssen (Kap. 4). Insbesondere für empirische Arbeiten und die auf sie aufbauenden Meta-Analysen hat sich eine grundsätzliche Vorgehensweise durchgesetzt, an der man sich orientieren kann. Das Gleiche gilt für (mathematische) Modelle, die immer auf einem mathematischen Optimierungsansatz basieren, dessen Lösung ökonomische Interpretationen zulässt. Schwierig sind hingegen allgemeine Ausführungen, wie eine theoriebasierte Arbeit zu verfassen ist. Der Schwerpunkt liegt bei Letzteren auf dem, was für jede theoriebasierte Arbeit von Bedeutung ist: die Definition der Fachbegriffe und die Vermeidung argumentativer Trugschlüsse.

Waren die bisherigen Schritte noch vornehmlich konzeptioneller Natur, so geht es in Kap. 5 um die Technik des wissenschaftlichen Schreibens. Dabei werden zunächst die Besonderheiten der Wissenschaftssprache im Vergleich etwa zum journalistischen Sprachgebrauch verdeutlicht. Ein besonderes Augenmerk ist beim Schreiben auf die Strukturierung der Gedankenführung zu legen. Denn die Gliederung bietet diese Strukturierung nur auf Kapitel- und Abschnittsebene. Aber auch innerhalb der einzelnen Abschnitte und Sätze ist eine geradlinige Gedankenführung sicherzustellen. Hinzu kommt die für wissenschaftliche Texte so wichtige Arbeit mit Fachbegriffen und einem ausgewählten Wortschatz, worunter jedoch nicht die Verständlichkeit der Arbeit leiden darf.

Es schließt sich eine kurze Zusammenfassung des Buches an (Kap. 6).

Der Hauptteil des Buches wird ergänzt durch einen Anhang. Dieser enthält insbesondere eine kommentierte Bibliographie mit Literaturhinweisen für eine weiter gehende Beschäftigung mit dem wissenschaftlichen Schreiben und Arbeiten.

Das vorliegende Buch enthält durchgehend Checklisten, die sicherstellen sollen, dass wichtige Arbeitsschritte nicht vergessen werden. Die Listen können jeweils dazu genutzt werden, bereits erledigte Arbeitsschritte abzuhaken. Die folgende Checkliste fasst diejenigen Arbeitsschritte bzw. Aktivitäten zusammen, die spätestens zu Beginn der wissenschaftlichen Arbeit erledigt bzw. umgesetzt sein müssen.

Checkliste „Beginn der wissenschaftlichen Arbeit"

- Vereinbarung des Themas der Arbeit mit dem Betreuer und Beantragung mittels Formular bei der Prüfungsorganisation
- Bestätigung des konkreten Themas, des Betreuers, des Beginns der Bearbeitungszeit und der Abgabefrist durch die Prüfungsorganisation
- Besorgung der einschlägigen Prüfungsordnung und Richtlinien, insbesondere Unter- und Obergrenze für die Wörterzahl bzw. den Seitenumfang
- Erstellung einer Formatvorlage gemäß den Vorgaben der Hochschule
- Ggf. Erstellung eines Exposés, d. h. eines schriftlichen Grobkonzepts (s. Unterabschn. 2.4.2)
- Regelmäßiges, d. h. tägliches Abspeichern von Zwischenversionen mit Datumsangabe (zum Beispiel „Bachelor-Thesis-2021-03-15.docx") auf dem gleichen *und* einem externen Datenträger
- Trennung der Arbeit von allen Internettexten bzw. Textkopien (diese gehören in eine separate Datei)
- Ggf. Kauf und Installation einer Literaturverwaltungssoftware
- Beantragung eines Bibliotheksausweises für die fachlich relevanten Universitäts-, Hochschul- oder Fachbereichsbibliotheken
- Anmeldung für eine Bibliotheksführung bzw. eine Datenbankschulung
- Anschaffung von Wertmarken für Scannen, Kopieren etc.
- Anschaffung des Rechtschreibdudens (Duden Band 1)

Konzeptionelle Vorarbeiten 2

2.1 Übersicht über die notwendigen Schritte

Vor dem Beginn des Schreibprozesses ist es notwendig, sich erst einmal mit den Besonderheiten wissenschaftlicher Arbeiten im Studium vertraut zu machen und anschließend die ersten inhaltlichen und organisatorischen Vorarbeiten in Angriff zu nehmen. Während fortgeschrittene Studierende einen guten Eindruck davon haben sollten, was wissenschaftliche Forschung ausmacht (Testfrage: Wissen Sie, was eine Hypothese ist?) und Abschn. 2.2 daher überspringen können, sollten sich „Anfänger" zunächst einmal mit den wissenschaftstheoretischen Grundlagen beschäftigen. Für alle Arbeiten – von der ersten Übungsarbeit bis zur Abschlussarbeit – sind jedoch immer die in Abb. 2.1 dargestellten inhaltlichen Weichenstellungen zu treffen. Eine grobe Vorstellung sollte unbedingt vor dem ersten Gespräch mit der Betreuerin vorliegen.

Auf Basis der Vorgaben der Betreuerin und der Vorkenntnisse des Studierenden ist zunächst einmal – sofern nicht schon bestimmt – das *Thema* festzulegen (Unterabschn. 2.3.1). Dies ist schwieriger, als es auf den ersten Blick erscheint, weil mit Allgemeinplätzen wie „Investmentbanking" oder „Online-Marketing" keine Betreuerin zufriedengestellt werden kann. Es handelt sich schließlich um eine Expertin auf diesem Gebiet (sonst käme sie als Betreuerin nicht in Betracht), die selbst ein Interesse an diesem Gebiet hat und daher wahrscheinlich konkrete Rückfragen stellen wird. Auch ein noch so konkretes Thema wird zwangsläufig noch recht allgemein sein. Daher ist es wichtig, von Beginn an dafür zu sorgen, dass die Arbeit einen roten Faden aufweist. Das wichtigste Hilfsmittel dazu stellt die Zielsetzung dar. Denn eine Arbeit ohne konkretes Ziel wird zu einer belanglosen Aneinanderreihung von Definitionen, Fakten und Behauptungen führen, durch die sich die Betreuerin quälen muss, ohne zu wissen, wofür sie

© Der/die Autor(en), exklusiv lizenziert durch Springer Fachmedien Wiesbaden GmbH, ein Teil von Springer Nature 2022
M. Oehlrich, *Wissenschaftliches Arbeiten und Schreiben*,
https://doi.org/10.1007/978-3-658-34791-8_2

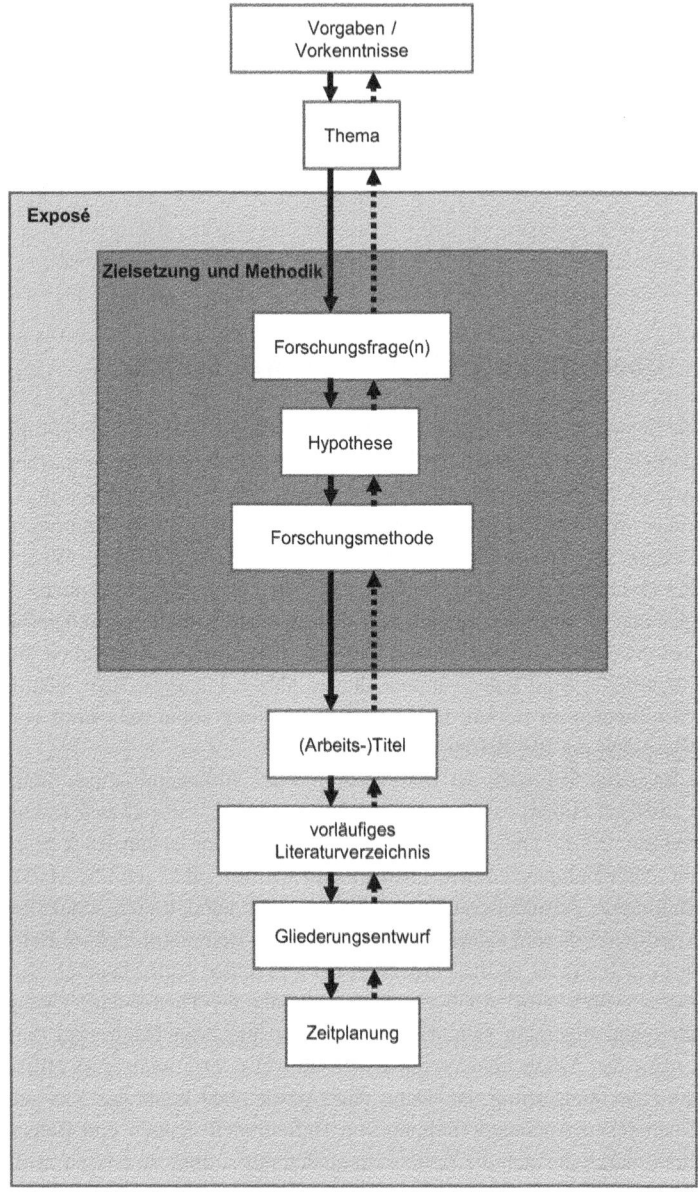

Abb. 2.1 Schritte zur inhaltlichen Vorarbeit

das tut. Auch wenn die meisten Betreuer dies nicht explizit verlangen, bietet es sich an, Forschungsfragen und darauf aufbauend eine Hypothese zu formulieren. *Forschungsfragen* (Unterabschn. 2.3.2) sind – wie der Name schon sagt – als Frage formuliert; am besten eignen sich dazu die sogenannten W-Fragen (Wer?, Wie?, Was?, Warum? usw.). Die Formulierung mindestens einer Forschungsfrage ist notwendig, weil die Zielsetzung ansonsten darauf hinausläuft, das Thema zu untersuchen, was noch nicht konkret genug ist. Diese Forschungsfrage(n) kann/können anschließend weiter durch Aufstellung einer Hypothese konkretisiert werden. Eine *Hypothese* (Unterabschn. 2.3.3) ist keine Frage, sondern eine Aussage und unterstellt bereits die Gültigkeit einer bestimmten, auf Basis der Literatur aufgestellten Behauptung. Sie weist damit schon die Richtung für das Ergebnis der Arbeit und bietet die beste Grundlage dafür, der Arbeit einen roten Faden zu geben. Die Zielsetzung wird ergänzt durch die *Forschungsmethode* (Unterabschn. 2.3.4), die beschreibt, *wie* die Arbeit zu ihrem Ergebnis kommt, d. h., wie die Forschungsfragen beantwortet werden sollen und wie die Hypothese überprüft werden soll. Die Forschungsfragen, ggf. die Hypothese und die Forschungsmethode werden in einem separaten Abschnitt der Arbeit „Zielsetzung und Methodik" zusammengefasst (Unterabschn. 2.3.5).

Sofern er nicht von der Betreuerin vorgegeben wurde, ist anschließend der *Titel* der Arbeit festzulegen (Unterabschn. 2.3.6). Dies ist erst nach der (vorläufigen) Formulierung von Zielsetzung und Methodik möglich, da der Titel den Inhalt, d. h. sowohl die Ziele als auch die Methodik, kurz zusammenfassen sollte. Bei einer ersten Abstimmung mit der Betreuerin kann es sich dabei noch um einen *Arbeitstitel*, d. h. einen vorläufigen Titel handeln, der im Wege der weiteren Konkretisierung noch geschärft werden muss.

Allerdings ist es nicht möglich, diese Schritte zu erledigen, ohne bereits mit den weiteren Schritten zu beginnen. So erfordert bereits die Themenfindung einen guten Literaturüberblick. Sofern man diesen nicht schon im Studium erlangt haben sollte, ist eine erste Literaturrecherche (Kap. 3) durchzuführen, auf deren Basis ein vorläufiges Literaturverzeichnis erstellt wird. Zudem ist in einem *Gliederungsentwurf* (Kap. 4) der rote Faden der Arbeit festzuhalten. Für das erste Gespräch mit der Betreuerin (aber auch für sich selbst) ist eine *Zeitplanung* aufzustellen, die deutlich macht, dass das Vorhaben in der zur Verfügung stehenden Zeit auch umgesetzt werden kann (Unterabschn. 2.4.1). Alle diese inhaltlichen Vorarbeiten werden schließlich in einem *Exposé*, d. h. einem groben Entwurf der Arbeit festgehalten (Unterabschn. 2.4.2).

2.2   Wissenschaftstheoretische Grundlagen

Das wissenschaftliche Schreiben beginnt mit der Aufstellung einer Hypothese, d. h. einer überprüfbaren Behauptung. Alle Typen wissenschaftlicher Arbeiten – mit Ausnahme der Klausur und des Protokolls – unterscheiden sich somit grundlegend von dem etwa in der sekundären Bildung oft eingesetzten Essay, in dem ein zumeist breit definiertes Thema (z. B. „Geschichte des Europäischen Währungssystems") ergebnisoffen dargestellt wird. Die Forderung nach einer überprüfbaren Hypothese stellt eine der wesentlichen Grundlagen der Wissenschaftstheorie dar, ohne deren Befolgung der rasante Fortschritt der wissenschaftlichen Erkenntnisse nicht möglich gewesen wäre (zur Bedeutung der Hypothese für das wissenschaftliche Arbeiten vgl. allgemein Heister & Weßler-Poßberg, 2011, S. 136 f.; Schimmel et al., 2017, S. 109; Ebel & Bliefert, 2009, S. 87).

Der österreichisch-britische Wissenschaftsphilosoph Karl Raimund Popper begründete Mitte der 1930er-Jahre den „kritischen Rationalismus", der die westliche Wissenschaftswelt nachhaltig prägte. Zwar war POPPER nur einer von vielen, die sich seit der Antike mit der Wissenschaftstheorie, d. h. der Frage, wie wir neues Wissen gewinnen, beschäftigten, doch lassen sich die von ihm aufgestellten Forderungen gut auf das wissenschaftliche Arbeiten übertragen (vgl. übergreifend Bryman & Bell, 2015, S. 19–44). Grundidee des kritischen Rationalismus ist, dass wissenschaftliche Fragestellungen durch eine kritische, rationale Diskussion und Überprüfung zu beantworten sind. So hat POPPER in seinem Hauptwerk „Logik der Forschung" erklärt, warum unser Wissen fehlbar ist und sich somit Lernen nicht primär aus erfüllten, sondern aus gescheiterten Erwartungen ergibt: Der Erkenntnisfortschritt resultiert aus Versuch und Irrtum.

Als einer der ersten Probleme griff POPPER die Frage auf, wie sich die Wissenschaft und die Pseudowissenschaft voneinander abgrenzen lassen (Abgrenzungsproblematik). Kurz gefasst: Was ist Wissenschaft überhaupt? Die Antwort auf diese Fragestellung gab er mit der Falsifizierbarkeitstheorie: Nur diejenigen Aussagen, die durch einen Gegenbeweis widerlegt werden können, d. h. falsifizierbar sind, haben den Anspruch, wissenschaftliche Aussagen zu sein. „Insofern sich die Sätze einer Wissenschaft auf die Wirklichkeit beziehen, müssen sie falsifizierbar sein, und insofern sie nicht falsifizierbar sind, beziehen sie sich nicht auf die Wissenschaft" (Popper, 1984, S. 256). Die Aussage „Alle Schwäne sind weiß." ist somit wissenschaftlich überprüfbar, da sie falsifizierbar ist.

Mit dem Falsifizierbarkeitskriterium hat POPPER die wissenschaftliche Denkweise nachhaltig verändert. Sprach man zuvor davon, dass eine wissenschaftliche Aussage beweisbar ist, wenn man nur genügend Beobachtungen gemacht hätte, die sie stützen, muss man nun sagen, diese Aussage konnte nicht widerlegt (falsifiziert) werden. Wissenschaftliche Aussagen gelten daher nur so lange, bis sie widerlegt werden können. Kein Wissenschaftler könne den Anspruch haben, seine Theorie würde für immer gelten. Aus der Beobachtung noch so vieler weißer Schwäne können wir also nicht mit Sicherheit folgern, dass alle Schwäne weiß sind. Der wissenschaftliche Fortschritt entsteht somit nicht über den Beweis von Theorien (der laut POPPER nicht möglich ist), sondern über den Umweg der Falsifizierung: Wenn wir ständig versuchen, wissenschaftliche Aussagen zu widerlegen, so lassen sich diejenigen herausfiltern, die (bis jetzt) nicht widerlegt werden können. Aber auch über diese Aussagen können wir niemals langfristig sicher sein. Auch wenn wir noch so lange gesucht haben, vielleicht haben wir den schwarzen Schwan noch nicht entdeckt. Bis zu diesem Zeitpunkt können wir mit der Aussage „Alle Schwäne sind weiß." arbeiten und diese auch zur Grundlage anderer Aussagen machen.

▶   **Tipp** Insbesondere bei empirischen Arbeiten ist daher darauf zu achten, dass an keiner Stelle des Textes von einem Beweis gesprochen wird, sondern eine Formulierung der Art „die Hypothese konnte nicht widerlegt werden" verwendet wird.

Auch wenn die Forderung der Falsifizierbarkeit auf den ersten Blick umständlich erscheint, da sie doch nur die Umkehrung des Beweises ist, so spiegelt sie doch ein Hauptproblem der Wissenschaft wider: Ein Wissenschaftler, der nur Beweise *für* seine Theorie sucht, wird die Beweise *gegen* seine Theorie zwangsläufig übersehen oder will sie schlimmstenfalls sogar übersehen. Hier handelt es sich dann nicht mehr um Wissenschaft, sondern um Ideologien. Der Vertreter einer Ideologie „Alle Schwäne sind weiß." würde auf die Beobachtung eines schwarzen Schwans entgegnen, dass dies gar kein Schwan sei, ansonsten wäre er weiß. Dennoch sind Ideologien immer wieder vorherrschend gewesen, wie etwa der Marxismus oder die Psychoanalyse nach Sigmund Freud.

Dieser sehr kurz gefasste wissenschaftstheoretische Abriss kann eine tiefer gehende Beschäftigung mit den Grundlagen der Wissenschaft nicht ersetzen. Denn die Falsifizierbarkeitstheorie bildet die Grundlage jeder wissenschaftlichen Argumentation, sodass spätestens in Kap. 4 die Bedeutung von Poppers Forderung ersichtlich wird. Insbesondere empirische Arbeiten basieren auf der Ablehnung von Hypothesen.

2.3   Inhaltliche Vorarbeiten

2.3.1 Themenfindung

Nicht nur bei der Bachelor- oder Masterarbeit, sondern oft auch bei Hausarbeiten besteht für den Studierenden die Möglichkeit, das Thema der Arbeit (innerhalb gegebener Grenzen) frei zu bestimmen. Leider ist dies für die meisten Studierenden schwieriger als die Bearbeitung eines vorgegebenen Themas, da am Anfang oft die Kreativität für ein geeignetes Thema fehlt und auch die Auswahl des „besten" Themas aus mehreren Ideen schwerfällt. Schließlich sollte das Thema der Arbeit mehrere Kriterien erfüllen (vgl. zum Folgenden Hug & Poscheschnik, 2020, S. 66 f.).

Zunächst einmal sollte das Thema überhaupt *wissenschaftlich relevant* sein, was gerade dann problematisch sein kann, wenn die eigenen Interessen eher dem nicht-wissenschaftlichen Bereich zuzuordnen sind. Themen wie „Ist Influencer A besser als Influencer B?" oder „Warum spielen nur wenige Vereine der deutschen Bundesliga weltweit ganz vorne mit?" eignen sich vielleicht im privaten Bereich für längere Diskussionen, werden jedoch bei der Betreuerin der Arbeit – selbst wenn man Digital Business Management bzw. Sportmanagement studiert – nur für ein müdes Lächeln sorgen. Jedoch sollten auch solche Themenbereiche nicht voreilig verworfen werden, da sich – je nach Studienschwerpunkt und -fach bzw. Betreuerin – vielleicht doch aus einem scheinbar unwissenschaftlichen Thema etwas Geeignetes herausfiltern lässt. Im Bereich Social-Media-Marketing ist das Thema „Entwicklung von Bewertungskriterien zur Erfolgsmessung von Influencer" sicherlich auch wissenschaftlich interessant, hat sich doch schon im klassischen Marketing der Forschungsstrang des Marketingcontrollings herausgebildet. Der mangelnde Erfolg von Fußballvereinen lässt sich nicht nur mit der nahe liegenden Disziplin des Sportmanagements verknüpfen, sondern auch mit der Finanzierung oder der Finanzwirtschaft. Haben doch Fußballvereine hierzulande aufgrund der sogenannten 50+1-Regel nur sehr eingeschränkte Möglichkeiten, sich im Wege der Außenfinanzierung über zusätzliches Eigenkapital zu finanzieren, was sie im Vergleich zu den europäischen Wettbewerbern deutlich in der Finanzkraft benachteiligt. Das Thema „Möglichkeiten der Außenfinanzierung für Vereine der 1. Bundesliga" ermöglicht daher eine wissenschaftliche Bearbeitung.

Zudem sollte das Thema eine *aktuelle Relevanz* aufweisen; es sollte also deutlich werden, warum es gerade jetzt bearbeitet werden muss. Denn Wissenschaft und Praxis entwickeln sich weiter und nichts ist für die Betreuerin einer Hausarbeit oder die Gutachterin einer Thesis langweiliger, als eine Arbeit zu einem

Thema zu lesen, über welches sie in den vergangenen Jahren bereits unzählige ähnliche Arbeiten gelesen hat. Man kann sich leicht vorstellen, wie schwierig es in diesem Fall ist, eine Arbeit zu verfassen, die die Leserin fesselt und damit die Chance für eine besondere Note eröffnet.

Auch sollten die *notwendigen Voraussetzungen* gegeben sein, das Thema in der zur Verfügung stehenden Zeit erfolgreich bearbeiten zu können. Dies sind zum einen die eigenen Vorkenntnisse des Studierenden, aber zum anderen auch die zum Thema verfügbare Literatur. Vorkenntnisse beziehen sich dabei sowohl auf das entsprechende Fachgebiet wie z. B. Marketing oder Finanzierung als auch auf die anzuwendende Methodik insbesondere im Hinblick auf die statistische Auswertung von Daten. Die Literaturlage sollte gerade bei den am meisten durchgeführten theoretischen Arbeiten entsprechend breit und aktuell sein. Wenn zu einem Thema vorwiegend ältere Literatur zu finden ist, ist dies zumindest ein Indiz dafür, dass es derzeit nicht als aktuelles Forschungsgebiet angesehen wird. Dann ist es auch wahrscheinlich, dass die Betreuerin der Arbeit kein besonderes Interesse dafür entwickeln wird. Daher ist es auch sinnvoll, sich die Veröffentlichungsliste der Betreuerin anzuschauen, um einen Eindruck von ihren gegenwärtigen Forschungsaktivitäten zu gewinnen. Schließlich ist die Betreuung von Hausarbeiten und Abschlussarbeiten auch eine Pflicht, die aber dann nicht als lästig angesehen wird, wenn das Thema der Arbeit die eigenen Forschungsinteressen berührt. Wahrscheinlich werden nur wenige studentische Arbeiten das Potential aufweisen, der Betreuerin etwas gänzlich Neues zu lehren. Doch freut sich jede Betreuerin über eine gute Literaturübersicht oder aktuelle Daten.

Hat man sich über die Voraussetzungen Gewissheit verschafft, so schließt sich der Schritt der Themensuche an. Leider ist es aber gerade eine typische Erfahrung, dass man lange dem blinkenden Cursor der Textverarbeitung bei seiner Arbeit zuschaut, ohne selbst etwas Produktives zu leisten zu vermögen. Für diesen Fall gibt es die folgenden Kreativitätstechniken (vgl. dazu Hug & Poscheschnik, 2020, S. 58–66; Schimmel et al., 2017, S. 12–14 m. w. N.):

1. Die Methode des *Brainstormings* ist sicher die bekannteste Kreativitätstechnik, die den meisten noch aus der Schulzeit bekannt sein dürfte. Hierbei werden die Gedanken, die einem zu einem Rahmenthema durch den Kopf gehen, notiert. Wichtig ist es dabei, dass der Kreativitätsfluss nicht unterbrochen wird. Daher sollten notierte Ideen nicht gleich bewertet werden. Vielmehr geht es zunächst darum, möglichst viele Ideen unabhängig voneinander zu generieren. Erst wenn dieser Kreativitätsprozess abgeschlossen ist, sollte man sich im zweiten Schritt daran machen, die notierten Ideen durchzusehen, um diejenigen herauszufiltern, die die oben genannten Voraussetzungen erfüllen.

2. Das *Brainwriting* funktioniert ähnlich, doch werden hier die im ersten Durchgang generierten Ideen nicht chaotisch, sondern in einer Liste notiert. Im zweiten Durchgang ist diese Liste dann durchzugehen, um bei jeder Idee weitere Assoziationen zu notieren, die einem spontan einfallen. Der Kreativitätsprozess ist hierbei also stärker strukturiert als beim Brainstorming.

3. Beim *Clustering* werden Ideen nicht einfach notiert, sondern graphisch dargestellt. Dies geschieht dadurch, dass die Ausgangsfrage, z. B. „mögliche Themen für die Bachelor Thesis?" mittig auf ein Blatt Papier geschrieben wird. Alle Ideen werden dann um diese Ausgangsfrage herumgruppiert; anders als beim Brainstorming werden sie jedoch sofort sortiert. Die Sortierung kann räumlich erfolgen, etwa indem sie rechts oder links, über oder unter der Ausgangsfrage angeordnet werden. Zudem werden die einzelnen Ideen mit Linien verbunden, wenn sie inhaltlich miteinander verbunden sind. Ein Beispiel für ein solches Clustering bietet Abb. 2.2.

Bei diesem Beispiel wurde davon ausgegangen, dass der Verfasser ein besonderes Interesse für den Bereich Corporate Finance hat. Von den drei großen Themenbereichen Mergers and Acquisitions, Finanzierung von Start-ups und Unternehmensbewertung kommt er dann auf die verschiedenen Unterthemen wie etwa „Erfolgsmessung bei Mergers and Acquisitions", „Gründe für Mergers and Acquisitions" oder „Praxisbeispiele für Mergers and Acquisitions". Da das letztgenannte Thema jedoch noch keine wissenschaftliche Fragestellung beinhaltet, müsste es im nächsten Durchgang überarbeitet werden.

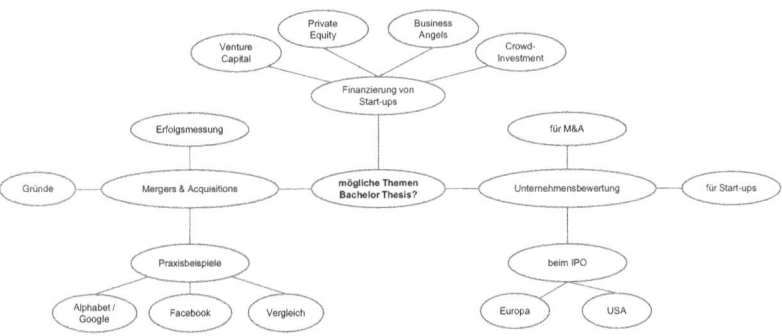

Abb. 2.2 Beispiel für ein Clustering

4. Auch das *Mind Mapping* stellt eine interessante Kreativitätstechnik dar, die sehr eng verwandt ist mit dem bereits beschriebenen Clustering. Es unterscheidet sich von diesem allerdings durch eine Darstellungsform, die noch feinere Verästelungen zulässt bzw. diese sogar erzwingt. Dadurch eignet sich das *Mind Mapping* insbesondere dazu, die mit anderen Kreativitätstechniken gefundenen Ideen anschließend in eine fein gegliederte Struktur zu überführen.

Die vorgestellten Kreativitätstechniken können eine Hilfestellung dafür bieten, eine ausreichende Zahl an Ideen zu generieren, um sicherzustellen, dass zumindest ein Thema die genannten Voraussetzungen bestmöglich erfüllt. Damit in dieser frühen Phase gute Ideen nicht vergessen gehen bzw. schlechte Ideen alsbald ausgesondert werden können, sind die eigenen Gedanken so früh wie möglich zu notieren (Schimmel et al., 2017, S. 14).

▶   **Tipp** Die Ideen sollten so früh wie möglich – idealerweise während oder direkt im Anschluss an die Lektüre der Einstiegsliteratur – im PC notiert werden. Am besten eignet sich dafür eine strukturierte Liste, aus der die Gliederung entwickelt werden kann.

Die folgende Checkliste fasst diese Voraussetzungen, die sich auch als Auswahlkriterien eignen, noch einmal zusammen.

Checkliste „Themenfindung"

- Wissenschaftliche Relevanz des Themas
- Aktualität bzw. aktueller Bezug des Themas
- Existenz aktueller Literatur zum Thema
- Ausreichende eigene Vorkenntnisse zum Thema
- Bezug zu den Forschungsschwerpunkten des Betreuers bzw. der Betreuerin

2.3.2 Forschungsfragen

Auf den ersten Blick könnte man davon ausgehen, dass mit der Vergabe des Themas der Arbeit durch die Prüfungsorganisation oder den Betreuer die Aufgabe des Studierenden klar gefasst sei und er sofort mit dem Schreiben beginnen könnte. In den meisten Fällen werden von ihm jedoch weitere konzeptionelle Vorarbeiten verlangt: Er muss aus dem Thema eine geeignete Zielsetzung ableiten. Diese sollte außer bei praxisorientierten Arbeiten (eine) Forschungsfrage(n) und eine falsifizierbare Hypothese enthalten (ebenso Turabian, 2013, S. 18 f.). Beispielsweise könnte das Thema allgemein „Eurokrise und Staatsschulden" lauten.

In diesem Fall wäre es falsch, gleich mit dem Schreiben loszulegen. Denn das Ergebnis könnte nur ein Essay oder (weniger freundlich ausgedrückt) ein „Besinnungsaufsatz" sein. Mit der Formulierung von Forschungsfragen kann der Arbeit ein roter Faden gegeben werden. Aus den Forschungsfragen ist anschließend die Hypothese abzuleiten. Diese könnte etwa lauten: „Bail-outs verringern die Stabilität des Finanzsystems, da sie falsche Anreize setzen." Erst diese Hypothese ermöglicht eine wissenschaftliche Beschäftigung im Popper'schen Sinne, da sie falsifizierbar ist. Die Forschungsfragen und die Hypothese sind anschließend in die Zielsetzung einzubetten.

Die Forschungsfragen konkretisieren das Thema und erlauben damit überhaupt erst eine zielgerichtete Bearbeitung. Wie der Begriff deutlich macht, handelt sich bei der Forschungsfrage nicht um eine Aussage oder Behauptung, sondern um eine Frage, die daher zwingend auch mit einem Fragezeichen enden muss. Wenn bei einem dem Studierenden zugeteilten Thema der ausformulierte Titel bereits eine Frage enthält, dann könnte diese die (oberste) Forschungsfrage darstellen. Aber auch in diesem Fall ist es die Aufgabe des Studierenden, die Eignung als Forschungsfrage kritisch zu prüfen und ggf. zu konkretisieren. Denn typischerweise werden in einer Arbeit *mehrere* Forschungsfragen zugrunde gelegt (so etwa Bryman & Bell, 2015, S. 87; a. A. Hug & Poscheschnik, 2020, S. 72), auch wenn eine Forschungsfrage weiter in Unterfragen gegliedert werden kann (so Hug & Poscheschnik, 2020, S. 72–74). Nach Bryman und Bell (2015) bieten Forschungsfragen die folgenden Vorteile:

1. sie unterstützen die Auswahl eines geeigneten Forschungsdesigns;
2. sie leiten die Literaturrecherche und -auswahl;
3. sie unterstützen bei der Entscheidung, welche zusätzlichen Daten ggf. zu erheben sind;
4. sie sorgen im Prozess des Schreibens dafür, dass der rote Faden der Arbeit niemals aus den Augen verloren wird (S. 88).

Allgemein kann festgestellt werden, dass die Formulierung von Forschungsfragen bei quantitativen Arbeiten, also solchen, in denen Daten statistisch ausgewertet werden müssen, üblicher ist, weil eine Bearbeitung sonst nicht möglich ist. Diese Tatsache sollte jedoch nicht zu dem Schluss verleiten, dass die Formulierung von Forschungsfragen für qualitative oder theoretische Arbeiten nicht von Bedeutung sei. Das Gegenteil ist der Fall: Auch diese Arbeiten können durch konkrete Forschungsfragen nur gewinnen und das auch dann, wenn von der Betreuerin keine Forschungsfragen erwartet werden. Nur dann, wenn die Betreuerin ausdrücklich von der Formulierung von Forschungsfragen abrät, sollte auf sie verzichtet werden. Ansonsten ist dies eine Möglichkeit, Eigeninitiative zu zeigen. Dies bedeutet im Umkehrschluss jedoch nicht, dass hinsichtlich der Zahl der Forschungsfragen das Motto „je mehr, desto besser" gilt. Vielmehr sind sie auf das Thema der Arbeit und das Forschungsdesign abzustimmen.

Die Formulierung von potentiellen Forschungsfragen und deren Auswahl ist ebenfalls ein kreativer Prozess, sodass auch hier die genannten Kreativitätstechniken zum Einsatz kommen können. Daher gibt es auch kein Patentrezept, wie aus dem Thema der Arbeit die Forschungsfragen abgeleitet werden können. Allerdings können die folgenden Kriterien diesen Prozess unterstützen (Bryman & Bell, 2015, S. 93; Hug & Poscheschnik, 2020, S. 74–76):

1. Die Forschungsfragen sollten miteinander verbunden sein. Dies kann dadurch sichergestellt werden, dass eine zentrale Forschungsfrage – falls notwendig – in Unterfragen gegliedert wird. Aber auch die Bearbeitung von mehreren (Haupt-)Forschungsfragen ist möglich, solange diese die notwendige Verbindung aufweisen.
2. Die Forschungsfragen sollten klar sein und weder zu eng noch zu breit gefasst sein. Meistens beginnen sie daher mit einer W-Frage (Wer?, Wie?, Was?, Warum?, Welche? usw.) und sind relativ kurz, d. h. ohne Nebensatz formuliert.
3. Die Forschungsfragen sollten einen Bezug zu einer wissenschaftlichen Theorie aufweisen. Dies gelingt weniger durch die explizite Nennung einer Theorie als vielmehr durch die Verwendung entsprechender Fachbegriffe, die einen direkten Bezug zu einer Theorie aufweisen.
4. Die Beantwortung der Forschungsfragen sollte einen (kleinen) Beitrag zur Forschung auf dem entsprechenden Gebiet erwarten lassen. Dies kann gegeben sein, wenn die Fragen in dieser Form noch nicht gestellt wurden oder vielleicht sogar den aktuellen Forschungsstand hinterfragen. Dabei sollten sie einen praktischen oder theoretischen Nutzen erwarten lassen.
5. Die Forschungsfragen sollten zuletzt auch mit den vorhandenen Mitteln, d. h. den Vorkenntnissen des Studierenden, der vorhandenen Literatur, den verfügbaren Daten sowie innerhalb der gegebenen Zeit bearbeitbar sein. Hier zeigt sich insbesondere die gegenseitige Abhängigkeit zwischen den Forschungsfragen und dem Forschungsdesign. Denn manche Forschungsfragen sind nur mit einer empirischen Vorgehensweise, d. h. mit der Erhebung von Daten, zu beantworten, was im Rahmen von zeitlich sehr beschränkten Hausarbeiten in der Regel ausgeschlossen sein dürfte.

Ein Beispiel soll den Zusammenhang zwischen dem Thema der Arbeit und den Forschungsfragen verdeutlichen (Abb. 2.3). Angenommen, das Thema der Arbeit

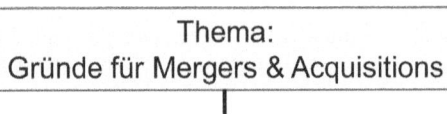

Thema:
Gründe für Mergers & Acquisitions

Forschungsfragen (Brainstorming)
1. Welche Gründe werden in der Theorie für M&A-
   Transaktionen vorgebracht?
2. Welche Gründe werden in der Praxis für M&A-
   Transaktionen vorgebracht?
3. Wie hängen die Gründe miteinander zusammen?
4. Wie können die Gründe in einem Bewertungsmodell
   zusammengefasst werden?

Ausgewählte Forschungsfragen:
1. Welche Gründe werden in der Theorie für M&A-
   Transaktionen vorgebracht?
2. Wie hängen die Gründe miteinander zusammen?
3. Wie können die Gründe in einem Bewertungsmodell
   zusammengefasst werden?

Abb. 2.3 Entwicklung der Forschungsfragen

lautet allgemein „Gründe für Mergers and Acquisitions", dann liegt die Konkretisierung nahe, ob damit die Gründe in der Theorie oder in der Praxis gemeint
sind (Fragen 1 und 2 im Brainstorming). In beiden Fällen ist auch interessant
zu wissen, wie die Gründe miteinander zusammenhängen (Frage 3 im Brainstorming) und wie sie in einem Bewertungsmodell zusammengefasst werden können
(Frage 4 im Brainstorming). Die Fragen 1 und 2 des Brainstormings sind zwar
miteinander verbunden und erfüllen damit das erste Kriterium. Die gleichzeitige
Untersuchung beider Forschungsfragen dürfte jedoch sogar den zeitlichen und
inhaltlichen Rahmen einer Abschlussarbeit sprengen und damit dem fünften Kriterium widersprechen. Diese Erkenntnis ist zwar für den Studierenden – gerade zu
Beginn des Studiums – nicht nahe liegend. Es ist aber auch die originäre Aufgabe

der Betreuerin der Arbeit, dem Studierenden frühzeitig entsprechende Bedenken mitzuteilen. Nach dem fünften Kriterium kann auch Frage 2 des Brainstormings ausgeschlossen werden, da diese eine zeitaufwendige empirische Erhebung voraussetzen würde. Die Fragen 3 und 4 erfüllen die Kriterien und können zudem als Unterfragen von Frage 1 aufgefasst werden. Im Ergebnis bleiben somit drei Forschungsfragen übrig, die alle Kriterien erfüllen und damit als Basis für die weitere Konkretisierung des Themas dienen können.

2.3.3 Hypothese

Der nächste Schritt in der Konkretisierung des Themas stellt die Aufstellung der Hypothese (griech. ὑπόθεσις, hypóthesis – Unterlage, Annahme) dar. Eine Hypothese ist eine begründete Annahme, die im Verlauf einer Arbeit getestet werden soll. Unbedingte Voraussetzung ist dafür, dass die Hypothese falsifiziert, also widerlegt werden kann. Sie unterscheidet sich damit vor allem von der These (lat. thesis, von griech. θεσις – das Setzen, das Stellen, die Behauptung), die eine wissenschaftliche Behauptung oder einen Lehrsatz darstellt (Hug & Poscheschnik, 2020, S. 93) und damit das Ergebnis eines Forschungsprozesses, nicht aber dessen Ausgangspunkt darstellen kann. Auch wenn der Formulierung einer Hypothese in der quantitativen empirischen Forschung die größte Rolle zukommt, weil diese in der Regel auf einem statistischen Testverfahren basiert, welches darauf abzielt, eine quantitative Hypothese zu widerlegen, kann sie auch in der qualitativen empirischen Forschung, aber auch in der Forschung mittels Theorie oder Modell sinnvoll eingesetzt werden. Hypothesen in diesem Sinne sind „Erklärungsversuche der unerklärten Umwelt" (Atteslander, 2010, S. 22, Hervorhebung im Original), die auf dem aktuellen Stand der Forschung gründen. Sie verkörpern damit die Aussage von Robert K. Merton, dass jeder Forschende auf den Schultern von Riesen steht – gemeint sind damit die vielen Forschenden, die den aktuellen Stand der Wissenschaft erarbeitet haben. Denn anders als eine Forschungsfrage enthält die Hypothese bereits eine nach den Gesetzen der Logik aufgestellte Aussage über die Realität. Auch für die Formulierung von Hypothesen lassen sich Kriterien ableiten, die diese zu erfüllen haben (Atteslander, 2010, S. 41 f.):

1. Eine Hypothese ist eine Aussage, die falsifiziert, d. h. widerlegt werden kann.
2. Die Hypothese sollte möglichst kurz, d. h. ohne Nebensätze und relativierende Einschränkungen formuliert sein, sodass sie einen breiten Anwendungsbereich hat.

3. Die Hypothese muss mindestens zwei auf Basis des Stands der Forschung definierbare Begriffe enthalten, die logisch miteinander in Beziehung gesetzt werden können.
4. Die Aussage muss widerspruchsfrei und darf nicht tautologisch sein.
5. Die in der Hypothese enthaltenen Begriffe müssen operationalisierbar, d. h. auf die Realität anwendbar sein.

Grundsätzlich handelt es sich auch bei der Formulierung der Hypothese um einen kreativen Prozess, der nur durch die bereits formulierten Forschungsfragen eingeschränkt wird. Daher kann keine allgemein gültige Vorgabe für die Formulierung einer Hypothese gegeben werden. Für die Wirtschaftswissenschaften kann die Unterteilung in eine positive bzw. normative Analyse eine hilfreiche Orientierung bei der Formulierung einer Hypothese bieten:

- Bei der *positiven Analyse* geht es darum, reale Sachverhalte wissenschaftlich zu erfassen und ihre Folgen zu prognostizieren. Im Vordergrund steht daher die Beschreibung, weshalb sie auch als deskriptive Analyse (lat. descriptivus – beschreibend) bezeichnet wird.
- Die *normative Analyse* (lat. norma – Winkelmaß, Richtschnur, Regel) strebt hingegen danach zu untersuchen, wie der Untersuchungsgegenstand ausgestaltet sein *sollte,* um ein vorausgesetztes Effizienzkriterium (z. B. Pareto-Effizienz) zu erfüllen. Ergebnis der normativen Analyse ist demnach ein konkreter Vorschlag, weshalb sie auch als präskriptive Analyse (lat. praescribere – vorschreiben, verordnen) bezeichnet wird.

Folgendes Beispiel soll die Unterscheidung verdeutlichen: Untersuchungsgegenstand der Principal-Agent-Theorie ist die Existenz und Ausgestaltung vertraglicher Übereinkünfte in Kooperationsbeziehungen, durch die unterschiedlich informierte, mit Ressourcen ausgestattete und von Zielen geleitete Wirtschaftssubjekte durch Arbeitsteilung oder durch den Austausch von Gütern, Dienstleistungen oder Informationen ihre jeweiligen Nutzenpositionen verbessern möchten. Typische Beispiele für Agency-Beziehungen in Unternehmen sind die Beziehungen zwischen den Eigentümern und dem Geschäftsführer, dem Vorstand eines Unternehmens und dem Aufsichtsrat oder zwischen dem Aufsichtsrat und den Aktionären. Aber auch außerhalb von hierarchischen Strukturen können Agency-Beziehungen bestehen, etwa zwischen einem Anwalt und einem Mandanten, einem Investmentbanker und einem Anleger, einem Architekten und einem Bauherrn bzw. einer Bank und einem Kreditnehmer. Die *positive Principal-Agent-Theorie* ist deskriptiv, d. h. beschreibend ausgerichtet und widmet sich der Beschreibung und Erklärung der institutionellen Gestaltung von *realen* Agency-Beziehungen insbesondere im Rahmen der Trennung von Eigentum und Kontrolle. Die *normative Principal-Agent-Theorie* widmet sich hingegen der *effizienten* vertraglichen Gestaltung, wobei der Konflikt zwischen paretoeffizienter Risikoteilung und der Motivation unter Berücksichtigung auftretender Wohlfahrtsverluste im Mittelpunkt steht. Im Rahmen einer wissenschaftlichen Arbeit könnte demnach untersucht werden, wie ein Kreditvertrag ausgestaltet sein sollte, um den Nutzen beider Vertragspartner zu mehren (normative Analyse), oder wie Kreditverträge in der Realität ausgestaltet sind und wie sie den Nutzen der Beteiligten beeinflussen (positive Analyse).

Wie bei der Forschungsfrage, so ist auch bei der Hypothese anzumerken, dass nicht alle Betreuerinnen von nichtquantitativ-empirischen Arbeiten eine solche verlangen. Aber auch bei qualitativ-empirischen oder theoretischen Arbeiten kann die Formulierung einer Hypothese sinnvoll sein, wenn eingangs eine begründete Vermutung aufgestellt werden kann. Denn die Formulierung einer Hypothese bietet im Vergleich zu den Forschungsfragen eine noch stärkere Konkretisierung, die den roten Faden der Arbeit herausstellt.

2.3.4 Forschungsmethode

Während Forschungsfragen und Hypothese das Ziel der Arbeit festlegen, also konkretisieren, *was* in der Arbeit herausgefunden werden soll, beschreibt die Forschungsmethode (lat. methodus, von. griech. μέθοδος, méthodos – planmäßiges Vorgehen) den Weg zu diesem Ziel, also *wie* etwas Neues herausgefunden werden soll. Man unterscheidet hierbei generell vier verschiedene Methoden, die in allen Wissenschaftsgebieten (mit unterschiedlichen Gewichtungen) zum Einsatz kommen: Theorie, Empirie, Modell und Meta-Analyse. Problematisch ist diese Feststellung deshalb, weil auch in der Empirie, dem Modell und der Meta-Analyse auf die Theorie zurückgegriffen wird, nur ist die Rolle der Theorie dann eine andere. Die Unterscheidung der vier Forschungsmethoden kann grundsätzlich danach vorgenommen werden, *welche* Rolle die Theorie im Prozess der Erkenntnisgewinnung spielt (Abb. 2.4). Ist die Theorie der Ausgangspunkt, von dem aus die Ergebnisse abgeleitet werden, so bezeichnet man dies als *Deduktion* (lat. deducere – herabführen, herleiten). Wird hingegen aus Einzelfällen auf eine allgemeine Regel geschlossen, so bezeichnet man dies als *Induktion* (lat. inducere – hineinführen, schließen). Aber auch bei Letzterer spielt die Theorie eine Rolle, nur ist sie dann nicht der Ausgangspunkt, sondern das Ergebnis der Forschung.

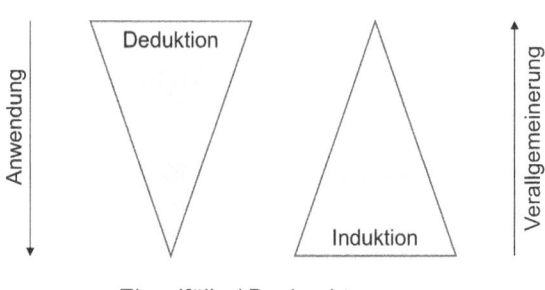

Abb. 2.4 Deduktion und Induktion

Trotz dieser scheinbar trennscharfen Abgrenzung beinhaltet die Induktion oft auch ein deduktives Element, genauso wie die Deduktion oft auch ein induktives Element beinhaltet (Bryman & Bell, 2015, S. 25). Denn bei der Induktion müssen zuvor Begriffe auf Basis der Theorie definiert werden; umgekehrt werden bei der Deduktion zum Teil auch verallgemeinernde Schlüsse gezogen.

Die bekannteste Methode stellt die *wissenschaftliche Theorie* (griech. θεωρία, theōría – Zuschauen, Betrachtung, Untersuchung) dar, die insbesondere durch ein literaturbasiertes Arbeiten gekennzeichnet ist. Mithilfe einer Theorie sollen *abstrakte Zusammenhänge* beschrieben und erklärt werden. Die Anwendung der Theorie erfolgt deduktiv, d. h., es wird vom Abstrakten, Allgemeinen auf das Spezielle, d. h., den infrage stehenden Forschungsgegenstand geschlossen (Deduktion). Um das Wesen der Theorie näher zu erläutern, soll im Folgenden ein allgemein verständliches Beispiel aus dem Bereich der Medizin Verwendung finden. Eine solche abstrakte Theorie könnte hier etwa darin bestehen, dass ein bestimmter Rezeptor mitbeteiligt ist an der Entstehung eines Schmerzreizes. Die Theorie müsste angeben, wie der Rezeptor aufgebaut ist und welche Prozesse hier beteiligt sind, um einen Einblick in den Wirkmechanismus zu geben. Diese allgemeine, abstrakte Beschreibung würde zunächst einmal eine Theorie darstellen, die einen Gültigkeitsanspruch für alle Menschen erhebt. Diese Theorie kann nun in vielfältiger Weise für die weitere Forschung genutzt werden.

Das Gegenstück zur Theorie stellt die *Empirie* (griech. εμπειρία, empeiría – Erfahrung) dar, die insbesondere durch die Gewinnung von Daten gekennzeichnet ist. Die Empirie basiert auf konkreten *Erfahrungen* (Beobachtungen), d. h., es wird induktiv vom Speziellen auf das Allgemeine, Abstrakte geschlossen (Induktion). Die Empirie ist insbesondere für die naturwissenschaftliche Forschung von Bedeutung, wenn etwa in einem Versuchsaufbau ein bestimmter Ursache-Wirkungs-Zusammenhang beobachtet werden konnte. Selbst wenn diese Beobachtung mehrfach reproduziert, d. h. wiederholt werden konnte, handelt es sich dennoch um einzelne Beobachtungen. Ausgangspunkt für die empirische Forschung könnte etwa das obige Beispiel eines Schmerzrezeptors sein. Die Blockade dieses Rezeptors mittels eines chemischen oder biologischen Wirkstoffes wäre dann eine Möglichkeit, die Entstehung etwa von Kopfschmerzen zu verhindern. In der Empirie müssten dazu die Interaktionen bestimmter Wirkstoffe mit dem Rezeptor untersucht werden.

Nur ist diese direkte Beobachtung auch in den Naturwissenschaften meist nicht möglich. Denn man kann die Wirkung von Arzneimittelwirkstoffen, zumindest wenn sie neu sind, nicht direkt am Menschen beobachten. Bei der Forschung am Menschen sind hierfür zunächst einmal Gründe der Ethik und der Sicherheit des Patienten zu nennen. Aber auch wissenschaftlich wäre das direkte Testen an Menschen nicht sinnvoll, da Einflüsse bestehen können, die das Ergebnis des Versuchs verschleiern können. An dieser Stelle kommt nun die Verwendung eines Modells in Betracht.

Ein *Modell* (ital. modello – Muster, Entwurf) ist ein vereinfachtes Abbild der Realität, das alle störenden Einflüsse auszuschließen versucht. Es geht also darum, einen bestimmten Zusammenhang *isoliert* zu betrachten. In den Naturwissenschaften gelingt dies durch die Schaffung von Laborbedingungen für ein Experiment, indem etwa der Versuch im Vakuum durchgeführt und Verunreinigungen ausgeschlossen werden. In der Medizin könnte ein solches Modell etwa darin bestehen, dass der Rezeptor durch ein „Zellmodell" nachgebildet wird. Die Beobachtung einer möglichen Interaktion eines Arzneimittelwirkstoffs kann besipielsweise in einer Petrischale erfolgen. Ein solches Modell ermöglicht auch weiter gehende Untersuchungen, etwa über die sogenannte Ceteris-Paribus-Methode. Hierbei wird der Einfluss einer Größe (Ursache) auf eine andere Größe (Wirkung) unter Konstanz aller sonstigen Größen untersucht. So kann etwa die Dosis des Wirkstoffes erhöht oder die Umgebungstemperatur verändert werden. Gerade in den Wirtschaftswissenschaften kommt den Modellen eine sehr große Bedeutung zu, da es wie überall in den Geisteswissenschaften störende Einflüsse gibt, die zu eliminieren sind. In den Wirtschaftswissenschaften erfolgt dies, indem bestimmte Annahmen (Prämissen; lat. praemissus, praemissa – vorangeschickt) getroffen werden. Die vorherrschende Annahme ist hierbei die des *homo oeconomicus* (lat. homo – Mensch; lat. oeconomicus – ökonomisch), der als zweckrational denkender Mensch seinen individuellen Nutzen maximieren möchte.

Die *Meta-Analyse* (griech. μετά, metá – später, hier: über; griech. ανάλυσις, análysis – Auflösung, Zergliederung) ist eine besondere Form der empirischen Untersuchung und wird dann angewendet, wenn die eigene Datenerhebung nicht möglich oder aufgrund umfangreicher bereits vorliegender Daten nicht sinnvoll ist. Die Meta-Analyse zielt daher darauf ab, die Ergebnisse von mehreren empirischen Studien zusammenzufassen, indem die Auswirkungen auf ein Ergebnis statistisch untersucht, Gründe für unterschiedliche Ergebnisse in den einzelnen Studien herausgearbeitet und die Heterogenität in den zugrunde gelegten Daten erklärt werden. Die Methode der Meta-Analyse wird bereits seit langer Zeit in der medizinischen Forschung angewandt, in der oftmals viele empirische Untersuchungen einer bestimmten Behandlung oder eines Medikaments zu teilweise gegensätzlichen Ergebnissen führten. Anstatt diese unklaren Ergebnisse durch eine weitere Erhebung von Primärdaten noch verwirrender zu machen, bietet sich eine Meta-Analyse an, die bei korrekter Ausführung zu statistisch signifikanten Ergebnissen kommen wird und damit noch aussagekräftiger sein wird als die Summe der einzelnen zugrunde gelegten Studien. Kern der Meta-Analyse ist die neue Auswertung der Primärdaten der einzelnen Studien mithilfe umfangreicher statistischer Tests. Sollten die Primärdaten nicht verfügbar oder statistische Verfahren nicht eigenständig umsetzbar sein, so wäre zumindest eine *systematische Auswertung* (systematic review) der einzelnen Studien möglich. Auch wenn die Aussagekraft einer systematischen Auswertung weit unter der der Meta-Analyse liegt, so bietet sich diese Variante dennoch als second best an.

Die einzelnen Methoden werden in Kap. 4 jeweils in ihrer Bedeutung und Anwendung für die wirtschaftswissenschaftliche Forschung näher dargestellt. Die genannten methodischen Vorgehensweisen sollten jedoch nicht „wahllos" angewendet werden, da sie sowohl an das Thema als auch an die Kenntnisse des Studierenden besondere Anforderungen stellen (Tab. 2.1). Die typische Vorgehensweise ist insbesondere bei ersten Hausarbeiten bzw. der Bachelorarbeit die theoretisch-deduktive, da sie eine direkte Anwendung des im Studium erlernten Wissens ermöglicht. Allerdings reicht es nicht aus, die vorgegebene oder selbst gewählte Hypothese allein anhand von 2 bis 3 Lehrbüchern zu überprüfen. Vielmehr ist eine breite Literaturbasis zugrunde zu legen, die ein systematisches Arbeiten voraussetzt. Demgegenüber erfordern Empirie, Meta-Analyse und Modell gute statistische oder mathematische Kenntnisse. Im Gegensatz zur Theorie sind sie jedoch auch anwendbar, wenn wenig Sekundärmaterial verfügbar ist. Die hohen Anforderungen und das höhere Risiko eines Scheiterns gleichen sie durch einen hohen eigenen Beitrag aus. Gerade im Masterstudium

Tab. 2.1 Kriterien zur Wahl der methodischen Vorgehensweise

	Theorie	Empirie	Meta-Analyse	Modell
Voraussetzungen (Thema)	• gute Literaturbasis	• Zeit für Datenerhebung	• Verfügbarkeit von mehreren empirischen Studien	• Strukturierbarkeit der Fragestellung
Erforderliche Kenntnisse (Studierender)	• systematisches Arbeiten	• statistische Kenntnisse	• statistische Kenntnisse	• mathematische Kenntnisse
Vorteile	• gute Informationsbasis • zeitlich kalkulierbar • Datenbeschaffung relativ einfach und günstig	• primäres bzw. originäres Informationsmaterial wird verwendet • hoher eigener Beitrag	• geringerer Zeitaufwand als bei eigener Datenerhebung	• geringer Bedarf an Literatur • hoher eigener Beitrag
Nachteile	• Abhängigkeit von verfügbaren Quellen • schwierig, etwas Neues zu kreieren	• zeitaufwendig • theoretische Basis oftmals zu schwach ausgeprägt	• Gefahr unklarer Ergebnisse	• selbst kleine Fehler schränken die Aussagekraft ein

wird daher oft eine empirische Vorgehensweise erwartet. Es ist jedoch dringend davon abzuraten, eine Vorgehensweise nur mit Blick auf die Note auszuwählen. Beispielsweise sind die von Studierenden so gerne geführten Interviews oft unstrukturiert und methodisch mangelhaft, sodass das Ergebnis sowohl den Gutachter (und Bewerter) der Arbeit als auch den Studierenden enttäuscht. Zudem ist zu berücksichtigen, dass die methodische Vorgehensweise auch vom jeweiligen Fachgebiet abhängt. Während etwa in der Finanzwirtschaft empirische Arbeiten im Vordergrund stehen und in der Mikroökonomie das Modell, so ist im Steuer- und Wirtschaftsrecht das empirische Arbeiten fast unbekannt (vgl. zu Letzterem Schimmel et al., 2017, S. 42). Dies erklärt auch, warum Theisen (2021) der empirischen Forschung nur zwei Seiten widmet (S. 91).

Fragen

Aufgabe 2.1: Unterscheiden Sie, ob es sich bei den folgenden Themen um eine positive oder eine normative Analyse handelt:

a) Analyse der (real) gezahlten Boni an Bankmanager
b) Führt der Sarbanes–Oxley Act zu einem höheren Informationsgehalt der Jahresabschlüsse?
c) Sollte eine Obergrenze für Bonuszahlungen an Bankmanager eingeführt werden, um möglicherweise Existenz vernichtende Spekulationen zu verhindern?
d) Hat die Trennung der US-amerikanischen Banken in Investment- und Retailbanken die Stabilität des Finanzsektors erhöht?
e) An welche Bemessungsgrundlage sollten Provisionen für Vertriebsmitarbeiter gebunden werden?

Aufgabe 2.2: Unterscheiden Sie die folgenden Forschungsansätze danach, ob theoretisch, empirisch, modellbasiert oder mittels einer Meta-Analyse gearbeitet wird:

a) Repräsentative Befragung von 1000 Testpersonen über die Entscheidungskriterien bei der Wahl von Altersvorsorgeprodukten
b) Untersuchung der Preisbildung für den vereinfachten Fall, dass es nur einen Konsumenten, einen Produzenten und ein Produkt gibt
c) Statistische Auswertung des Aktienkursverhaltens eines Unternehmens nach der Ankündigung einer Akquisition (Datenbasis: NYSE- und NASDAQ-Daten)

d) Statistische Auswertung von 20 vorhandenen Studien zum Erfolg von Direktinvestitionen in China

e) Verfassen einer Arbeit über die Frage, ob die Entscheidungen der deutschen Regierung zu Beginn der 1930er-Jahre zur damaligen Bankenkrise beigetragen haben

f) Analyse der Gründe für Mergers and Acquisitions

g) Formulierung einer allgemeinen Formel für die Bestimmung des Wechselkurses für den Zwei-Länder-Fall unter der Prämisse, dass die jeweilige Kaufkraft den einzigen Einflussfaktor darstellt

Aufgabe 2.3: Der Decoy-Effekt (Täusch- oder Ablenkungseffekt) beschreibt das Phänomen einer Präferenz der Verbraucher gegenüber einem Produkt unter Berücksichtigung zweier bestimmter Produkte, hervorgerufen durch das Angebot eines dritten „asymmetrisch dominierenden" Produktes. Ein asymmetrisch dominierendes Produkt ist in mancherlei Hinsicht besser als eines der beiden Produkte, dominiert jedoch keineswegs beide Produkte. Erläutern Sie, mit welchem Forschungsdesign untersucht werden kann, ob dieser Zusammenhang in der Realität besteht.

2.3.5 Zielsetzung und Methodik

Die erste schriftliche Ausformulierung der Arbeit sollte in der Formulierung der Zielsetzung bestehen. Diese gibt in wenigen Sätzen an, welche Frage die Arbeit mit der Argumentation im Hauptteil beantworten soll. Kern der Zielsetzung ist dabei in der Regel die Überprüfung der Hypothese. Eine Arbeit ohne klare und konkrete Zielsetzung wird zwangsläufig auch zu einer unklaren Argumentation im Hauptteil führen. Daher ist die (aktuelle) Zielsetzung bei jeder Texterstellung im Auge zu behalten. Abschnitte, die nicht der Zielsetzung dienen, sind unnötige Exkurse und sollten daher aus der Arbeit entnommen werden. Dies bedeutet jedoch nicht, dass Exkurse generell verboten wären. Einigkeit scheint zwar insofern darüber zu bestehen, dass Exkurse sparsam eingesetzt werden sollten (so Theisen, 2021, S. 178 f.; Schimmel et al., 2017, S. 141). Was unter „sparsam" zu verstehen ist, wird jedoch objektiv nicht zu beantworten sein, weshalb hier der Betreuer zurate gezogen werden sollte. Es bietet sich an, überflüssige Passagen in ein separates Dokument beispielsweise „Rauswurf.docx" zu kopieren, sodass sie gegebenenfalls wieder verwendet werden können.

Im Rahmen der Abschlussarbeit wird eigenständiges, wissenschaftliches Arbeiten erwartet. Die Thesis sollte daher über eine reine Wiedergabe von

Bekanntem hinausgehen. Zwar kann auch das „Zusammenschreiben" eine eigenständige Leistung darstellen; im Regelfall wird jedoch erwartet, dass der Verfasser nicht einfach fremde Aussagen in eigenen Worten wiedergibt. Im Idealfall werden verschiedene, sich widersprechende Meinungen kurz dargestellt und abgewogen. Anschließend entwickelt und begründet der Verfasser seine eigene Meinung. Diese Meinung muss nicht die vorherrschende Meinung oder gar die Meinung des Betreuers widerspiegeln, sondern wird gerade dann interessant, wenn damit neue Wege beschritten werden. Weil sich die Wissenschaft mit der Gewinnung *neuer Erkenntnisse* befasst, sollte auch jede wissenschaftliche Arbeit somit einen Kern „Neuheit" enthalten, sodass der Leser nach der Lektüre etwas gelernt haben könnte. Ohne einer „Sensationsgier" in der Wissenschaft das Wort reden zu wollen, erweist es sich daher als hilfreich, ein eher aufregendes Thema zu wählen, das dem Leser einen Mehrwert verspricht. Dies kann etwa dadurch erreicht werden, dass bisherige Theorien infrage gestellt oder einem empirischen Test unterzogen werden bzw. durch die Aktualität des Themas. Beispielsweise könnte man eine Arbeit über „Die Krise des deutschen Bankenwesens 1932" interessanter gestalten, indem der Bezug zur aktuellen Situation hergestellt wird: „Die Krise des deutschen Bankenwesens 1932 und 2008 – nichts gelernt aus früheren Fehlern?" Durch den aktuellen Bezug steigt der Wert der Arbeit für den Leser.

Wenn sich bei der Formulierung des Hauptteils hingegen herausstellt, dass die Zielsetzung in der aktuellen Form nicht umsetzbar ist, sollte sie angepasst werden. Die Zielsetzung (und nur diese) muss zwingend im Schlussteil der Arbeit erfüllt werden. Alle Ausführungen, die über die ursprüngliche Zielsetzung hinausgehen, sind ggf. in einen separaten Abschnitt „Ausblick" auszugliedern (s. hierzu Kap. 4). Um Klarheit zu schaffen, können in der Zielsetzung die oben genannten Klassifikationen genutzt werden. So kann darauf verwiesen werden, dass es sich um eine positive (deskriptive) oder um eine normative (präskriptive) Fragestellung handelt. Zudem kann die methodische Vorgehensweise als theoriebasiert, empirisch, meta-analytisch oder modellbasiert beschrieben werden. Eine gut strukturierte wissenschaftliche Arbeit führt zwingend dazu, dass die Zielsetzung klar definiert ist und damit bestimmte Fragestellungen nicht untersucht werden. Die Stimmigkeit der Zielsetzung sollte sich aus dieser selbst ergeben, d. h., sie sollte so formuliert sein, dass sie keiner weiteren Begründung bedarf. Das Vernachlässigen nahe liegender Fragestellungen kann jedoch in einer Abgrenzung begründet werden. Gründe können etwa in der mangelnden Datenverfügbarkeit bzw. der nicht zu bewältigenden Komplexität liegen oder methodischer Art sein.

Das folgende Textbeispiel aus einer Arbeit zu Mergers and Acquisitions, d. h. Fusionen und Übernahmen, verdeutlicht die Formulierung einer klaren Zielsetzung mit einer kurzen Abgrenzung.

Beispiel 1: Zielsetzung

Zielsetzung der vorliegenden Arbeit ist es, die Gründe für M&A-Transaktionen zu bestimmen, wobei angenommen wird, dass nicht nur ein Grund alleine ausschlaggebend für eine Entscheidung für eine M&A-Transaktion ist. Der Schwerpunkt liegt dabei auf der Integration der in der Literatur bekannten Erklärungsansätze. Auf ausführliche Klassifikationen bezüglich der Art der Akquisition (horizontal etc.) oder ihrer Finanzierung (zum Beispiel über Eigen- oder Fremdkapital) wird zugunsten einer geschlossenen Analyse verzichtet.

Bei der kurzen Formulierung wird deutlich, dass es sich um eine deskriptive Arbeit handelt (Bestimmung der realen Gründe) und eine theoretische Vorgehensweise gewählt wird (auf Basis der Literatur). Die in der Zielsetzung enthaltene Hypothese lautet, dass nicht nur *ein* in der Literatur genannter Grund ausreicht, M&A-Transaktionen zu erklären, sondern vielmehr eine Integration notwendig ist. Die Abgrenzung macht schließlich deutlich, dass der Verfasser wichtige Sachverhalte nicht etwa vergessen, sondern bewusst ausgeschlossen hat.

Fragen

Aufgabe 2.4: Überprüfen Sie die folgenden Zielsetzungen und benennen Sie Verbesserungsmöglichkeiten:

a) Ziel der vorliegenden Arbeit ist es, die Entwicklung der deutschen Musikbranche in den vergangenen 20 Jahren darzustellen.

b) Die Zielsetzung besteht darin, die Behandlung von langfristigen Aufträgen nach den deutschen und den internationalen Rechnungslegungsstandards zu vergleichen.

c) Es soll das Verfahren der Unternehmensbewertung nach IDW S1 (Standard der deutschen Wirtschaftsprüfer zur Unternehmensbewertung) dargestellt werden.

d) Ziel der Arbeit ist, den Shareholder-Value-Ansatz mit dem Stakeholder-Value-Ansatz zu vergleichen.

Die folgende Checkliste fasst die bei der Formulierung von Zielsetzung und Hypothese zu beachtenden Punkte zusammen.

Checkliste „Zielsetzung und Hypothese"

- Aufstellung einer falsifizierbaren Hypothese
- Formulierung einer klaren Zielsetzung (möglichst in einem Satz)
- Im Zweifel: Wahl einer eher zu engen als einer zu weit gefassten Zielsetzung
- Aktualität des zugrunde liegenden Themas und wissenschaftliche Bedeutung der Zielsetzung
- Berücksichtigung der Voraussetzungen sowie der eigenen Stärken und Schwächen bei der Wahl des Themas sowie bei der methodischen Vorgehensweise
- Kurze Darstellung des Forschungsdesigns, d. h., ob die Analyse normativ oder deskriptiv ist, sowie der methodischen Vorgehensweise (theoriebasiert, empirisch, modellbasiert bzw. Meta-Analyse)
- Ggf. Abgrenzung der nicht betrachteten Aspekte des Themas und eine kurze Begründung hierfür

2.3.6 Titel der Arbeit

Während bei Bachelorarbeiten der Titel der Arbeit in der Regel vom Betreuer vorgegeben wird, obliegt die Formulierung des Titels bei Master- und insbesondere bei Doktorarbeiten dem Studierenden. In diesen Fällen ist der geplante Titel der Arbeit auch in das Exposé aufzunehmen und sollte mit dem Betreuer diskutiert werden. Als Grundregel gilt: Ein guter Titel fasst die Abschlussarbeit in wenigen Worten zusammen. Gerade für Master- und insbesondere für Doktorarbeiten bedeutet dies, dass nicht immer schon bei Vereinbarung des Themas ein passender Titel formuliert werden kann. Schließlich gehört es zur Forschung, dass das Ergebnis des Forschungsprozesses nicht von vornherein bekannt ist. In diesen Fällen ist es üblich, zunächst einen vorläufigen *Arbeitstitel* zu vereinbaren. Gerade bei Doktorarbeiten wird daher der vorläufige Arbeitstitel oft vom Titel der später eingereichten Dissertation abweichen, der ebenfalls nicht identisch sein muss mit dem Buchtitel der in einem Verlag veröffentlichten Pflichtexemplare der Arbeit.

▶ **Tipp** Ob bei Bachelor- und Masterarbeiten der Titel der Arbeit während der Bearbeitungszeit geändert werden kann und welche Formalitäten in diesem Fall erforderlich sind, sollte gleich zu Beginn beim Prüfungsamt bzw. bei der Studien- und Prüfungsorganisation erfragt werden. Eigenmächtige Titeländerungen können zur Ablehnung der Arbeit bzw. zu Punktabzügen führen.

Der (Haupt-)Titel sollte als Richtwert höchstens zehn Wörter umfassen. Notwendige Ergänzungen können als Untertitel nach einem Doppelpunkt oder

Gedankenstrich angefügt werden. Der Haupttitel sollte dabei die wichtigsten Stichwörter der Arbeit enthalten, jedoch keine Sonderzeichen oder allgemeinen (außer fachlich einschlägigen) Abkürzungen. Das Betazeichen (β) eines Wertpapiers in der Kapitalmarkttheorie sollte daher als „Beta" ausgeschrieben werden. Dies hat den Vorteil, dass der Titel der Arbeit im Abschlusszeugnis bzw. Transcript sowie in Datenbanken problemlos eingetragen werden kann. Zudem sichern die Stichworte etwa im Falle einer anschließenden Buchveröffentlichung das Auffinden der Arbeit. Unnötige Wörter sind aus dem Titel zu streichen. Der Titel „Eine empirische Untersuchung der Auswirkung von Auslandsentsendungen deutscher Unternehmen auf psychische Belastungserscheinungen" könnte daher wie folgt umformuliert werden: „Das Burn-out-Syndrom bei deutschen Expatriates: Der empirische Einfluss der Zahl der Auslandsentsendungen" Die vorgeschlagene Umformulierung des Titels hat folgende Vorteile:

1. Die Verwendung fachlich einschlägiger Begriffe wie Expatriate und Burn-out macht den Titel griffiger und ermöglicht einen kurzen Haupttitel. Zudem werden die Fachbegriffe im Falle einer Veröffentlichung leichter in Datenbanken gefunden.
2. Das nichts sagende Wort „Untersuchung" (jede Forschungsarbeit untersucht etwas) kann entfallen.
3. Durch die Unterteilung in Haupt- und Untertitel können die beiden Fachbegriffe an den Anfang des Titels gestellt werden, während sie in der früheren Version erst am Ende des Titels erschienen.

Wie das Beispiel verdeutlicht, sind Hinweise zur methodischen Vorgehensweise (empirisch usw.) nicht zentral und gehören – wenn überhaupt – eher in den Untertitel (falls vorhanden).

2.4 Organisatorische Vorabeiten

2.4.1 Zeitplanung

Um eine wissenschaftliche Arbeit innerhalb der vorgegebenen begrenzten Bearbeitungszeit erfolgreich abschließen zu können, ist eine vorherige Zeitplanung ratsam. Denn eine Nichteinhaltung des Abgabetermins wird grundsätzlich als Nichtbestehen der Arbeit gewertet; nur in seltenen Ausnahmefällen ist eine Verlängerung zulässig. Mit einer Zeitplanung kann auch sichergestellt werden, dass die zur Verfügung stehende Zeit effizient genutzt werden kann. Denn auch die falsche Schwerpunktsetzung bei der Aufteilung der Zeit kann sich negativ auf die Arbeit auswirken, wenn einzelne Teile überhastet bearbeitet werden und dann später aufwendig nachbearbeitet werden müssen. Im Idealfall erfolgt die Zeitplanung mittels eines Projektplans mit definierten Meilensteinen (z. B. Fertigstellung des Grundlagenkapitels bis zum 12. März), die eine Nachkontrolle der Zeitplanung ermöglichen. Tab. 2.2 stellt eine solche Zeitplanung für eine Arbeit vor, die auf eine Bearbeitungszeit von 105 Tagen angelegt ist. Alternativ können die Meilensteine auch in einen Wand- oder Tischkalender eingetragen werden.

Bei der Zeitplanung ist von der individuellen Arbeitsweise auszugehen. Wer etwa weiß, dass er pro Tag ungefähr eine Seite Text erstellen kann, benötigt für eine vierzigseitige Arbeit durchschnittlich 40 Tage. Es ist aber auch zu berücksichtigen, dass Literaturrecherche und -auswertung sowie die Konzeption des Grundgerüsts der Arbeit die ersten Wochen in Anspruch nehmen

Tab. 2.2 Zeitplanung (in Anlehnung an Theisen, 2021, S. 32–38)

Nr.	Arbeitsschritte	Dauer Plan	Datum Plan	Datum Ist
1	Arbeits- und Zeitplanung	1		
2	Literaturrecherche und -beschaffung	6		
3	Literatursichtung und -auswahl	5		
4	Literaturauswertung	16		
5	Strukturierung der Literatur	4		
6	Entwurf einer differenzierten Gliederung	3		
7	Besprechung der Gliederung mit Betreuer/-in	1		
8	Überarbeitung der differenzierten Gliederung	2		
9	Erstellung der Manuskriptrohversion (inkl. Tabellen, Abbildungen, Verzeichnisse)	40		
10	ggf. Besprechung mit Betreuer/-in	2		
11	Manuskriptdurchsicht	7		
12	Manuskriptüberarbeitung	5		
13	Endkorrektur	3		
14	Endausdruck	2		
15	Binden der Arbeit	2		
16	Abgabe der Arbeit	1		
17	Puffer	5		

werden. Somit muss die Schreibgeschwindigkeit erhöht werden. Typischerweise wird bei der Planung zu optimistisch vorgegangen. Daher sollte der Plan an den wichtigsten Stellen jeweils 1–2 Tage Pufferzeit vorsehen. Auch sollte die Fertigstellung nicht auf den letzten Tag geplant werden, da ansonsten – zu erwartende – Unterbrechungen (PC-Probleme usw.) eine Überschreitung der Abgabefrist (Ausschlussfrist!) zur Folge hätten.

Es hat sich bewährt, in der stressigen Zeit der Erstellung der Abschlussarbeit den Arbeitstag durch vordefinierte Pausen zu untergliedern, in denen soziale Kontakte gepflegt und Spiele gespielt oder Filme, Videos etc. geschaut werden können. Zumindest während der Bearbeitungszeit sollte man im Übrigen auch auf die automatische Benachrichtigung bei neuen Posts in den sozialen Netzwerken etc. verzichten und diese ausschalten, damit der Schreibfluss nicht ständig unterbrochen wird.

Die in der nachfolgenden Checkliste genannten Punkte sollten bei der Zeitplanung nicht vergessen werden. Beim Eintreten unvorhergesehener Ereignisse, die eine weitere Bearbeitung erschweren bzw. unmöglich machen wie zum Beispiel eigene Erkrankung, berufliche Belastung oder psychische Überforderung, sollte umgehend das Gespräch mit dem Betreuer bzw. der Prüfungsorganisation gesucht werden. Denn nur im absoluten Ausnahmefall ist es möglich, eine Prüfungsunfähigkeit nachträglich zu berücksichtigen (Niehues et al., 2014, S. 119 m. w. N.). Aus Gründen der Gleichbehandlung kann zwar nicht immer auf solche Ereignisse Rücksicht genommen werden. Doch ist es in diesen Fällen ratsam, nicht die Gefahr eines Nichtbestehens aus inhaltlichen Gründen oder gar aufgrund eines in Zeitdruck entstandenen Plagiats Realität werden zu lassen (so dürften viele Plagiate aufgrund mangelnder Zeitplanung entstanden sein, vgl. Bamforth, 2013, S. 48). Auch wenn dieser Weg beschwerlich und in Einzelfällen ungerecht erscheinen mag, so ist ein Nichtbestehen infolge der Rückgabe des Themas die ehrlichere Option. Denn sie ist transparent, wahrt das Gesicht und ermöglicht so die spätere Übernahme und erfolgreiche Bearbeitung eines neuen Themas.

Checkliste „Zeitplanung"

- Fahrten zu Bibliotheken, Anfertigung von Scans und Kopien
- Tägliches Korrekturlesen neu verfasster Textabschnitte
- Rücklaufzeit für versandte Fragebögen bei empirischen Arbeiten
- Erstellung und Überprüfung des Literaturverzeichnisses, wenn keine elektronische Literaturverwaltung eingesetzt wird
- Erstellung von Abbildungen und Tabellen
- Statistische Auswertungen
- Überarbeitungen, die nach dem Gespräch mit dem Betreuer notwendig werden
- Korrekturlesen der fertigen Arbeit (einige Tage)
- Drucken und Binden der Arbeit

2.4.2 Exposé und Kolloquien

Ein Exposé wird im Rahmen von Bachelor- und Masterarbeiten nur dann zwingend benötigt, wenn das Thema vom Studierenden vorgeschlagen oder individuell mit dem geplanten Betreuer ausgehandelt wird. Für Doktorarbeiten ist es hingegen immer erforderlich. Es soll eine kurze Darstellung der geplanten Arbeit inklusive der Methoden und der dazu verwendeten Literatur geben und damit als Entscheidungsgrundlage dienen, ob das Vorhaben innerhalb der formalen Vorgaben (Textumfang und Bearbeitungsdauer) machbar und wissenschaftlich interessant ist. Das Exposé umfasst höchstens 5–10 Seiten und enthält:

- das Thema der Arbeit,
- eine erste (Grob-)Gliederung,
- die Problemstellung inklusive einer kurzen Einordnung (aktuelle Entwicklungen in der Wirtschaft, Bedeutung des Themas),
- den Stand der Forschung (mit umfangreichen Zitierungen),
- die daraus abgeleitete Zielsetzung der Arbeit inklusive einer Abgrenzung,
- die methodische Vorgehensweise (Modell, Empirie, Theorie, Meta-Analyse),
- die Zusammenfassung der einschlägigen Literatur in einem Literaturverzeichnis sowie
- ggf. einen detaillierten Arbeitsplan.

Am besten wird das Exposé bereits nach der Formatvorlage und den Formatvorschriften der späteren Arbeit erstellt, wobei nur das Deckblatt, das Inhaltsverzeichnis, die Einleitung sowie das Literatur- und Quellenverzeichnis abgedruckt werden. Die Ergänzung „Exposé" über dem Titel auf dem Deckblatt macht deutlich, dass es sich erst um eine vorläufige Ausarbeitung handelt. Die Gliederung kann als automatisches Inhaltsverzeichnis erstellt werden, indem die Gliederungspunkte auf den leeren Seiten im Textteil der Arbeit als Überschriften formatiert werden. Diese Seiten mit den Platzhaltern sollten beim Ausdruck bzw. bei der Erstellung eines PDF-Dokuments für den Betreuer nicht in den auszudruckenden Seitenbereich aufgenommen werden. Wenn die noch nichts sagenden Seitenangaben im Inhaltsverzeichnis stören, kann dort die Anzeige der Seitenzahlen ausgestellt werden. Diese Vorgehensweise hat zwei Vorteile: Zum einen kann der Betreuer ein erstes Feedback zur Einhaltung der Formatvorgaben geben. Zum anderen kann das (überarbeitete) Exposé als allererste Fassung der Arbeit dienen.

Auch wenn das Exposé nicht von der Prüfungsordnung vorgeschrieben ist (etwa für Bachelor- und Masterarbeiten), so bietet es doch enorme Vorteile, wenn der Bearbeiter mit seiner Skizze mögliche Probleme und Risiken frühzeitig erkennt und sich absichern kann.

▶ **Tipp** Wenn das Thema mit dem Betreuer individuell vereinbart wird oder ein zugelostes Thema rechtzeitig vor Beginn der Bearbeitungs- und Betreuungszeit bekannt ist, sollte ein Exposé erstellt werden.

Das wissenschaftliche Schreiben gleicht besonders bei Abschlussarbeiten dem Arbeiten im Elfenbeinturm. Wer über Wochen und Monate hinweg zum ersten Mal einen Text im Umfang von 40 bis 60 Seiten verfasst, steht in der Gefahr, sich in einer Sackgasse zu verrennen bzw. auf dem Weg zum Ziel falsch abzubiegen. Daher sollte im Zuge der Bearbeitung immer auch das Gespräch mit anderen (z. B. Betreuer, Kommilitonen, Freunden) gesucht werden, um ein Feedback über das bisher Geleistete sowie Anregungen für den weiteren Weg zu erhalten. Dem Betreuer kommt dabei eine zentrale Rolle zu, da er auch als Gutachter fungiert, der die Arbeit nach Abgabe bewerten muss. Seine Aussagen geben somit auch Hinweise auf etwaige Schwächen, die bei Abgabe in der derzeitigen Form zu Punktabzügen führen werden. Viele Betreuer bieten ein systematisches Feedback im Rahmen sogenannter Kolloquien (als Kolloquium wird mitunter auch die Verteidigung der Arbeit bezeichnet, vgl. Heister & Weßler-Poßberg, 2011, S. 231 f.) an, in denen mehrere Studierende ihre bisherigen Ergebnisse vortragen und zur Diskussion stellen. Der Vorteil solcher Kolloquien besteht darin, dass nicht nur das Feedback des Betreuers eingeholt werden kann, sondern auch hilfreiche Anregungen anderer Studierender. Um ein möglichst breites Feedback sicherzustellen, ist für die Teilnehmer eine umfassende Vorbereitung ratsam. Empfehlenswert ist die Erstellung einer Präsentation, die die Inhalte des (fortgeschriebenen) Exposés vorstellt. Diese Präsentation sollte nicht zu stark ins Detail gehen und den Schwerpunkt auf strittige Sachverhalte legen.

2.4.3 Subjektivität des Betreuers

Viele Studierende (aber auch Doktoranden) werden beim Anfertigen ihrer Arbeit durch die Vielzahl der unterschiedlichen Meinungen darüber, was eine „gute" wissenschaftliche Arbeit ausmacht, verunsichert. Von allen Seiten prasseln gut gemeinte Tipps auf den Verfasser ein. Es sollen mindestens fünf Zitatnachweise je Seite sein, meint der eine. Der andere sagt, dass alle Begriffe definiert werden müssen, und im vorliegenden Buch steht dazu vielleicht etwas ganz anderes.

Eines vorab: Es gibt nicht *den* einzig richtigen Weg, eine wissenschaftliche Arbeit in den Wirtschaftswissenschaften zu schreiben. Über einzelne Detailfragen streiten selbst Professoren (hinter verschlossenen Türen) recht heftig, um den eigenen Stil zu verteidigen. Darauf läuft es dann auch hinaus: Viele Fragen sind Fragen des persönlichen Schreibstils, die man so oder so beantworten kann. Andere Fragen – insbesondere zur Zitierweise – können hingegen eindeutig beantwortet werden. Um dem Verfasser die Unterscheidung einfacher zu machen, sind im vorliegenden Buch bei wichtigen Streitfragen abweichende Meinungen jeweils angegeben. Dieses Buch kann somit oft auch nur *Empfehlungen* aussprechen, die im Einzelfall in der Diskussion mit dem Betreuer abzuändern sind. Es wäre jedoch falsch zu sagen, dass es *trotz* der intensiven Beschäftigung mit dem wissenschaftlichen Arbeiten eine Diskussion mit dem Betreuer geben müsste. Vielmehr muss man es gerade umgekehrt positiv formulieren, dass es *wegen* der intensiven Beschäftigung zu einer fruchtbaren Diskussion kommen konnte. Wer selbst keine eigenen Vorschläge entwickelt, der wird auch aus dem Gespräch mit dem Betreuer nicht schlauer herauskommen. Denn dessen Aufgabe ist es zu kommentieren, zu kritisieren und zu korrigieren, er soll nicht entwerfen oder gar für den Studierenden die Arbeit schreiben.

Viele Studierende gewinnen angesichts der unterschiedlichen Meinungen darüber, was eine gute wissenschaftliche Arbeit ist, den Eindruck, dass es sich gar nicht lohne, sich übermäßig anzustrengen. Schließlich sei es doch letztendlich eine höchst subjektive Beurteilung, die der Betreuer und ggf. der Zweitgutachter vornehmen. Wieso sollte man sich dann die Mühe machen, die Vorgaben des Betreuers zu befolgen. Spätestens bei der nächsten wissenschaftlichen Arbeit, etwa der Master- oder der Doktorarbeit, hat man wahrscheinlich einen neuen Betreuer, der wiederum etwas ganz anderes vorgibt. Es kann jedoch nur davon abgeraten werden, fachliche oder stilistische Vorgaben als Schikanen wahrzunehmen. Auch wenn der Betreuer selbst nicht den einzig richtigen Weg des Verfassens einer wissenschaftlichen Arbeit, den es nicht gibt, verkörpert, so hilft er dem Studierenden dabei, seinen eigenen Weg zu finden. Zwischen Betreuer und Studierenden besteht ein im Vergleich zu Vorlesungen sehr intensives Lehrer-Schüler-Verhältnis. Man sollte die Subjektivität daher in einem ganz anderen Licht sehen: Das ist das, was ich nur von dieser Person lernen kann. Dieses Lernenkönnen bezieht sich dabei nicht nur auf fachliche Inhalte, sondern auch auf den Schreibstil und die Arbeitsweise. Bei diesem Lehrer-Schüler-Verhältnis geht es nicht darum, den Betreuer einfach zu kopieren, um es ihm recht zu machen und eine gute Note zu erzielen. Vielmehr übernimmt man bewusst das, was man gerne übernehmen möchte. Was nicht dazugehört, sollte unterbleiben oder zumindest ausdrücklich diskutiert werden. Auch ein „Schüler" sollte eigene Ideen entwickeln und seine eigenen Standpunkte vertreten. Für die Wahl des Betreuers der Arbeit bedeutet dies: Es sollte nicht diejenige Person gesucht werden, die die beste Note verspricht, sondern man sollte sich an denjenigen wenden, von dem man etwas lernen möchte.

Unterschiedliche subjektive Meinungen bestehen vorwiegend in Bezug auf die folgenden Themen:

- Abgrenzung des zitierwürdigen Materials (Wikipedia, Internetmaterial, Lexika usw.)
- „Mindestumfang" des Literaturverzeichnisses
- Gliederung der Einleitung
- Notwendigkeit der Zusammenfassung
- Zulässigkeit von Zwischentexten zwischen Gliederungspunkten niedrigerer Ebenen
- Zulässigkeit eigener Abkürzungen
- Verwendung bestimmter Floskeln („zusammenfassend lässt sich sagen, …") und Füllwörter

Anstatt den Betreuer direkt zu fragen, ist es professioneller, sich zunächst einmal mittels öffentlich verfügbarer Informationen über seine Aktivitäten (und damit auch über seine wissenschaftlichen Arbeitsweisen) zu informieren. Die folgenden Fragen lassen sich durch einen Blick auf die Fachbereichsseite oder allgemeine Datenbanken beantworten (nach Heister & Weßler-Poßberg, 2011, S. 111):

- Welche Fachmonographien hat der Betreuer verfasst bzw. herausgegeben?
- Welche Fachartikel hat er verfasst?
- Welche „grauen Schriften" (Working Paper etc.) hat er verfasst?
- In welchen wissenschaftlichen Gremien ist er oder war er tätig?
- Was sind seine aktuellen Forschungsschwerpunkte?
- Welche nichtwissenschaftlichen Aktivitäten übte er aus (z. B. Aufsichtsratsmandate, Beratungstätigkeit)?

Auch wenn es hierbei natürlich nicht darum geht, die Person zu „durchleuchten" oder gar in das Privatleben einzudringen, so erleichtern diese Vorkenntnisse die weitere Abstimmung.

2.4.4 Arbeiten in Verbindung mit einem Unternehmen

Nicht nur bei dualen Studiengängen bietet es sich an, die wissenschaftliche Abschlussarbeit etwa im Rahmen eines Praktikums in Zusammenarbeit mit einem Unternehmen zu verfassen. Dies kann vielfältige Vorteile haben, stellt jedoch auch eine Herausforderung dar.
Die Vorteile sind im Einzelnen:

- Verbindung von Theorie und Praxis
- Erhöhung der Einstellungs- bzw. Übernahmechancen

Die Nachteile sind hingegen:

- Praxisorientierung versus wissenschaftliche Anforderungen
- Synchronisierung der Bearbeitungszeit mit den Unternehmensanforderungen
- Starke Einbindung in den operativen Unternehmensalltag zulasten des wissenschaftlichen Arbeitens

Die Herausforderungen ergeben sich schon bei der *Formulierung des Themas:* Während aus Sicht der Hochschule das Thema von wissenschaftlichem Interesse und im Rahmen der zur Verfügung stehenden Zeit bearbeitbar sein sollte, ist das Unternehmen an einer konkreten Problemlösung interessiert. Ein solches Problem ist in der Unternehmenspraxis meist als Projekt definiert, wie etwa die Implementierung einer Dokumenten-Management-Software. Ein solches Projekt stellt jedoch nur in Ausnahmefällen ein wissenschaftlich interessantes Problem dar. Auch an einer praxisorientierten Fachhochschule oder dualen Hochschule ist das Thema mit wissenschaftlichen Methoden zu bearbeiten (vgl. hierzu Heister & Weßler-Poßberg, 2011, S. 73, die auch auf den Unterschied zum unternehmensbezogenen Projektbericht hinweisen). Aus diesem Grund kann es dazu kommen, dass die Anforderungen des Betreuers seitens der Hochschule und die des Unternehmens miteinander nicht in Einklang zu bringen sind. Der Studierende ist als schwächstes Glied derjenige, der unter diesem Konflikt zu leiden hat. Daher sollten die Anforderungen möglichst vor Vergabe des Themas in einem gemeinsamen Gespräch der drei Beteiligten geklärt werden. Auf diesem Weg erfährt der Betreuer seitens der Hochschule, der in den meisten Fällen anschließend auch als Gutachter für die Arbeit fungieren wird, von etwaigen Einschränkungen, die sich das Unternehmen vorbehalten hat.
Eine weitere wichtige Frage, die frühzeitig zu klären ist, ist die *Zeit,* die dem Studierenden zur Verfügung stehen soll. Insbesondere duale Studierende,

die während der Studienzeit einen festen Ausbildungsvertrag haben und in die Unternehmensorganisation eingebunden sind, müssen sicherstellen, dass für die Bearbeitung ein ausreichender Freiraum zur Verfügung steht. Das Vorhaben der Anfertigung einer wissenschaftlichen Abschlussarbeit neben einer vollen Berufstätigkeit wird in der Regel zum Scheitern verurteilt sein, sofern es sich nicht um ein Teilzeitstudium handelt. Es sollten daher eine zeitliche Freistellung und Urlaub vereinbart werden, sodass auch die Abwesenheit vom Arbeitsplatz etwa für Bibliotheksausleihen, Gespräche mit dem Betreuer oder das ungestörte Lesen und Schreiben ohne berufliche Nachteile möglich ist. Dazu gehört auch eine Vertretungsregelung für die Beantwortung von Telefonaten und E-Mails. Wenn das vereinbarte Thema auch im Interesse des Unternehmens ist, sollte es leichter fallen, dem studierenden Mitarbeiter diese Möglichkeiten einzuräumen.

Zudem sind auch die *Rechte* des in der Arbeit verwendeten Materials und die Rechte an der Arbeit explizit festzuhalten, um anschließende Auseinandersetzungen zu vermeiden. Schlimmstenfalls kann das Unternehmen dem Studierenden kurz vor Abgabe der Arbeit untersagen, das verwendete interne Material bzw. die zugrunde liegenden internen Informationen bei der Hochschule einzureichen. Die Arbeit müsste dann gegebenenfalls umgeschrieben werden oder könnte vielleicht überhaupt nicht eingereicht werden. Um dies zu vermeiden, sollte sich der Studierende bestätigen lassen, dass bestimmte Informationen bzw. bestimmtes Material verwendet werden kann. Diese Vereinbarung sollte mindestens in Textform (z. B. per E-Mail) getroffen werden, da Ansprechpartner auch wechseln können. Hierbei ist auch zu vereinbaren, ob die Anbringung eines Sperrvermerks, dass also die Arbeit nur zum Zwecke der Benotung den Gutachtern und ansonsten keinen weiteren Personen zugänglich gemacht werden soll (z. B. Ausleihbarkeit in der Bibliothek), notwendig ist (Theisen, 2021, S. 200; Schimmel et al., 2017, S. 101, Fn. 366). Dies betrifft auch die Frage, ob die Verwertungsrechte an der Arbeit oder ihren Ergebnissen an das Unternehmen übergehen, was bei einem dualen Studierenden regelmäßig der Fall sein wird. Damit ist eine Veröffentlichung – auch von Teilen der Arbeit – bzw. eine Weiterverwendung des Materials im Rahmen eines Studiums von der vorherigen Genehmigung des Unternehmens abhängig.

Die folgende Checkliste fasst die wichtigen Punkte zusammen, die bei einer praxisorientierten Arbeit zu beachten sind.

Checkliste „Praxisorientierte Arbeit"

- Abstimmung des Themas mit dem Betreuer der Hochschule und dem im Unternehmen verantwortlichen Ansprechpartner
- Vereinbarung des Zeitbudgets, das für die Arbeit zur Verfügung steht

- Vereinbarung der unternehmensbezogenen Informationen und Quellen, die im Rahmen der Bearbeitung verwendet werden können (explizite Auflistung)
- Notwendigkeit eines Sperrvermerks
- Abklärung, ob die fertige Arbeit vom Ansprechpartner im Unternehmen gegengelesen und durch Unterschrift freigegeben werden muss
- Abklärung mit dem Betreuer der Hochschule, welche Einflussnahme durch das Unternehmen zulässig ist (die Arbeit muss letztendlich eine eigenständige Leistung des Studierenden darstellen)

Arbeit mit Literatur und Quellen 3

3.1 Übersicht über die notwendigen Schritte

Die Recherche nach Literatur und die Erhebung von Quellen stellen neben der Wahl von Zielsetzung und Methodik die entscheidende Weichenstellung für die Arbeit dar. Denn mit der Auswertung des richtigen Materials wird sich die Arbeit fast zwangsläufig in die richtige Richtung entwickeln, wohingegen Fehlentscheidungen in dieser Phase unweigerlich dazu führen werden, dass die ganze Arbeit auf „Abwege" gerät. Dies ist schade, denn gerade in Bezug auf die Literatur existieren relativ klare Regeln, woran gute Literatur zu erkennen ist und wo sie zu finden ist. Abb. 3.1 stellt die wesentlichen Schritte zum Auffinden geeigneter Literatur zusammen.

Aus dem Titel der Arbeit, dem Thema, den Forschungsfragen, der Hypothese und der vorgesehenen Forschungsmethode erfolgt zunächst die *Ableitung der Suchbegriffe für die Literaturrecherche* (Unterabschn. 3.2.1). Denn die planlose Recherche in Datenbanken und im Internet wird zwar anfangs noch zu brauchbaren Treffern führen. Spätestens aber, wenn die Recherche vertieft werden soll, wird man schnell entmutigt sein, weil man sich scheinbar im Kreis dreht (vgl. zu diesem Risiko auch lesenswert Theisen, 2021, S. 88). Daher ist auch bei der Literaturrecherche von Anfang an eine strategische Vorgehensweise zu wählen.

Hierzu gehört nach Ableitung der Suchbegriffe die *Auswahl geeigneter Datenbanken* (Unter-Unterabschn. 3.2.2.2). Ihre Bedeutung bei der Recherche kann im Vergleich zu Suchmaschinen nicht überschätzt werden, weil im Rahmen einer wissenschaftlichen Arbeit auf wissenschaftliches Material zurückgegriffen werden muss und dieses findet sich eben nicht (kostenlos) im Internet, sondern in speziellen Literaturdatenbanken, die den Volltext-Zugang zu wissenschaftlichen Fachzeitschriften (Journals) ermöglichen. Im Rahmen der Bachelorarbeit sowie

M. Oehlrich, *Wissenschaftliches Arbeiten und Schreiben*, https://doi.org/10.1007/978-3-658-34791-8_3

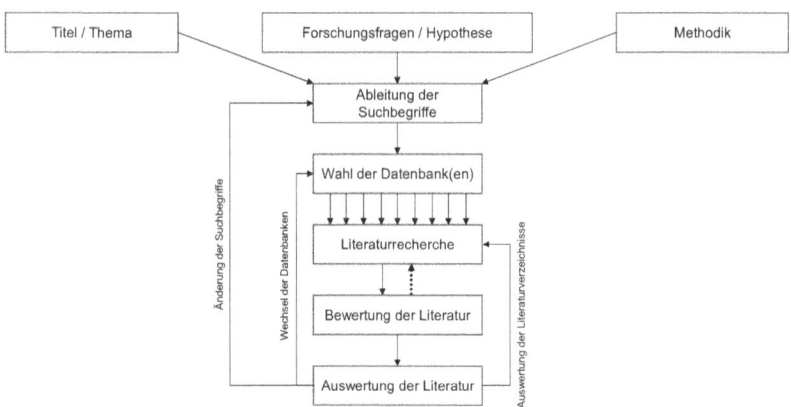

Abb. 3.1 Schritte zum Auffinden von Literatur

allgemein im Masterstudium wird darüber hinaus erwartet, dass das zugrunde gelegte Material überwiegend einem Peer-Review-Prozess unterlag, was ebenfalls die zur Verfügung stehenden Datenbanken weiter einschränkt.

Auch die Durchführung der *Literaturrecherche* sollte nicht planlos ablaufen (Unter-Unterabschn. 3.2.2.2). Zwar ist man von Internet-Suchmaschinen und Online-Buchhändlern gewöhnt, dass man nach Eingabe der Suchbegriffe in das einzig vorhandene Suchfeld Millionen Treffer findet; dies verleitet jedoch bei Datenbanken zu einer unprofessionellen Vorgehensweise. Sowohl völlig unbrauchbare Suchergebnisse, aber auch leere Suchergebnisse sind bei diesen Datenbanken keine Seltenheit.

Anschließend erfolgt die *Bewertung der Literatur* (Unterabschn. 3.2.3), um das Material auswählen zu können, welches wahrscheinlich in die Arbeit einfließen wird. Denn zu viel Literatur vorliegen zu haben, ist genauso ungünstig, wie zu wenig Literatur vorliegen zu haben. In beiden Fällen kann neben dem Ausschluss gefundener Literatur auch ein Wechsel der Datenbanken bzw. eine Änderung der Suchbegriffe notwendig sein. Gleichzeitig wird die Auswertung der gefundenen Literatur, d. h. die Verarbeitung im eigenen Text, immer auch neue Literatur zu Tage fördern, was insbesondere über die Auswertung der Literaturverzeichnisse des gefundenen Materials erfolgt (Theisen, 2021, S. 83).

3.2 Auffinden von Literatur

3.2.1 Ableitung der Suchbegriffe

Die Recherche nach Literatur und Quellen unterteilt sich in drei Schritte: Zunächst sind aus dem Titel bzw. Thema der Arbeit die relevanten Suchbegriffe abzuleiten. Dann sind diese Suchbegriffe im Internet, aber vor allem in Bibliothekskatalogen und Aufsatzdatenbanken anzuwenden. Zuletzt sind die so gefundene Literatur und Quellen nach inhaltlichen und wissenschaftlichen Kriterien zu bewerten, um die „richtige" Literatur und Quellen auszuwählen. Ein Fehler bzw. eine unsaubere Vorgehensweise in nur einem dieser drei Schritte würde dazu führen, dass das Fundament der eigenen Arbeit zu schwach ist, um den Erschütterungen durch einen Gutachter standhalten zu können.

Der erste Schritt, die Ableitung der Suchbegriffe aus dem Titel der Arbeit bzw. aus dem Thema, erfolgt meist stillschweigend, ohne dass man sich große Gedanken dazu machen würde. Doch verdeutlichen die folgenden Ausführungen, dass eine falsche oder unvollständige Auswahl der Suchbegriffe dazu führen wird, dass man den falschen Weg einschlägt. Selbst mit noch so großer Anstrengung ist das angestrebte Ziel dann nicht mehr zu erreichen. Grundlage für die Ableitung der Suchbegriffe ist der Titel bzw. der Arbeitstitel (Vorgehensweise nach Stoetzer, 2012, S. 30–32). Lautet dieser beispielsweise „Strategische Analyse von Unternehmensakquisitionen: Das Beispiel der pharmazeutischen Industrie", so lassen sich hieraus die drei in Abb. 3.2 dargestellten Themenbereiche herauslesen.

Wie Abb. 3.2 verdeutlicht, ist das Thema der betreffenden Arbeit durch die dunkelgraue Schnittmenge der drei Themenbereiche wiedergegeben. In der Recherche nach Literatur und Quellen wäre es also ideal, Material zu finden, das genau in diese Schnittmenge fällt. Allerdings sollte man sich bei fortgeschrittenen Arbeiten schnell von dieser Idealvorstellung verabschieden. Denn die Betreuer von Bachelor- und Masterarbeiten formulieren den Titel der Arbeit in der Regel so, dass das Thema nicht einfach anhand bereits vorhandener Literatur bearbeitet werden kann. Doktorarbeiten sollen sowieso einen eigenständigen Beitrag zur Forschung leisten, was durch die reine Wiedergabe und die Zusammenfassung der bisherigen Forschung nicht gegeben ist. Für das oben genannte Thema bedeutet dies, dass die drei Themengebiete „Strategie", „pharmazeutische Industrie" und „Unternehmensakquisition" nicht nur gemeinsam, sondern auch in allen Zweier-Kombinationen (mit den Operatoren UND/AND bzw. ODER/OR) bzw. auch isoliert zu recherchieren sind. Dabei sind für die Recherche auch

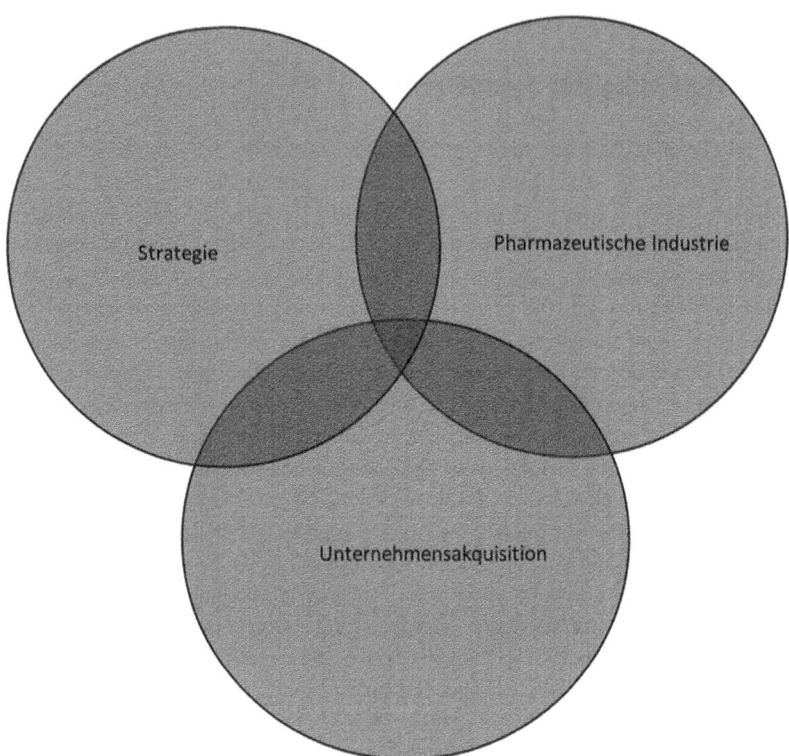

Abb. 3.2 Darstellung des Themas der Arbeit als Schnittmenge von drei Themenbereichen

Synonyme sowie Unter- und Oberbegriffe zusammenzustellen, um eine unge-
wollte Einschränkung des Rechercheergebnisses durch die falschen Suchbegriffe
auszuschließen. Tab. 3.1 verdeutlicht dies für das oben genannte Beispiel.

Die Entwicklung der Zusammenstellung erfordert zwar einige Mühe und Zeit,
sie erleichtert aber die gedankliche Erfassung des Themas. So wird deutlich, dass
die Pharmaindustrie zur Branche der Chemieindustrie gezählt und in Statistiken
oftmals unter dieser ausgewiesen wird. Andererseits sind die Biotechnologie-
Unternehmen – sofern sie Arzneimittel herstellen – ebenfalls zur Pharmaindustrie
zu zählen. In einer Recherche sollte daher nicht nur nach „Pharma-Unternehmen",
sondern auch nach „Biotech-Unternehmen" gesucht werden. Der Begriff „Unternehmenskauf" wird bei einer Recherche in Bibliothekskatalogen nur einzelne

Tab. 3.1 Zusammenstellung von Synonymen sowie Unter- und Oberbegriffen

Titelstichwort	Synonyme	Oberbegriffe	Unterbegriffe
Strategie	(Nichts)	Strategisches Management; Spieltheorie	Unternehmensstrategie; Geschäftsstrategien
Pharmazeutische Industrie	Pharmaindustrie; Pharma-Unternehmen; pharmazeutischer Unternehmer	Chemische Industrie	Biotech-Industrie
Unternehmensakquisition	Akquisition; Unternehmenskauf	Mergers & Acquisitions	Share Deal; Asset Deal

Treffer generieren, nämlich dann, wenn genau dieser Begriff im Titel oder in den Schlagwörtern eines Buches oder einer sonstigen Veröffentlichung enthalten ist. Der Begriff „Akquisition" ist noch ungünstiger, da er nicht nur den Kauf von Unternehmen, sondern in Marketing und Vertrieb auch die Gewinnung neuer Kunden bezeichnet. Bei diesem Suchbegriff werden also viele Treffer aussortiert werden müssen. Der Begriff „Unternehmenskauf" ist zwar ein Fachbegriff, er wird jedoch hauptsächlich in der juristischen und steuerrechtlichen Literatur verwendet. Als günstiger erweist es sich, den Oberbegriff „Mergers & Acquisitions" zu verwenden. Zwar ist er weiter gefasst als das zu bearbeitende Thema, doch wird er insbesondere bei der Schlagwortsuche (s. Unterabschn. 3.2.2) die meisten einschlägigen Veröffentlichungen zutage fördern, während die Unterbegriffe „Share Deal" bzw. „Asset Deal" nur zum Auffinden von sehr spezieller Literatur führen werden.

Leider lässt es sich nicht allgemein sagen, ob eine Recherche mit dem Original-Titelstichwort, synonymen Begriffen bzw. einem Ober- oder Unterbegriff sinnvoller ist. Dies hängt vom Einzelfall, d. h. der Formulierung des Titels der Arbeit und der Kreativität bei der Zusammenstellung der obigen Tabelle ab. Eine Arbeit, die etwa mit dem Titel „Finanzmarktkrise in Europa" überschrieben ist, führt bereits den wichtigsten Fachbegriff auf, sodass höchstens verbundene Phänomene wie die Bankenkrise oder die Staatsschuldenkrise mit Unterbegriffen recherchiert werden können. Auch für „Europa" existiert außer „EU" oder „Eurozone" kein besseres Synonym, da die Suchbegriffe „Okzident" oder „Abendland" nichtwirtschaftswissenschaftliche Literatur zutage fördern werden. Hier erscheint es jedoch angeraten, nicht nur nach „Finanzmarktkrise UND Europa", sondern auch nach den einzelnen betroffenen Ländern (Unterbegriffe) wie

„Finanzmarktkrise UND Griechenland" oder „Finanzmarktkrise UND Spanien" zu suchen.

3.2.2 Literaturrecherche und -beschaffung

3.2.2.1 Literaturgattungen

Die Unterscheidung in Literatur und Quellen ist für Studierende in der Regel verwirrend, was vor allem damit zusammenhängt, dass der Begriff „Quelle" im weiteren Sinne als Überbegriff für Literatur und Quellen im engeren Sinne verwendet wird. Dabei ist dies leicht zu merken: Materialien, „die – möglicherweise bearbeitet – aber noch nicht für wissenschaftliche Zwecke verarbeitet worden sind" (Theisen, 2021, S. 90, Hervorhebungen im Original), stellen Quellen (Primärmaterial) dar. Dazu zählen eigene und fremde Erhebungen, Tests und Befragungen, amtliches und nichtamtliches Material wie Urteile, Meldungen, Berichte, Richtlinien sowie privates Material wie Geschäftsberichte bzw. Archivmaterial von Unternehmen. Dagegen stellt Literatur Sekundärmaterial dar, das aus der Auswertung definierter Quellen abgeleitet wurde (Theisen, 2021, S. 103). Tab. 3.2 grenzt Literatur und Quellen voneinander ab. Dabei sind auch Quellen schriftlich bzw. elektronisch zu dokumentieren und der Arbeit im Anhang oder auf einem Datenträger anzufügen. So sind auch Vorträge bzw. eigene Interviews nur anhand eines Redemanuskripts, einer eigenen Mitschrift bzw. eines

Tab. 3.2 Abgrenzung von Literatur und Quellen

Literatur (Sekundärmaterial)	Quellen (Primärmaterial)
• Monographien • Buchbeiträge • Aufsätze in Fachzeitschriften • Zeitungsartikel • Studien • Working Paper • Sekundärmaterial (s. o.) aus dem Internet	• Gesetze, Verordnungen, Urteile • Richtlinien, Ordnungen von Organisationen des Privatrechts (z. B. DIN) • Geschäftsberichte • (Unternehmens-)Broschüren • Daten (auch eigene) • Interviews (auch eigene) • Vorträge • Radio- und TV-Beiträge sowie Medien aus dem Internet • Briefe, schriftliche Auskünfte, Archivmaterial • Primärmaterial (s. o.) aus dem Internet

Ergebnisprotokolls zitierfähig (s. Abschn. 3.5). Der Literatur kommt in jeder wissenschaftlichen Arbeit die größte Bedeutung zu. Daher soll im Folgenden zunächst die Literaturarbeit ausführlich dargestellt werden, bevor am Ende des Kapitels auf die Arbeit mit Quellen eingegangen wird.

Die Literaturrecherche stellt eine grundsätzliche Herausforderung im Rahmen des wissenschaftlichen Arbeitens dar. Denn für die meisten Zielsetzungen wird eher zu viel als zu wenig Literatur zur Verfügung stehen. Im seltenen Fall, dass zu wenig oder scheinbar keine einschlägige Literatur zur Verfügung steht, sollte eine Anpassung der Zielsetzung in Betracht gezogen werden. So könnte sie breiter angelegt werden. Generell sollte die *erste* Literaturrecherche breit angelegt werden, um nicht bereits zu Beginn mögliche Entwicklungspfade auszuschließen. Dennoch ist dabei sicherzustellen, dass man nicht durch die zu erwartende Fülle an Literatur überwältigt wird. So sollten schon an dieser Stelle organisatorische Maßnahmen ergriffen werden, Übersichtlichkeit zu schaffen und beizubehalten. Dazu gehört das Abheften von ersten Ausdrucken ebenso wie das geordnete Abspeichern von Dateien (PDF-Dokumenten, Internetseiten usw.) in entsprechend bezeichnete Dateiordner. Der hier investierte Aufwand lohnt sich, denn jede unvollständige oder aufgrund fehlender bibliographischer Angaben (Verfasser, Jahr, Titel, Seitenzahlen usw.) nicht zitierbare Literatur ist später unbrauchbar.

▶ **Tipp** Internetseiten sollten am besten über das Druckmenü als PDF-Datei abgespeichert werden. Dies hat den Vorteil, dass eventuell enthaltene Abbildungen bzw. Grafiken nicht verloren gehen können. Zudem kann die Option gewählt werden, dass die URL und das Druckdatum in der Kopfzeile gespeichert werden. Beide Angaben sind für die spätere Erstellung des Literaturverzeichnisses unerlässlich. Ausdrucke, Scans und Kopien von Zeitungs- oder Zeitschriftenbeiträgen sollten auf der ersten Seite immer mit den notwendigen bibliographischen Angaben (Verfasser, Titel, Seitenzahl usw.) versehen werden. Bei Büchern sind Titelseiten sowie das Inhalts- und Literaturverzeichnis unbedingt mitzuscannen bzw. mitzukopieren. Zudem ist bei Scans oder Kopien der Zoom so einzustellen, dass die Seitenzahl nicht abgeschnitten wird. Ansonsten ist anschließend eine genaue Zitierung nicht möglich.

Wie bereits an Tab. 3.2 deutlich wurde, kann Literatur in verschiedenen Gattungen auftreten. Allgemein können diese in Bücher, Buchbeiträge, Zeitschriftenbeiträge, Konferenzbeiträge, graue Literatur und Online-Literatur unterteilt werden (Stötzer, 2012, S. 20), wobei heutzutage elektronische Ressourcen (z. B.

ein E-Book) der entsprechenden „analogen" Gattung (für E-Books: Bücher) zugeordnet werden. Die Kenntnis der verschiedenen Gattungen und die Fähigkeit,
gefundenes Material richtig zuzuordnen, ist nicht nur für die Qualitätsbewertung,
sondern auch für die anschließende Zitierung und Aufnahme in die Verzeichnisse
von Bedeutung:

- *Bücher* (APA-Kategorie „Books") stellen eine sehr heterogene Literaturgattung dar, da sie in verschiedenen Formen vorliegen können:
  - *Monographien* (APA-Kategorie „Authored Books") sind umfassende wis-
    senschaftliche Untersuchungen über einen einzelnen Gegenstand, die von
    einem oder mehreren Verfassern gemeinsam geschrieben wurden (griech.
    μόνος, mónos – einzig, allein, einzeln und griech. γράφειν, gráphein –
    schreiben). Sie werden in der Regel mit anderen, spezielleren Bezeichnun-
    gen belegt, um die Art der Monographie zu konkretisieren: Lehrbücher,
    Dissertationen (Doktorarbeiten), Habilitationsschriften (wissenschaftliche
    Arbeiten zur Erlangung der Lehrbefähigung an einer Universität) usw.
    Alle Arbeiten, die an einer Hochschule, d. h. einer Fachhochschule oder
    Universität, als Prüfungsarbeiten eingereicht wurden, werden unter dem
    Begriff der „Hochschulschrift" (APA-Kategorie „Dissertations or Theses")
    zusammengefasst.
  - *Herausgeberwerke* (APA-Kategorie „Edited Works") sind zwar auch
    Bücher, aber keine Monographien. Sie unterscheiden sich von diesen
    dadurch, dass sie nicht von einem oder mehreren Verfassern gemein-
    sam geschrieben wurden, sondern vielmehr mehrere einzelne Beiträge
    (sog. Buchbeiträge, s. u.) unterschiedlicher Verfasser zusammenstellen.
    Herausgeberwerke können je nach Zweck und Anlass auch abweichende
    Bezeichnungen wie Sammelband, Handbuch oder Festschrift aufweisen. Zu
    erkennen sind sie oft bereits am Bucheinband, welcher dann nicht den/die
    Verfasser, sondern den/die Herausgeber (Hrsg., engl. Editor, abgekürzt:
    Ed. bzw. Eds.) nennt, also diejenigen Personen, die die Zusammenstel-
    lung der einzelnen Beiträge und die Abstimmung der jeweiligen Verfasser
    verantwortet haben. Problematisch ist, dass auch Monographien manchmal
    sogenannte Reihenherausgeber aufweisen, die auf dem Einband einfach als
    „Hrsg." bezeichnet werden. In diesem Fall handelt es sich jedoch dennoch
    um eine Monographie, die auch als solche zu zitieren ist.
  - *Nachschlagewerke* (APA-Kategorie „Reference Works") wie (Hand-)
    Wörterbücher, Lexika oder Enzyklopädien ähneln zwar sehr den Heraus-
    geberwerken, weil auch sie in Beiträge zu einzelnen Stichwörtern unterteilt
    sind. Da die Verfasser der Stichwörter manchmal nicht angegeben sind oder

etwa bei Datenbanken keine feste URL vorliegt, werden sie jedoch von diesen abgegrenzt. Zu unterscheiden ist das Nachschlagewerk (z. B. Duden) von einem einzelnen Eintrag in einem Nachschlagewerk (z. B. Fazilität).

- *Buchbeiträge und Einträge in Nachschlagewerken* (APA-Kategorie „Edited Book Chapters and Entries in Reference Works") bezeichnen den einzelnen Beitrag in einem Herausgeberwerk bzw. den einzelnen Eintrag in einem Nachschlagewerk.
- *Zeitschriftenbeiträge* (APA-Kategorie „Periodicals") umfassen vor allem Beiträge in wissenschaftlichen Fachzeitschriften (Journals), aber auch Artikel in Magazinen und Tageszeitungen. Über die vorhandenen Ratings von Fachzeitschriften ist eine Bewertung der wissenschaftlichen Qualität der Beiträge in den jeweiligen Fachzeitschriften möglich.
- *Konferenzbeiträge und Präsentationen* (APA-Kategorie „Conference Sessions and Presentations") sind ähnlich wie Zeitschriftenbeiträge und werden gewöhnlicherweise auch so zitiert und in das Verzeichnis aufgenommen, wenn sie in einer Zeitschrift veröffentlicht wurden. Anders verhält es sich, wenn der Konferenzbeitrag außerhalb einer Zeitschrift veröffentlicht wurde.
- *Graue Literatur* (APA-Kategorie „Reports and Gray Literature") ist die Literatur, die nicht in einem Verlag erschienen und über den Buchhandel zu beziehen ist. Beispiele sind Working Papers (auch als Diskussions- oder Arbeitspapiere bezeichnet), Studien oder Berichte. Ihnen ist zudem gemein, dass sie meist kein Verfahren der Qualitätsprüfung (Peer Review oder Prüfung durch einen Verlag) durchlaufen haben und nur eingeschränkt zugänglich sind.
- *Online-Literatur* stellt eine sehr heterogene Literaturgattung dar, die Beiträge in sozialen Medien (APA-Kategorie „Social Media") und Internetseiten (APA-Kategorie „Webpages and Websites") umfasst. Dieses Material beinhaltet hinsichtlich der Qualität und der Nachprüfbarkeit die größten Risiken (Theisen, 2021, S. 72).

Diese Klassifikation der Literatur soll dem Verständnis dienen, welche Vor- und Nachteile die jeweilige Gattung aufweist und wie das jeweilige Material zu zitieren ist. Eine Unterteilung der Verzeichnisse des verwendeten Materials erfolgt jedoch – wenn überhaupt – höchstens nach Literatur und Quellen. Eine Unterteilung des Literaturverzeichnisses in Monographien, Zeitschriftenbeiträge und Internetmaterial ist mittlerweile unüblich und nach den meisten Prüfungsordnungen bzw. Richtlinien sogar unzulässig.

Es erscheint heutzutage nahe liegend, die Literaturrecherche mit einer Internetsuche zu beginnen. Wie im folgenden Abschnitt erläutert wird, gehört *Internetmaterial* auch von bekannten Websites wie Wikipedia zu dem Material, das in

Bezug auf wissenschaftliche Qualitätskriterien das geringste Ansehen genießt und damit selten zitierwürdig ist (so auch Theisen, 2021, S. 52, 72; Stoetzer, 2012, S. 55–57 (für Wikipedia); Schimmel et al., 2017, S. 45–48). Daher sollte von vornherein versucht werden, Internetmaterial nur als Sprungbrett zu weiterführender Literatur zu nutzen, indem etwa die Literaturliste aus dem entsprechenden Wikipedia-Eintrag ausgewertet wird (so auch Heister & Weßler-Poßberg, 2011, S. 188). Eine gute Eingrenzung der Internetsuche ist über *Google Scholar* möglich (http://scholar.google.de). Mit Google Scholar kann eine allgemeine Suche nach wissenschaftlicher Literatur durchgeführt werden. Die Suche ist in Google Scholar eingegrenzt auf wissenschaftliches Internetmaterial – oder das, was Google Scholar dafür hält – wie Seminararbeiten, Abschluss- sowie Doktorarbeiten, Bücher, Zusammenfassungen und Artikel, die von akademischen Verlagen, Berufsverbänden, Universitäten und anderen Bildungseinrichtungen stammen. Google Scholar kann damit eine Hilfestellung bieten, die im Internet verfügbaren Arbeiten auf dem Gebiet der wissenschaftlichen Forschung zu ermitteln (Turabian, 2013, S. 29). Alternativen zu Google Scholar sind die vom Elsevier-Verlag betriebene Suchmaschine Scirus (http://www.scirus.com) bzw. die von der Universität Bielefeld betriebene Suchmaschine BASE (http://www.ub.uni-bielefeld.de).

Die im Studium angeschafften oder kopierten *Lehrbücher* stellen für die wissenschaftliche Arbeit ebenfalls nur Einstiegsliteratur dar. Sie können allenfalls für Begriffsdefinitionen sowie die Darstellung der theoretischen Grundlagen herangezogen werden, wobei jedoch niemals nur ein Lehrbuch zugrunde zu legen ist, sondern immer eine Gegenüberstellung verschiedener Meinungen mit Ableitung der eigenen Meinung stattzufinden hat. Im Hauptteil der eigenen Argumentation sind Lehrbücher jedoch weitgehend zu vermeiden. Lehrbücher sollten niemals wegen ihrer leichten Beschaffbarkeit (oder gar in einer alten Auflage) bevorzugt ausgewertet werden.

Allgemeine Lexika wie etwa der Brockhaus oder das Gabler Wirtschaftslexikon können zwar für die Recherche verwendet werden, sind jedoch kein zitierwürdiges Material (so auch Theisen, 2021, S. 51 f., 145; anders Stoetzer, 2012, S. 52–55). Etwas anderes gilt für die im Schäffer Poeschel Verlag erschienenen Handwörterbücher wie etwa für das Handwörterbuch der Betriebswirtschaft, der Organisation, des Rechnungswesens, der Absatzwirtschaft, des Personalwesens, der Finanzwirtschaft, der Produktionswirtschaft, der Revision, der Planung und der Führung (vgl. hierzu Stoetzer, 2012, S. 54). Empfehlenswerte Online-Lexika zur ersten Orientierung sind das Gabler Wirtschaftslexikon (http://wirtschaftslexikon.gabler.de) und The New Palgrave, A Dictionary of Economics (http://www.dictionaryofeconomics.com/dictionary, kostenpflichtig).

Auch *studentische Arbeiten*, die im Internet auf diversen Webseiten zumeist gegen eine Gebühr erworben werden können, sind als eigenständiges Material kritisch zu betrachten, da viele dieser Arbeiten nicht die wissenschaftliche Qualität besitzen und sich somit auf die Qualität der eigenen Arbeit negativ auswirken können. Auch die Benotung der Arbeit kann nicht als Qualitätskriterium herangezogen werden, da die vom Verfasser angegebene Note vom Betreiber der Website in der Regel nicht geprüft wird. Interessant sind studentische Arbeiten dennoch, da sie insbesondere in Bezug auf die Gliederung und die Literaturliste hilfreiche Anregungen geben können. Über Anregungen sollte es allerdings nicht hinausgehen, da es sich ansonsten nicht mehr um eine eigenständige wissenschaftliche Leistung handelt. Das Kopieren oder Nacherzählen einer fremden Gliederung in eigenen Worten stellt keine wissenschaftliche Leistung dar und kann in Extremfällen auch als Plagiat gewertet werden (Niehues et al., 2014, Rdn. 233). Haus- und Abschlussarbeiten von Studierenden können über die folgenden Anbieter erworben werden: http://www.hausarbeiten.de sowie http://www.diplom.com.

▶ **Tipp** Der Schwerpunkt der auszuwertenden Literatur liegt damit auf Monographien, Sammelwerken, Aufsätzen in Fachzeitschriften und ggf. Working Papers. Die im Folgenden beschriebenen Ressourcen bieten Möglichkeiten zur Recherche und zur Beschaffung dieser Literaturgattungen.

3.2.2.2 Suchmaschinen und Datenbanken

Der *Karlsruher Virtuelle Katalog (KVK)* ist eine Meta-Suchmaschine zum Nachweis von mehr als 500 Mio. Büchern, Zeitschriften und anderen Medien in Bibliotheks- und Buchhandelskatalogen weltweit. Die unter https://kvk.biblio thek.kit.edu eingegebenen Suchanfragen werden an mehrere Bibliothekskataloge gleichzeitig weitergereicht und die jeweiligen Trefferlisten angezeigt. Der KVK verfügt selbst über keine eigene Datenbank. Er ist von der Verfügbarkeit der Zielsysteme im Internet abhängig. Er kann auch nicht mehr Funktionalität bei der Recherche bieten als die einzelnen Zielsysteme selbst.

Subito ist der kostenpflichtige Dokumentlieferdienst wissenschaftlicher Bibliotheken aus Deutschland, Österreich und der Schweiz (http://www.subito-doc.de). Subito bietet einen schnellen und unkomplizierten Dienst, über den die Kunden durch die Bibliotheken Kopien von Aufsätzen aus gedruckten Zeitschriften oder Kopien aus Büchern herstellen lassen und diese zugesendet erhalten bzw. der die Ausleihe von Büchern unterstützt.

Aufgabe der *Nationalbibliotheken* ist es, die gesamte Literatur eines Landes bzw. eines Sprachraumes zu sammeln, zu archivieren und in einer Nationalbibliographie zu verzeichnen. Die Nationalbibliotheken sind zumeist Präsenzbibliotheken, bei denen eine Ausleihe der Medien nicht möglich ist. Die wichtigsten Nationalbibliotheken sind:

- Die *Deutsche Nationalbibliothek (DNB)* befindet sich in Frankfurt am Main und Leipzig. Der Online-Katalog ist über http://www.dnb.de zu erreichen.
- Die *Österreichische Nationalbibliothek* mit Sitz in Wien ist unter http://www. onb.ac.at zu erreichen.
- Die *Schweizerische Nationalbibliothek* mit Sitz in Bern ist zu erreichen über http://www.nb.admin.ch.
- Interessant für die Recherche englischsprachiger Medien sind die Nationalbibliotheken der USA bzw. von Großbritannien, d. h. die *Library of Congress* (http://www.loc.gov) bzw. die *British Library* (http://www.bl.uk).

Eine sehr hilfreiche Internetressource stellt auch *Google Books* dar (http:// books.google.com). Über die Google Suche kann auf eingescannte Seiten vieler gedruckter Bücher zugegriffen werden. Die Scans der Seiten lassen sich leicht umblättern. Trotz aller Zeitersparnis durch den Internetzugriff wird das Verwenden für wissenschaftliche Arbeiten zu Recht kritisch gesehen:

- *Google Books* verzeichnet nur einen Teil der verfügbaren gedruckten Literatur und auch diesen aus urheberrechtlichen Gründen nur ausschnittsweise. Wer sich also auf Google Books verlässt, geht die Gefahr ein, wichtige Literatur zu übersehen. Zudem fehlen aus urheberrechtlichen Gründen regelmäßig einzelne Seiten. Ob das Arbeiten mit einem solchen Lückentext wissenschaftlich genannt werden kann, ist fraglich.
- Zudem besteht bei *Google Books* die Problematik, dass die Reihung der einzelnen Bücher über den Suchalgorithmus von Google erfolgt, dieser also festlegt, welches Buch relevanter ist als ein anderes. Die Bewertung von Literatur stellt jedoch eine grundlegende Eigenleistung bei jeder wissenschaftlichen Arbeit dar.
- Das Abspeichern und Ausdrucken durch den Nutzer ist von Google erschwert worden und daher nur über Umwege möglich. Allerdings ist für die wissenschaftliche Literaturarbeit unbedingt eine gedruckte oder elektronische Fassung notwendig, um schnell auf bereits zitierte Textstellen zugreifen zu können.

▶ **Tipp** Aus den genannten Gründen sollte *Google Books* nur als Rechercheinstrument zum Auffinden weiterer interessanter Literatur angesehen werden. Weder kann es die Nutzung von Bibliotheks- und Zeitschriftendatenbanken noch die Beschaffung des gesamten Buchs in gedruckter oder elektronischer Version ersetzen. Wer Bücher rein über *Google Books* bezieht, handelt wissenschaftlich unsauber, was dem Leser auffallen wird.

Für die Recherche nach *Aufsätzen in Fachzeitschriften* spielen spezielle *Aufsatzdatenbanken* eine besondere Rolle. Denn aufgrund der Vielzahl an Fachzeitschriften und neuer Veröffentlichungen sind diese selbst für den Fachmann nicht mehr zu überblicken. Die Aufsatzdatenbanken arbeiten alle grundlegend nach demselben Muster: Über eine Suchmaske können Autor, Stichwörter, Schlagworte oder sogar Worte im Text eingegeben werden, um die entsprechenden Aufsätze anzuzeigen. Teilweise kann auch gezielt nur in Fachzeitschriften gesucht werden, die das Peer-Review-Verfahren einsetzen („peer-reviewed journals only"). Das Suchergebnis listet die passenden Aufsätze mit den kurz gefassten bibliographischen Angaben. In der Regel ist für alle Beiträge ein *Abstract,* d. h. eine Zusammenfassung in wenigen Zeilen verfügbar. Ob auch die Volltexte als PDF- oder HTML-Dokument abrufbar sind, hängt von den Rechten des Datenbankbetreibers sowie davon ab, ob die eigene Hochschule bzw. Bibliothek den entsprechenden Funktionsumfang abonniert hat. Die meisten Aufsatzdatenbanken bieten die Möglichkeit, Einzelaufsätze mit einem Klick auszuwählen, um die bibliographischen Angaben in die eigene Literaturverwaltungssoftware zu exportieren, sodass die Daten nicht mehr mühsam übertragen werden müssen. Die Nutzung ist aus dem Netz der eigenen Hochschule bzw. auf PCs der Bibliothek kostenfrei, wenn die Dienstleistungen abonniert wurden. Im Zweifelsfall lohnt sich der Besuch einer großen staatlichen Universitätsbibliothek in der Nähe. Im Folgenden werden die wichtigsten Recherchedatenbanken in den Wirtschaftswissenschaften und verwandter Disziplinen aufgelistet:

- *ABI/Inform Complete* (ProQuest) ist eine Aufsatzdatenbank für Wirtschaftswissenschaften und Management. Ausgewertet werden ca. 3500 Zeitschriftentitel überwiegend aus dem anglo-amerikanischen Sprachraum, aber auch deutsche Titel. Von diesen sind ca. 2500 Titel im Volltext enthalten. ABI/INFORM bietet darüber hinaus 18 000 ProQuest Business Dissertations im Volltext, ausgedehnte Informationen zu ca. 200 000 Unternehmen weltweit, ca. 5200 Business Cases, Autorenprofile aus der wissenschaftlichen Welt, und den

Zugriff auf EIU Views Wires, ein Business Intelligence Service, der ca. 75–
100 neue Artikel pro Tag zu – vor allem wirtschaftlichen – Entwicklungen
von über 180 Ländern bietet.

- *Business Source Premier* (EBSCO) ist eine umfassende Recherchedatenbank
  für alle Aspekte der Wirtschaftswissenschaften. Es werden über 10 000
  Zeitschriften ausgewertet, davon enthalten ca. 9000 Zeitschriften auch die
  entsprechenden Volltexte. Von mehr als 200 Titeln sind die Volltexte schon
  ab 1965 oder ab Erscheinungsbeginn der Zeitschrift verfügbar. Auch eine
  begrenzte Anzahl von Büchern wird im Volltext ausgewertet. Business Source
  Premier bietet außerdem Firmeninformationen zu ca. 10 000 der größten
  Unternehmen der Welt an. Die Datenbank wird täglich auf EBSCO*host*
  aktualisiert.

- *Econlit* (EBSCO) ist eine Onlinedatenbank für wirtschaftswissenschaftliche
  Veröffentlichungen seit 1886. Insgesamt werden über 750 wichtige Fachzeitschriften ausgewertet sowie mehr als 200 Sammelwerke (ab 1984) und
  Dissertationen (ab 1987). Darüber hinaus werden Monographien verzeichnet;
  zumeist liegen von diesen auch Abstracts vor. Erfasst werden englische Artikel und Aufsätze oder solche, die eine englische Zusammenfassung enthalten.
  Econlit umfasst die Fachgebiete Volkswirtschaft, Wirtschaftsgeographie, Wirt-
  schaftsgeschichte, Wirtschaftspolitik, Wirtschaftstheorie und enthält wenig
  betriebswirtschaftliche Literatur.

- *WISO Wirtschaftswissenschaften* (BLISS, ECONIS, HSLIT, INECON) ist eine
  bibliographische Datenbank mit der größten deutschsprachigen Zusammenstellung von Literaturnachweisen und Volltexten zu den Wirtschafts- und
  Sozialwissenschaften. Es werden deutsche und internationale Zeitschriften,
  Zeitungen, Bücher und andere Publikationen ausgewertet. Angeboten werden
  momentan über 330 Fachzeitschriften aus den Gebieten Wirtschaftstheorie und
  Wirtschaftspraxis sowie ca. 500 E-Books.

- *WISO Praxis* ist eine Volltext-Datenbank für die betriebswirtschaftliche Praxis mit Zeitungsinformationen, Firmenprofilen, Informationen über einzelne
  Märkte sowie Reports über die jeweils aktuellen Themen der Wirtschaft.

- *LexisNexis/Wirtschaft* enthält Fachdatenbanken mit vorwiegend anglo-
  amerikanischen Wirtschafts-, Finanz- und Rechtsinformationen und Zugriff
  auf Volltexte zu mehreren tausend nationalen und internationalen Periodika
  und Presseinformationen.

- *Statista* ist ein Statistikportal mit den wichtigsten Statistiken und Studien von
  Marktforschern, Verbänden, Fachpublikationen sowie staatlichen Quellen.

- *beck-online* ist die grundlegende Datenbank zu juristischen Themen. Neben
  Gesetzestexten (z. B. Aichberger, Nipperdey, Sartorius, Habersack) enthält

beck-online ein großes Angebot weiterer grundlegender juristischer Standard-
werke aus dem Beck-Verlag, wie Kommentare (z. B. Schönke/Schröder, Stau-
dinger, Strafgesetzbuch, Schoch/Schmidt-Aßmann/Pietzner, VwGO), Handbücher (z. B. Fritz, Hannemann, Langenfeld) und Zeitschriften (z. B. Neue
Juristische Wochenschrift). Außerdem sind in beck-online aktuelle Urteile
aus der Rechtsprechung sowie einige Formularsammlungen enthalten. Welche Inhalte zugänglich sind, hängt von der Lizenz der jeweiligen Institution
ab.

- *Juris* enthält die umfangreichste und bis ins Jahr 1947 zurückreichende Ent-
  scheidungssammlung zu allen Rechtsgebieten, Literaturnachweise aus über
  600 Fachzeitschriften mit Abstracts, Gesetze in aktueller und historischer
  Fassung, Juris Praxis-Reporte, den Juris BGB-Praxiskommentar, Rechtsprechung und Normen zum Europarecht sowie in Juris-Wirtschaftsinformation
  den Bundesanzeiger, Firmenprofile und Bonitätsauskünfte.

- *Legios* bietet eine Recherche über Entscheidungs- und Gesetzessammlungen,
  Kommentare und Handbücher des Otto Schmidt Verlags aus den Bereichen
  Arbeitsrecht, Bank- und Kapitalmarktrecht, Familienrecht, Gesellschaftsrecht,
  IT-Recht, Steuerrecht und Zivil- und Zivilprozessrecht.

- *Jurion* (ehemals LexisNexis Recht Deutschland) ist ein juristischer Online-
  Service mit derzeit folgenden Inhalten: Fachzeitschriften, z. B. Deutsches
  Verwaltungsblatt, Kommentare, z. B. Leipziger Kommentar zum StGB; Löwe-
  Rosenberg: StPO und GVG, weitere aktuelle Kommentierungen und Hand-
  bücher, Urteile aus allen Instanzen, überwiegend im Volltext Rechtsnormen
  zum EU-Recht, Bundesrecht und den Landesrechten, Formularbücher und
  Arbeitshilfen.

Anders als Aufsatzdatenbanken bieten *elektronische Fachzeitschriften* (E-
Journals) nicht nur eingeschränkte Suchmöglichkeiten, da sich die Suche auf
die entsprechende Zeitschrift erstreckt, sondern ermöglichen nur den direkten
Zugriff auf die PDF-Version der Fachzeitschrift. Dieser Einstieg zu Literatur
wird also am besten dann genutzt, wenn ein bestimmter Aufsatz gesucht wird,
von dem alle bibliographischen Angaben bekannt sind. Auch dieser Weg der
Beschaffung von Aufsätzen ist nur dann kostenfrei, wenn die eigene Hochschule oder Bibliothek das Angebot des entsprechenden Verlags abonniert hat.
Aufgrund der Vielzahl der Verlagshomepages wird auf die Übersichtsseite der
Universitätsbibliothek Regensburg (Elektronische Zeitschriftenbibliothek) unter
http://rzblx1.uni-regensburg.de/ezeit/ verwiesen. Dort werden fast alle in Deutschland erhältlichen wissenschaftlichen Fachzeitschriften verlinkt, wenn eine (meist

kostenpflichtige) elektronische Version verfügbar ist. Die Nutzung der Elektronischen Zeitschriftenbibliothek hat zudem den Vorteil, dass – sofern man die Seite aus dem Netz der eigenen Hochschule aufruft – mithilfe eines Ampelsystems angezeigt wird, ob die jeweilige Fachzeitschrift von der eigenen Hochschule elektronisch abonniert wurde und damit abzurufen ist.

> **Tipp** Um sich einen Überblick über den Stand der Forschung zum eigenen Thema zu verschaffen, sollte man prüfen, ob hierzu ein aktueller Review-Artikel veröffentlicht wurde. In zahlreichen Fachzeitschriften sind solche Reviews eine regelmäßige Rubrik. Da die Autoren das Thema eher breit und mit vielen Zitierungen darstellen, sind sie eine ergiebige Quelle für die zu beschaffenden Fachaufsätze. Nach Reviews kann in Aufsatzdatenbänken mit den Titelsuchwörtern „Stand der Forschung" oder „State of the Art" gezielt recherchiert werden.

Working Papers stellen eine besondere Literaturgattung dar, da es sich bei ihnen nicht um abgeschlossene Arbeiten, sondern um Work-in-Progress handelt. Denn an den Aufsätzen, die in den angesehenen Fachzeitschriften veröffentlicht werden, arbeiten Wissenschaftler meist mehrere Jahre. In dieser Zeit stellen sie halb fertige Versionen ihres Aufsatzes als Working Papers öffentlich zur Verfügung, um Anmerkungen von anderen Wissenschaftlern zu erhalten und um ein Thema bereits Jahre vor der Veröffentlichung zu besetzen. Da häufig mehrere Versionen veröffentlicht werden, ist darauf zu achten, dass die jeweils aktuellste Fassung beschafft wird. Working Papers können über die folgenden Ressourcen recherchiert und meist kostenfrei heruntergeladen werden:

- Eine der wichtigsten Ressourcen stellt das *National Bureau of Economic Research* (NBER) dar. Das NBER ist eine US-amerikanische private, überparteiliche Non-Profit-Forschungsorganisation, die sich dem Studium von Theorie und Empirie der Ökonomie widmet. Die Working Papers des NBER sind unter folgender Adresse zu recherchieren: http://www.nber.org/papers.html
- Das im Jahr 1994 gegründete *Social Science Research Network* (SSRN) umfasst ein breites Spektrum sozialwissenschaftlicher Forschung von der Betriebswirtschaftslehre (unter anderem Accounting, Corporate Governance, Entrepreneurship, Financial Economics, Innovation, Leadership, Management, Marketing, Organizational Behavior) über die Volkswirtschaftslehre hin zu angrenzenden Wissenschaften wie die Gesundheitsökonomik oder die Rechts- und Politikwissenschaften. Die einzelnen Bereiche unterstehen jeweils der Leitung von bekannten Wissenschaftlern meist US-amerikanischer Universitäten.

Das Ziel von SSRN ist es, Wissenschaftlern weltweit die Verbreitung ihrer Forschungsergebnisse zu erleichtern. Denn sie können bei SSRN nicht nur englischsprachige Working Papers einstellen, sondern auch Lehrmaterial und nicht englischsprachige Working Papers (mit englischem Abstract). Das Material kann in den meisten Fällen ohne Registrierung und Kosten über http://papers.ssrn.com recherchiert und heruntergeladen werden.

- Die Datenbank von *Research Papers in Economics* (RePEc) bietet ähnliche Funktionalitäten wie SSRN, ist jedoch eher volkswirtschaftlich ausgerichtet. Die Recherche ist über http://ideas.repec.org möglich.
- Viele Universitäten bzw. Universitätsbibliotheken bieten eigene Datenbanken zur Recherche von Working Papers an oder haben diese in ihren allgemeinen Bibliothekskatalog integriert. Diese können häufig über den *Karlsruher virtuellen Katalog* (KVK) unter https://kvk.bibliothek.kit.edu oder über die Datenbank *EconStor* (http://www.econstor.eu) der Zentralbibliothek für Wirtschaftswissenschaften/Leibniz Zentrum für Wirtschaftswissenschaften recherchiert werden.

3.2.2.3 Elektronische Literaturverwaltung

Die dargestellten Recherchemöglichkeiten können besonders dann effizient genutzt werden, wenn gleichzeitig eine elektronische Literaturverwaltung erfolgt, sodass das gefundene Material entweder nur mit den bibliographischen Angaben oder sogar im Volltext in die eigene Literaturverwaltung übernommen werden kann.

▶ **Tipp** Bereits zu Beginn der Literaturrecherche sollte man sich entscheiden, ob ein Literaturverwaltungsprogramm angeschafft bzw. eingesetzt werden soll.

Der Vorteil der elektronischen Literaturverwaltung besteht darin, dass die bibliographischen Daten direkt aus den Internetdatenbanken wie etwa den Bibliothekskatalogen oder den Zeitschriftendatenbanken übernommen werden können. Die Literaturverwaltung kann zudem die Zitatnachweise und das Literaturverzeichnis automatisch aktualisieren. So muss für das Einfügen eines Zitatnachweises nur noch die Veröffentlichung angeklickt und die verwendete Seite angegeben werden. Das Formatieren des Zitatnachweises und der Eintrag in das Literaturverzeichnis erfolgen gemäß der voreingestellten Zitierweise automatisch. Auch Microsoft Office Word enthält eine entsprechende Funktion (vgl. hierzu Thuls, 2016, S. 103 f.).

Die angebotenen Hilfsmittel zur elektronischen Literaturverwaltung können grundsätzlich in kostenlose, in der Regel webbasierte Anwendungen und in kostenpflichtige, in der Regel auf dem PC zu installierende Software unterschieden werden. Auch die grundsätzlich kostenpflichtige Software wird zum Teil als zeitlich beschränkte Testversion bzw. als kostenlose Basisversion mit beschränktem Funktionsumfang angeboten. Zudem haben größere Hochschulen oft Rahmenabkommen mit einem bestimmten Anbieter abgeschlossen, sodass es sich lohnt, einmal auf der Homepage der eigenen Bibliothek nachzusehen, ob ein entsprechendes Angebot besteht. Da zudem auch die grundsätzlich kostenlosen Anwendungen bestimmte Funktionen nur gegen ein kostenpflichtiges Abonnement anbieten, ist ein umfassender Vergleich der Angebote notwendig. Um diesen vornehmen zu können, sollten folgende Fragen beantwortet werden:

1. Welcher Zitierstil (z. B. APA, MLA oder Chicago) ist für die studentische Arbeit vorgegeben oder soll verwendet werden?
2. Welche Quellentypen (z. B. Bücher, Buchbeiträge, Zeitschriftenartikel) werden in der studentischen Arbeit hauptsächlich Verwendung finden?
3. Ist eine Datenbankanbindung gewünscht oder bei der Art der zu verwendenden Quellen sinnvoll, sodass die (bibliographischen) Daten einfach übernommen werden können?
4. Ist eine ständige Internetanbindung gegeben?
5. Wird eine andere Textverarbeitungssoftware als Microsoft Word genutzt (z. B. OpenOffice, Google Docs, LaTeX)?
6. Soll elektronisch vorhandenes Material wie etwa PDF-Dateien von der Literaturverwaltung gespeichert und durchsucht werden können?
7. Handelt es sich um eine Gruppenarbeit, sodass mehrere Personen auf dasselbe Material zurückgreifen müssen?

Da es problematisch ist, während der Bearbeitung einer Arbeit quasi im laufenden Betrieb die Literaturverwaltung umzustellen, sollte diese Entscheidung möglichst frühzeitig im Studium getroffen werden, damit genügend Zeit bleibt, bis zur Abschlussarbeit die korrekte Anwendung der Literaturverwaltung zu erlernen und den vollen Funktionsumfang kennenzulernen. Im Folgenden sollen die einzelnen Anwendungen – getrennt nach grundsätzlich kostenlosen, webbasierten Anwendungen und grundsätzlich kostenpflichtigen Softwareanwendungen – verglichen werden. Dieser Vergleich kann eine eigene Einschätzung jedoch nicht ersetzen, sondern nur unterstützen. Grund dafür ist, dass gerade die webbasierten Anwendungen ständig weiterentwickelt werden, sodass die hier angegebenen

Informationen schnell veralten. In Tab. 3.3 werden die grundsätzlich kostenlosen Anwendungen verglichen, die in der Regel ausschließlich webbasiert laufen. Die kostenpflichtigen Anwendungen, die in der Regel auch als kostenlose Test- oder Basisversion erhältlich sind, erfordern hingegen den Download und die lokale Installation der Software. Tab. 3.4 gibt einen Überblick über die bekanntesten Anbieter, wobei auch hier der Funktionsumfang veränderlich ist, sodass auch diese Informationen nur der Orientierung dienen sollen. In der Tabelle werden Kriterien weggelassen, hinsichtlich derer sich die einzelnen Anwendungen nicht unterscheiden. So unterstützen sie etwa alle sowohl APA, MLA als auch Chicago sowie Tausende (!) weitere Zitierstile.

Tab. 3.3 Anwendungen zur webbasierten Literaturverwaltung

Name (Homepage)	Unterstützte Zitierstile	Zahl der unterstützten Quellentypen	Möglichkeit der Datenbankanbindung	Kostenpflichtige Funktionen
Bibme (http://www.bibme.org)	APA, MLA, Chicago, Turabian	62	Ja	–
Citefast (http://www.citefast.com)	APA, MLA, Chicago	19	Ja	–
EasyBib (http://www.easybib.com)	APA[*], MLA, Turabian[*]	61	Ja	APA- und Turabian-Zitierstile, Speicherung der Einträge und Verzeichniseinstellung
Noodle Bib Express (http://my.noodletools.com)	APA, MLA, Chicago	87	Nein	Speicherung der Einträge und Verzeichniseinstellung
Citation Machine (http://citationmachine.net)	APA, MLA, Chicago, Turabian	61	Nein	–

[*]kostenpflichtiges Abonnement erforderlich

Tab. 3.4 Anwendungen zur softwarebasierten Literaturverwaltung

Name (Homepage)	Betriebssystem (Sprachen)	Kostenlose Version(en): Beschränkungen	Unterstützte Textverarbeitung
Citavi for Windows (http://www.citavi. com)	Windows (DE, EN, ES, FR, IT, PL, PT)	Citavi Free (online): Zeitlich unbegrenzt, 100 Quellen pro Projekt	MS Word, LaTeX
EndNote20 (https://www.end note.com)	Windows, Macintosh, iPad App	EndNote basic (online): 50.000 Quellen, 2 GB Datenspeicher; Testversion (Download): 30 Tage	MS Word, Apache Open Office, Libre Office, Apple Pages
Mendeley (https://www.men deley.com)	Windows, Macintosh, Linux	1 GB Online-Datenspeicher frei, Upgrade kostenpflichtig	MS Word, Libre Office, LaTeX
Zotero (https://www.zot ero.org)	Windows, Macintosh, Linux	100 MB Online-Datenspeicher frei, Upgrade kostenpflichtig	MS Word, Libre Office, Google Docs

3.2.3 Bewertung von Literatur

Das in der Literaturrecherche gefundene Material darf nicht etwa einfach zufällig oder chronologisch ausgewertet werden. Vielmehr ist gleich zu Beginn eine Bewertung des Materials vorzunehmen, inwieweit es zum infrage stehenden Thema passt, die ggf. notwendige Aktualität aufweist und die wissenschaftlichen Qualitätskriterien erfüllt.

In der Regel ist nur *wissenschaftliches* (Sekundär-)Material zu verwenden. Dazu gehören Fachbücher aus namhaften Verlagen und wissenschaftliche Zeitschriften (Zeitschrift für betriebswirtschaftliche Forschung, Zeitschrift für Betriebswirtschaft, Die Betriebswirtschaft (eingestellt), Der Betrieb, Controlling usw.). Weitestgehend zu vermeiden sind Onlinezitate (z. B. Homepages) oder Verweise auf Wikipedia (unwissenschaftlich). An Wikipedia wird deutlich, wie unscharf die Abgrenzung zwischen zitierwürdigem und zitierunwürdigem Material oft ist. Während Theisen (2021) zutreffenderweise von einer „trüben Quelle" (S. 52) spricht, empfiehlt Stoetzer (2012), im Einzelfall eine Qualitätskontrolle

mithilfe von sechs Leitfragen vorzunehmen (S. 56). Aber auch letztere Vorgehensweise ändert nichts an den Kritikpunkten (mangelnde Kontrolle und ständige
Veränderbarkeit) und somit auch nichts an der Zitierunwürdigkeit). Aktuelle
Themen und Daten (Geschäftszahlen) können der Wirtschaftspresse entnommen
werden. In diesem Fall sind die F.A.Z. und das Handelsblatt bevorzugt zu verwenden. Auf regionale Zeitungen und Boulevardblätter ist zu verzichten. (Ausnahme:
Es handelt sich um Berichte über ein nur regional bekanntes Unternehmen oder
es besteht ein inhaltlicher Bezug zum entsprechenden Medium.) Primärmaterial
(Quellen) hingegen kann per se nicht als wissenschaftlich oder unwissenschaftlich klassifiziert werden. Daher können Geschäftsberichte von Unternehmen
online zitiert werden; selbstverständlich kann auch auf anerkannte Datenbanken
(Statistisches Bundesamt/Destatis) zurückgegriffen werden.

Die Bewertung der Wissenschaftlichkeit von Literatur erfolgt – neben der
inhaltlichen Qualität – hauptsächlich am Kriterium des Peer Review. Dies bedeutet, dass die jeweilige Arbeit von mindestens einem ebenbürtigen Fachkollegen
(Peer) positiv begutachtet wurde.

Dissertationen und Habilitationsschriften (d. h. Doktorarbeiten und Prüfungsarbeiten zur Erlangung der Lehrbefähigung an einer Universität) unterliegen
durch das zugrunde liegende Prüfungssystem immer einem Peer-Review-Prozess,
was für andere Monographien nicht gilt. Alle Monographien werden zwar vor
einer Veröffentlichung durch den Verlag geprüft, wobei sich die wissenschaftlichen Bewertungsmaßstäbe unterscheiden: Während im Allgemeinen nur ein
Verlagsmitarbeiter (Lektor) das Manuskript durchschaut, muss bei speziellen
Verlagsreihen ein Herausgebergremium der Veröffentlichung in der Reihe zustimmen. Insofern ergibt sich in Bezug auf die Anforderung der Wissenschaftlichkeit
kein klares Bild, da auch Monographien, die keine Dissertation sind, ein Peer-
Review durchlaufen haben können. Abzuraten ist allerdings von der Verwendung
von Praktikerliteratur („Die 20 wichtigsten Maßnahmen für Ihr Unternehmen"),
da hier der wissenschaftliche Qualitätsanspruch selten gegeben ist.

Herausgeberwerke sind in ihrer wissenschaftlichen Qualität schwer einzu-
schätzen, da hierbei gleich mehrere Autoren einzelne Beiträge verfasst haben,
die sich in ihrer Qualität stark unterscheiden können. Letztendlich bleibt hier
keine andere Möglichkeit, als die Qualität anhand der Autorität der Herausgeber bzw. der einzelnen Autoren festzumachen. Anzumerken ist allerdings, dass
auch namhafte Autoren mitunter schlechte Beiträge verfassen, die schlussendlich
gedruckt werden müssen, da der Autor so namhaft ist.

Bei den *Aufsätzen in Fachzeitschriften* (Journals) hat sich im Vergleich zu
Buchveröffentlichungen ein besonderes System der Qualitätskontrolle etabliert,
das das Peer-Review-Verfahren auf die Spitze treibt und die wissenschaftliche

Qualität anhand sogenannter Impact Factors metrisch messbar machen soll. Viele (aber nicht alle) Fachzeitschriften wenden bei der Auswahl der Beiträge, die von den Autoren zur Veröffentlichung eingereicht werden, ein doppelt-blindes Begutachtungsverfahren an (double blind review). Hierbei wird jedes Manuskript von in der Regel zwei Gutachtern bewertet, wobei weder die Gutachter noch die Autoren die jeweils andere Seite namentlich kennen. Diese doppelt-blinde Begutachtung soll eine Bewertung der Qualität ohne Ansehen der Person des Verfassers ermöglichen und die (ehrenamtlichen) Gutachter vor „Vergeltungsmaßnahmen" schützen. Als Gutachter fungieren dabei Fachkollegen, die bereits zuvor einen Aufsatz in der jeweiligen Fachzeitschrift veröffentlichen konnten.

Auf die Spitze getrieben wurde dieses System mit dem sogenannten Impact Factor. Der Impact Factor wurde von Eugene Garfield entwickelt, der sich mit der Quantifizierung der Auswirkungen von wissenschaftlichen Veröffentlichungen insbesondere in den Naturwissenschaften und der Medizin beschäftigt hat. Seine Arbeit mit dem Institute of Scientific Information bildete die Basis, auf dem das Unternehmen Thomson Scientific heute die Definition und die Berechnung von Impact Factors betreibt. Ein Impact Factor ist ein Maß für die Häufigkeit, mit der eine durchschnittliche Veröffentlichung in einer bestimmten Fachzeitschrift in einer vorgegebenen Periode zitiert wurde. Dabei stellt die Berechnung von Impact Factors aufgrund von fachspezifischen Besonderheiten und der Vielzahl von wissenschaftlichen Fachzeitschriften eine große Herausforderung dar. Für die Wirtschaftswissenschaften besteht ebenso wie für die Naturwissenschaften und die Medizin eine starke Internationalisierung, die dazu führt, dass vornehmlich in englischsprachigen Fachzeitschriften publiziert wird. Durch die Berücksichtigung von Impact Factors verstärkt sich diese Tendenz, da sie für die englischsprachigen Fachzeitschriften naturgemäß höher sind. Da die Bewertung von Zeitschriftenaufsätzen insbesondere für Bachelor-Studierende noch eine große Herausforderung darstellt, kann das in Anhang 2 abgedruckte Ranking betriebswirtschaftlicher Zeitschriften zumindest eine Hilfestellung bieten. Der Aufsatz wird dabei nach der Stellung der Zeitschrift, in der er veröffentlicht wurde, im Ranking beurteilt. Es empfiehlt sich daher, das Ranking einmal durchzusehen und anschließend für sich selbst festzustellen, ob zumindest ein paar Aufsätze aus den Ranking-Kategorien A und B zitiert wurden. Diese Vorgehensweise unterliegt zwar allen Einschränkungen, die zu Impact Factors angeführt wurden, vermittelt dem Studierenden jedoch das Fingerspitzengefühl, das spätestens im Rahmen des Masterstudiums dringend benötigt wird. „Die Verwendung von Artikeln aus wissenschaftlichen Zeitschriften mit hoher Qualitätseinstufung ist häufig ein Aspekt, der vom Betreuer einer wissenschaftlichen Arbeit positiv vermerkt oder sogar gefordert wird. Allerdings müssen die Artikel natürlich zur eigenen Problemstellung passen" (Stoetzer, 2012, S. 61).

Working Papers durchlaufen in der Regel keinen Begutachtungsprozess, sofern sie nicht in speziellen Ressourcen (z. B. NBER) zur Verfügung gestellt werden. Zudem stellen sie nur halb fertige Versionen des späteren Aufsatzes in einer Fachzeitschrift dar, sodass noch Fehler enthalten sein können. Der Vorteil von Working Papers liegt in der hohen Aktualität, da sowohl Buchveröffentlichungen als auch Aufsätze in einer Fachzeitschrift mitunter Jahre vom ersten Manuskript bis zur Veröffentlichung benötigen.

Tab. 3.5 stellt die Charakteristika der wichtigsten Literaturgattungen gegenüber.

Die Zahl und Art der verwendeten Literatur hängt vom Thema ab. Eine Thesis mit eher wissenschaftlichem Thema muss anderen Ansprüchen genügen als etwa eine praxisorientierte Arbeit im Internetsektor. Hingegen kann in einer Thesis mit Bezug zur Unternehmenskommunikation in größerem Umfang auf die Tagespresse zurückgegriffen werden als bei einer literaturbasierten Arbeit. Insofern sind keine allgemeingültigen Aussagen möglich (so auch Steinfeld, 2011, S. 46, der die Zahl der Zitatnachweise nicht als wissenschaftliches Qualitätsmerkmal gelten lassen will).

▶ **Tipp** Insbesondere der letzte Satz ist für Studierende wenig befriedigend, da er bei der Auswahl nicht weiterhilft. Obwohl diese Auswahl langjährige Erfahrung voraussetzt, kann auch ein wissenschaftlicher Anfänger sich mit folgendem Trick weiterhelfen: Bilden Sie mit den Büchern bzw. Aufsätzen drei Stapel (oder Dateiordner): gut, mittel und schlecht. Nehmen Sie jedes Werk in die Hand, durchblättern Sie es und ordnen Sie es nach den drei Kriterien Aktualität, Wissenschaftlichkeit und Themenbezug einem der drei Stapel zu. Dabei kann ein Kriterium durch die anderen beiden kompensiert werden. Ein aktueller unwissenschaftlicher Zeitungsartikel, der *genau* das Thema behandelt, sollte die Auswahl genauso „überleben" wie ein älterer wissenschaftlicher Fachaufsatz, der den Grundstein zu einer Forschungsrichtung gelegt hat. Wird dieses Verfahren konsequent befolgt, so erspart es Arbeit und Zeit: Die schlechte Literatur kann man getrost sofort wieder in der Bibliothek zurückgeben, ohne sie erst nach Hause zu tragen; schlechte elektronische Literatur kann getrost gelöscht werden, sodass man sich zumindest das erneute Lesen erspart und besser die Übersicht behalten kann.

Tab. 3.5 Charakteristika einzelner Literaturgattungen

	Monographien	Herausgeberwerke	Aufsätze in Fachzeitschriften	Working Papers
Aktualität	Gering	Gering	Mittel	Hoch
Bewertung der Wissenschaftlichkeit	Möglich für Prüfungsarbeiten (Dissertationen und Habilitationsschriften), schwierig für andere Monographien	Möglich nur anhand der Autorität der Autoren	Ggf. Peer-Review-Prozess, Impact Factor der Fachzeitschrift	i. d. R. kein Peer-Review, halb fertige Version eines Aufsatzes
Themenbezug	Spezialisierte Themen bei Dissertationen und Habilitationsschriften, andere Monographien meist breiter angelegt	Meist breit angelegt	Sehr eng und spezialisiert	Sehr eng und spezialisiert

Die verwendete Literatur ist deshalb zu überprüfen und zu bewerten, da sie sich nicht selten als fehlerhaft, unseriös bzw. sogar gefälscht erweist. Dass sich dies nicht nur auf Internetmaterial bezieht, zeigt die Tatsache, dass in der Wissenschaft zahlreiche Fälschungsskandale stattgefunden haben, die einen kritischen Umgang mit grundsätzlich allem Material – ohne Ansehen der Bekanntheit oder der Stellung des Verfassers – notwendig machen.

Beispiel 1: Fälschungen in der Wissenschaft
Ein extremer Fall von Fehlverhalten in der medizinischen Forschung erregte im Sommer 1997 international Aufsehen. Es war bekannt geworden, dass in Veröffentlichungen des anerkannten Krebsforschers Friedhelm Herrmann Primärdaten manipuliert worden waren. Der Umfang der Fälschungen (ca. 350 einzelne Fälle von Datenmanipulation wurden gefunden) und die Dreistigkeit (Bildbearbeitung von Primärdaten im PC) erschreckten die Wissenschaftswelt. So ist in einer gefälschten Abbildung einer Publikation (Abb. 5, Journal of Experimental Medicine, Vol. 181, S. 793–798) eindeutig ersichtlich, dass einige der sogenannten Banden (Abbildungen von Signalen auf einem Film) untereinander eine so hohe Ähnlichkeit aufweisen, „daß auszuschließen ist, sie seien, wie vorgegeben, aus unterschiedlichen experimentellen Bedingungen hervorgegangen" (DFG, 2001, S. 7; vgl. auch Hofmann, 2016, S. 110–113).

Ein weiteres Beispiel ist das des koreanischen Forschers Hwang Woo Suk (Die Klon Lüge, 2006): Der Professor der Seoul National University hatte in den Jahren 2004 und 2005 im angesehenen Wissenschaftsmagazin Science über seinen Durchbruch in der Stammzellforschung berichtet, der neue Behandlungsmöglichkeiten bei Parkinson und Querschnittslähmung erhoffen ließ. Wie sich nach den Recherchen eines Journalisten herausstellte, waren jedoch alle Ergebnisse schlicht erfunden. Die Fotos aus dem Labor waren manipuliert; die Stammzellen, die angeblich aus geklonten Embryonen gewonnen wurden, stammten aus einer Fruchtbarkeitsklinik. Das Peer-Review-Verfahren von Science konnte diesen Betrug nicht verhindern. Auch national finden sich immer wieder zahlreiche Beispiele von Wissenschaftsbetrug (vgl. zu zahlreichen Beispielen z. B. Rieble, 2010; Hofmann, 2016).

3.3 Zitierung von Literatur

3.3.1 Grundlagen

Eine große Bedeutung kommt beim wissenschaftlichen Schreiben der Zitierung anderer Arbeiten zu. Die Zitierung soll kenntlich machen, an welchen Stellen auf fremdes Gedankengut wörtlich (direktes Zitat) oder sinngemäß (indirektes Zitat) zurückgegriffen wurde. Die Zitierung ist aus mehreren Gründen wichtig (vgl. auch Theisen, 2021, S. 143–145):

- Insbesondere eine wörtliche Übernahme eines Textfragments greift in die Urheberrechte des jeweiligen Autors ein. Ein solcher Eingriff ist für wissenschaftliche Zwecke gemäß § 63 UrhG zulässig, sofern nach § 51 UrhG der Urheber genannt wird.
- Aus wissenschaftlicher Sicht dient das Zitat der Nachprüfbarkeit der Argumentation, da jede Angabe von quantitativen Daten bzw. jede Behauptung von Fakten belegt werden muss.
- Aus prüfungsrechtlicher Sicht sind Textstellen ohne Zitierung als Eigenleistung des Studierenden zu werten. Wer fremdes Gedankengut verwendet, aber die entsprechende Zitierung (auch fahrlässig) unterlässt, schmückt sich mit fremden Federn. Damit setzt sich der Verfasser der Gefahr des Vorwurfs der wissenschaftlichen Unredlichkeit oder des wissenschaftlichen Fehlverhaltens aus. Die entsprechende Problematik wird aufgrund der möglichen schwerwiegenden Folgen in einem separaten Abschnitt behandelt (Unterabschn. 3.3.4).

Für die Zitierung von Literatur können die folgenden allgemeinen Hinweise gegeben werden, die anschließend genauer erläutert werden:

- Grundsätzlich kann es keine feste Vorgabe geben, wie viele Zitate eine Arbeit aufweisen muss (so auch Theisen, 2021, S. 143 f. m. w. N.). Zu beachten ist Folgendes: Jede fremde Aussage ist mit einer Zitierung zu versehen. Das bedeutet insbesondere, dass die Wiedergabe von Fakten, Zahlen, Tabellen und Abbildungen ohne Zitatnachweis unzulässig ist.
- Das „Abschreiben" von Zitatnachweisen aus einem anderen Werk (Blindzitat) ist unwissenschaftlich. Nur wenn Material nicht im Original beschafft werden kann, darf es im Ausnahmefall mit „zitiert nach" (engl. „as cited in") zitiert werden, ohne dass das Original selbst eingesehen wurde.
- Zitatnachweise sollen die Nachvollziehbarkeit gewährleisten. Daher ist die Angabe einer genauen Seitenangabe unerlässlich (S. 1, 1–5, 5 f. [folgende, d. h. S. 5–6]). Die Angabe mit ff. (fortfolgende) ist unwissenschaftlich, da sich der Verweis auf alle nachfolgenden Seiten beziehen kann und daher nicht nachprüfbar ist. Bei elektronischen Dokumenten kann die Seitenzahl zur Identifizierung einer Textstelle nur dann verwendet werden, wenn sie bei jedem Ausgabegerät identisch ist. Dies ist bei PDF-Dokumenten, nicht jedoch bei E-Books der Fall. Da sich bei E-Books die Seitenzahl mit Änderung der Anzeigeeinstellungen verändert, wird empfohlen, über Gliederungspunkte und Absätze zu zitieren (vgl. auch APA, 2020, S. 264). An die Stelle der Seitenangabe würde dann beispielsweise treten: „2.1.5, Abs. 15" Da sich für die

Zitierung von E-Books noch keine Zitierweise durchgesetzt hat, ist die eigene Vorgehensweise bei der ersten Zitierung eines E-Books kurz zu erläutern.

Die Frage der korrekten Zitierung ist mit Sicherheit für alle Studienanfänger eine Herausforderung, da das wissenschaftliche Arbeiten in der Schule allenfalls ein Randthema darstellte. Das Erlernen dieser wichtigen Arbeitstechnik ist allerdings ein „zwingendes Erfordernis" (Theisen, 2021, S. 143) für alle angehenden Akademiker und sollte daher nicht „auf später" aufgeschoben werden. Vielmehr sollte bereits gleich zu Beginn der ersten wissenschaftlichen Arbeit im Studium die notwendige Zeit eingeplant werden, damit nicht schon zu diesem Zeitpunkt die Fortsetzung des Studiums aufgrund eines Plagiats aufs Spiel gesetzt wird. Zudem ist auch die Zitierung eine Fertigkeit, die man nicht gleich im ersten Anlauf beherrschen wird, sodass es selbst bei einer guten oder sogar sehr guten Arbeit immer auch Dinge geben wird, die man hätte besser machen können. Wer daher nicht schon bei der ersten (scheinbar unwichtigen) wissenschaftlichen Arbeit im Studium Perfektion anstrebt, wird sich diese Fertigkeit bis zur Bachelorarbeit nicht mehr aneignen können.

Die Zitierung ist auch deshalb ein Buch mit sieben Siegeln, weil es unzählige Varianten gibt, sodass für Studierende der Eindruck entsteht, als gäbe es keine festen Regeln. Daher ist es wichtig, zunächst einen Überblick über die verschiedenen Regeln zu gewinnen, um anschließend die Feinheiten erlernen zu können. Die verschiedenen Erscheinungsformen von Zitierungen können allgemein nach vier Klassifikationen untergliedert werden (Begriffe in Anlehnung an Theisen, 2021, S. 145–161):

- Zunächst einmal kann nach der *Zitiertechnik* allgemein in die Vollbeleg- und die Kurzbeleg-Methode unterschieden werden. Bei der *Vollbeleg-Methode* wird an der betreffenden Stelle (in Klammern im Text oder in den Fuß- bzw. Endnoten) ein vollständiger bibliographischer Nachweis angebracht, sodass der Leser sofort – insbesondere ohne ein Literaturverzeichnis – das gesuchte Material eindeutig identifizieren und beschaffen kann. Diese Methode wird heute – wenn überhaupt – nur noch in wissenschaftlichen Zeitschriften verwendet und dann vorwiegend in Kombination mit Fußnoten. Wissenschaftliche Arbeiten im Studium erfordern dagegen weit überwiegend den Einsatz der *Kurzbeleg-Methode*. Bei dieser findet sich, wie der Name schon sagt, nur ein abgekürzter Zitatnachweis im Text bzw. in den Fußnoten. Um herauszufinden, welches Material gemeint ist, muss der Leser die entsprechende Abkürzung im

Literaturverzeichnis nachschlagen. Aufgrund ihrer Bedeutung für das wissenschaftliche Arbeiten wird im Folgenden ausschließlich die Kurzbeleg-Methode betrachtet.

- Nach der *Position des Zitatnachweises* kann danach unterschieden werden, ob die Zitatnachweise im Text, in Fußnoten oder in Endnoten angegeben werden. Dabei setzt sich die Angabe der Zitatnachweise im Text (engl. „in-text citation") auch hierzulande immer mehr durch (Theisen, 2021, S. 150). Im Vergleich zur Angabe der Zitatnachweise in Fußnoten, die auch bei wissenschaftlichen Arbeiten im Studium bislang hierzulande der Standard war, zwingt die Angabe in Klammern zu einer sehr starken Verkürzung, sodass auf einordnende Hinweise und Erläuterungen, die in Fußnoten unproblematisch wären, zugunsten der Lesbarkeit verzichtet werden muss. Die Verwendung von Endnoten kommt allenfalls bei populärwissenschaftlichen Texten zum Tragen und spielt für wissenschaftliche Arbeiten im (wirtschaftswissenschaftlichen) Studium daher so gut wie keine Rolle.

- Zur Standardisierung der Zitatnachweise haben sich ausgehend von den USA sogenannte *Zitierstile* etabliert, die die Zitiertechnik, die Position des Zitatnachweises und/oder die genaue Formatierung des Zitatnachweises vorgeben. Die wichtigsten Zitierstile für das wirtschaftswissenschaftliche Studium sind dabei APA (American Psychological Association), MLA (Modern Language Association of America) und Chicago (CMS, Chicago Manual of Style); eine vergleichende Übersicht findet sich in Tab. 3.6. Im Folgenden wird dabei dem APA-Standard gefolgt.

Tab. 3.6 Vergleich wichtiger Zitierstile

Name (Homepage)	Herausgeber	Regelwerk	Beschreibung
APA Style (https://apastyle.apa.org)	American Psychological Association (APA)	Publication Manual 7th ed. = APA (2020)	Kurzbeleg-Methode mit Zitatnachweisen im Text
MLA Style (https://style.mla.org)	Modern Language Association of America (MLA)	MLA Handbook, 9th ed.	Kurzbeleg-Methode mit Zitatnachweisen im Text
Chicago Manual of Style (CMS) (https://www.chicagomanualofstyle.org/cmos)	The University of Chicago	The Chicago Manual of Style, 17th ed.	Kurzbeleg-Methode mit Fußnoten oder Kurzbeleg-Methode mit Zitatnachweisen im Text

- Zuletzt muss bei jeder der oben genannten Klassifikationen nach der *Zitierform* unterschieden werden. Beim *direkten Zitat* wird ein Textfragment im originalen Wortlaut wiedergegeben (wörtliches Zitat). Eine solche wörtliche Übernahme wird üblicherweise dadurch kenntlich gemacht, dass der übernommene Text in Anführungsstriche gesetzt wird. Beim *indirekten Zitat* wird auf eine sinngemäße Wiedergabe eines fremden Gedankens verwiesen.

Der APA Style wurde von der American Psychological Association (APA) entwickelt und liegt zum Zeitpunkt der Drucklegung in der 7. Auflage vor. Beim APA Style handelt es sich streng genommen nicht um einen Zitierstil, sondern um umfassende Richtlinien, wie wissenschaftliche Aufsätze und studentische Arbeiten formatiert und sprachlich gestaltet werden sollen. Ausgehend von einem siebenseitigen Artikel aus dem Jahr 1929 (Bentley et al., 1929) sind die Regeln inzwischen auf ein über 400seitiges Handbuch angewachsen (American Psychological Association [APA], 2020) und umfassen derzeit die folgenden Vorgaben: Seitenränder und Formatierung, Gestaltung von Artikeln in wissenschaftlichen Journals, Schreibstil und Grammatik, diskriminierungsfreie Sprache, stilistische Fragen (z. B. Zeichensetzung, Hervorhebungen), Tabellen und Abbildungen, Zitierung sowie Literatur- und Quellenverzeichnis. Wie diese Liste deutlich macht, handelt es sich beim APA Style damit um einen umfassenden Katalog von Vorgaben, der selbstverständlich vorwiegend auf wissenschaftliche Texte im Bereich der Psychologie ausgerichtet ist. Aufgrund seiner Bedeutung findet der APA Style heute jedoch nicht nur in der Psychologie, sondern auch in den Sozialwissenschaften, den Wirtschaftswissenschaften und den Naturwissenschaften Verwendung. Lehrende, Fachbereiche oder ganze Hochschulen geben den APA Style dann als verbindlich vor. Dabei ist jedoch zu beachten, auf welche Regelungen des APA Style Bezug genommen wird und welche Auflage zugrunde gelegt wird.

▶ **Tipp** Sofern für eine wissenschaftliche Arbeit der APA Style als verbindlich vorgegeben wird, ist in Erfahrung zu bringen, ob dabei nur auf den Zitierstil (Citation Style) oder auf den gesamten APA Style Bezug genommen wird. In der Regel ist nur das Zitiersystem anzuwenden, während die Formatierung (Gestaltung des Deckblatts, Seitenränder usw.) von der Hochschule vorgegeben wird. (In diesem Fall sind nur die Kap. 8–11 des Publication Manuals relevant.) Zudem ist zu prüfen, welche Auflage des Publication Manuals zugrunde gelegt wird. Aktuell ist die 7. Auflage gültig. Wird nur das Zitiersystem in der aktuellsten Auflage vorausgesetzt, so ist eine Beschaffung des Publication Manuals nicht notwendig, weil im Folgenden zahlreiche Beispiele zum Zitiersystem gegeben werden.

Der APA-Zitierstil greift auf das Autor-Datum-Zitiersystem zurück, d. h. beim Kurzbeleg wird ein Werk über den Nachnamen des Verfassers zusammen mit dem Datum seiner Veröffentlichung identifiziert. Beim Zitatnachweis im Text wird dabei immer nur das Jahr der Veröffentlichung angegeben, auch wenn im Literatur- und Quellenverzeichnis (z. B. bei Zeitungsartikeln) das exakte Datum bestehend aus Jahr, Monat und Tag angegeben ist. Für nicht datierte Werke wird „o. J." (ohne Jahr) verwendet bzw. bei in englischsprachigen Arbeiten „n.d." (no date). Gleichzeitig schreibt der APA-Zitierstil die Platzierung der Zitatnachweise im Text (und nicht in Fußnoten) vor. Dieser Zitatnachweis kann dabei vollständig in einer Klammer erfolgen, sodass der Verfassername nicht in einen Satz der wissenschaftlichen Arbeit integriert ist („parenthetical citation"). Er kann aber auch so erfolgen, dass der Verfassername in einen Satz der wissenschaftlichen Arbeit integriert ist („narrative citation"). Der vollständige Nachweis des zitierten Werkes kann in beiden Fällen im Literatur- und Quellenverzeichnis nachgeschlagen werden, in dem auch der Titel des Werkes und das Medium der Veröffentlichung angegeben sind. Sollte die Kombination aus Verfassername und Datum mehrdeutig sein, etwa weil im Literatur- und Quellenverzeichnis mehrere Werke desselben Verfassers bzw. derselben Verfasser mit der gleichen Jahreszahl verzeichnet sind, so sind die einzelnen Werke durch Zusatz von Kleinbuchstaben (a, b, c usw.) nach der Jahreszahl im Zitatnachweis und im Literatur- und Quellenverzeichnis voneinander zu unterscheiden. Ein bestimmtes Werk wird aber immer mit derselben Kombination aus Verfassername und Datum zitiert. Im folgenden Beispiel wird die Anwendung des APA-Zitierstils anhand eines Textauszugs mit drei Zitaten verdeutlicht.

Beispiel 2: Zitatnachweise beim APA-Zitierstil und Einträge im Literaturverzeichnis
Auszug aus dem Text der Arbeit:

Nach Porter (1987a) besteht eine direkte Verbindung zwischen den Wettbewerbsvorteilen und der Unternehmensstrategie (S. 43). Die Formulierung der Geschäftsstrategien hat unter Berücksichtigung der Wettbewerbsvorteile zu erfolgen (Porter, 2008, S. 1). Die Besonderheit des Ansatzes von PORTER ist darin zu sehen, dass er mit der (volkswirtschaftlichen) Industrieökonomie eine klare theoretische Basis für das strategische Management hergestellt hat (Porter, 1987b).

Einträge im Literatur- und Quellenverzeichnis:

Porter, M. E. (1987a). From competitive advantage to corporate strategy. *Harvard Business Review, 65*(3), 43–59.

Porter, M. E. (1987b). The contribution of industrial organization to strategic management. *Academy of Management Review, 6*(4), 609–620.

Porter, M. E. (2008). *Competitive advantage: Creating and sustaining superior performance* [E-Book]. Free Press.

Das Beispiel verdeutlicht allgemein die Funktionsweise der Kurzbeleg-Methode, aber auch die Besonderheiten des APA-Zitierstils. Wie bei jeder Variante der Kurzbeleg-Methode ist der Zitatnachweis im Text für sich genommen nicht geeignet, das jeweils zitierte Werk (eindeutig) identifizieren zu können. Zwar kann grundsätzlich mit der Kombination aus Verfassername und Jahr der vollständige Nachweis im Literatur- und Quellenverzeichnis nachgeschlagen werden. Da dort zwei Einträge mit dem Namen „Porter" und dem Jahr „1987" zu finden sind, müssen die beiden Werke mit dem Buchstaben-Zusatz voneinander unterschieden werden. Die Kombination „Porter" und „2008" weist im Literatur- und Quellenverzeichnis nur einen Eintrag auf, sodass hier kein Zusatz notwendig ist.

Der APA-Zitierstil zeichnet sich durch eine besondere Gestaltung der Zitatnachweise bzw. der Einträge im Literatur- und Quellenverzeichnis aus. Die Zitatnachweise erfolgen hierbei ausschließlich im Text und nicht in Fußnoten. Der Verfassername kann entweder in den Satz eingebaut und damit hervorgehoben werden („narrative citation", s. den ersten Zitatnachweis im Beispiel) oder vollständig in Klammern angegeben werden, ohne dass im Satz auf den Verfassernamen Bezug genommen wird („parenthetical citation", s. den zweiten und dritten Zitatnachweis im Beispiel). Innerhalb der Klammer werden die einzelnen Angaben (Verfassername, Jahr und ggf. Seitenzahl) mit einem Komma voneinander getrennt. Werden in einer Klammer mehrere Zitatnachweise angegeben, so werden diese mit einem Semikolon voneinander getrennt.

Die Einträge im Literatur- und Quellenverzeichnis weisen denselben Aufbau strukturiert nach vier Elementen auf, die jeweils mit einem Punkt voneinander getrennt werden: Das erste Element stellt der *Verfassername* dar. Das zweite Element ist das *Datum*. Das dritte Element ist der *Titel* des Werkes, d. h. der Titel eines Aufsatzes in einer Zeitschrift, eines Buchbeitrags oder eines Buches. Das letzte Element ist die *Fundstelle*. Bei einem Aufsatz in einer Zeitschrift ist dies die Angabe, in welcher Zeitschrift und an welcher Stelle (Jahrgang, Heft und Seitenbereich) der Aufsatz zu finden ist. Bei einem Buch reicht die Angabe des Verlages aus. Weitere Besonderheiten des APA-Zitierstils im Literatur- und Quellenverzeichnis sind die Kursivschreibung des Hauptwerkes und die Großschreibung englischsprachiger Titel im sogenannten Sentence Case. Das kursiv

zu schreibende Hauptwerk ist bei einem Aufsatz in einer Zeitschrift der Name
der Zeitschrift und der Jahrgang, bei einem Buch ist es der Titel des Buches.
Die anderen Angaben werden normal gesetzt. Anders als beim Zitatnachweis im
Text wird die Seitenangabe im Literatur- und Quellenverzeichnis bei Zeitschriften
nicht durch den Vorsatz „S." ergänzt.

Nach dem APA-Zitierstil sind beim Zitatnachweis im Text bis zu zwei Verfassernamen vollständig anzugeben. Für Werke mit drei oder mehr Verfassern wird
beim Zitatnachweis im Text hingegen nur der erste Verfassername gefolgt von
„et al." (et alii, lat. „und andere") angegeben. Im Literatur- und Quellenverzeichnis sind jedoch alle (bis zu 20) Verfassernamen anzugeben. Zwei Verfassernamen
desselben Werkes werden beim Zitatnachweis im Text (narrative citation) durch
ein „und" (engl. „and") miteinander verbunden, während beim Zitatnachweis in
Klammern (parenthetical citation) das Et-Zeichen („&") verwendet wird. Die
Namen von Körperschaften können abgekürzt werden. In diesem Fall wird der
Name der Körperschaft (z. B. „American Psychological Association") bei der ersten Nennung ausgeschrieben. Dabei wird eine Abkürzung eingeführt, die bei jeder
weiteren Zitierung zu verwenden ist. Tab. 3.7 verdeutlicht diese Vorgehensweise
jeweils für beide Zitiervarianten.

Das folgende Beispiel soll die Anwendung der unterschiedlichen Zitiervarianten im Text verdeutlichen.

Tab. 3.7 Grundlegende Zitiervarianten beim APA-Zitierstil (in Anlehnung an APA, 2020,
S. 266)

Zahl der Verfasser	Parenthetical Citation	Narrative Citation
Ein Verfasser	(Theisen, 2021)	Theisen (2021)
Zwei Verfasser	(Ebel & Bliefert, 2011)	Ebel und Bliefert (2011)
Drei oder mehr Verfasser	(Schimmel et al., 2017)	Schimmel et al. (2017)
Körperschaft mit Abkürzung		
Erste Zitierung	(American Psychological Association [APA], 2020)	American Psychological Association (APA, 2020)
Weitere Zitierungen	(APA, 2020)	APA (2020)
Körperschaft ohne Abkürzung	(Kommission „Selbstkontrolle in der Wissenschaft" der Universität Bayreuth, 2011)	Kommission „Selbstkontrolle in der Wissenschaft" der Universität Bayreuth (2011)

Beispiel 3: Grundlegende Zitiervarianten

Für die Zitierung von Werken ohne Verfasserangabe werden in der Literatur unterschiedliche Vorgehensweisen empfohlen. Während nach Theisen (2021) Titel ohne Verfasserangabe mit „o. V." (für „ohne Verfasserangabe") zu verzeichnen sind (S. 116 f.), steht die Abkürzung „o. V." nach Heister und Weßler-Poßberg (2011) für „ohne Verfasser" (S. 193). Nach dem Zitierstil der American Psychological Association (APA, 2020) wird auf das Werk hingegen nur dann mit „o. V." verwiesen, wenn es explizit unter der Bezeichnung „anonym" veröffentlicht wurde (S. 264 f.). Auch die Nennung des Verlages wird unterschiedlich gehandhabt (APA, 2020, S. 321; Heister & Weßler-Poßberg, 2011, S. 193; Theisen, 2021, S. 114).

Die Zitierung von mehreren Werken in Klammern (parenthetical citation) erfolgt in der Regel in alphabetischer Sortierung, wobei die einzelnen Werke mit Semikolon voneinander getrennt werden (APA, 2020, S. 263). Werden jedoch vom selben Verfasser, derselben Gruppe von Verfassern oder derselben Körperschaft mehrere Werke in einer Klammer zitiert, so werden ohne Wiederholung der Namen die Jahreszahlen aufsteigend gelistet und jeweils mit einem Komma voneinander getrennt. Nicht datierte Werke werden dabei zuerst genannt. Werke, die im Erscheinen befindlich sind, werden mit „im Druck" (engl. „in press") gekennzeichnet und zuletzt aufgeführt. Die Reihenfolge kann jedoch geändert werden, wenn ein bestimmtes Werk eine herausgehobene Bedeutung hat. In diesem Fall wird es zuerst genannt; die anderen (weniger relevanten) Werke werden dann in derselben Klammer getrennt mit einem Semikolon und eingeführt von „vgl. auch" (engl. „see also") alphabetisch und ggf. chronologisch aufgeführt. Wird ein Verfassername mehrfach im Text eines Absatzes genannt (narrative citation), so ist nur bei der ersten Nennung in Klammern das Jahr anzufügen. Bei einem Zitatnachweis in Klammern (parenthetical citation) ist das Jahr jedoch immer anzugeben. Das folgende Beispiel verdeutlicht diese Vorgehensweise.

Beispiel 4: Mehrfache und wiederholte Zitatnachweise

Nach Porter (1989) sind die Analysetechniken, das Wettbewerbsumfeld und die strategischen Entscheidungen als Einheit aufzufassen. Der Beitrag von PORTER zur Strategieforschung besteht dabei insbesondere in der Verknüpfung des strategischen Managements mit der Industrieökonomik (Porter, 1987; vgl. auch Porter, 1981). Die zahlreichen Veröffentlichungen (z. B. Porter, o. J., 1980, 1981, 1985, 1996, im Druck) behandeln zwar jeweils nur einzelne Ausschnitte; zusammen genommen sind sie jedoch rückblickend als eine Gesamtdarstellung des strategischen Managements aufzufassen. Sie bilden die Basis für spätere Weiterentwicklungen (Barney, 1986; Gomez, 1993, 1999; Müller-Stewens & Lechner, 2016; Teece, 1986).

Ein Schwerpunkt der Regelungen des APA-Zitierstils betrifft die Vermeidung von Mehrdeutigkeiten. Wie allgemein bei der Kurzbeleg-Methode stellt der

Zitatnachweis im Text nach der Autor-Datum-Systematik den Schlüssel dar, um gemeinsam mit dem Literatur- und Quellenverzeichnis das zitierte Werk eindeutig identifizieren zu können. Wie erläutert, zwingt die Autor-Datum-Systematik dazu, die Jahreszahl um einen Buchstaben zu ergänzen, wenn im Literaturverzeichnis mehrere Werke mit derselben Kombination aus Verfassername und Jahreszahl verzeichnet sind. Bei Werken mit mehreren Verfassern ist es hingegen besser, nicht erst die Liste der Verfassernamen zu verkürzen und den Zitatnachweis – wenn dadurch eine Mehrdeutigkeit entsteht – durch Hinzufügung von Buchstaben zur Jahreszahl wieder zu erweitern. Vielmehr sollte die Liste der Verfassernamen in diesem Fall nur so weit abgekürzt werden, dass noch eine eindeutige Zuordnung möglich ist (APA, 2020, S. 267). Angenommen, im Literaturverzeichnis sind die beiden Werke „Meier, Müller, Schulze, Schmidt & Weber (2020)" sowie „Meier, Müller, Becker, Schneider, Kruse, Reiter, Büchner & Schilling (2020)" verzeichnet. Nach der allgemeinen Regel würden diese beim Zitatnachweis im Text beide auf „Meier et al. (2020)" verkürzt werden. Anstatt die dadurch geschaffene Mehrdeutigkeit durch Hinzufügung von Buchstaben wieder zu beseitigen, sollte die Liste der Verfassernamen beim Zitatnachweis nur so weit verkürzt werden, dass zusammen mit der vollständigen Liste der Verfassernamen im Literatur- und Quellenverzeichnis eine eindeutige Zuordnung möglich ist. Dies bedeutet im vorliegenden Beispiel, dass jeweils die ersten drei Verfassernamen zu nennen sind, da durch den dritten Namen „Schulze" bzw. „Becker" eine eindeutige Zuordnung möglich ist. Die jeweiligen Zitatnachweise im Text lauten dann (bei vollständiger Angabe der Namen im Literatur- und Quellenverzeichnis): „Meier, Müller, Schulze et al. (2020)" und „Meier, Müller, Becker et al. (2020)". Dabei ist jedoch zu beachten, dass die lateinische Abkürzung „et al." für „et alii" (und andere, Plural) steht. Daher ist es nicht möglich, die Liste der Verfassernamen im Zitatnachweis mit „et al." abzukürzen, wenn dadurch nur ein Name entfällt. In diesem Fall sind alle Verfassernamen anzugeben. Wenn also beispielsweise im Literatur- und Quellenverzeichnis die zwei Werke „Schneider, Schmidt, Schulze & Weber (2021)" sowie „Schneider, Schmidt, Müller & Becker (2021)" eingetragen sind, so sind im Zitatnachweis jeweils alle vier Namen aufzuführen.

Eine weitere Besonderheit des APA-Zitierstils betrifft den Zitatnachweis von Werken mit (mehreren) Verfassern, bei denen der erste Verfassername übereinstimmt (es sich aber um unterschiedliche Personen handelt). In diesem Fall sind beim Zitatnachweis zur eindeutigen Unterscheidung die Vornamen voranzustellen. Ein Beispiel könnte dann lauten: „(K. Schmidt, 2002; J. Schmidt & Schneider, 2019)". Diese Vorgehensweise ist nicht nur dann anzuwenden, wenn die betreffenden Werke zusammen zitiert werden, sondern bei allen Zitierungen von diesen Verfassern.

Recht ungewöhnlich ist beim APA-Zitierstil die Zitierung von Werken ohne Verfasserangabe (APA, 2020, S. 264 f.), was insbesondere namentlich nicht gekennzeichnete Zeitungsartikel betrifft. Solche Werke werden nur dann mit „o. V." („ohne Verfasserangabe", engl. „Anonymous") zitiert, wenn die Veröffentlichung explizit mit „anonym" gekennzeichnet ist. Ansonsten – und dies dürfte der Regelfall sein – ist das Werk nach dem Titel zu zitieren. Der Kurzbeleg nach der Autor-Datum-Systematik wandelt sich dann zur Titel-Datum-Systematik. Der Titel eines Buches wird dabei als Hauptwerk kursiv geschrieben, während der Titel eines Werkes, das in einem Hauptwerk (z. B. Zeitung, Fachzeitschrift) erschienen ist, normal geschrieben wird. Der nicht mit einer Verfasserangabe gekennzeichnete Artikel mit dem Titel „Die Klon-Lüge", der im Jahr 2006 in der Zeitschrift „Der Spiegel" (online) erschienen ist, wird also mit „(Die Klon-Lüge, 2006)" zitiert. Das nicht mit einer Verfasserangabe gekennzeichnete Buch mit dem Titel „Gründer-Leitfaden" aus dem Jahr 2020 wird hingegen mit „(*Gründer-Leitfaden*, 2020)" zitiert. Die Kursivschreibung des Titels von Hauptwerken wird beim APA-Zitierstil auch im Literatur- und Quellenverzeichnis angewendet.

Verschiedene Zitierweisen stammen aus der Zeit, als wissenschaftliche Arbeiten noch mit der Schreibmaschine getippt werden mussten. Daher sollten etwa Wiederholungen von bibliographischen Daten in den Zitatnachweisen durch Querverweise vermieden werden. Solche Verweise wie etwa ebd. (ebenda), a. a. o. (am angegebenen Orte), l. c. (loco citato), op. cit. (opere citato), ders. (derselbe) und dies. (dieselben) sind angesichts der elektronischen Textverarbeitung und Literaturverwaltung überflüssig und daher nicht mehr zu empfehlen. In den Wirtschaftswissenschaften sind sie im Gegensatz zu anderen Geisteswissenschaften nicht mehr üblich.

3.3.2 Direktes Zitat

Direkte, d. h. wörtliche Zitate (quotations) werden im Text durch Anführungsstriche gekennzeichnet. Sie sollten generell sparsam eingesetzt werden, vorzugsweise sollte das indirekte Zitat Verwendung finden (APA, 2020, S. 270). Denn die direkte Zitierung dient nicht etwa der Zeitersparnis für den Verfasser einer studentischen Arbeit. Vielmehr werden damit wichtige Textstellen aus der Literatur wiedergegeben, die in eigenen Worten nicht besser darzustellen sind, oder Passagen, auf deren Wortlaut es ankommt, weil sie in der studentischen Arbeit analysiert werden sollen. Dies können etwa Definitionen, Annahmen von Modellen, Hypothesen usw. sein. Typischerweise wird nur ein einzelner Satz wörtlich zitiert, oft sogar nur ein Bruchteil eines Satzes. Die wörtliche Übernahme längerer

Textstellen aus der Literatur stellt dagegen die Ausnahme dar, auch wenn sie – in Abhängigkeit des Themas der studentischen Arbeit und der gewählten Methodik – dennoch infrage kommen kann. Längere direkte Zitate sollten allerdings in einem separaten Absatz (block quotation) gesetzt werden (APA, 2020, S. 271 f.; Theisen, 2021, S. 158). Nach dem APA-Zitierstil sind kurze direkte Zitate solche, die weniger als 40 Wörter umfassen. Diese sind wie folgt mit einem Zitatnachweis zu versehen (APA, 2020, S. 271 f.): Soll der Verfassername im Text vor dem direkten Zitat nicht genannt werden, ist dieser nach den allgemeinen Regeln (Verwendung des Et-Zeichens „&" bei zwei Namen oder Verwendung von „et al." bei mehr als zwei Namen) zusammen mit dem Jahr in Klammern anzugeben. Die Klammer folgt dabei (nach einer Leerstelle) direkt den schließenden Anführungsstrichen, erst danach wird der Punkt gesetzt. Ein Punkt am Ende des direkten Zitats wird also weggelassen – nicht aber ein Fragezeichen am Ende des Zitats. Bei den unterschiedlichen Möglichkeiten, das direkte Zitat in den eigenen Text zu integrieren, sind folgende Regeln zu beachten (APA, 2020, S. 272):

- Die Seitenzahl des Zitatnachweises folgt in der Regel nach dem Satz in Klammern vor dem Punkt. Die Position von Verfassernamen und Jahr hängen unter anderem davon ab, ob der Name im Text genannt wird (narrative citation) oder nicht (parenthetical citation).
- Kein Bestandteil des Zitatnachweises darf innerhalb der Anführungsstriche eingefügt werden, damit nicht der Eindruck entsteht, es handele sich um ein Zitat im Zitat.
- Bei Nennung des Verfassernamens im gleichen Satz *vor* dem Zitat (narrative citation) ist das Jahr direkt nach dem Verfassernamen in Klammern anzugeben. Die Seitenzahl wird in Klammern nach den schließenden Anführungsstrichen eingefügt.
- Bei Nennung des Verfassernamens im gleichen Satz *nach* dem Zitat (narrative citation) sind Jahr und Seitenzahl direkt nach dem Verfassernamen in einer Klammer mit einem Komma getrennt anzugeben.
- Das Jahr kann bei Nennung des Verfassernamens im Text auch an anderer Stelle genannt werden (z. B. „Im Jahr 1982 untersuchte Porter …"). In diesem Fall muss das Jahr nicht noch einmal nach dem Verfassernamen oder bei der Seitenzahl am Ende des Satzes wiederholt werden.
- Sofern der Verfassername nicht im Text genannt wird (parenthetical citation), folgt der vollständige Zitatnachweis in einer Klammer unmittelbar den schließenden Anführungsstrichen. Die Angaben Verfasser, Jahr und Seitenzahl werden in der Klammer mit einem Komma getrennt. Dieser Zitatnachweis

folgt auch dann den schließenden Anführungsstrichen am Ende des Zitats, wenn eine eigene Formulierung nach dem direkten Zitat eingefügt wurde.

Da diese Regelungen für sich genommen kaum die Anwendung ermöglichen, sollen sie im Folgenden mit Beispielen verdeutlicht werden. Dabei werden nicht alle erdenklichen Fälle betrachtet, sondern nur diejenigen Fälle, die häufig auftreten bzw. diejenigen Zitierweisen, die empfehlenswert sind. Ein typisches Zitat in ersten studentischen Arbeiten besteht meist aus einem ganzen Satz. In diesem Fall kann im Text keine Nennung des Verfassernamens erfolgen (narrative citation); es kommt nur ein Zitatnachweis in Klammern nach dem direkten Zitat infrage (parenthetical citation). Dieser folgt zwischen den schließenden Anführungsstrichen und dem Punkt. Der Punkt innerhalb des direkten Zitats unmittelbar vor den schließenden Anführungsstrichen wird dann weggelassen.

Beispiel 5: Direktes Zitat (ganzer Satz) und Zitatnachweis in Klammern
„Bei einer Liquidation des Unternehmens findet eine Vernichtung von Werten statt, da effiziente (Arbeits-)Teams auseinandergerissen werden und die Organisation des Unternehmens zerstört wird" (Schalke & Neuner, 2020, S. 58).

Bei diesem Beispiel ist darauf zu achten, dass kein Punkt nach dem „wird" gesetzt wird, selbst wenn dies im Original der Fall ist. Denn der Zitatnachweis steht bei einem direkten Zitat immer im selben Satz wie das Zitat. Da die beiden Verfassernamen in Klammern angegeben werden, sind sie mit dem Et-Zeichen und nicht mit „und" zu trennen.

▶   **Tipp** Direkte Zitate werden nach dem APA-Zitierstil nur durch die Anführungsstriche von indirekten Zitaten unterschieden. Um dem Vorwurf eines Täuschungsversuchs vorzubeugen, ist daher gerade bei diesem Zitierstil auf das korrekte Setzen der öffnenden und schließenden Anführungsstriche zu achten.

Das Satzzeichen des Originals wird nur dann vor den schließenden Anführungsstrichen angegeben, wenn es sich um ein Fragezeichen handelt.

Beispiel 6: Direktes Zitat (mit Fragezeichen) und Zitatnachweis in Klammern
Frage 12 des Fragebogens lautete: „Sehen Sie sich den Anforderungen Ihrer Stelle immer gewachsen?" (Schulze, 2021, S. 3).

Innerhalb der Anführungsstriche, mit denen das direkte Zitat gekennzeichnet wird, darf der Text nicht verändert werden, selbst wenn er in alter Rechtschreibung oder falsch geschrieben ist. Fehler oder überraschende Aussagen können durch den Zusatz „[*sic*]" (lat. so – ohne Anführungsstriche) kenntlich gemacht werden. Der Verfasser macht damit deutlich, dass die Formulierung identisch dem Original entnommen wurde.

Beispiel 7: Hervorhebung überraschender Aussagen mit [sic]
„Somit können selbst geschaffene immaterielle Werte wie Schutzrechte (z. B. Patente, Warenzeichen [*sic*], Urheberrechte), Rechtspositionen (z. B. Nutzungsberechtigungen, Vertriebsrechte) und Werte wie ungeschützte Erfindungen, EDV-Software sowie insbesondere Eigenentwicklungen für neue Produkte und Verfahren aktiviert werden" (Coenenberg et al., 2018, S. 184).

Bei diesem Zitat macht der Verfasser der studentischen Arbeit deutlich, dass das Wort „Warenzeichen" tatsächlich im Original aufgelistet ist.

In fortgeschrittenen wissenschaftlichen Arbeiten sollten direkte Zitate jedoch nicht als ein vollständiger Satz in den eigenen Text übernommen werden, da dies meist einen Stilbruch zur Folge hat (ähnlich APA, 2020, S. 270). Vielmehr sollten direkte Zitate in den eigenen Satz integriert werden. Dabei wird nicht ein vollständiger Satz des Originals übernommen, sondern nur das Satzfragment, welches nicht besser in eigenen Worten ausgedrückt werden kann. Bei der Übernahme von einem Wort oder Wortpaar ist jedoch kein direktes Zitat notwendig, sofern es sich nicht um eine Neuschöpfung eines Begriffs handelt. Bei dieser Form des direkten Zitats erfolgt oft, wenn auch nicht immer, die Nennung des Verfassernamens im eigenen Text (narrative citation). „Am Anfang und am Ende eines Zitates können die Groß- bzw. Kleinschreibung und die Interpunktion dem eigenen Text angepasst werden" (Theisen, 2021, S. 156; ähnlich APA, 2020, S. 274). An diesen Stellen sind auch keine Auslassungspunkte notwendig.

Beispiel 8: Direktes Zitat im eigenen Satz und Nennung des Verfassers
Nach Popper (1984) erfolgt die Abgrenzung zwischen Wissenschaft und Pseudowissenschaft nach der Falsifizierbarkeit. Aussagen, die „nicht falsifizierbar sind, beziehen sich nicht auf die Wissenschaft" (S. 256).

Wie an dem Beispiel deutlich wird, wird bei der Nennung des Verfassernamens im eigenen Text vor dem direkten Zitat auch das Jahr angegeben. Im Regelfall steht es zwar direkt in Klammern hinter dem Namen; es kann aber auch an anderer Stelle im Text vor dem Zitat genannt sein. Dies bietet sich an, wenn etwa bei der Darstellung des Stands der Forschung ein Literaturüberblick gegeben wird.

Beispiel 9: Direktes Zitat im eigenen Satz mit Nennung des Verfassers
Das von Laux 1972 entwickelte Delegationswert-Konzept verglich er in seinem 1990 erschienenen Buch „Risiko, Anreiz und Kontrolle" mit der Agency-Theorie, um deutlich zu machen, „wie sich die finanziellen Belohnungen auf die Entscheidungen des (potentiellen) Entscheidungsträgers auswirken werden und welche Konsequenzen damit verbunden sind" (S. 10).

Bei diesem Beispiel wird deutlich, dass das Zitat aus dem Jahr 1990 stammt, sodass das Jahr nicht noch einmal angegeben werden muss. Diese bibliographische Auseinandersetzung mit der Literatur sollte jedoch die Ausnahme darstellen. Oft ist es nicht einmal erforderlich, den Verfassernamen explizit im Text zu erwähnen (narrative citation), insbesondere dann, wenn dieser der Leserin nicht namentlich bekannt sein dürfte.

Beispiel 10: Direktes Zitat im eigenen Satz ohne Nennung des Verfassers im Text
Eine der ersten Fragen, mit der sich Popper befasste, lautete, „wie sich die Wissenschaft und die Pseudowissenschaft voneinander abgrenzen lassen" (Schubert, 2021, S. 11).

Insbesondere im Fall eines namentlich nicht allseits bekannten Verfassers ist zu prüfen, ob überhaupt ein direktes Zitat erforderlich ist. Denn die Arbeit darf nicht zu einer Collage aus Versatzstücken verkommen, bei der „eine Vielzahl von Autoren durcheinanderreden" (Steinfeld, 2011, S. 48). Die grundsätzliche Arbeitstechnik bei der Literaturarbeit für jede wissenschaftliche Arbeit stellt die Wiedergabe in eigenen Worten dar; das direkte Zitat ist die Ausnahme. Wenn diese Regel beachtet wird, können auch englischsprachige direkte Zitate in einer in Deutsch verfassten Arbeit verwendet werden. Insbesondere können sie auch in einen deutschsprachigen Satz eingefügt werden.

Beispiel 11: Englischsprachiges direktes Zitat im eigenen Satz
Der Ausspruch von GORT (1969), „no writer has offered a general theory of mergers" (S. 624), besitzt nach fast dreißig Jahren weiterhin Gültigkeit.

Direkte Zitate in anderen Sprachen als in Englisch sind im Text in der deutschen Übersetzung als direktes Zitat zu verwenden. Im Zitatnachweis ist zusätzlich die Originaltextstelle anzugeben. Auch wenn nach dem APA-Zitierstil diese Vorgehensweise nicht notwendig zu sein scheint (APA, 2020, S. 301), kann nur so die Nachprüfbarkeit für die Leserin der Arbeit gewährleistet werden. Eine wörtliche Übersetzung durch den Verfasser stellt *keine* eigene wissenschaftliche Leistung dar. Die Behandlung einer Übersetzung als indirektes Zitat oder gar das Weglassen eines Nachweises stellt daher ein Plagiat dar.

Sind Teile des wörtlich zitierten Textes im Original z. B. fett, kursiv oder unterstrichen hervorgehoben, so ist eine solche Hervorhebung zu übernehmen oder das Weglassen derselben durch den Zusatz „[Hervorhebung im Original]" bzw. „[emphasis deleted]" anzugeben. Eigene Hervorhebungen sind entsprechend durch den Zusatz „[Hervorhebung durch den/die Verf.]" bzw. „[emphasis added]" anzugeben. Treten innerhalb eines direkten Zitats im Originaltext Anführungsstriche auf, so werden diese im Zitat durch halbe Anführungsstriche wiedergegeben.

Beispiel 12: Direktes Zitat (Anführungsstriche im Zitat)
„Dabei wird vorausgesetzt, dass die jeweiligen Unternehmen jeweils sämtliche Möglichkeiten für eine ‚optimale' Unternehmensstrategie genutzt haben, denn jeder Marktwert ist von den realisierten bzw. geplanten Strategien abhängig" (Schwarzer, 2020, S. 58).

Auslassungen, die nicht in das direkte Zitat übernommen wurden, müssen durch drei Punkte kenntlich gemacht werden. Dies gilt jedoch nicht bei Auslassungen zu Beginn oder am Ende eines direkten Zitats (APA, 2020, S. 275; Theisen, 2021, S. 155), auch wenn dieses in einen eigenen Satz eingefügt wurde. Auch dürfen die Auslassungen den Sinn des Originals nicht entstellen oder verfremden. Zu beachten ist im folgenden Beispiel, dass die schließenden Anführungsstriche vor den Punkt am Satzende kommen.

Beispiel 13: Direktes Zitat (mit Auslassung und Einfügung in den eigenen Satz)
Die Verwirrung um den Begriff der Synergie ist auf die häufige Verwendung in Verbindung mit Unternehmensakquisitionen zurückzuführen, da im Grenzfall nach GROTE (1990) „alle wünschenswerten Wirkungen … dem Synergiekonzept zugerechnet werden" (S. 75).

Ein vom Verfasser eingefügter Einschub ist innerhalb eckiger Klammern kenntlich zu machen (APA, 2020, S. 275). Ein solcher Einschub kann etwa aus Gründen der Grammatik notwendig sein, wenn sich bestimmte Begriffe nur aus dem Zusammenhang des Originaltextes ergeben oder die wörtlich zu zitierende Textstelle Relativ- bzw. Demonstrativpronomina (der, die, dieser usw.) enthält, die dann durch den entsprechenden Begriff zu ersetzen sind.

Beispiel 14: Direktes Zitat (fremdsprachlich mit Einschub)
Der von PANZAR und WILLIG (1979) geprägte Begriff beschreibt den Sachverhalt, dass „[the] joint production of two goods by one enterprise is less costly than the combined costs of production of two specialty firms" (S. 346).

Auch eine inhaltliche Konkretisierung kann auf diese Weise erfolgen.

Beispiel 15: Direktes Zitat mit Hinzufügung
„Wird jedoch die Gültigkeit des Capital Asset Pricing Models (CAPM) bei einem effizienten Kapitalmarkt unterstellt, auf dem die Aktien aller Unternehmen bereits gemäß ihrem Risikobeitrag zum [systematischen] Risiko bewertet werden, dann ist eine Diversifikation durch Akquisition ceteris paribus für den Anteilseigner irrelevant, da durch die Akquisition diese Risikobeiträge zum Marktrisiko der beiden Unternehmen nicht beeinflußt werden" (Oehlrich, 1999, S. 21).

Dabei ist zu beachten, dass die alte Rechtschreibung des Originals vor Inkrafttreten der Rechtschreibreform („beeinflußt" statt „beeinflusst") nicht verändert werden durfte.

▶   **Tipp** Längere wörtliche Zitate sollten vermieden werden. Wörtliche Zitate sollten nur sparsam eingesetzt werden. Sie dienen *nicht* der Zeitersparnis, weil man nicht selbst formulieren muss. Vielmehr sollte nur dann auf ein wörtliches Zitat zurückgegriffen werden, wenn man den betreffenden Gedanken nicht selbst besser formulieren könnte, etwa bei Begriffsdefinitionen. Überflüssige wörtliche Zitate mindern den eigenen Beitrag des Verfassers und führen bei der Bewertung daher zu Punktabzügen.

Nach dem APA-Zitierstil sind wörtliche Zitate, die mehr als 40 Wörter umfassen, in einen separaten Absatz zu fassen (block citation; APA, 2020, S. 272 f.). Dieser ist links mit 1,27 cm Einzug zu setzen, wobei sicherlich auch der von Theisen (2021) vorgeschlagene Einzug von 1 cm verwendet werden kann (S. 158). Wichtig ist jedoch, dass der einmal gewählte Einzug einheitlich in der gesamten Arbeit angewendet wird. Die Besonderheit dieser Kenntlichmachung als direktes Zitat ist, dass keine Anführungsstriche gesetzt werden. Auch erfolgt der Zitatnachweis immer nach dem letzten Punkt des Zitats. Nach dem Zitatnachweis wird dagegen kein Punkt gesetzt.

Beispiel 16: Längeres direktes Zitat (block citation mit Einzug) als parenthetical citation
Sonstige Abgaben unterscheiden sich von den Steuern wie folgt:

> Die Erhebung von Gebühren, Beiträgen und Sonderabgaben folgt dem *Äquivalenzprinzip*. Danach steht die spezielle Entgeltlichkeit der Abgabe im Vordergrund, dh [*sic*] der Grundsatz von Leistung und Gegenleistung. Die Erhebung von Steuern folgt hingegen dem *Leistungsfähigkeitsprinzip*, dh [*sic*] die Belastung richtet sich nach der Fähigkeit des Steuerpflichtigen, zur Finanzierung der staatlichen Ausgaben beizutragen. (Scheffler, 2020, S. 4)

Der Zitatnachweis kann auch im Text unmittelbar vor dem direkten Zitat durch Nennung des Verfassernamens erfolgen (narrative citation). In diesem Fall wird nach der allgemeinen Regel nach dem Verfassernamen in Klammern das Jahr angegeben. Die Angabe der Seitenzahl erfolgt hingegen unmittelbar nach dem direkten Zitat in Klammern, wobei das Zitat mit einem Punkt abgeschlossen wird; nach der Klammer steht hingegen kein Punkt.

Beispiel 17: Längeres direktes Zitat (block citation mit Einzug) als narrative citation
Scheffler (2020) unterscheidet Steuern und sonstige Abgaben wie folgt:

> Die Erhebung von Gebühren, Beiträgen und Sonderabgaben folgt dem *Äquivalenzprinzip*. Danach steht die spezielle Entgeltlichkeit der Abgabe im Vordergrund, dh [*sic*] der Grundsatz von Leistung und Gegenleistung. Die Erhebung von Steuern folgt hingegen dem *Leistungsfähigkeitsprinzip*, dh [*sic*] die Belastung richtet sich nach der Fähigkeit des Steuerpflichtigen, zur Finanzierung der staatlichen Ausgaben beizutragen. (S. 4)

3.3.3 Indirektes Zitat

Das indirekte Zitat stellt die wichtigste Zitiertechnik für wissenschaftliche Arbeiten dar und sollte daher – soweit möglich – dem direkten Zitat vorgezogen werden (so auch APA, 2020, S. 269). Der Zitatnachweis beim indirekten Zitat erfolgt nach dem APA-Zitierstil ähnlich wie beim direkten Zitat, d. h. entweder durch Nennung des Verfassernamens im eigenen Text (narrative citation) oder durch Angabe des Zitatnachweises in Klammern am Ende der sinngemäßen Übernahme (parenthetical citation). Der grundlegende und einzig kennzeichnende Unterschied zum direkten Zitat ist, dass beim indirekten Zitat keine Anführungsstriche gesetzt werden, weil keine Fragmente des zitierten Originals in der eigenen sinngemäßen Wiedergabe wörtlich verwendet wurden. Der Zitatnachweis steht oft am Ende des Satzes (vor dem Punkt), wenn der ganze Satz sinngemäß dem Original entnommen und in eigenen Worten wiedergegeben wurde. Wenn jedoch nur ein Teil des Satzes sinngemäß übernommen wurde, steht der ganze Zitatnachweis (parenthetical citation) bzw. die zitierte Seitenzahl (narrative citation) am Ende des sinngemäß übernommenen und in eigenen Worten wiedergegebenen Inhalts, typischerweise vor einem Satzzeichen (Komma oder Semikolon). Auch wenn dies vom APA-Zitierstil nicht zwingend gefordert ist (APA, 2020, S. 269), sollte auch beim indirekten Zitat immer die exakte Seite oder der exakte Seitenbereich (bzw. entsprechend die Spaltenzahl oder die Randnummer) angegeben werden, von denen die sinngemäße Übernahme erfolgt ist (so auch Theisen, 2021, S. 147). Denn ansonsten würde etwa bei Büchern der Leserin aufgebürdet, das gesamte Original nach der zitierten Textstelle zu durchsuchen, was nicht deren Aufgabe sein kann. Dabei bezieht sich der Zitatnachweis grundsätzlich nur auf den durch seine Position gekennzeichneten Satzteil oder Satz. Zitatnachweise dürfen nicht bei den Überschriften gesetzt werden (Theisen, 2021, S. 159 f.). Sofern mehrere Passagen sinngemäß übernommen werden, ist dies durch wiederholte Zitatnachweise an den betreffenden Sätzen kenntlich zu machen. Um bei längeren sinngemäßen Übernahmen wiederholte Zitatnachweise zu vermeiden, bietet sich folgende Möglichkeit der Vereinfachung an (so auch APA, 2020, S. 269 f.): Ein Zitatnachweis kann an das Ende eines Absatzes gesetzt werden, wenn aus dem Zusammenhang deutlich wird, dass der gesamte Absatz auf fremdem Gedankengut basiert. Dies ist etwa möglich durch die Bezugnahme auf den Urheber zu Beginn des Absatzes (z. B. „Nach SCHMALENBACH ist …"). Zur besseren Lesbarkeit kann in einem solchen Fall der Name des Urhebers im Text in Kapitälchen oder kursiv geschrieben werden (so auch Theisen, 2021, S. 146 f.).

Beim folgenden Beispiel bezieht sich das indirekte Zitat somit nur auf den zweiten Satz und nicht auf den ersten oder dritten.

Beispiel 18: Indirektes Zitat ohne Nennung des Verfassernamens im Text
Economies of Scale liegen vor, wenn die langfristigen Durchschnittskosten bei einer Steigerung der Ausbringungs- bzw. Produktionsmenge fallen. Dieser Größendegressionseffekt kommt allein dadurch zustande, dass der Fixkostenanteil auf eine größere Stückzahl verteilt wird (Sautter, 1989, S. 237). Einen Sonderfall stellt verschleißfreies Know-how dar, das Grenzkosten in Höhe von null aufweist.

Soll der Verfassername im Text genannt werden (narrative citation), etwa weil er sehr bekannt ist, so ist am Ende der sinngemäßen Übernahme nur die Seitenzahl in Klammern anzugeben; Verfassername und Jahr sind nicht zu wiederholen. Das vorige Zitat würde dann wie folgt gestaltet werden.

Beispiel 19: Indirektes Zitat mit Nennung des Verfassernamens im Text
Economies of Scale liegen vor, wenn die langfristigen Durchschnittskosten bei einer Steigerung der Ausbringungs- bzw. Produktionsmenge fallen. Nach Sautter (1989) kommt dieser Größendegressionseffekt allein dadurch zu Stande, dass der Fixkostenanteil auf eine größere Stückzahl verteilt wird (S. 237). Einen Sonderfall stellt allerdings verschleißfreies Knowhow dar, das Grenzkosten in Höhe von null aufweist.

Mehrere indirekte Zitatnachweise in *einer* Klammer werden mit einem Semikolon voneinander getrennt.

Beispiel 20: Indirektes Zitat mit zwei Fundstellen
Fraglich ist, ob sich beobachtbare Wertsteigerungen aus horizontalen Akquisitionen auf Monopolrenten oder auf Economies of Scale zurückführen lassen (Stigler-Bain Debate; Bain, 1950; Stigler, 1950).

Das eigenständige Formulieren ist gerade das Merkmal des indirekten Zitats. Keinesfalls darf der Urheber des Gedankens verschwiegen werden (Niehues et al., 2014, Rdn. 233). Das indirekte Zitat entbindet den Verfasser nicht von der eigenständigen Gedankenführung. Eine bloße Wiedergabe ganzer Absätze aus einer Literaturstelle bzw. deren Zusammenfassung in eigenen Worten stellt keine eigenständige wissenschaftliche Leistung dar (so auch Heister & Weßler-Poßberg, 2011, S. 54). Vielmehr sind die Aussagen verschiedener Autoren und mithin auch etwaige Gegensätze, abweichende Meinungen und Unstimmigkeiten miteinander in Beziehung zu setzen, um darauf aufbauend die eigene Argumentation zu entwickeln. Wiederholte Zitatnachweise einer einzelnen Literaturstelle sollten daher nur in Ausnahmefällen auftreten und geben Anlass für eine Überarbeitung des Textabschnitts (Theisen, 2021, S. 146). Bei den Schwerpunkten der Arbeit bzw. den strittigen Themen sind mehrere Zitatnachweise in einer Klammer sinnvoll, um die in der Literatur vertretenen Positionen differenziert darzustellen. In diesem Fall sind die einzelnen Zitatnachweise chronologisch (nach ihrem Erscheinungsjahr) bzw. inhaltlich (pro und contra) zu sortieren (Theisen, 2021, S. 161). Bei juristischen Argumentationen stehen zunächst die Urteile und erst dann die Sekundärliteratur. Das folgende Beispiel verdeutlicht diese intensive Literaturarbeit.

Beispiel 21: Indirektes Zitat mit Literaturverweisen
Durch die getroffenen Annahmen sind Transaktionskosten nicht nur als pagatorische Kosten der Nutzung des Marktmechanismus (etwa Anbahnungskosten oder Vereinbarungskosten) zu verstehen, sondern auch im Sinne von Opportunitätskosten (Picot, 1982, S. 270 f.; kritisch Terberger, 1994, S. 126). WINDSPERGER definiert Transaktionskosten als Kosten der Koordination von ökonomischen Transaktionen wie etwa Such-, Informations-, Entscheidungskosten, Bargaining-, Disincentive-, Kontroll- und Kontraktvollstreckungskosten (Windsperger, 1983, S. 896). Sie hängen nach Windsperger (1987) vom Komplexitäts- und Veränderungsgrad der transaktionalen Umwelt ab (S. 65). Er geht damit über die traditionelle, zu eng gefasste Definition von Picot (1982, S. 270) hinaus.

3.3.4 Plagiate und andere Täuschungshandlungen

Wie bei Klausuren und mündlichen Prüfungen gibt es auch bei Haus- und Abschlussarbeiten das prüfungsrechtliche Gebot, die Leistung nur mit zugelassenen Hilfsmitteln persönlich zu erbringen, damit die individuellen Leistungen und Fähigkeiten des Prüflings ermittelt werden können (Niehues et al., 2014, Rdn. 228). Während bei den erstgenannten Prüfungsleistungen die Abgrenzung von unzulässigen Hilfsmitteln – auch wenn der klassische „Spickzettel" heutzutage oft durch programmierbare Taschenrechner, Smartwatch oder kabellose Kopfhörer ersetzt wird – unmittelbar einsichtig ist, so führt gerade bei den ehrlichen Studierenden bei Haus- und Abschlussarbeiten die Plagiatsdiskussion zu großer Verunsicherung. Kann man schon eines Plagiats bezichtigt werden, wenn man *einmal* „fahrlässig" eine Zitierung vergessen hat? Diese Angst ist sicherlich unbegründet, da ein Plagiat voraussetzt, dass „wesentliche Teile" der Arbeit aus nicht kenntlich gemachten Quellen stammen (Niehues et al., 2014, Rdn. 233, mit umfangreichen Nachweisen zur Rechtsprechung). Auch wenn damit einerseits dem ehrlichen Studierenden Entwarnung gegeben werden kann, da im Falle von vereinzelten Zitierfehlern „nur" ein Punktabzug aufgrund von Fehlern in der wissenschaftlicher Methodik, aber kein Plagiatsvorwurf angemessen ist (Niehues et al., 2014, Rdn. 243), so ist andererseits aufgrund der möglichen Konsequenzen davor zu warnen, das Thema leichtfertig zu nehmen. Denn der Sanktionsrahmen geht hin bis zur Entscheidung, dass die Prüfung endgültig nicht bestanden ist, was ein Weiterstudieren an einer anderen Hochschule ausschließt (VG Köln, Urteil vom 15.12.2005 – 6 K 6285/04 – NWVBl. 2006, S. 196; OVG Hamburg, Beschluss vom 19.11.2013 - 3 Bs 274/13).

Die in vergangenen Jahren insbesondere bei Politikern bekannt gewordenen Fälle von wissenschaftlichem Fehlverhalten beim Verfassen einer Doktorarbeit

zeigen, dass selbst Jahre oder Jahrzehnte nach dem Einreichen einer Abschlussarbeit noch die Gefahr der Entdeckung eines Plagiats besteht (vgl. etwa zu den
Fällen Karl-Theodor zu Guttenberg, Veronika Saß, Silvana Koch-Mehrin, Jor-
gas Chatzimarkakis und Margarita Mathiopoulos: Hofmann, 2016, S. 92–102).
Aus diesem Grund sollte sich jeder Studierende fragen, ob er lebenslang die
Gefahr einer späteren Entdeckung eines groben wissenschaftlichen Fehlverhaltens
in Kauf nehmen will. Denn im Gegensatz zum Strafrecht kennt das Prüfungsrecht keine Verjährung, sodass die titelvergebende Hochschule noch Jahrzehnte
später den Verwaltungsakt auf Vergabe eines wissenschaftlichen Grades wider-
rufen kann, wenn ihr bekannt wird, dass die Voraussetzungen zur Vergabe nicht
vorgelegen haben oder darüber getäuscht wurde. Beispielsweise wurde der CDU-
Politikerin Anette Schavan durch Entscheidung des Rates der Philosophischen
Fakultät der Universität Düsseldorf am 5. Februar 2013 der Doktorgrad entzogen,
nachdem in ihrer 34 Jahre alten Dissertation Mängel in der Zitierweise festgestellt
wurden.

Dabei handelt es sich beim Plagiat jedoch nicht um die einzige Täuschungshandlung, die ein Prüfling im Rahmen einer Haus- oder Abschlussarbeit begehen
kann. Denn die prüfungsrechtliche Definition der Täuschungshandlung wird in
diesen Fällen durch die wissenschaftsrechtlichen Begriffe der wissenschaftlichen
Unredlichkeit bzw. des wissenschaftlichen Fehlverhaltens konkretisiert. Während
sich *wissenschaftliche Unredlichkeit* insbesondere auf die unwissenschaftliche
oder fahrlässig fehlerhafte Gewinnung, Speicherung und Auswertung von Daten
bezieht, besteht *wissenschaftliches Fehlverhalten* in der Erfindung und Fälschung
von Daten, Plagiat sowie dem Vertrauensbruch als Gutachter oder Vorgesetzter.

Fälle wissenschaftlichen Fehlverhaltens beim Verfassen einer prüfungsrelevan-
ten Arbeit sind (vgl. zu zahlreichen Beispielen aus den Rechtswissenschaften
Rieble, 2010, S. 9–50):

• fehlende Kennzeichnung eines direkten oder indirekten Zitats,
• weitgehende Übernahme der Gliederung bzw. Literaturarbeit einer fremden
  Arbeit ohne Quellenangabe,
• Erfinden bzw. Fälschen von Primärdaten,
• Ghostwriting, d. h. Inanspruchnahme der Unterstützung Dritter, die über reine
  Hilfsarbeiten (Literaturbeschaffung, Dateneingabe u. Ä.) hinausgeht.

Aufgrund der Abgrenzungsproblematik soll im Folgenden das Plagiat genauer
betrachtet werden. Wie erläutert wurde, stellt ein Plagiat die Übernahme fremden Gedankenguts in sinngemäßer oder gar wörtlicher Form dar, wenn diese
Übernahme nicht durch eine Zitierung deutlich gemacht wird (vgl. zur Definition

des Plagiats Dreier & Ohly, 2013b, S. 160–162; Rieble, 2013, S. 31 f.; Weber-Wulff, 2013, S. 135–138. Im Einzelfall ist jedoch nicht nur eine quantitative, sondern auch eine qualitative Gewichtung vorzunehmen: VG Darmstadt, Zeitschrift für Urheber- und Medienrecht – Rechtsprechungsdienst, 2011, 446, 450).

In prüfungsrechtlicher Hinsicht wird damit fahrlässig oder gar vorsätzlich die Autorenschaft für einen Text oder einen Textabschnitt angemaßt, der keine eigene Leistung darstellt (es reicht nicht aus, die Quelle lediglich im Literaturverzeichnis aufzuführen; vgl. Niehues et al., 2014, Rdn. 233 m. w. N. Zur Fahrlässigkeit: VG Darmstadt, Zeitschrift für Urheber- und Medienrecht – Rechtsprechungsdienst, 2011, 446, 450). Für Studierende stellt die Gefahr eines Plagiats üblicherweise auch eine Unsicherheit dar, da die Befürchtung besteht, möglicherweise zu Unrecht eines Plagiats bezichtigt zu werden, etwa wenn zufällig ein Sachverhalt in identischen Worten beschrieben wird oder Studienwissen bzw. „Gelesenes" in die Arbeit einfließen, ohne dass hierzu auf eine konkrete Quelle zurückgegriffen werden kann. Diese Befürchtung wird sich jedoch (hoffentlich) als unbegründet erweisen, da nur wörtliche bzw. umfangreiche Übernahmen aus einem fremden Text ohne Zitatnachweis ein Plagiat darstellen (s. das nachfolgende Beispiel).

Besonders ist von der verbreiteten Unsitte abzuraten, fremde (Internet-)Texte zunächst in die eigene Arbeit zu kopieren, um sie dann zu einem indirekten Zitat „umzuschreiben". Eine solche Vorgehensweise ist nicht nur unwissenschaftlich, sondern führt häufig auch zu (fahrlässigen) Plagiaten. Denn ein Plagiat stellt nicht nur die wortgetreue Übernahme fremden Gedankenguts ohne ausreichende Zitierung dar. Es liegt auch dann vor, wenn entweder der „eigene" Text zu nah am Original ist, sodass ein wörtliches Zitat notwendig wäre, oder sich der Zitatnachweis nur auf einen Teil der indirekten Übernahme bezieht (Turabian et al., 2013, S. 43). Das folgende Beispiel verdeutlicht an einem konkreten Textabschnitt die dabei auftretenden Grenzlinien und Grauzonen eines Plagiats (eigene Vorgehensweise nach Gruber et al., 2009, S. 160–165). Die Originaltextstelle stammt aus Troßmann, E. (2006). Beschaffung und Logistik. In F. X. Bea, B. Friedl & M. Schweitzer (Hrsg.), *Allgemeine Betriebswirtschaftslehre* (9. Aufl., Bd. 3, S. 113–181). UTB Lucius & Lucius, S. 149 f. Der Verfasser TROSSMANN verwendet dabei eine nur in Lehrbüchern zulässige Form des Kurzzitats ohne Seitenangabe.

Beispiel 22: Originaltext für Zitierbeispiel
Eine **Kanban-Logistik** umfasst eine Kombination von Verfahrensregeln zur Steuerung des betrieblichen Materialflusses.
    Die Kanban-Logistik wurde in Japan in den fünfziger Jahren beim Autohersteller Toyota entwickelt und hat sich seit Beginn der achtziger Jahre auch in Deutschland durchgesetzt. Sie lässt sich durch folgende Merkmale beschreiben (vgl. z. B. Wildemann [Werkstattsteuerung], Fandel/Francois [Just-in-Time]):

1. Der Produktionsprozess wird (gedanklich) in eine Anzahl von **Liefer-Empfangs-Beziehungen** untergliedert. In jeder von ihnen muss Material transportiert werden.
2. Aus jeder der gefundenen Liefer-Empfangs-Beziehungen wird ein **selbststeuernder Regelkreis** gebildet. Die vordem zentral (oder zumindest von einer Planungsstelle) vorgegebene Steuerung der Materialweitergabe ersetzt eine dezentrale Steuerung am Ort des Materialflusses. Dabei verknüpft man den Informationsfluss so mit dem Materialfluss, dass sich beide auf derselben Ebene befinden. Eine übergeordnete (zentrale) Informationsverarbeitung ist insoweit überflüssig.
3. Für den Transport wird das **Hol-Prinzip** eingeführt. Es ersetzt ein vorher realisiertes Bring-Prinzip bzw. eine zentrale Transportsteuerung. Die jeweils empfangende Stelle hat die benötigten Materialien von der bereitstellenden Stelle abzuholen.
4. Hierzu werden standardisierte Transportbehälter verwendet. Jeder von ihnen trägt ein besonderes Schild, einen **Kanban** (jap. Kanban: Schild, Karte). Wird ein Behälter abgeholt, verbleibt der Kanban am Abhol-Ort. Er gibt die Information über die Verwendung weiter. Die abgenommenen Kanbans werden gesammelt und von der liefernden Stelle laufend kontrolliert. Je nach Vorgabe stellt bereits ein einziger Kanban oder erst eine gewisse Zahl von ihnen einen Produktions- oder Beschaffungsauftrag für diese Stelle dar.
5. Der abgeholte Behälter wird nach Entfernung des ursprünglichen Kanbans mit einem vom Abholer mitgebrachten Transportkanban versehen, der am Verwendungsort eine entsprechende Rolle spielt wie der abgenommene (Produktions-)Kanban am Bereitstellungsort. Die Kanbans enthalten alle zur Identifikation, Nachbestellung oder Nachproduktion erforderlichen Informationen, sie ermöglichen daher neben der dezentralen Materialflusssteuerung gleichzeitig eine dezentralisierte Informationsbereitstellung am Fertigungsort.
6. Die umlaufende Materialmenge, insbesondere auch die Bestände an Halbfabrikaten werden indirekt dadurch gesteuert und vor allem nach oben begrenzt, dass für jede Stelle und Materialart nur eine vorab genau berechnete **Zahl an Kanbans** ausgegeben wird.

Die folgenden Zitierungen sollen auf ihre wissenschaftliche Zulässigkeit überprüft werden.

Beispiel 23: Zitierfehler (fehlende Hervorhebung)

„Eine Kanban-Logistik umfasst eine Kombination von Verfahrensregeln zur Steuerung des betrieblichen Materialflusses" (Troßmann, 2006, S. 149). Die Kanban-Logistik wurde in den 1950er-Jahren vom Automobilproduzenten Toyota in Japan entwickelt und konnte sich seit Anfang der 1980er-Jahre auch in Deutschland durchsetzen (Troßmann, 2006, S. 149).

Bei dieser Zitierform handelt es sich zwar nicht um ein Plagiat, sie weist jedoch einzelne Zitierfehler auf. So wurde beim direkten Zitat der Hinweis vergessen, dass das Original eine Hervorhebung enthielt (Hervorhebung im Original). Beim nachfolgenden indirekten Zitat handelt es sich weniger um eine eigenständige Formulierung (Paraphrase), sondern es wurden lediglich die Worte umgeschrieben (aus „Autohersteller" wird „Automobilproduzent" usw.) und umgestellt. Ein eigener (wissenschaftlicher) Beitrag liegt hier nicht vor.

Der Verfasser geht ungeschickt, aber nicht in täuschender Absicht vor, da die verwendete Quelle angegeben wurde. Dies ändert sich jedoch beim folgenden Beispiel.

Beispiel 24: Gravierender Zitierfehler
„Eine Kanban-Logistik [Hervorhebung im Original] umfasst eine Kombination von Verfahrensregeln zur Steuerung des betrieblichen Materialflusses" (Troßmann, 2006, S. 149). Die Kanban-Logistik wurde in den 1950er-Jahren vom Automobilproduzenten Toyota in Japan entwickelt und konnte sich seit Anfang der 1980er-Jahre auch in Deutschland durchsetzen (Troßmann, 2006, S. 149). Sie kann durch folgende Merkmale beschrieben werden:

1. Gliederung in Liefer-Empfangs-Beziehungen
2. Bildung selbststeuernder Regelkreise
3. Einführung des Hol-Prinzips für den Transport
4. Anbringung eines speziellen Schilds (jap. Kanban) an jedem Transportbehälter
5. Austausch gegen Transport-Kanbans
6. Steuerung der Bestände an Halbfabrikaten durch Ausgabe einer begrenzten Zahl an Kanbans

Bei dieser Zitierform liegt eine sehr deutliche Unschärfe vor, die dem Verfasser bewusst sein sollte. Zwar ist das direkte Zitat mit dem ergänzenden Hinweis nun korrekt, jedoch ist das indirekte Zitat nicht ausreichend. Denn ein indirektes Zitat gilt streng genommen nur für einen Satz. Jedoch wurde auch die Auflistung der sechs Punkte aus dem Original übernommen, ohne dass sich ein Hinweis auf den Urheber findet. Aus dem reinen Wortlaut wird nicht klar, dass die Liste zwar vom Verfasser formuliert wurde, jedoch TROSSMANN der Urheber ist. Eine Täuschungsabsicht wird man dem Verfasser nicht unterstellen können, da das Original unmittelbar darüber angegeben wurde. Es liegt jedoch ein gravierender Zitierfehler vor, da ein notwendiges indirektes Zitat nicht angegeben wurde. Dieser Zitatnachweis ist auf mehreren Wegen möglich:

1. Es könnte ein Zitatnachweis „(Troßmann, 2006, S. 149 f.)" vor den Doppelpunkt bzw. ans Ende der Aufzählung gesetzt werden.
2. Die Einleitung der Aufzählung könnte einen Hinweis auf den Urheber enthalten, sodass deutlich wird, dass sich das indirekte Zitat auch auf die Auflistung bezieht: „Nach TROSSMANN (2006) kann sie durch folgende Merkmale beschrieben werden:" Am Ende der Aufzählung müsste „(S. 149 f.)" eingefügt werden.

Problematischer ist allerdings die folgende Vorgehensweise.

Beispiel 25: Täuschungsversuch (abgeschriebene Zitatnachweise)
„Eine Kanban-Logistik [Hervorhebung im Original] umfasst eine Kombination von Verfahrensregeln zur Steuerung des betrieblichen Materialflusses" (Troßmann, 2006, S. 149). Die Kanban-Logistik wurde in den 1950er-Jahren vom Automobilproduzenten Toyota in Japan entwickelt und konnte sich seit Anfang der 1980er-Jahre auch in Deutschland durchsetzen (Troßmann, 2006, S. 149). Sie kann durch folgende Merkmale beschrieben werden (Fandel & Francois, 1989; Wildemann, 1989):

1. Gliederung in Liefer-Empfangs-Beziehungen
2. Bildung selbststeuernder Regelkreise
3. Einführung des Hol-Prinzips für den Transport
4. Anbringung eines speziellen Schilds (jap. Kanban) an jedem Transportbehälter
5. Austausch gegen Transport-Kanbans
6. Steuerung der Bestände an Halbfabrikaten durch Ausgabe einer begrenzten Zahl an Kanbans

Hierbei handelt der Verfasser bereits in täuschender Absicht. Denn er verschweigt nicht nur den Urheber des Gedankens der Auflistung (TROSSMANN), sondern er übernimmt auch die dort angegebenen Veröffentlichungen WILDEMANN bzw. FANDEL und FRANCOIS (bei der Zitierung von Troßmann an anderer Stelle handelt es sich um ein sogenanntes „Bauernopfer", das den Leser über den Umfang der Übernahme im Unklaren lässt; vgl. Lahusen, 2006, S. 405). Zu seiner Verteidigung könnte der Verfasser zwar vorbringen, die beiden Veröffentlichungen im Original eingesehen zu haben, dann handelte es sich nicht um ein unzulässiges Blindzitat. Doch müsste er sich dann fragen lassen, warum er zwar die Zitiertechnik des Originals (Kurzbeleg-Methode über Titelstichworte) in seine eigene (Kurzbeleg-Methode über das Erscheinungsjahr) übersetzt hat, jedoch die unbedingt notwendige Seitenangabe unterlassen hat. Die blinde Zitierung der beiden anderen Veröffentlichungen im dritten Zitatnachweis erweckt den Eindruck einer umfangreicheren Literaturarbeit, als sie tatsächlich stattgefunden hat. Der Verfasser hat nur eine Literaturstelle eingesehen und nicht drei – wie er vorgibt. Es geht aber noch dreister.

Beispiel 26: Plagiat
Eine Kanban-Logistik ist eine Kombinierung von Verfahrensregeln zur Steuerung des Materialflusses in Unternehmen. Die Kanban-Logistik wurde in den 1950er-Jahren vom Automobilproduzenten Toyota in Japan entwickelt und konnte sich seit Anfang der 1980er-Jahre auch in Deutschland durchsetzen. Sie kann durch folgende Merkmale beschrieben werden (Fandel & Francois, 1989; Wildemann, 1989):

1. Gliederung in Liefer-Empfangs-Beziehungen
2. Bildung selbststeuernder Regelkreise
3. Einführung des Hol-Prinzips für den Transport

4. Anbringung eines speziellen Schilds (jap. Kanban) an jedem Transportbehälter
5. Austausch gegen Transport-Kanbans
6. Steuerung der Bestände an Halbfabrikaten durch Ausgabe einer begrenzten Zahl an Kanbans

In diesem Fall handelt es sich eindeutig um ein Plagiat, da das Original von TROSSMANN gänzlich verschwiegen wird. Jedoch wurde das direkte Zitat nur unbedeutend verfremdet und die Zitierung von WILDEMANN und FANDEL und FRANCOIS zeigt deutlich, dass sich der Verfasser mit fremden Federn schmücken möchte (Niehues et al., 2014, Rdn. 233 sprechen treffend von der Zitierpflicht bezüglich der „Zwischenquelle").

Die meisten Hochschulen setzen mittlerweile Plagiaterkennungssoftware ein. Die Arbeit wird dabei vor der Korrektur durch ein automatisiertes Plagiatprogramm auf wörtliche Textübernahmen („Copy + Paste") geprüft. Sollten längere Textstellen wörtlich oder inhaltlich übernommen worden sein, ohne dass die Quelle als direktes oder indirektes Zitat ausgewiesen wurde, so führt dies zum Nichtbestehen. Plagiate unterhalb dieser Schwelle führen zum Punktabzug bei der wissenschaftlichen Technik. Es ist auch dringend davon abzuraten, andere Texte ohne Zitatnachweise umzuformulieren. Auch dies fällt einem guten Betreuer auf den ersten Blick auf und ist ebenso als Plagiat zu werten.

Die Befürchtung, aufgrund fehlerhafter Plagiatsoftware zu Unrecht eines Plagiats bezichtigt zu werden, ist jedoch unbegründet. Denn das Untersuchungsergebnis der Plagiatsoftware stellt nur den ersten Schritt dar (Weber-Wulff, 2003, 2013). Hierbei werden Verdachtsfälle herausgefiltert, die vom Betreuer oder von einem Beauftragten des Prüfungsausschusses genau untersucht werden müssen (vgl. umfassend Bamford, 2013). In Fällen wörtlicher oder umformulierter Übernahme von Textpassagen aus nicht zitiertem Material hat sich die Praxis entwickelt, eine tabellarische Gegenüberstellung des Originaltextes mit der infrage stehenden Prüfungsarbeit vorzunehmen. Dabei sind auch alle Zitierungen und sonstigen Angaben danach zu bewerten, ob für den jeweiligen Text die Autorenschaft angemaßt wird. Allerdings ist vor dem Irrglauben zu warnen, dass die Zitierung des übernommenen Materials an anderer Stelle oder gar die lediglich Aufnahme in das Literaturverzeichnis ohne jeden Zitatnachweis von diesem Vorwurf freisprechen könnten (sog. Bauernopferzitat; vgl. Lahusen, 2006, S. 405).

Im Falle eines Plagiatsvorwurfs sollte sich der Studierende die eigene wissenschaftliche Arbeit noch einmal kritisch vornehmen und ex post die eigene Arbeitsweise überprüfen. Möglicherweise kommt man dabei selbst zu dem Schluss, dass wissenschaftlich „unsauber" gearbeitet wurde. Wenn dem so sein sollte, so ist das eigene Eingeständnis eines Fehlers der erste Schritt für eine Verteidigungsstrategie, auch wenn es faktisch nicht immer sinnvoll ist, dieses Eingeständnis uneingeschränkt dem Prüfer und dem Prüfungsausschuss gegenüber zu kommunizieren. Nicht hilfreich ist es jedoch, die eigene Verantwortung durch haltlose Behauptungen abzuschieben. Es ist unwahrscheinlich, dass „zufällig" genau bei diesem Abschnitt Anführungsstriche *und* Zitatnachweise verloren gegangen sind oder dass ein anderer Verfasser die identischen Worte verwendet. Eine Verteidigungsstrategie kann nur auf belegbaren Fakten basieren. Persönliche Gründe wie etwa Krankheit oder Überforderung mögen zwar beim Betreuer Mitgefühl erzeugen, stellen jedoch keinen sachlichen Grund oder gar eine Rechtfertigung für ein Plagiat dar (Dreier & Ohly, 2013b, S. 164). Sie könnten höchstens den Vorwurf einer vorsätzlichen zugunsten einer nur fahrlässigen Täuschung abmildern. Aber auch in diesem Fall hätte der Studierende die Bearbeitung ehrlicherweise mit dem Hinweis auf die Erkrankung oder die Überforderung abbrechen müssen, auch auf die Gefahr hin, dass der Abbruch als Fehlversuch gewertet wird und damit der Erfolgsdruck für den zweiten Anlauf steigt. Denn unter einem Plagiat leidet insbesondere die eigene wissenschaftliche Reputation.

3.3.5 Literaturverweise und Erläuterungen

Sofern der Zitatnachweis nicht dazu verwendet werden soll, die Übernahme eines fremden Gedankens offenzulegen, sondern auf weitere Literatur zu verweisen, ist mit „s." (siehe) einzuleiten. Damit wird deutlich gemacht, dass die Literaturangabe nur als Verweis und nicht als (indirektes) Zitat zu verstehen ist. Ein solcher Verweis könnte etwa die folgende Form haben.

Beispiel 27: Literaturverweis in Klammern
Diese Kritik stützt sich weitgehend auf die Ergebnisse empirischer Analysen (s. z. B. die richtungsweisenden Untersuchungen Melicher & Rush, 1973, 1974; Ruback, 1983; Stulz et al., 1990. Des Weiteren s. Bühner, 1990b, S. 24–64, 88–97; Möller, 1983; Morck et al., 1990; Sirower, 1997. Zur Vorteilhaftigkeit einer Diversifikation durch Akquisition s. Hopkins, 1987; Mason & Goudzwaard, 1976; Morck et al., 1990; Porter, 1987a).

Sinnvoll sind auch kommentierte Verweise, die Aufschluss darüber geben, was den Leser unter der verwiesenen Literaturstelle erwartet. Dies betrifft etwa die argumentative Übereinstimmung mit der eigenen Arbeit („so auch Theisen, 2021, S. 15") oder den Verweis auf abweichende Meinungen in der Literatur durch „anders …" oder „anderer Ansicht …".

Beispiel 28: Darstellung einer herrschenden Meinung in Klammern
(Hax, 1993, S. 775. Ebenso Mirrlees, 1976, S. 107: „A theory that overemphasizes self-interested behavior in this way deserves to fail in predicting various features of actual organizations; but it would be surprising if it were wholly irrelevant.").

Sofern in einer anderen Veröffentlichung Literaturangaben gefunden wurden, die als Querverweis auch für die eigene Arbeit bedeutsam sind, sollten diese Hinweise nicht kopiert (Blindzitat), sondern über einen Verweis in die eigene Arbeit eingebunden werden. Das Kopieren nur der Literaturangaben würde eine wissenschaftliche Unredlichkeit darstellen; prüfungsrechtlich dürfte damit gleichzeitig eine Täuschungshandlung vorliegen (Niehues et al., 2014, Rdn. 229, 233). Theisen (2021) spricht dem Blindzitat eine mangelnde Verlässlichkeit zu (S. 162 f.). Ein derartiger Verweis erfolgt über eine entsprechende Erläuterung im Zitatnachweis. Eine Möglichkeit des Verweises auf Literaturangaben in anderen Veröffentlichungen erfolgt mit der Abkürzung „m. w. N." (mit weiteren Nachweisen), die an den Nachweis für ein indirektes Zitat angehängt wird.

Beispiel 29: Verkürzter Literaturnachweis in Klammern
(vgl. auch Oehlrich, 2005, S. 24 m. w. N.).

Das folgende Beispiel verdeutlicht die obigen Anführungen anhand eines umfassenden Fallbeispiels.

Beispiel 30: Umfassendes Fallbeispiel zur Zitierung
Während PORTER in den 1980er-Jahren die pharmazeutische Industrie noch zu den attraktivsten Branchen überhaupt zählte (Porter, 1985, S. 4; zu einem historischen Überblick der Entstehung der Marktstrukturen in der pharmazeutischen Industrie vgl. Malerba & Orsenigo, 2001, S. 4–14), ist zwischenzeitlich eine Veränderung des Wettbewerbsumfeldes eingetreten (Pisano, 1997b, S. 51; DiMasi, 2001a, S. 286). „At the outset of the 1990s, pharmaceutical companies found themselves in a rapidly changing competitive environment, and the strategies and competences that had served them well for almost forty years began to show signs of strain" (Pisano, 1997b, S. 57). Dadurch ist der Forschungsbereich als das entscheidende Glied der Wertkette dieser Unternehmen (wieder) in das Blickfeld gerückt (zur Wertkette pharmazeutischer Unternehmen vgl. Hax & Majluf, 1996, S. 123). Für die Analyse und Entwicklung von Anreizsystemen im Forschungsbereich ist es daher unumgänglich, die Auswirkungen dieser Entwicklungen zu berücksichtigen, da sie die Anforderungen und Grenzen für Anreizsysteme definieren.
    Zunächst einmal ist von Bedeutung, dass Unternehmen der pharmazeutischen Industrie keine homogene Gruppe darstellen. Denn Arzneimittel können grundsätzlich in drei völlig unterschiedlichen Marktsegmenten verkauft werden, die sich in ihren Strukturen und den Anforderungen an das Unternehmen gravierend unterscheiden:

- Das Marktsegment *Ethicals* (ethisches Geschäft) umfasst alle rezeptpflichtigen Medikamente, die als Markenpräparate konzipiert sind, also keine Nachahmerprodukte darstellen. Daher steht hier insbesondere die Fähigkeit im Vordergrund, innovative Arzneimittel auf der Basis neuer Wirkstoffe zu entwickeln; hier spricht man oft auch von *forschenden* Arzneimittelherstellern. Da die ethischen Arzneimittel der Rezeptpflicht unterliegen, besteht grundsätzlich eine starke Abhängigkeit von den Ärzten, die letztendlich durch ihr Verschreibungsverhalten die Nachfrage bestimmen, indem sie zur Behandlung eines bestimmten medizinischen Bedürfnisses (medical need) ein spezifisches Präparat auswählen. Jedoch übt auch der Kostenträger (bspw. das Krankenversicherungssystem) einen bedeutenden Einfluss auf den Preis bzw. die Nachfrage aus.
- Das Marktsegment *Generics:* Generika sind Arzneimittel, die anderen bereits auf dem Markt befindlichen und als Marken eingetragenen Präparaten mit ausgelaufenem Patentschutz im Wirkstoff entsprechen. Der Wettbewerb bei generischen Arzneimitteln erfolgt hauptsächlich über den Preis, sodass die innovative Forschung für Unternehmen im Marktsegment Generika beinahe unbedeutend ist, vielmehr müssen sie über eine kostengünstige Produktion verfügen. Gerade durch die Kostensenkungsbestrebungen im Gesundheitssektor hat dieses Marktsegment in letzter Zeit einen großen Aufschwung erfahren (Grabowski & Vernon, 1986; kritisch Scherer, 1993).
- Das Marktsegment *Over the Counter* (Selbstmedikation) umfasst diejenigen Arzneimittel, die vom Verbraucher rezeptfrei und unmittelbar erworben werden können. Im Gegensatz zu den beiden vorher genannten besteht deshalb bei diesem Marktsegment eine relativ starke Abhängigkeit von der gesamtwirtschaftlichen Lage. Andererseits ist hier jedoch in höherem Maße die Möglichkeit gegeben, durch Werbekampagnen die Nachfrage seitens der Verbraucher zu beeinflussen und ein Markenbewusstsein zu schaffen.

In der vorliegenden Arbeit soll die Betrachtung auf die sogenannten forschenden Arzneimittelhersteller beschränkt werden, die sich überwiegend dem Marktsegment der ethischen Arzneimittel annehmen. Denn gerade bei diesen Unternehmen kommt dem Forschungsbereich eine herausragende Bedeutung zu, da sie nur mit *innovativen* Arzneimitteln gegen die Wettbewerbskräfte bestehen können (Drews, 1989, 1998; Herzog, 1995; Omta, 1995; Pisano, 1997b, S. 51–80; Spilker, 1994).

Der Verfasser der vorgestellten Arbeit wird sich im Weiteren auf die forschenden pharmazeutischen Unternehmen konzentrieren. Hierzu ist eine kurz gefasste Abgrenzung dieses Marktsegmentes erforderlich, bei der jedoch die Gefahr besteht, dass sie beim Leser neue Fragen aufwirft.

Fragen

Aufgabe 3.1: Überprüfen Sie, ob die folgenden direkten Zitate korrekt sind, und nehmen Sie notwendige Korrekturen vor. Der Originaltext ist auf Seite 1 und 2 des Buches abgedruckt. Der Seitenumbruch ist im Text ebenfalls angegeben:

[Originaltext von Thonemann, 2010, S. 1 f., Einfügung der Seitenangabe durch den Verfasser.]

„[Seite 1] Der Begriff Operations Management stammt aus dem Angelsächsischen, wird aber zunehmend auch im deutschsprachigen Raum als Überbegriff für das Management von Produktions- und Dienst-[Seite 2] leistungsprozessen verwendet. Wie Abb. 1.1 verdeutlicht, bieten die meisten Unternehmen eine Mischung aus Produkten und Dienstleistungen an. Für eine gesamtheitliche Optimierung müssen daher Produktions- und Dienstleistungsaspekte gleichzeitig betrachtet werden. Und das macht das Operations Management.

In der Organisation ist das Operations Management mit dem Funktionalbereich Operations verankert. Der Begriff Operations erfreut sich für diesen Funktionalbereich im deutschsprachigen Raum steigender Beliebtheit, doch werden häufig auch die traditionellen Bezeichnungen Produktion, Fertigung, Herstellung, Bau, Betrieb und so weiter verwendet. Teilweise wird der Funktionalbereich Operations auch in mehrere Bereiche aufgeteilt, wie bei einigen Automobilherstellern in Produktion und Logistik."

Die zu überprüfenden Zitierungen sind:

1. „Der Begriff Operations Management … wird … als Überbegriff für das Management von Produktions- und Dienstleistungsprozessen verwendet" (Thonemann, 2010, S. 1).

2. „Der Begriff Operations erfreut sich für diesen Funktionalbereich im deutschsprachigen Raum steigender Beliebtheit, doch werden häufig auch die traditionellen Bezeichnungen Produktion, Fertigung, Herstellung, Bau, Betrieb usw. verwendet" (Thonemann, 2010, S. 1).

3. Operations Management ist „das Management von Produktions- und Dienstleistungsprozessen. (Thonemann, 2010, S. 1)"

4. „Der Begriff Operations Management stammt aus dem Angelsächsischen, wird aber zunehmend auch im deutschsprachigen Raum als Überbegriff für das Management von Produktions- und Dienstleistungsprozessen verwendet. Wie Abb. 1.1 verdeutlicht, bieten die meisten Unternehmen eine Mischung aus Produkten und Dienstleistungen an. Für eine gesamtheitliche Optimierung müssen daher Produktions- und Dienstleistungsaspekte gleichzeitig betrachtet werden. Und das macht das Operations Management" (Thonemann, 2010, S. 1 ff.).

5. „Operations Management" (Thonemann, 2010, S. 1) umfasst die Planung, Gestaltung und Steuerung der Wertschöpfungsprozesse eines Unternehmens.

6. „In der Organisation ist das Operations Management mit dem Funktionalbereich Operations verankert" (vgl. Thonemann 2010, S. 2).

Die folgende Checkliste fasst zusammen, was bei der Zitierung von Literatur zu beachten ist.

Checkliste: Zitierung von Literatur

- Unterscheidung zwischen direkten (Anführungsstriche) und indirekten Zitaten
- Korrekte Position des Zitatnachweises, d. h. unmittelbar hinter den schließenden Anführungsstrichen beim direkten Zitat bzw. unmittelbar vor einem Satzzeichen beim indirekten Zitat
- Kein Zitatnachweis an Gliederungspunkten bzw. Überschriften
- Vermeidung längerer wörtlicher Zitate
- Korrekte Position des Satzzeichens, wenn ein direktes Zitat in eine eigene Formulierung eingefügt wird
- Keine Veränderung direkter Zitate mit Ausnahme von grammatisch notwendigen Umstellungen im Satzbau oder Ergänzungen bei Relativpronomen
- Keine veraltete Zitierweise mit „ebenda", „am angegebenen Orte" etc.
- Genaue Angabe der Seitenzahlen, keine Zitierung mit ff. (fortfolgende)
- Leerstelle zwischen „S." und der Seitenzahl
- Trennung mehrerer indirekter Zitatnachweise in einer Klammer mittels Semikolon
- Kein Abschreiben von Zitatnachweisen anderer Quellen

3.4   Literaturverzeichnis

Wie erläutert wurde, stellt der Großteil des vorhandenen wissenschaftlichen Materials Sekundärmaterial, d. h. Literatur dar. Die Unterscheidung in Literatur und Quellen ist deshalb von Bedeutung, da beide Materialarten grundsätzlich in unterschiedlichen Verzeichnissen aufgeführt werden müssen, dem Literatur- bzw. dem Quellenverzeichnis, und auch die Form des Nachweises unterschiedlich ist. Bei Verwendung nur weniger Quellen bzw. beim Einsatz von Literaturverwaltungssoftware, die eine Trennung in Literatur und Quellen nicht zulässt, kann ein kombiniertes Literatur- und Quellenverzeichnis erstellt werden. Sofern eine bestimmte

Art von Quelle in der Arbeit häufiger verwendet wird, kann auch ein spezialisiertes Quellenverzeichnis (z. B. Rechtsprechungsverzeichnis) angefügt werden. Das
Quellenverzeichnis steht dabei immer hinter dem Literaturverzeichnis.

Nach dem APA-Zitierstil weisen alle Einträge im Literaturverzeichnis – ganz
gleich, ob es sich um Bücher, Herausgeberwerke, Buchbeiträge, Zeitschriftenartikel oder anderes handelt – einen einheitlichen Aufbau auf. Dieser setzt sich aus
den folgenden vier Elementen zusammen (APA, 2020, S. 283):

1. Verfasser (author): Wer hat das Werk verfasst?
2. Datum (date): Wann wurde das Werk veröffentlicht?
3. Titel (title): Wie wurde das Werk bezeichnet?
4. Fundstelle (source): Wo kann das Werk bezogen werden?

Diese vier Elemente werden bei jedem Werk angegeben und mit einem Punkt vom
nächsten Element getrennt. Innerhalb eines Elements werden einzelne Angaben
mit einem Komma (z. B. Namen und Vornamen der Verfasser, Zeitschriftentitel
und Jahrgang) bzw. mit Klammern (z. B. Jahrgang und Heftnummer) voneinander getrennt. Der Titel des Hauptwerkes (eines Buches, eines Herausgeberwerkes
oder einer Zeitschrift inklusive Jahrgang) wird kursiv geschrieben. Auch das
letzte Element wird mit einem Punkt abgeschlossen, es sei denn es handelt sich
um eine URL oder einen DOI. Bei fehlenden Informationen müssen Anpassungen
vorgenommen werden (Tab. 3.8).

Wenn es trotz der detaillierten Vorgaben des APA-Zitierstils, die im Folgenden
beschrieben werden, Unklarheiten über die Formatierung eines Eintrages geben
sollte, so ist eine Lösung zu finden, die die Einheitlichkeit des Literaturverzeichnisses sicherstellt. Denn nur wenn vergleichbare Sachverhalte im Verzeichnis
identisch formatiert werden, kann der Eindruck der Beliebigkeit und des ober-
flächlichen Arbeitens vermieden werden. Jeder Eintrag muss so gestaltet sein,
dass er der Leserin erlaubt, das zitierte Werk eindeutig identifizieren und es
in Bibliotheken, Datenbanken oder dem Internet beschaffen zu können. Hierzu
sind insbesondere bei fehlenden Informationen über die Elemente Verfasser,
Datum, Titel und/oder Fundstelle notwendige Erläuterungen in eckigen Klammern anzufügen. Jede Mehrdeutigkeit von Einträgen und jedes Werk, das auf den
herkömmlichen Wegen nicht beschafft werden kann, frustriert die Leserin und
führt, da sie gleichzeitig die Gutachterin der Arbeit ist, zwangsläufig zu Abzügen
bei der Bewertung. Ein fehlerhaftes Literaturverzeichnis muss sich somit negativ auf die Qualität der Arbeit auswirken. Ein umfangreiches und fehlerfreies
Literaturverzeichnis ist für die Gutachterin ein Indiz für eine wissenschaftliche
Literaturarbeit.

Tab. 3.8 Verzeichniseintrag bei fehlenden Informationen (APA, 2020, S. 284)

Fehlendes Element	Lösung	Verzeichniseintrag	Zitatnachweis
Keines – alle Elemente vorhanden	Angabe von Verfasser, Datum, Titel und Fundstelle des Werkes	Verfasser. (Datum). Titel. Fundstelle.	(Verfasser, Jahr) Verfasser (Jahr)
Verfasser	Angabe von Titel, Datum und Fundstelle	Titel. (Datum). Fundstelle.	(Titel, Jahr) Titel (Jahr)
Datum	Angabe des Verfassers, „o. J." für „ohne Jahr" bzw. „n.d." für „no date", Titel und Fundstelle	Verfasser. (o. J.). Titel. Fundstelle.	(Verfasser, Jahr) Verfasser (Jahr)
Titel	Angabe von Verfasser und Datum, Ergänzung einer Beschreibung des Werkes in eckigen Klammern und Angabe der Fundstelle	Verfasser. (Datum). [Beschreibung des Werkes]. Fundstelle.	(Verfasser, Jahr) Verfasser (Jahr)
Verfasser und Datum	Angabe des Titels, „o. J." für „ohne Jahr" bzw. „n.d." für „no date", Fundstelle	Titel. (o. J.). Fundstelle.	(Titel, o. J.) Titel (o. J.)
Verfasser und Titel	Ergänzung einer Beschreibung des Werkes in eckigen Klammern, Angabe von Datum und Fundstelle	[Beschreibung des Werkes]. (Datum). Fundstelle.	([Beschreibung des Werkes], Jahr) [Beschreibung des Werkes] (Jahr)
Datum und Titel	Angabe des Verfassers, „o. J." für „ohne Jahr" bzw. „n.d." für „no date", Ergänzung einer Beschreibung des Werkes in eckigen Klammern, Angabe der Fundstelle	Verfasser. (o. J.). [Beschreibung des Werkes]. Fundstelle.	(Verfasser, o. J.) Verfasser (o. J.)

(Fortsetzung)

Tab. 3.8 (Fortsetzung)

Fehlendes Element	Lösung	Verzeichniseintrag	Zitatnachweis
Verfasser, Datum und Titel	Ergänzung einer Beschreibung des Werkes in eckigen Klammern, „o. J." für „ohne Jahr" bzw. „n.d." für „no date", Fundstelle	[Beschreibung des Werkes]. (o. J.). Fundstelle.	([Beschreibung des Werkes], o. J.) [Beschreibung des Werkes] (o. J.)
Fundstelle*	Zitierung als „flüchtige Quelle" („ephemeral source"), Aufnahme der Quelle in den Anhang	Verfasser. (Datum). [Beschreibung der Quelle].	(Verfasser, Jahr) Verfasser (Jahr)

*Nach dem APA-Zitierstil sind flüchtige Quelle nicht in das Verzeichnis aufzunehmen und auch nicht dem Anhang der Arbeit anzufügen. Diese Vorgabe sollte nicht entsprochen werden, weil die flüchtige Quelle ansonsten für die Leserin der Arbeit nicht nachvollziehbar ist.

Im Folgenden werden zunächst allgemeine Hinweise zu den vier Elementen Verfasser, Datum, Titel und Fundstelle gegeben. Anschließend folgen konkrete Hinweise und Beispiele für die einzelnen Literaturgattungen (Monographien, Buchbeiträge, Zeitschriftenbeiträge usw.).

Das Element *Verfasser* bezieht sich auf alle Personen, Körperschaften (z. B. Vereine, Kapitalgesellschaften, Anstalten des öffentlichen Rechts) oder Kombinationen von Personen und Körperschaften, die für das betreffende Werk verantwortlich sind (APA, 2020, S. 285 f.). Hierbei können zum Teil auch unterschiedliche Rollen wahrgenommen werden, etwa vom Herausgeber eines Buches und vom Autor eines Buchbeitrages in einem Herausgeberwerk oder vom Interviewer und der interviewten Person bei einem Interview. So werden ein oder mehrere Herausgeber im Deutschen mit dem Nachsatz „(Hrsg.)" kenntlich gemacht, z. B. „Kexel, C. & Thorhauer, Y. (Hrsg.)". Im Englischen wird „Editor" hingegen im Singular mit „(Ed.)" bzw. im Plural mit „(Eds.)" abgekürzt, z. B. „Eades, K. M. (Ed.)" bzw. „Vicari, A., & Schall, A. (Eds.)". Auch im Englischen ist die Abkürzung „Ed." groß zu schreiben, um sie von der Abkürzung „ed." (edition, Auflage) zu unterscheiden. Die verantwortliche Person bzw. Körperschaft ist aus dem Zusammenhang heraus zu ermitteln. Beispielsweise fehlt beim Geschäftsbericht eines Unternehmens nicht etwa die Verfasserangabe; vielmehr ist das Unternehmen in diesem Fall der Verfasser. Anders ist dies bei

Zeitungsartikeln oder Beiträgen auf den Seiten eines Unternehmens in den sozialen Medien. Denn ein Zeitungsartikel gibt – so steht es meistens im Impressum der Zeitung – nicht die Meinung der Redaktion oder des Verlages wieder. Daher ist bei einem Zeitungsartikel ohne Verfasserangabe nicht etwa der Name der Zeitung als Verfasser zu verwenden, sondern der Artikel ist dann nur über Titel, Datum und Fundstelle einzutragen und über Titel und Jahr zu zitieren. Ebenso stellt ein Beitrag auf den Seiten eines Unternehmens in den sozialen Netzwerken wahrscheinlich keine offizielle Stellungnahme des Unternehmens dar, sodass auch hier ggf. die Verfasserangabe fehlt. Insbesondere bei Studien und Forschungsberichten werden oft sowohl eine Körperschaft als auch einzelne Personen genannt. In diesem Fall ist aus dem Zusammenhang heraus zu erschließen, ob die Körperschaft *oder* die Personen bzw. die Körperschaft *und* die Personen die Verfasser darstellen. Sofern die Angabe eines Verfassers unklar ist oder fehlt, kann sie ggf. recherchiert werden. Bei Büchern, Herausgeberwerken usw. finden sich die Angaben in der jeweiligen Nationalbibliographie. Verfasser von Beiträgen in wissenschaftlichen Fachzeitschriften können in Aufsatzdatenbanken recherchiert werden. Bei Internetmaterial finden sich Angaben zum verantwortlichen Verfasser (hoffentlich) im Impressum. Allgemein sollte Material mit fehlenden Angaben dahingehend überprüft werden, ob es überhaupt die Qualität aufweist, um in einer wissenschaftlichen Arbeit zitiert werden zu können. Denn Internetmaterial ist nach zutreffender Ansicht von Theisen (2021) anfällig für Veränderung oder gar Fälschung und im Allgemeinen schwer nachprüfbar (S. 74).

Im Verzeichnis werden die Verfasser bei allen Literaturgattungen nach einem klaren Schema angegeben (APA, 2020, S. 286 f.). Zunächst einmal wird jeweils erst der Nachname und anschließend getrennt mit einem Komma der abgekürzte Vorname angegeben („Porter, M. E."). Dabei wird zwischen mehreren Vornamen ein Leerzeichen gesetzt. Akademische Grade (Bachelor, Master oder Dr.) und Amts- oder Berufsbezeichnungen (Prof., Geschäftsführer usw.) dürfen nicht aufgeführt werden (so auch Theisen, 2021, S. 113). Gerade bei Namen aus anderen Kulturkreisen ist dabei auf die richtige Zuordnung von Nachname und Vorname zu achten. Beispielsweise erfolgt die Angabe von chinesischen und japanischen Namen traditionell in der Reihenfolge Nachname – Vorname, was zu einer falschen Zuordnung führen kann (vgl. hierzu und zum Folgenden Turabian et al., 2013, S. 152 f.). Bei spanischen und portugiesischen Namen ist darauf zu achten, dass der Nachname meist aus mehreren Namen zusammengesetzt ist. Der Nachname des Autors „José Ortega y Gasset" lautet „Ortega y Gasset" und nicht etwa „Gasset". Aber auch in anderen europäischen Sprachen können Nachnamen mehrteilig sein oder Namen andere Bestandteile enthalten als Vor- und Nachname. So lautet etwa der Nachname von Walther Busse von Colbe „Busse von Colbe". Die Vorgehensweise ist nicht immer einheitlich. So lautet etwa die herrschende Empfehlung in Deutschland (s. nur Theisen, 2021, S. 113), (frühere) Adelsprädikate im Verzeichnis beim Vornamen auszuweisen, also etwa „Werder, A. v." für Axel von Werder. Diese Vorgehensweise missachtet jedoch nicht nur die Rechtslage für (noch lebende) Autoren in Deutschland, weil mit Art. 109 Abs. 3 Weimarer Reichsverfassung Adelsbezeichnungen abgeschafft wurden und frühere Adelsprädikate Bestandteil des Nachnamens geworden sind. Sie übersieht auch die internationale Praxis, Namen nicht entgegen der Usancen im jeweiligen Kulturkreis umzustellen. So lautet der Nachname des US-amerikanischen Mathematikers und Spieltheoretikers John Von Neumann unstrittig „Von Neumann". Er ist daher nicht wie bisweilen vorgeschlagen als „Neumann, J. V." oder erst recht nicht als „Neumann, J. v." ins Verzeichnis einzutragen. Wer so vorgeht, tappt in eine „Kulturfalle", da er die eigene (deutsche) Sicht auf Namensbestandteile unreflektiert auf Angehörige anderer Sprach- und Kulturkreise überträgt. Letztendlich sollte international der Rat befolgt werden, unbekannte Namen in biographischen Lexika (so Turabian et al., 2013, S. 152) oder auf der Website des Verfassers (so APA, 2020, S. 287) zu recherchieren. Eine Recherche bei der Library of Congress (https://www.loc.gov) führt dann auch zu folgendem Eintrag: „Von Neumann, John". Ebenso sollten mit Bindestrich geschriebene Nach- und Vornamen auch entsprechend übernommen werden. Der Name „Friedrich-Wilhelm Engels" wird im Verzeichnis als „Engels, F.-W." eingetragen. Dagegen wird der Name „Karl Raimund Popper" als „Popper, K. R." verzeichnet. Die wichtigste Regel lautet, dass jeder Zitatnachweis im Text von einem entsprechenden Eintrag im Verzeichnis gespiegelt sein muss. Im Ergebnis ist dann die Frage, ob „Goethe" oder „von Goethe" zitiert wird, akademischer Natur.

Mehrere Verfassernamen werden jeweils mit einem Komma voneinander getrennt. Der letzte Verfassername eines Werkes wird nach dem Et-Zeichen (&) angefügt. Dies erfolgt nach der Sprache, in der die studentische Arbeit verfasst ist, leicht unterschiedlich: Ist die studentische Arbeit in Deutsch verfasst, so ist es grammatikalisch korrekt, vor dem Et-Zeichen kein Komma zu setzen. Bei in Englisch verfassten studentischen Arbeiten ist hingegen zumindest im amerikanischen Englisch (und diesem folgt der APA-Zitierstil) vor dem Et-Zeichen immer ein Komma zu setzen. Die jeweilige Vorgehensweise sollte jedoch – wie erläutert in Abhängigkeit der Sprache der studentischen Arbeit – für alle Einträge im Verzeichnis einheitlich erfolgen. Die Autoren „Adam Schmidt, Berta Müller und Christian Huber" werden folglich in einer in Deutsch verfassten studentischen Arbeit als „Schmidt, A., Müller, B. & Huber, C." eingetragen. In einer in Englisch verfassten studentischen Arbeit lautet der Eintrag dagegen „Schmidt, A., Müller, B., & Huber, C.". Im Gegensatz zum Zitatnachweis im Text werden im

Verzeichnis erst ab dem 21. Verfasser die Verfassernamen nicht mehr vollständig aufgeführt. Die Abkürzung erfolgt dabei jedoch nicht wie im Zitatnachweis am Ende der Aufzählung mit „et al.". Vielmehr werden nach dem 19. Verfassernamen Auslassungspunkte („…") eingefügt gefolgt vom letzten Verfassernamen. Hierbei wird im Deutschen wie im Englischen vor den Auslassungspunkten ein Komma gesetzt, aber nicht danach. Personen, die in der Titelei eines Buches mit dem Vorsatz „unter Mitarbeit von" (engl. „with") angegeben werden, sind keine Hauptverfasser und werden daher im Verzeichnis in Klammern angegeben, z. B. „Theisen, M. R. (mit Theisen, M.)". Der Zitatnachweis im Text bezieht sich jedoch immer nur auf den bzw. die Hauptverfasser.

Körperschaften können Unternehmen, Vereine, Behörden oder Arbeitsgruppen sein (APA, 2020, S. 288). Auch wenn der Name einer Körperschaft bei der Zitierung im Text abgekürzt wird, so wird im Verzeichnis nur der vollständige Name ohne Angabe der verwendeten Abkürzung eingetragen. Diese muss allerdings ins Abkürzungsverzeichnis eingetragen werden. Sind in dem betreffenden Werk mehrere Ebenen einer Körperschaft genannt (z. B. Bundesministerium der Gesundheit und Bundesinstitut für Arzneimittel und Medizinprodukte), so wird in der Regel nur die unterste Ebene ins Verzeichnis eingetragen, wenn bei dieser das zitierte Werk beschafft werden kann. Sollte die Nennung der untersten Ebene zu einer Verwechslungsgefahr führen, so kann die darüber stehende Ebene mitgenannt werden. Diese wird dann jedoch zuerst genannt (z. B. „Bundesministerium der Gesundheit, Pressestelle").

Das Element *Datum* kann im Verzeichnis verschiedene Ausprägungen annehmen (APA, 2020, S. 289). Es kann bei einem Buch oder einem wissenschaftlichen Artikel das Jahr sein. Bei einem Zeitungsartikel oder einer Website kann es sich dabei aber auch um ein exaktes Datum bestehend aus Jahr, Monat und Tag handeln. Auch die Kombinationen Jahr und Monat, Jahr und Jahreszeit sowie ein Zeitraum mehrerer Jahre oder ein tagesgenauer Zeitraum sind denkbar. Aber auch wenn im Verzeichnis bei diesem Element mehr eingetragen ist als das Jahr, wird das Werk im Text nur mit dem Jahr, nicht aber mit einem exakten Datum zitiert. Das Datum besteht bei Büchern in dem Veröffentlichungsdatum, welches über den Urheberrechtshinweis in der Titelei (Copyright) zu ermitteln ist. Dieses kann vom tatsächlichen Veröffentlichungsdatum abweichen, z. B. weil im Dezember erschienene Bücher von den meisten Verlagen mit dem Copyrighthinweis des folgenden Jahres versehen werden. Gerade bei englischsprachigen Büchern ist zu beachten, dass meist auch die Copyrighthinweise der Vorauflagen angegeben werden. Beispielsweise trägt die 8. Auflage von Turabian et al. den Copyrighthinweis „© 2007, 2013", wobei das letzte Jahr zu übernehmen ist. Bei Beiträgen in wissenschaftlichen Zeitschriften ist laut APA hingegen das Jahr des entsprechenden Jahrgangs zu verwenden, auch wenn dieses nicht mit dem Datum des Copyrighthinweises übereinstimmt. Bei Zeitungsartikeln ist das exakte Datum in der Reihenfolge Jahr – Monat – Tag anzugeben, wobei der Monat in der Sprache, in der die studentische Arbeit verfasst ist, auszuschreiben ist, z. B. „(2021 Februar 2)". Bei Webseiten und sonstigen Online-Dokumenten sollte nicht das Datum des Copyrighthinweises verwendet werden. Vielmehr ist das Datum der letzten Änderung zu übernehmen. Andere Daten wie z. B. das Datum der letzten Überprüfung sollten hingegen nicht verwendet werden, da dies nicht bedeutet, dass zu diesem Zeitpunkt auch eine Änderung des Dokuments vorgenommen wurde. Im Zweifel ist das Datum mit „o. J." (ohne Jahr) oder „n.d." (no date) anzugeben. Bei mehreren Einträgen im Verzeichnis mit demselben Verfassernamen verbunden mit demselben Jahr bzw. mit dem Datumselement „o. J." ist zur Unterscheidung ein Kleinbuchstabe anzufügen. Bei einer Jahreszahl erfolgt dies direkt nach dieser, d. h. ohne Leerstelle, z. B. „(2021a)" und „(2021b)", bei „o. J." ist der Kleinbuchstabe dagegen mit einem Bindestrich anzufügen, z. B. „(o. J.-a)" und „(o. J.-b)", bei einer englischsprachigen studentischen Arbeit entsprechend „(n.d.-a)" und „(n.d.-b)". Bei Internetmaterial, für das kein permanenter Link für eine archivierte Version angegeben werden kann, ist zudem im Element „Fundstelle" vor der URL das Datum des letzten Abrufs anzugeben (s. Element Fundstelle). Für Werke, die vor der eigentlichen Veröffentlichung etwa auf der Homepage des Verfassers zur Verfügung gestellt werden, ist als Datum „im Druck" bzw. bei einer in Englisch verfassten studentischen Arbeit „in press" anzugeben. Das Element „Datum" wird mit einem Punkt nach der schließenden Klammer abgeschlossen.

Das Element *Titel* bezieht sich auf den Titel des Werkes, welches zitiert wird (APA, 2020, S. 291), d. h. den Titel des Buches oder eines Berichts bzw. den Titel eines Buch-, Zeitschriften- oder Zeitungsbeitrags. Im letztgenannten Fall ist daher nicht der Titel des Herausgeberwerkes, der Zeitschrift oder der Zeitung hier anzugeben. Diese gehören zur Fundstelle (s. dort). Eine Besonderheit des APA-Zitierstils ist, dass der Titel des Hauptwerkes kursiv geschrieben wird. Bei einer Monographie, einem Herausgeberwerk (Haupteintrag), einem Nachschlagewerk (Haupteintrag), einer Internetseite bzw. Website oder grauer Literatur ist der Titel des Werkes auch der Titel des Hauptwerkes, sodass dieser kursiv zu schreiben ist. Bei Buchbeiträgen (in Herausgeberwerken) und Zeitschriftenbeiträgen ist das Hauptwerk jedoch das Herausgeberwerk bzw. die Zeitschrift, sodass der Titel (des Beitrages) in diesem Fall nicht kursiv zu schreiben ist. Bei Büchern ist ab der zweiten Auflage die Auflagennummer in Klammern nach dem Titel anzugeben. Diese Angabe wird nicht kursiv geschrieben. Je nach

Sprache, in der die studentische Arbeit verfasst ist, wird entweder der deutsche Begriff „Auflage" (abgekürzt: „Aufl.") bzw. der englische Begriff „edition"
(abgekürzt: „ed.") verwendet. Die Abkürzung „ed." darf nicht groß geschrieben
werden, damit sie nicht mit „Ed." (Editor, engl. Herausgeber) verwechselt werden kann. Das Buch von Theisen (2021) wird also in einer in Deutsch verfassten
studentischen Arbeit mit dem folgenden Titel eingetragen: „*Wissenschaftliches
Arbeiten: Erfolgreich bei Bachelor- und Masterarbeit* (18. Aufl.)." Ist die studentische Arbeit hingegen in Englisch verfasst, so lautet der Eintrag des Titels im
Verzeichnis: „*Wissenschaftliches Arbeiten: Erfolgreich bei Bachelor- und Masterarbeit* (18th ed.)." Der englischen Zählung folgend sind Zahlen mit first, second
oder third als „1st", „2nd" bzw. „3rd" abzukürzen. Eine weitere Besonderheit des
APA-Zitierstils ist, dass englischsprachige Titel hinsichtlich der Groß- und Klein-
schreibung dem „Sentence Case" folgen, wohingegen der Titel auf dem Werk
selbst in der Regel nach dem „Title Case" angegeben ist. „Sentence Case" bedeutet, dass nur der erste Buchstabe zu Beginn und nach einem Punkt, Doppelpunkt,
Semikolon oder Gedankenstrich groß geschrieben wird. Der Titel des Buches von
Turabian et al. (2013), der auf dem Buch selbst im Title Case mit „A Manual
for Writers of Research Papers, Theses, and Dissertations: Chicago Style for Students and Researchers" angegeben ist, wird im Verzeichnis (im Sentence Case)
somit wie folgt eingetragen: „*A manual for writers of research papers, theses, and
dissertations: Chicago style for students and researchers*". Bei Hochschulschriften wie Thesen oder Dissertationen ist nach dem Titel in eckigen Klammern
eine entsprechende Beschreibung der Arbeit anzugeben. Auch bei Werken, die
nicht zum traditionellen Literaturkorpus einer wissenschaftlichen Arbeit zählen
wie z. B. Pressemitteilungen, YouTube-Videos, Beiträgen auf Facebook oder Ins-
tagram, Twitter-Nachrichten usw. ist zur Klarstellung der Art des Werkes eine
Beschreibung in eckigen Klammern anzugeben. Bei fehlendem Titel ist zunächst
ein Ersatztitel zu suchen. Dieser kann bei Internetseiten in dem in der Browserzeile angezeigten Titel bestehen. Bei Kommentaren zu Zeitungsartikeln sind
als Titel die ersten 20 Wörter des Kommentars anzugeben, in eckigen Klammern
ist der Zusatz „Kommentar zum Artikel:" gefolgt vom Titel des Originalartikels
anzufügen. Bei Beiträgen in sozialen Medien ist ähnlich vorzugehen, sodass auch
hier als Titel die ersten 20 Wörter des Beitrags zu übernehmen sind, wobei der
Titel kursiv geschrieben wird. In eckigen Klammern wird die Art des Materials bezeichnet. In allen anderen Fällen ist als Titel in eckigen Klammern eine
Beschreibung des Materials anzufügen.

Das Element *Fundstelle* dient dazu, dass das zitierte Werk von der Leserin
eindeutig identifiziert und beschafft werden kann. Bei Monographien, Herausgeberwerken (Haupteintrag) oder Nachschlagewerken (Haupteintrag) besteht die

Fundstelle im Namen des Verlags. Dieser ist wie im Werk angegeben zu übernehmen, jedoch ohne den Rechtsformzusatz (GmbH, AG, Inc. usw.) und den Verlagsort. Der Name des Verlags kann auch abgekürzt werden, sofern diese Abkürzung offiziell vom Verlag in dem Werk verwendet wird. Beispielsweise tragen viele Bücher eines bekannten Münchener Verlags den Copyrighthinweis „Verlag Franz Vahlen GmbH", auf dem Titelblatt steht „Verlag Franz Vahlen München", wohingegen auf dem Cover nur „Vahlen" angegeben ist. Folglich kann hier zwischen „Vahlen" und „Verlag Franz Vahlen" gewählt werden. Nicht korrekt sind jedoch „Verlag Franz Vahlen GmbH" (Rechtsformzusatz) und „Verlag Franz Vahlen München" (Verlagsort). Bei Abteilungen eines großen Verlagshauses (sog. Imprint) ist die angegebene Abteilung als Verlag zu übernehmen. Das vorliegende Buch trägt im Copyright den Hinweis „SpringerGabler ist ein Imprint der eingetragenen Gesellschaft Springer-Verlag GmbH, DE und ist ein Teil von Springer Nature". Daher lautet der korrekte Verlagseintrag für das vorliegende Buch „SpringerGabler". Wird ein Buch von mehreren Verlagen gemeinsam verlegt, so werden alle Verlagsnamen mit einem Semikolon getrennt angegeben, z. B. „Beck; Hart; Nomos". Die Verlagsangabe wird mit einem Punkt abgeschlossen. Viele Bücher – das vorliegende eingeschlossen – haben im Impressum einen Digital Object Identifier (DOI) beginnend mit „https://dx.org/" oder „https://dx. doi.org/" gefolgt von einem Nummern-Code angegeben. Dieser ist nach dem Verlag anzugeben, wobei nach dem DOI kein Punkt gesetzt wird, damit der Link nicht beeinträchtigt wird. Bei Büchern ist nicht die ISBN anzugeben. Sofern im Buch kein DOI angegeben ist, entfällt diese Angabe. Der Fundstelleneintrag der zweiten Auflage des vorliegenden Buches lautet daher „SpringerGabler. https://doi.org/10.1007/978-3-662-58204-6" (ohne Punkt am Ende).

Bei Buchbeiträgen, Einträgen in Nachschlagewerken, Zeitschriften- und Konferenzbeiträgen ist als Fundstelle das Hauptwerk anzugeben. Dies ist bei Buchbeiträgen und Einträgen in Nachschlagewerken das Herausgeberwerk bzw. das Nachschlagewerk. Hier ist/sind zunächst – falls vorhanden – der/die Herausgeber anzugeben, wobei ein „In" (ohne Doppelpunkt) vorangestellt wird. Der Herausgebervorname wird abgekürzt *vor* dem Nachnamen angegeben. Zwei Herausgebernamen werden mit dem Et-Zeichen (&) voneinander getrennt; ab dem dritten Namen erfolgt die Trennung mit Kommas und beim letzten Namen mit dem Et-Zeichen. Danach folgt der Zusatz „(Hrsg.)", bei in Englisch verfassten studentischen Arbeiten bei einem Namen „Ed." bzw. bei mehreren Namen „Eds.". Die Abkürzung „Ed." ist groß zu schreiben, um sie von „ed." (edition, engl. Auflage) zu unterscheiden. Anschließend folgt getrennt mit einem Komma der Titel des Herausgeber- bzw. Nachschlagewerkes; dieser ist als Hauptwerk kursiv zu schreiben. Bei Titeln englischsprachiger Werke ist die Groß- und Klein-schreibung dem Sentence Case anzupassen. Nach dem Titel wird ab der zweiten Auflage in normaler Schrift in Klammern die Auflage, der Band sowie nach dem Zusatz „S." die erste und die letzte Seite des Beitrags oder Eintrags angegeben. Auflage, Band und Seitenbereich werden mit einem Komma getrennt. Die erste und die letzte Seite werden mit „–" (Gedankenstrich, sog. En-Strich) getrennt, wobei keine Leerstelle vor oder nach dem Gedankenstrich einzufügen ist. Bei in Englisch verfassten studentischen Arbeiten ist wieder „Aufl." durch „ed." zu ersetzen; der Seitenangabe wird dann statt „S." entweder „p." (page) für eine Seite bzw. „pp." (pages) für mehrere Seiten vorangestellt. Nach der schließenden Klammer folgt ein Punkt und die Angabe des Verlags (ohne Rechtsformzusatz und Ort) und danach ein Punkt. Ist in dem Buch ein DOI angegeben, so ist die-ser anzufügen (ohne Punkt am Ende). Die ISBN dagegen ist nicht anzugeben. Die Fundstelle könnte bei einer in Deutsch verfassten studentischen Arbeit für einen Buchbeitrag wie folgt lauten: „In G. Wilke, K. Neumann & D. Meusch (Hrsg.), *Arzneimittel-Supply-Chain: Marktsituation, aktuelle Herausforderungen und innovative Konzepte* (2. Aufl., S. 89–105)." In einer in Englisch verfassten studentischen Arbeit würde der Eintrag dagegen wie folgt lauten: „In T. Wilke, K. Neumann, & D. Meusch (Eds.), *Arzneimittel-Supply-Chain: Marktsituation, aktuelle Herausforderungen und innovative Konzepte* (2nd ed., pp. 89–105)."

Bei einem Zeitschriftenbeitrag oder einem Zeitungsartikel beginnt die Fund-stelle mit dem Titel der Zeitschrift oder der Zeitung. Dieser ist so wie im Original angegeben zu übernehmen. Die abweichende Übernahme von Abkürzungen aus Datenbanken oder eigene Abkürzungen sind nicht zulässig. Englische Titel sind ggf. im Title Case zu übernehmen; es erfolgt keine Anpassung an den Sentence Case. Aus „The New York Times" wird also nicht „The New York times". Nach dem Titel wird getrennt mit einem Komma der Jahrgang (Jg., engl. Volume, Vol.) angegeben, in einer Klammer folgt ohne Leerstelle davor – falls vorhanden – die Nummer des Heftes oder der Ausgabe (engl. Issue). Nach einem Komma folgt der Seitenbereich, d. h. die erste und (ggf.) die letzte Seite des Beitrags oder Artikels getrennt mit einem Gedankenstrich ohne Leerstelle davor oder danach. Die Angaben Jahrgang, Heft und Seitenbereich werden nicht mit einem Zusatz, sondern ausschließlich durch die Reihenfolge und die Formatierung unterschie-den. Insbesondere wird dem Seitenbereich nicht wie bei einem Buch „S." oder „pp." vorangestellt. Nach dem APA-Zitierstil stellen der Titel der Zeitschrift oder Zeitung und die Jahrgangsnummer das Hauptwerk dar und sind daher kursiv zu schreiben. Die Heftnummer und der Seitenbereich werden hingegen ebenso wie die Klammer vor der Heftnummer normal geschrieben. Nach dem Seitenbereich folgt ein Punkt und danach – falls vorhanden – der DOI (ohne Punkt am Ende).

Die Fundstelle eines Beitrags, der in der Zeitschrift „Deutsches Steuerrecht" im 58. Jahrgang im Heft Nr. 41 auf den S. 2268 bis 2271 erschienen ist, lautet dann: *„Deutsches Steuerrecht, 58*(41), 2268–2271." Beiträge oder Artikel, die in verbreiteten Datenbanken (z. B. EBSCO*host*, Google Scholar, JSTOR) recherchiert wurden, werden wie gedruckte Beiträge zitiert; eine URL ist dann nicht anzugeben. Fehlen die Angaben zu Jahrgang und Heftnummer bzw. Seitenbereich, so sind sie wegzulassen.

Bei Online-Literatur wird zunächst der Name der Website angegeben. Nach einem Punkt folgt die Angabe des DOI oder – falls dieser nicht vorhanden ist – der URL (ohne Kursivschreibung und Punkt am Ende). Die Angabe des Verlags entfällt, wenn dieser mit dem Verfasser identisch ist. Dies ist etwa der Fall bei einem Geschäftsbericht eines Unternehmens. Die Angabe der URL sollte vorzugsweise über einen permanenten Link auf die archivierte Version einer Seite erfolgen. Bei Online-Literatur, für die kein permanenter Link auf eine archivierte Version angegeben werden kann, ist der URL das Abrufdatum voranzustellen. Die Angabe lautet bei einer in Deutsch verfassten studentischen Arbeit z. B.: „Abgerufen 1. März 2021, von http://domain.de". Bei einer in Englisch verfassten Arbeit lautet die Angabe: „Retrieved March 1, 2021, from http://domain.com". DOIs und URLs können sowohl als Text als auch als Link (blaue Schrift mit Unterstrich) formatiert werden (APA, 2020, S. 299). Dies sollte jedoch einheitlich erfolgen.

Sofern im Verzeichnis Werke eingetragen werden, die einen Titel in einer anderen Sprache als Deutsch oder Englisch tragen, ist der Titel in die Sprache, in der die studentische Arbeit verfasst ist, zu übersetzen (APA, 2020, S. 301). Der übersetzte Titel wird dann dem Originaltitel in eckigen Klammern angefügt; anschließend folgt der Punkt. Die Übersetzung muss nicht Wort für Wort erfolgen; sie soll der Leserin einen Eindruck vom Inhalt des Werkes vermitteln. Der zu übersetzende Titel ist immer nur der Titel des jeweiligen Werkes, d. h. der Titel einer Monographie oder eines Buchbeitrags. Der Titel eines Herausgeberwerkes (Fundstelle) muss nicht übersetzt werden. Bei verlagsseitig übersetzten Werken ist der Titel in der Sprache zu zitieren, in der das Werk vorlag. Beispielsweise ist ein englischsprachiges Werk, das in der deutschen Übersetzung genutzt wurde, mit dem deutschen Titel in das Verzeichnis aufzunehmen. Der Übersetzer wird nach dem Titel in runden Klammern mit dem Zusatz „Übers." bzw. „Trans." angegeben. Beispielsweise wurde der folgende Aufsatz von Oruç Hami Şener und Sevilay Uzunallı ins Türkische übersetzt und in einer Festschrift als Buchbeitrag veröffentlicht. Der Eintrag lautet dann für eine in Deutsch verfasste Arbeit wie folgt: „Oehlrich, M. (2010). MoMiG'den Sonra Limited Ortaktliklar Hukuku (O. H. Şener & S. Uzunallı, Übers.) [Das GmbH-Recht nach dem MoMiG]. In S. Arkan (Ed.), *Prof. Dr. Fırat Öztan'a Armağan* (S. 1515–1526). Turhan Kitabevi."

Die folgenden Ausführungen zur Erstellung des Literaturverzeichnisses fassen die allgemeine Vorgehensweise bei der Kurzbeleg-Methode sowie die spezielle Vorgehensweise beim APA-Zitierstil zusammen:

- Auch wenn verschiedene Literaturgattungen (z. B. Monographien, Aufsätze) in unterschiedlichen Formen ins Literaturverzeichnis eingetragen werden, so ist eine Differenzierung des Literaturverzeichnisses in diese Literaturgattungen unzulässig (APA, 2020, S. 303 f.; Theisen, 2021, S. 202; Heister & Weßler-Poßberg, 2011, S. 196; a. A. Schimmel et al., 2011, Rn. 727). Denn bei der Kurzbeleg-Methode kann die Leserin dem Zitatnachweis nicht entnehmen, in welchem Verzeichnis sie nachschauen muss.
- Das Literaturverzeichnis ist mit „Literaturverzeichnis" zu überschreiben, da es (vollständig) die Literatur verzeichnet, die mit Zitatnachweisen in der Arbeit verwendet wurde (Theisen, 2021, S. 201; Heister & Weßler-Poßberg, 2011, S. 196; Schimmel et al., 2011, Rn. 725). Aus demselben Grund ist es beim APA-Zitierstil im Englischen mit „References" zu überschreiben und nicht mit „Bibliography" (APA, 2020, S. 281; zum Begriff vgl. APA, 2020, S. 309, 401). Sofern Quellen verwendet wurden, kann das Literaturverzeichnis mit dem Quellenverzeichnis zu einem kombinierten „Literatur- und Quellenverzeichnis" zusammengefasst werden (Theisen, 2021, S. 202; Schimmel et al., 2011, Rn. 733; a. A. Heister & Weßler-Poßberg, 2011, S. 196, die nicht zwischen Literatur und Quellen unterscheiden). Nach APA (2020) gibt es nur ein Verzeichnis („References"), in dem sowohl Literatur (Sekundärmaterial) als auch das hierzulande als Quelle bezeichnete Primärmaterial (z. B. Daten, Software, Medien, Gesetze und Urteile) verzeichnet wird (S. 337–347, 355–368). Bei umfangreicher Arbeit mit diesen Primärquellen bietet sich die Erstellung eines gesonderten Quellenverzeichnisses an (Theisen, 2021, S. 202). Sofern eine bestimmte Art von Quelle in der Arbeit häufiger verwendet wird, kann auch ein spezialisiertes Quellenverzeichnis (z. B. Rechtsprechungsverzeichnis) angefügt werden. Das Quellenverzeichnis steht dabei immer hinter dem Literaturverzeichnis.
- Das Literaturverzeichnis ist alphabetisch nach Verfassernamen zu sortieren (APA, 2020, S. 303–306; Heister & Weßler-Poßberg, 2011, S. 196). Bei mehreren Einträgen desselben Verfassers bzw. derselben Verfasser sind diese chronologisch beginnend mit dem ältesten Erscheinungsdatum zu sortieren. Bei mehreren Einträgen mit demselben Verfassernamen im selben Jahr erfolgt die Unterscheidung beim APA-Zitierstil durch Hinzufügung von Kleinbuchstaben zum Erscheinungsjahr: 2012a, 2012b usw. (ablehnend Theisen, 2021, S. 148 f., der die Hinzufügung von (Titel-)Stichworten empfiehlt).

- Das Literaturverzeichnis kann durch eine hängende Formatierung der Absätze lesbarer gestaltet werden. Nach dem APA-Zitierstil sind die Einträge zwar mit 0,5 Inch hängend („indented") zu formatieren (APA, 2020, S. 303), was 1,27 cm entspricht. Dies wird hier nicht empfohlen und wird im Folgenden auch nicht in den Textbeispielen umgesetzt.
- Akademische Grade und Berufsbezeichnungen wie Dr., Prof. gehören nicht zum Namen und dürfen daher auch nicht aufgeführt werden (APA, 2020, S. 287; Theisen, 2021, S. 113; Schimmel et al., 2011, Rn. 728). Die Frage, ob frühere Adelsprädikate („von" usw.) gesondert behandelt werden, wird uneinheitlich beantwortet und zum Teil leidenschaftlich diskutiert (s. nur Theisen, 2021, S. 113: „Adelsfalle"). Egal, wie diese Frage beantwortet wird, wichtig ist bei der Kurzbeleg-Methode, dass der Zitatnachweis ohne Umwege im Verzeichnis nachgeschlagen werden kann. Sofern das frühere Adelsprädikat im Zitatnachweis vor dem Nachnamen aufgeführt wird, sollte es auch im Verzeichnis an dieser Stelle stehen. Wenn es im Zitatnachweis nicht beim Nachnamen aufgeführt wird, sollte dies auch im Verzeichnis der Fall sein. Nicht empfehlenswert ist daher die Vorgehensweise von Schimmel et al. (2017), im Verzeichnis „von Savigny, Friedrich Carl" nach „Sauerwald" aufzuführen (S. 278).
- Bei Zeitungsartikeln ist als Verfasser nicht der Name der Zeitung einzutragen; vielmehr ist der vollständige Verfassername anhand des angegebenen Kürzels zu recherchieren (Theisen, 2021, S. 115). Nach APA (2020) sind Werke ohne Verfasserangabe unter dem Titel des Werkes alphabetisch ins Verzeichnis aufzunehmen (S. 289).
- Nach APA (2020) sind bis zu 20 Verfassernamen ins Verzeichnis einzutragen. Erst ab dem 21. Verfassernamen wird zwischen dem 19. und dem letzten Namen mit Auslassungspunkten („...") abgekürzt (S. 286). Im Text wird jedoch in der Regel ab dem dritten Verfassernamen abgekürzt, indem nach dem ersten Namen der Zusatz „et al." gesetzt wird. Ausnahmen sind möglich, um Mehrdeutigkeiten zu verhindern.
- Der Eintrag im Verzeichnis nach APA unterscheidet sich in den folgenden Punkten von der hierzulande etablierten Praxis (vgl. zu Letzterer Theisen, 2021, S. 203–219): Abkürzung der Vornamen, Kursivschreibung des Titels des Hauptwerkes, ergänzende Angaben in runden bzw. eckigen Klammern, keine Angabe des Verlagsortes, verpflichtende Angabe der DOI – falls vorhanden.

Im Folgenden werden für die wichtigsten Anwendungsfälle ausführliche Beispiele angegeben und erläutert. Weitere Beispiele finden sich auf der Homepage der

APA sowie in APA (2020), wobei Letzteres mit 143 Beispieleinträgen beinahe alles erdenkliche Material abdeckt (Kap. 10 und 11).

▶ **Tipp** Der Einsatz eines Literaturverwaltungsprogramms, welches den APA-Zitierstil in der aktuellen 7. Auflage unterstützt, kann die Umsetzung der detaillierten Gestaltungsvorgaben erleichtern.

Im Folgenden werden die bibliographischen Angaben, die in das Literaturverzeichnis einzutragen sind, in Abhängigkeit von der Literaturgattung (Buch, Zeitschriftenbeitrag usw.) dargestellt. Die Literaturgattung ist jedoch nur für die Bestimmung der Form des Eintrages relevant; das Literaturverzeichnis darf *nicht* nach diesen Literaturgattungen unterteilt werden. Es listet alphabetisch alle Literaturgattungen auf.

Monographien (APA-Kategorie „Authored Books") sind alle gedruckt verfügbaren Werke oder E-Books wie Bücher von einem oder mehreren Autoren, die von diesen gemeinsam verfasst wurden. Bücher, die in einzelne Beiträge unterteilt sind, für die jeweils ein bestimmter Autor verantwortlich zeichnet, sind Sammelwerke (siehe dort). Monographien sind mit den folgenden bibliographischen Daten einzutragen. Der Titel (nicht die Auflage) ist dabei immer kursiv zu schreiben. Bei der ersten Auflage entfällt die Angabe der Auflage. Falls kein DOI vorhanden ist, entfällt auch diese Angabe; die ISBN ist nicht anzugeben. Nach dem DOI wird kein Punkt gesetzt.

Beispiel 31: Eintrag einer Monographie   ·
Name, V. (Erscheinungsjahr). *Titel: Untertitel* (X. Aufl.). Verlag. https://doi.org/00.000/000-0-000-00000-0
  Name1, V. & Name2, V. (Erscheinungsjahr). *Titel: Untertitel* (X. Aufl.). Verlag. https://doi.org/00.000/000-0-000-00000-0
  Name1, V., Name2, V. & Name3, V. (Erscheinungsjahr). *Titel: Untertitel* (X. Aufl.). Verlag. https://doi.org/00.000/000-0-000-00000-0
  Name1, V., Name2, V., Name3, V. & Name4, V. (Erscheinungsjahr). *Titel: Untertitel* (X. Aufl.). Verlag. https://doi.org/00.000/000-0-000-00000-0
  Name1, V., Name2, V., Name3, V., Name4, V., Name5, V., Name6, V., Name7, V., Name8, V., Name9, V., Name10, V., Name11, V., Name12, V., Name13, V., Name14, V., Name15, V., Name16, V., Name17, V., Name18, V., Name19, V., … Name21, V. (Erscheinungsjahr). *Titel: Untertitel* (X. Aufl.). Verlag. https://doi.org/00.000/000-0-000-00000-0

Bei mehreren Autoren sind die Namen durch Kommas bzw. beim letzten Autor durch ein Et-Zeichen (&) zu trennen. Mitarbeitende („unter Mitarbeit von …") sind keine Autoren, sondern sie werden nach diesen mit dem Vorsatz „mit" in

Klammern angegeben. Bücher, die von einzelnen Personen bzw. von Unternehmen oder sonstigen Organisationen herausgegeben wurden und in die Beiträge von jeweils eigenständig verantwortlichen Autoren aufgeteilt sind, sind Herausgeberwerke (s. dort). Nicht mehr alle bibliographischen Daten werden in Büchern angegeben: Fehlende Angaben können über die Nationalbibliotheken recherchiert werden: Deutsche Nationalbibliothek, Library of Congress bzw. British Library.

Das folgende Beispiel verdeutlicht den Eintrag von Monographien und die Sortierung bei mehreren Autoren.

Beispiel 32: Textbeispiel für Monographien

Fuderer, M. (2016). *Hochschullehrer als Sponsor einer klinischen Prüfung nach dem Arzneimittelgesetz* (J. Taupitz, H. Raspe & M. Oehlrich, Hrsg.). LIT.

Hüttmann, A. (2016). *Erfolgreich studieren mit Soft Skills – Die eigene Persönlichkeit wirkungsvoll stärken.* SpringerGabler. https://doi.org/10.1007/978-3-658-09970-1

Hüttmann, A. (2018). *Erfolgreiche Präsentationen mit PowerPoint – Mit wertvollen Tipps und Tricks.* SpringerGabler. https://doi.org/10.1007/978-3-658-22143-0

Huber, A. (2018). *Personalmanagement* (2. Aufl.). Vahlen.

Huber, A. (im Druck). *Marketing* (4. Aufl.). Vahlen.

Huber, A. & Laverentz, K. (2019). *Logistik* (2. Aufl.). Vahlen.

Oehlrich, M. (2001). *Strategische Analyse von Unternehmensakquisitionen: Das Beispiel der pharmazeutischen Industrie.* Gabler; DUV. (Nachdruck der 1. Aufl. 1999)

Oehlrich, M. (2019). *Wissenschaftliches Arbeiten und Schreiben: Schritt für Schritt zur Bachelor- und Master-Thesis in den Wirtschaftswissenschaften* (2. Aufl.). SpringerGabler. https://doi.org/10.1007/978-3-662-58204-6

Oehlrich, M. (mit Dahmen, A.). (2019). *Betriebswirtschaftslehre: Eine Einführung am Businessplan-Prozess* (4. Aufl.). Vahlen.

Oehlrich, M., Stallforth, R., Trapana, G. & Zemme, V. (2013). *Pókónaj nowotnór: Skuteczne zapóbieganiei, walka z chóróbą* [Krebs vorbeugen und bekämpfen: Alles zu Vermeidung – Früherkennung – Therapie]. Reader's Digest.

Pfeffel, F. (2002). *Der Schöpfermensch in der New Economy: Eine philosophische Begründung und organisationstheoretische Korrelationsbetrachtung Selbstverwirklichung gewährender Arbeitswelten* [Doctoral dissertation, St. Augustine College of South Africa]. Der Andere Verlag.

Wie deutlich wird, geben nicht alle Verlage einen DOI an. Insbesondere bei älteren Büchern fehlt er. Bücher, die in einer Reihe erschienen sind, aber nicht in einzelne Beiträge unterteilt sind (so etwa Fuderer, 2016), sind Monographien und keine Herausgeberwerke. Etwaige Reihenherausgeber (Taupitz et al.) sind nach dem Titel in Klammern anzugeben. Die Monographie Oehlrich (2001) ist von zwei Verlagen herausgegeben worden (Gabler und DUV), deren Namen mit einem Semikolon voneinander getrennt werden. Die Tatsache, dass der Gabler-Verlag nach der Übernahme durch Springer heute als SpringerGabler auftritt, bleibt bei älteren Büchern unberücksichtigt. Bei der Monographie Oehlrich

(2019) wird A. Dahmen als Mitarbeitender und nicht als Autor aufgeführt, da er auf dem Deckblatt des Buches entsprechend angegeben ist. Die vierte Auflage des Marketing-Buches von A. Huber ist noch nicht erschienen und führt daher „im Druck" anstelle des Erscheinungsjahres. Der Hinweis auf einen Nachdruck einer früheren Auflage (so z. B. Oehlrich, 2001) wird nach dem Verlag in Klammern angegeben; nach der Klammer folgt kein Punkt. Die Dissertation von F. Pfeffel ist in einem Verlag veröffentlicht worden. Sie ist daher eine Monographie und keine Hochschulschrift. Die in eckigen Klammern angefügte Beschreibung ist daher fakultativ.

Dissertationen oder sonstige Abschlussarbeiten (APA-Kategorie „Dissertations and Theses"), die nicht in einem Verlag veröffentlicht wurden, sondern im Selbstverlag als Kopie vervielfältigt wurden, führen statt des Verlages den Namen der Hochschule. In eckigen Klammern wird nach dem Titel die Art der Arbeit wie etwa „Diss." für eine Dissertation, „Habil.-Schr." eine für Habilitationsschrift bzw. „Master-Thesis", „Bachelor-Thesis" oder „Hausarbeit" angegeben. Vor diese Bezeichnung ist der Zusatz „Unveröff." (Unveröffentlicht, engl. „Unpublished") aufzunehmen, der deutlich macht, dass die entsprechende Schrift nur im Selbstverlag (etwa als Kopie oder PDF-Dokument der Hochschulbibliothek) erschienen ist. In einem Verlag erschienene Dissertationen und Habilitationsschriften werden über die Standarddaten einer Monographie eingetragen (a. A. Theisen, 2021, S. 206, der auch bei selbstständigen Veröffentlichungen einen Hinweis auf die Art der Hochschulschrift für zwingend notwendig hält).

Beispiel 33: Eintrag einer Hochschulschrift
Name, V. (Erscheinungsjahr). *Titel: Untertitel* [Beschreibung der Hochschulschrift]. Name der Hochschule.

Der Hinweis „zugl." (zugleich) im Katalog der Deutschen Nationalbibliothek weist jedoch darauf hin, dass die betreffende Verlagsveröffentlichung auf einer Hochschulschrift aufbaut. Da sie als Verlagsveröffentlichung vorliegt, ist sie jedoch in diesem Fall als solche und nicht als Hochschulschrift zu zitieren. Der Fall unveröffentlichter Hochschulschriften ist insbesondere für die USA, Frankreich oder Großbritannien relevant, da dort keine Veröffentlichungspflicht für Dissertationen besteht. Das folgende Beispiel verdeutlicht den Eintrag von (unveröffentlichten) Hochschulschriften.

Beispiel 34: Textbeispiel für Hochschulschriften
Kexel, C. A. (2013). *Knowledge creation and management in search engine marketing – An action-learning based approach* [Unveröff. Diss.]. Université Nice Sophia-Antipolis.

Ratz, M. (2021). *Crowdfunding in German association football clubs: Identifying supporters' drivers to invest* [Unveröff. Diss.]. Northumbria University.

Herausgeber- oder Sammelwerke (APA-Kategorie „Edited Books") sind Bücher von einem oder mehreren Herausgebern, die in Beiträge einzeln gekennzeichneter Autoren unterteilt sind. Dabei kann der Herausgeber auch als Autor eines einzelnen Beitrags fungieren, er kann aber auch nur das Vorwort verfasst haben. Bei den Einträgen bezüglich Herausgeber- bzw. Sammelwerken ist zu unterscheiden zwischen dem Werk als Ganzes und dem einzelnen Buchbeitrag (s. dort). Die Angabe des Herausgeber- oder Sammelwerks ähnelt dem einer Monographie mit dem Unterschied der zwingenden Herausgeberangabe (Zusatz „Hrsg.") nach dem letzten Herausgebernamen.

Beispiel 35: Eintrag eines Herausgeber- bzw. Sammelwerks
Name, V. (Hrsg.). (Erscheinungsjahr). *Titel: Untertitel* (X. Aufl.). Verlag. https://doi.org/00.000/000-0-000-00000-0
Name1, V. & Name2, V. (Hrsg.). (Erscheinungsjahr). *Titel: Untertitel* (X. Aufl.). Verlag. https://doi.org/00.000/000-0-000-00000-0
Name1, V., Name2, V. & Name3, V. (Hrsg.). (Erscheinungsjahr). *Titel: Untertitel* (X. Aufl.). Verlag. https://doi.org/00.000/000-0-000-00000-0
Name1, V., Name2, V., Name3, V. & Name4, V. (Hrsg.). (Erscheinungsjahr). *Titel: Untertitel* (X. Aufl.). Verlag. https://doi.org/00.000/000-0-000-00000-0
Name1, V., Name2, V., Name3, V., Name4, V., Name5, V., Name6, V., Name7, V., Name8, V., Name9, V., Name10, V., Name11, V., Name12, V., Name13, V., Name14, V., Name15, V., Name16, V., Name17, V., Name18, V., Name19, V., … Name21, V. (Hrsg.). (Erscheinungsjahr). *Titel: Untertitel* (X. Aufl.). Verlag. https://doi.org/00.000/000-0-000-00000-0

Sofern die studentische Arbeit in Englisch verfasst ist, lautet der Zusatz „Ed." (Editor) bei einem Herausgebernamen bzw. „Eds." (Editors) bei mehreren Herausgebernamen. Die Angabe der Auflage (engl. „ed." – edition) entfällt, sofern diese nicht auf dem Buch angegeben ist. Nach dem DOI steht kein Punkt. Das folgende Beispiel verdeutlicht den Eintrag von Herausgeber- und Sammelwerken.

Beispiel 36: Textbeispiel für Herausgeber- und Sammelwerke
Thorhauer, Y. & Kexel, C. A. (Hrsg.). (2017). *Face-to-Interface: Werte und ethisches Bewusstsein im Internet.* SpringerGabler. https://doi.org/10.1007/978-3-658-17155-1
Thorhauer, Y. & Kexel, C. A. (Hrsg.). (2018). *Compliance im Sport: Theorie und Praxis.* SpringerGabler. https://doi.org/10.1007/978-3-658-22511-7
Thorhauer, Y. & Kexel, C. A. (Hrsg.). (2020). *Facetten der Digitalisierung: Chancen und Herausforderungen für Mensch und Management.* SpringerGabler. https://doi.org/10.1007/978-3-658-29870-8

Nur durch den Zusatz „(Hrsg.)" wird deutlich, dass es sich bei den Büchern nicht um Monographien, sondern um Herausgeberwerke handelt.

Der Eintrag für einen einzelnen *Buchbeitrag* (APA-Kategorie „Edited Book Chapters") enthält nicht nur einen Hinweis auf den Autor, sondern auch auf das Sammelwerk und dessen Herausgeber. Zudem sind in runden Klammern nach dem Titel die Auflage und die erste und letzte Seite (S.) des Beitrags anzugeben. Bei Lexika und Handwörterbüchern, die in Spalten unterteilt sind, wird statt der Seite die Spalte (Sp.) angegeben. Die Angabe „bis" bei Seiten und Spalten erfolgt mit dem Gedankenstrich „–" ohne Zwischenraum (Leerzeichen). Die bibliographische Angabe eines Buchbeitrags lautet dann wie folgt.

Beispiel 37: Eintrag eines Buchbeitrags
Name, V. (Erscheinungsjahr). Titel des Beitrags oder Stichworts. In V. Name (Hrsg.), *Titel des Sammelwerks: Untertitel* (X. Aufl., S. X–Y). Verlag. https://doi.org/00.000/000-0-000-00000-0
Name, V. (Erscheinungsjahr). Titel des Beitrags oder Stichworts. In V. Name1 & V. Name2 (Hrsg.), *Titel des Sammelwerks: Untertitel* (X. Aufl., S. X–Y). Verlag. https://doi.org/00.000/000-0-000-00000-0
Name, V. (Erscheinungsjahr). Titel des Beitrags oder Stichworts. In V. Name1, V. Name2 & V. Name3 (Hrsg.), *Titel des Sammelwerks: Untertitel* (X. Aufl., S. X–Y). Verlag. https://doi.org/00.000/000-0-000-00000-0
Name, V. (Erscheinungsjahr). Titel des Beitrags oder Stichworts. In V. Name1, V. Name2, V. Name3 & V. Name4 (Hrsg.), *Titel des Sammelwerks: Untertitel* (X. Aufl., S. X–Y). Verlag. https://doi.org/00.000/000-0-000-00000-0
Name, V. (Erscheinungsjahr). Titel des Beitrags oder Stichworts. In V. Name1, V. Name2, V. Name3, V. Name4, V. Name5, V. Name6, V. Name7, V. Name8, V. Name9, V. Name10, V. Name11, V. Name12, V. Name13, V. Name14, V. Name15, V. Name16, V. Name17, V. Name18, V. Name19, … V. Name21 (Hrsg.), *Titel des Sammelwerks: Untertitel* (X. Aufl., S. X–Y). Verlag. https://doi.org/00.000/000-0-000-00000-0

Für die Namen der Autoren des Buchbeitrags gilt das Gleiche wie für die Autoren von Monographien, d. h., es sind bis zu 20 Autorennamen in der Reihenfolge Nachname – Vorname vollständig anzugeben. Für Buchbeiträge mit mehr als 20 Autoren ist die Liste nach dem 19. Namen mit Auslassungspunkten („…") abzukürzen; danach wird der letzte Autorenname angegeben. Zur Verdeutlichung kann Beispiel 31 (Eintrag einer Monographie) herangezogen werden. Bezüglich der Zahl der anzugebenden Namen gilt das Gleiche für die Herausgebernamen bei Buchbeiträgen; jedoch werden diese in der Reihenfolge Vorname – Nachname angegeben. Nach dem letzten Namen wird in einer deutschsprachigen studentischen Arbeit „(Hrsg.)" bzw. in einer in Englisch verfassten studentischen Arbeit „(Ed.)" für einen Herausgeber oder „(Eds.)" für mehrere Herausgeber angefügt. Nach einem Komma folgt der Titel des Herausgeberwerkes, der als Titel des

Hauptwerkes kursiv zu schreiben ist. Falls es sich um einen Band eines mehrbändigen Werkes handelt, der einen eigenen Untertitel trägt, so ist dieser nach dem Haupttitel und der Bandnummer (abgekürzt „Bd." bzw. engl. „Vol.") anzugeben. Nach dem Titel sind in Klammern ab der zweiten Auflage ggf. die Bandnummer eines mehrbändigen Sammelwerkes, dessen Bände keinen eigenen Untertitel tragen, sowie der Seitenbereich anzugeben, innerhalb dessen der Buchbeitrag zu finden ist. Zumindest der Seitenbereich ist bei gedruckten Herausgeberwerken immer anzugeben. Diese Klammerangaben sind anders als der Titel des Herausgeberwerkes nicht kursiv zu schreiben. Abgetrennt mit einem Punkt folgt die Angabe des Verlags, die wiederum mit einem Punkt beendet wird. Falls für das Herausgeberwerk ein DOI verfügbar ist, ist dieser am Ende des Eintrags anzugeben. Das folgende Beispiel verdeutlicht den Eintrag von Buchbeiträgen.

Beispiel 38: Textbeispiel für Buchbeiträge
Hüttmann, A. (2017). Zerstört das Internet die ethischen Grundsätze unseres Miteinanders? – „Soziale Medienkompetenz" muss und will gelernt sein. In Y. Thorhauer & C. A. Kexel (Hrsg.), *Face-to-Interface: Werte und ethisches Bewusstsein im Internet* (S. 101–113). SpringerGabler. https://doi.org/10.1007/978-3-658-17155-1
Hüttmann, A. & López Rosa, T. (2020). (R)evolution? – Wie die Digitalisierung die Unternehmenskommunikation verändert. In Y. Thorhauer & C. A. Kexel (Hrsg.), *Facetten der Digitalisierung: Chancen und Herausforderungen für Mensch und Management* (S. 55–72). SpringerGabler. https://doi.org/10.1007/978-3-658-29870-8
Huber, A. (2021). Controlling von Marketingprojekten. In C. Zerres (Hrsg.), *Handbuch Marketing-Controlling. Grundlagen – Methoden – Umsetzung* (5. Aufl., S. 591–607). SpringerGabler. https://doi.org/10.1007/978-3-662-50406-2
Oehlrich, M. (2006). Hämatologie/Onkologie im Internet. In H. J. Schmoll, K. Höffken & K. Possinger (Hrsg.), *Kompendium Internistische Onkologie: Standards in Diagnostik und Therapie: Bd. 2. Epidemiologie, Tumorbiologie, Zytostatika, Prinzipien der Tumortherapie, Supportive Maßnahmen* (4. Aufl., S. 2592–2605). Springer.
Oehlrich, M. (2013). End-of-life care and the economics of living wills. In A. Salkic, S. Negri & J. Taupitz (Hrsg.), *Advance care decision-making in Germany and Italy: A comparative, European and international law perspective* (S. 235–256). Springer.
Oehlrich, M., Fuderer, M. & Heible, C. (2009). Verhindert der Morbi-RSA Forschungsanreize für bestimmte Indikationen? In T. Wilke, K. Neumann & D. Meusch (Hrsg.), *Arzneimittel-Supply-Chain: Marktsituation, aktuelle Herausforderungen und innovative Konzepte* (2. Aufl., S. 89–105). Nomos.
Thorhauer, Y., Jakob, A. & Ratz, M. (2018). E-Sport – Skizze eines neuen Forschungsfeldes. In Y. Thorhauer & C. A. Kexel (Hrsg.), *Compliance im Sport: Theorie und Praxis* (S. 105–126). SpringerGabler. https://doi.org/10.1007/978-3-658-22511-7

Die Beispieleinträge verdeutlichen, dass zumindest bei gedruckten Herausgeber- und Sammelwerken immer der Seitenbereich des jeweiligen Buchbeitrags anzugeben ist. Auch ist immer der Titel des Herausgeberwerkes

kursiv zu schreiben und nicht der Titel des Buchbeitrags. Die Angabe der Auflage entfällt für die erste Auflage (so für Hüttmann, 2017; Hüttmann & López
Rosa, 2020; Oehlrich, 2013; Thorhauer et al., 2018). Ansonsten geht die Angabe
der Auflage dem Seitenbereich voraus (so bei Huber, 2021; Oehlrich, 2006;
Oehlrich et al., 2009). Da Oehlrich (2006) in einem Band erschienen ist, der
einen eigenen Bandtitel trägt, ist die Bandangabe vor diesem anzugeben. Denn
die Bandangabe erfolgt nur dann in Klammern, wenn der Band keinen eigenen
Bandtitel trägt. Zu achten ist auch darauf, dass die Herausgebernamen anders als
die Autorennamen in der Reihenfolge Vorname – Nachname anzugeben sind.

    Zeitschriftenaufsätze (APA-Kategorie „Journal Article") stellen in wissen-
schaftlichen Arbeiten die am meisten zitierte Literaturgattung dar. Zu dieser
Kategorie zählen nach APA (2020) jedoch nicht nur Artikel in wissenschaftlichen
Zeitschriften (Journal Articles), sondern auch solche in Magazinen, Tageszeitungen und Blogs sowie entsprechende Leserkommentare (S. 320). Neben Autor,
Titel, Erscheinungsjahr und Seiten ist zwingend auch der Name der Zeitschrift
und der Jahrgang anzugeben. Der Name der Zeitschrift wird nur dann abgekürzt
(z. B. ZfbF – Zeitschrift für betriebswirtschaftliche Forschung), wenn dies die
offizielle Bezeichnung der Zeitschrift ist; dann ist die Abkürzung in das Abkürzungsverzeichnis aufzunehmen. Anders als bei Herausgeber- und Sammelwerken
wird bei Zeitschriften jedoch kein „In" vor den Namen des Hauptwerkes gesetzt.
Der Jahrgang (engl. Volume) ist ein zusätzliches Identifikationsmerkmal, das das
Auffinden eines bestimmten Beitrags erleichtert. Fast alle Fachzeitschriften (wie
auch viele Tageszeitungen und Magazine) fassen verschiedene Hefte oder Ausgaben (engl. Issue) zu einem Jahrgang zusammen, der sich zumindest bei den
meisten Fachzeitschriften durch eine fortlaufende Seitennummerierung auszeichnet. Der Jahrgang stimmt dabei nicht immer mit dem Kalenderjahr überein. Der
Eintrag in das Literaturverzeichnis ist unter Beachtung der Kursivschreibung des
Namens der Zeitschrift und der Jahrgangsnummer (nicht der Heftnummer) wie
folgt zu gestalten.

Beispiel 39: Eintrag eines Zeitschriftenaufsatzes
Name, V. (Erscheinungsjahr). Titel des Aufsatzes. *Name der Zeitschrift, JJ*(HH), X–Y.
https://doi.org/00.0000/000-0-000-00000-0
    Name1, V. & Name2, V. (Erscheinungsjahr). Titel des Aufsatzes. *Name der Zeitschrift,
JJ*(HH), X–Y. https://doi.org/00.0000/000-0-000-00000-0
    Name1, V., Name2, V. & Name3, V. (Erscheinungsjahr). Titel des Aufsatzes. *Name der
Zeitschrift, JJ*(HH), X–Y. https://doi.org/00.0000/000-0-000-00000-0
    Name1, V., Name2, V., Name3, V. & Name4, V. (Erscheinungsjahr). Titel des Aufsatzes.
Name der Zeitschrift, JJ(HH), X–Y. https://doi.org/00.0000/000-0-000-00000-0
    Name1, V., Name2, V., Name3, V., Name4, V., Name5, V., Name6, V., Name7, V.,
Name8, V., Name9, V., Name10, V., Name11, V., Name12, V., Name13, V., Name14, V.,

Name15, V., Name16, V., Name17, V., Name18, V., Name19, V., … Name21, V. (Erscheinungsjahr). Titel des Aufsatzes. *Name der Zeitschrift, JJ*(HH), X–Y. https://doi.org/00.0000/000-0-000-00000-0

Häufig werden solche Zeitschriftenbeiträge nicht mehr in der gedruckten Fassung, sondern über Datenbanken wie z. B. EBSCO eingesehen (Stoetzer, 2012, S. 61 f.). Sofern es sich um Scans, PDF- oder HTML-Versionen des Originals handelt, die wie das Original alle Fußnoten, Abbildungen und Tabellen enthalten und dessen Seitenumbruch anzeigen, sind sie wie die gedruckte Version zu behandeln und als solche ins Literaturverzeichnis aufzunehmen (APA, 2020, S. 137). Der Jahrgang oder Band ist der Zeitschrift zu entnehmen. Bei gedruckten Zeitschriften findet sich die Angabe von Jahrgang (Volume) und Heft (Issue), sofern diese Zählung verwendet wird, auf der ersten Seite nach dem Titel, bei Zeitschriften aus Datenbanken beim Eintrag auf der Ergebnisseite sowie oft in der Fußzeile auf jeder Seite. Zu beachten ist, dass die Jahrgangs- oder Bandnummer mit einem Komma abgetrennt nach dem Titel der Zeitschrift bzw. Zeitung anzugeben und wie dieser kursiv zu schreiben ist. Die Heftnummer folgt ohne Leerstelle in Klammern direkt der Jahrgangs- oder Bandnummer und ist ebenso wie die Klammern nicht kursiv zu schreiben. Jahrgangs- oder Bandnummer, Heftnummer oder Seitenbereich sind keine Abkürzungen Jg., Bd., H. oder S. voranzustellen. Sie sind alleine durch die Stellung und die Formatierung (Kursivschrift) zu unterscheiden. Aufsätze in Sonderheften bzw. Beilagen der Fachzeitschriften sind gemäß dem obigen Beispiel anzuführen. Dabei ist der Zusatz auf das Sonderheft bzw. die Beilage mit dessen Titel aufzunehmen. Auch Artikel in (gedruckten) Tageszeitungen sind gemäß dem Format aufzunehmen. Die Seitennummerierung von Beilagen der Tageszeitungen ist wie aufgedruckt zu übernehmen (z. B. Seite B1). Bei Onlinezeitschriften oder -zeitungen ist ggf. statt der Seite die URL anzugeben. Der Verfasser eines Artikels in einer Tageszeitung ist entweder über das Namenskürzel zu ermitteln oder wegzulassen. In diesem Fall steht der Titel *vor* dem Erscheinungsjahr. Keinesfalls darf die Tageszeitung selbst als Verfasser angegeben werden. Das folgende Beispiel verdeutlicht den Eintrag von Zeitschriftenaufsätzen.

Beispiel 40: Textbeispiel für Zeitschriftenaufsätze
Hüttmann, A. (2010a). Sich selber finden – Soft Skill-Training ist Persönlichkeits-Entwicklung. *accadis denkpunkt,* (1), 4–11.
    Hüttmann, A. (2010b). Dem anderen begegnen – Die interpersonalen Facetten des Soft Skill-Spektrums. *accadis denkpunkt,* (2), 12–19.

Oehlrich, M. (2006). Arbeitnehmerfindungsgesetz und Innovationsfähigkeit: Gedanken über Anwendung und Auswirkungen in der pharmazeutischen Industrie. *Gewerblicher Rechtsschutz und Urheberrecht, 108*(1), 17–21.

Oehlrich, M. (2009a). Vom Rhenser Weistum bis zur Förderalismusreform: Das Förderalismusprinzip als Konstante in den deutschen Verfassungen. *Juristische Ausbildung, 31*(11), 805–814.

Oehlrich, M. (2009b). Die Rolle der betriebswirtschaftlichen Unternehmensbewertung im Rahmen der Beratung bei Mergers & Acquisitions. *Neue Juristische Wochenschrift, 62*(52), 3756.

Oehlrich, M. (2020a). Abschaffung der Imposta Monofase sulle Importazioni. *Internationales Steuerrecht, 29*(3), 10–13.

Oehlrich, M. (2020b). Die Bedeutung der Principal-Agent-Theorie für die ökonomische Analyse des Rechts. *Juristische Ausbildung, 42*(9), 887–895.

Oehlrich, M., Baltes, A., Geldermann, J., Helmer, K., Hempel, C. & Sautter, A. (2011). Finanzmarktkrise damals und heute. *Zeitschrift für Rechtspolitik, 44*(2), 40–44.

Oehlrich, M. & Daemmrich, A. A. (2013). Legal and political competitiveness for pharmaceuticals. *Pharmaceuticals Policy and Law, 15*, 93–97.

Thorhauer, Y. (2009). Business intelligence meets moral intelligence. *International Review of Information Ethics, 10*(2). http://www.i-r-i-e.net

Thorhauer, Y. (2017 August 29). Mitgefühl ist wichtiger als Moral. Interview mit Stephanie Kreuzer. *Taunuszeitung.*

Konferenzbeiträge und Präsentationen (APA-Kategorie „Conference Sessions and Presentations") stellen eine Besonderheit dar, weil sie wissenschaftliche Leistungen umfassen, die sich nicht den klassischen Formaten Buchbeitrag oder Zeitschriftenbeitrag zuordnen lassen. Sofern also die einzelnen Beiträge einer Konferenz in einem Buch oder in einer Zeitschrift veröffentlicht wurden, so sind diese Kategorien einschlägig. Andere Formen wie (mündliche) Konferenzbeiträge, Paper-Präsentationen, Poster-Präsentationen oder Symposiumsbeiträge weisen jedoch die folgenden Besonderheiten bei der Anwendung der vier Elemente Verfasser, Datum, Titel und Fundstelle auf: Zunächst einmal ist als Datum das genaue Datum der Konferenz in der Reihenfolge Jahr – Monat – Tag anzugeben, bei mehrtägigen Veranstaltungen entsprechend der Zeitraum. Die Titel von Konferenzbeiträgen, Paper- und Poster-Präsentationen sind kursiv zu schreiben, nicht jedoch der Titel eines Symposiumsbeitrags. Hinter dem Titel ist in eckigen Klammern die Art des Beitrags also Konferenzbeitrag (engl. „Conference session"), Paper-Präsentation (engl. „Paper presentation") bzw. Poster-Präsentation (engl. „Poster presentation") anzugeben. (Am Rande sei bemerkt, dass das altgriechische Wort συμπόσιον (symposion) wörtlich übersetzt „das Zusammentrinken" bedeutet.) Die Fundstelle setzt sich zusammen aus dem Namen der Konferenz, dem Ort der Konferenz (in den USA inkl. der Abkürzung des Bundesstaates) und dem Land, jeweils mit einem Komma getrennt. Existiert ein DOI bzw.

eine Konferenzhomepage, so ist dies nach einem Punkt anzugeben. Bei einem Symposiumsbeitrag (engl. „Symposium contribution") sind als Hauptwerk die Vorsitzenden (Chairs) gefolgt vom Titel des Symposiums anzugeben. Nach dem kursiv geschriebenen Titel ist in eckigen Klammern der Zusatz „Symposium" anzufügen. Der Eintrag lautet wie folgt.

Beispiel 41: Eintrag eines Konferenzbeitrags bzw. einer Präsentation
Name, V. (JJJJ Monat TT). *Titel des Konferenzbeitrags* [Konferenzbeitrag]. Name der Konferenz, Ort, Land. https://www.domain.de.
    Name, V. (JJJJ Monat TT). *Titel der Paper-Präsentation* [Paper-Präsentation]. Name der Veranstaltung, Ort, Land. https://www.domain.de.
    Name, V. (JJJJ Monat TT). *Titel der Poster-Präsentation* [Poster-Präsentation]. Name der Veranstaltung, Ort, Land. https://www.domain.de.
    Name, V. (JJJJ Monat TT). Titel des Symposiumsbeitrags. In V. Name1 & V. Name2 (Vorsitzende), *Titel des Symposiums,* Ort, Land. https://www.domain.de.

Die folgenden Beispiele verdeutlichen, dass bei mehrtägigen Konferenzen bzw. Veranstaltungen alle Tage anzugeben sind. Fehlende Angaben wie etwa die Namen der Vorsitzenden eines Symposiums werden weggelassen.

Beispiel 42: Textbeispiel für Konferenzbeiträge und Präsentationen
Kexel, P., Pfeffel, F., Lee, K.-Y. & Ratz, M. (2017 September 6). *Image transfer through junior sports events and their legacy effects* [Paper-Präsentation]. 25th European Association for Sport Management Conference (EASM), Bern, Schweiz.
    Nickolai, V. & Pfeffel, F. (2020 September 25). *Systematic literature review of the satellite fan segment* [Paper-Präsentation]. 28th EASM Virtual Conference.
    Oehlrich, M. (2005). *Digital Communities* [Paper-Präsentation]. Prix Ars Electronica – International Competition for Cyber Arts, United Nations, New York City, NY, USA.
    Oehlrich, M. & Jähn, K. (2004 Februar 27). Satellitensymposium für Krebspatienten. In M. Bamberg & J. Claßen (Vorsitzende), *26. Deutscher Krebskongress* [Symposium], Berlin, Deutschland.
    Pfeffel, F. (2018 Dezember 6). Teammanagement – Ein Gesamtkunstwerk. *DFB Leadership Festival* [Symposium], Frankfurt, Deutschland.
    Pfeffel, F., Ratz, M. & Kexel, P. (2018 Mai 26). *Second-Screen-Potenziale in der Sportvermarktung: Zielgruppen- und Clusteranalyse* [Paper-Präsentation]. 22. Jahrestagung des Arbeitskreises Sportökonomie, München, Deutschland.
    Thorhauer, Y. (2017 November 16–18). *Ästhetik – die vergessene Dimension unternehmerischer Verantwortung* [Paper-Präsentation]. Jahrestagung der Arbeitsgruppe für Wirtschaftsphilosophie und Ethik der Deutschen Gesellschaft für Philosophie: Ökonomie als Kultur, St. Gallen, Schweiz.

Working Papers und *Arbeitspapiere* (APA-Kategorie „Informally published works") sind aufgrund ihrer Aktualität von besonderem Interesse. Heutzutage

werden sie weitgehend über das Internet abgerufen – entweder von der Homepage der Universität bzw. der herausgebenden Institution oder über spezielle,
frei verfügbare Datenbanken. Analog zu den Zeitschriftenaufsätzen können Working Papers und Arbeitspapiere wie gedrucktes Material zitiert werden, wenn es
sich um formatierte originalgetreue Wiedergaben der gedruckten Fassung handelt,
wie etwa PDF-Dateien. Beim Eintrag in das Literaturverzeichnis ist unbedingt
die interne Nummer zusammen mit dem Namen der Datenbank und der URL
anzugeben. Der Eintrag lautet wie folgt.

Beispiel 43: Eintrag eines Working Papers
Name, V. (Erscheinungsjahr). *Titel des Working Papers* (interne Nummer). Name der Datenbank. https://www.domain.de.

Hervorzuheben sind die Working Papers, die vom Social Science Research
Network (SSRN) oder vom National Bureau of Economic Research (NBER)
herausgegeben wurden. Aber auch die meisten wirtschaftswissenschaftlichen
Fachbereiche oder Institute veröffentlichen eigene Working-Paper-Reihen. Das
folgende Beispiel verdeutlicht den Eintrag von Working Papers.

Beispiel 44: Textbeispiel für Working Papers
Oehlrich, M. & Hattemer, R. (2018). *Strategy: An annotated bibliography* (No. 3297451).
SSRN. https://ssrn.com/abstract=3297451

Bei *Internetseiten und Websites* (APA-Kategorie „Webpages and Websites")
muss die URL sowie ggf. das Abrufdatum („Abgerufen Tag Monat Jahr, von"
bzw. englisch „Retrieved Monat Tag, Jahr, from") aufgeführt werden. Letzteres kann weggelassen werden, wenn es sich um statische Inhalte handelt, die
sich nicht verändern werden, oder ein Permalink zu einer unveränderlichen Seite
angegeben wurde (APA, 2020, S. 290). Fehlende Autoren- bzw. Titelangaben
sind zu recherchieren. Bei Websites von Unternehmen kann der Herausgeber der
Website im Impressum recherchiert und als Herausgeber angeführt werden. Ein
fehlender Titel kann durch den Hypertexttitel der jeweiligen HTML-Seite in der
Browserzeile übernommen werden. Sofern sogar das Impressum fehlt, können
diese Daten evtl. über die Domainvergabestellen recherchiert werden. Bei solchen
intransparenten Websites ist jedoch doppelt zu prüfen, ob nicht verlässlicheres
Material zu finden ist. Keinesfalls sollte aus Gründen der Bequemlichkeit auf das
Internet zurückgegriffen werden. Der Eintrag im Literaturverzeichnis lautet wie
folgt.

Beispiel 45: Eintrag von Internetmaterial

Name, V. (Erscheinungsjahr bzw. JJJJ Monat TT): *Titel oder Hypertexttitel*. Name der Website. Abgerufen Tag Monat Jahr, von https://www.domain.de.

Sofern das Erscheinungsjahr bzw. das Datum nicht angegeben ist, ist das Erscheinungsjahr mit „o. J." (ohne Jahr) bzw. „n.d." (no date) anzugeben. Wenn es sich um eine Website handelt, die sich dynamisch aktualisiert, ist es nötig, das Abrufdatum anzugeben. Bei statischen Inhalten, wie zum Beispiel Zeitungsartikeln, kann das Abrufdatum weggelassen werden. Das folgende Beispiel verdeutlicht den Eintrag von Internetmaterial.

Beispiel 46: Textbeispiel für Internetmaterial

Damodaran, A. (o. J.). *Damodaran online: Home page for Aswath Damodaran*. Stern School of Business at New York University. Abgerufen 23. Juni 2021, von https://pages.stern.nyu.edu/~adamodar/

Oehlrich, M. (2016 August 16). Ökonomische Grundkonzepte: Zeit ist Geld. *Frankfurter Neue Presse*. http://www.taunus-zeitung.de/nachrichten/wirtschaft/Zeit-ist-Geld;art686,2140134

Internetdokumente sollten immer lokal gespeichert werden, damit dauerhaft auf sie zurückgegriffen werden kann. Manche Prüfungsordnung zählt Internetdokumente zu den „flüchtigen" Materialien, die in den Anhang der Arbeit aufzunehmen sind bzw. seperat elektronisch einzureichen sind. Beim Abspeichern ist darauf zu achten, dass der Text mit Abbildungen bzw. Tabellen vollständig und leserlich gespeichert wird. Falls vorhanden, bietet sich ein Ausdruck in eine PDF-Datei an. Internetdokumente, die bereits gelöscht wurden, können gegebenenfalls über Archive.org (http://archive.org) wiedergefunden werden.

▶ **Tipp** Internetdokumente, die Sekundärmaterial sind, müssen zwingend mit den genannten bibliographischen Angaben ins Literaturverzeichnis eingetragen werden. Die bloße Angabe eines Links als Zitatnachweis im Text ist unwissenschaftlich und nicht ausreichend (APA, 2020, S. 350).

Das folgende Beispiel für ein Literaturverzeichnis (Auszug) verdeutlicht noch einmal die obigen Ausführungen für eine in Deutsch verfasste studentische Arbeit.

Beispiel 47: Textbeispiel für ein Literaturverzeichnis (deutsch)
Literaturverzeichnis

Damodaran, A. (o. J.). *Damodaran online: Home page for Aswath Damodaran*. Abgerufen 23. Juni 2021, von https://pages.stern.nyu.edu/~adamodar/

Fuderer, M. (2016). *Hochschullehrer als Sponsor einer klinischen Prüfung nach dem Arzneimittelgesetz* (J. Taupitz, H. Raspe & M. Oehlrich, Hrsg.). LIT.

Huber, A. & Laverentz, K. (2019). *Logistik* (2. Aufl.). Vahlen.

Huber, A. (2018). *Personalmanagement* (2. Aufl.). Vahlen.

Huber, A. (2021). Controlling von Marketingprojekten. In C. Zerres (Hrsg.), *Handbuch Marketing-Controlling. Grundlagen – Methoden – Umsetzung* (5. Aufl., S. 591–607). SpringerGabler. https://doi.org/10.1007/978-3-662-50406-2

Huber, A. (im Druck). *Marketing* (4. Aufl.). Vahlen.

Hüttmann, A. & López Rosa, T. (2020). (R)evolution? – Wie die Digitalisierung die Unternehmenskommunikation verändert. In Y. Thorhauer & C. A. Kexel (Hrsg.), *Facetten der Digitalisierung: Chancen und Herausforderungen für Mensch und Management* (S. 55–72). SpringerGabler. https://doi.org/10.1007/978-3-658-29870-8

Hüttmann, A. (2010a). Sich selber finden – Soft Skill-Training ist Persönlichkeits-Entwicklung. *accadis denkpunkt,* (1), 4–11.

Hüttmann, A. (2010b). Dem anderen begegnen – Die interpersonalen Facetten des Soft Skill-Spektrums. *accadis denkpunkt,* (2), 12–19.

Hüttmann, A. (2016). *Erfolgreich studieren mit Soft Skills – Die eigene Persönlichkeit wirkungsvoll stärken*. SpringerGabler. https://doi.org/10.1007/978-3-658-09970-1

Hüttmann, A. (2017). Zerstört das Internet die ethischen Grundsätze unseres Miteinanders? – „Soziale Medienkompetenz" muss und will gelernt sein. In Y. Thorhauer & C. A. Kexel (Hrsg.), *Face-to-Interface: Werte und ethisches Bewusstsein im Internet* (S. 101–113). SpringerGabler. https://doi.org/10.1007/978-3-658-17155-1

Hüttmann, A. (2018). *Erfolgreiche Präsentationen mit PowerPoint – Mit wertvollen Tipps und Tricks*. SpringerGabler. https://doi.org/10.1007/978-3-658-22143-0

Kexel, C. A. (2013). *Knowledge creation and management in search engine marketing – An action-learning based approach* [Unveröff. Diss.]. Université Nice Sophia-Antipolis.

Kexel, P., Pfeffel, F., Lee, K.-Y. & Ratz, M. (2017 September 6). *Image transfer through junior sports events and their legacy effects* [Paper-Präsentation]. 25th European Association for Sport Management Conference (EASM), Bern, Schweiz.

Nickolai, V. & Pfeffel, F. (2020 September 25). *Systematic literature review of the satellite fan segment* [Paper-Präsentation]. 28th EASM Virtual Conference.

Oehlrich, M. & Daemmrich, A. A. (2013). Legal and political competitiveness for pharmaceuticals. *Pharmaceuticals Policy and Law, 15,* 93–97.

Oehlrich, M. & Hattemer, R. (2018). *Strategy: An annotated bibliography* (No. 3297451). SSRN. https://ssrn.com/abstract=3297451

Oehlrich, M. & Jähn, K. (2004 Februar 27). Satellitensymposium für Krebspatienten. In M. Bamberg & J. Claßen (Vorsitzende), *26. Deutscher Krebskongress* [Symposium], Berlin, Deutschland.

Oehlrich, M. (2001). *Strategische Analyse von Unternehmensakquisitionen: Das Beispiel der pharmazeutischen Industrie*. Gabler; DUV. (Nachdruck der 1. Aufl. 1999)

Oehlrich, M. (2005). *Digital Communities* [Paper-Präsentation]. Prix Ars Electronica – International Competition for Cyber Arts, United Nations, New York City, NY, USA.

Oehlrich, M. (2006). Arbeitnehmerfindungsgesetz und Innovationsfähigkeit: Gedanken über Anwendung und Auswirkungen in der pharmazeutischen Industrie. *Gewerblicher Rechtsschutz und Urheberrecht, 108*(1), 17–21.

Oehlrich, M. (2006). Hämatologie/Onkologie im Internet. In H. J. Schmoll, K. Höffken & K. Possinger (Hrsg.), *Kompendium Internistische Onkologie: Standards in Diagnostik und Therapie: Bd. 2. Epidemiologie, Tumorbiologie, Zytostatika, Prinzipien der Tumortherapie, Supportive Maßnahmen* (4. Aufl., S. 2592–2605). Springer.

Oehlrich, M. (2009a). Vom Rhenser Weistum bis zur Förderalismusreform: Das Förderalismusprinzip als Konstante in den deutschen Verfassungen. *Juristische Ausbildung, 31*(11), 805–814.

Oehlrich, M. (2009b). Die Rolle der betriebswirtschaftlichen Unternehmensbewertung im Rahmen der Beratung bei Mergers & Acquisitions. *Neue Juristische Wochenschrift, 62*(52), 3756.

Oehlrich, M. (2013). End-of-life care and the economics of living wills. In A. Salkic, S. Negri & J. Taupitz (Hrsg.), *Advance care decision-making in Germany and Italy: A comparative, European and international law perspective* (S. 235–256). Springer.

Oehlrich, M. (2016 August 16). Ökonomische Grundkonzepte: Zeit ist Geld. *Frankfurter Neue Presse.* http://www.taunus-zeitung.de/nachrichten/wirtschaft/Zeit-ist-Geld;art686,214 0134

Oehlrich, M. (2019). *Wissenschaftliches Arbeiten und Schreiben: Schritt für Schritt zur Bachelor- und Master-Thesis in den Wirtschaftswissenschaften* (2. Aufl.). SpringerGabler. https://doi.org/10.1007/978-3-662-58204-6

Oehlrich, M. (2020a). Abschaffung der Imposta Monofase sulle Importazioni. *Internationales Steuerrecht, 29*(3), 10–13.

Oehlrich, M. (2020b). Die Bedeutung der Principal-Agent-Theorie für die ökonomische Analyse des Rechts. *Juristische Ausbildung, 42*(9), 887–895.

Oehlrich, M. (mit Dahmen, A.). (2019). *Betriebswirtschaftslehre: Eine Einführung am Businessplan-Prozess* (4. Aufl.). Vahlen.

Oehlrich, M., Baltes, A., Geldermann, J., Helmer, K., Hempel, C. & Sautter, A. (2011). Finanzmarktkrise damals und heute. *Zeitschrift für Rechtspolitik, 44*(2), 40–44.

Oehlrich, M., Fuderer, M. & Heible, C. (2009). Verhindert der Morbi-RSA Forschungsanreize für bestimmte Indikationen? In T. Wilke, K. Neumann & D. Meusch (Hrsg.), *Arzneimittel-Supply-Chain: Marktsituation, aktuelle Herausforderungen und innovative Konzepte* (2. Aufl., S. 89–105). Nomos.

Oehlrich, M., Stallforth, R., Trapana, G. & Zemme, V. (2013). *Pókónaj nowotnór: Skuteczne zapóbieganiei, walka z chórǫbǫ* [Krebs vorbeugen und bekämpfen: Alles zu Vermeidung – Früherkennung – Therapie]. Reader's Digest.

Pfeffel, F. (2002). *Der Schöpfermensch in der New Economy: Eine philosophische Begründung und organisationstheoretische Korrelationsbetrachtung Selbstverwirklichung gewährender Arbeitswelten* [Doctoral dissertation, St. Augustine College of South Africa]. Der Andere Verlag.

Pfeffel, F. (2018 Dezember 6). Teammanagement – Ein Gesamtkunstwerk. *DFB Leadership Festival* [Symposium], Frankfurt, Deutschland.

Pfeffel, F., Ratz, M. & Kexel, P. (2018 Mai 26). *Second-Screen-Potenziale in der Sportvermarktung: Zielgruppen- und Clusteranalyse* [Paper-Präsentation]. 22. Jahrestagung des Arbeitskreises Sportökonomie, München, Deutschland.

Ratz, M. (2021). *Crowdfunding in German association football clubs: Identifying supporters' drivers to invest* [Unveröff. Diss.]. Northumbria University.

Thorhauer, Y. & Kexel, C. A. (Hrsg.). (2017). *Face-to-Interface: Werte und ethisches Bewusstsein im Internet.* SpringerGabler. https://doi.org/10.1007/978-3-658-17155-1

Thorhauer, Y. & Kexel, C. A. (Hrsg.). (2018). *Compliance im Sport: Theorie und Praxis.* SpringerGabler. https://doi.org/10.1007/978-3-658-22511-7

Thorhauer, Y. & Kexel, C. A. (Hrsg.). (2020). *Facetten der Digitalisierung: Chancen und Herausforderungen für Mensch und Management.* SpringerGabler. https://doi.org/10.1007/978-3-658-29870-8

Thorhauer, Y. (2009). Business intelligence meets moral intelligence. *International Review of Information Ethics, 10*(2). http://www.i-r-i-e.net

Thorhauer, Y. (2017a August 29). Mitgefühl ist wichtiger als Moral. Interview mit Stephanie Kreuzer. *Taunuszeitung.*

Thorhauer, Y. (2017b November 16–18). *Ästhetik – die vergessene Dimension unternehmerischer Verantwortung* [Paper-Präsentation]. Jahrestagung der Arbeitsgruppe für Wirtschaftsphilosophie und Ethik der Deutschen Gesellschaft für Philosophie: Ökonomie als Kultur, St. Gallen, Schweiz.

Thorhauer, Y., Jakob, A. & Ratz, M. (2018). E-Sport – Skizze eines neuen Forschungsfeldes. In Y. Thorhauer & C. A. Kexel (Hrsg.), *Compliance im Sport: Theorie und Praxis* (S. 105–126). SpringerGabler. https://doi.org/10.1007/978-3-658-22511-7

Die Sortierung der Einträge im Literaturverzeichnis erfolgt alphabetisch. Mehrere Einträge desselben bzw. derselben Autoren werden aufsteigend nach dem Erscheinungsjahr sortiert, wobei Einträge ohne Erscheinungsjahr („o. J." bzw. „n.d.") zuerst und im Druck befindliche Einträge („im Druck" bzw. „in press") zuletzt angegeben werden. Tritt ein Name allerdings in unterschiedlichen Kombinationen mit anderen Co-Autoren auf, so geht die alphabetische Sortierung der chronologischen Sortierung nach Erscheinungsjahr vor.

Fragen

Aufgabe 3.2: Sortieren Sie die folgenden Autorennamen: Pfeffel, F., Ratz, M. & Kexel, P. (2020); Pfeffel, F. (2018); Pfeffel, F., Kexel, P. & Ratz, M. (2020); Pfeffel, F. (2020); Pfeffel, F., Ratz, M. & Kexel, P. (2018); Pfeffel, F. (im Druck); Pfeffel, F. (o. J.).

In einer in Englisch verfassten studentischen Arbeit wäre dasselbe Literaturverzeichnis wie folgt zu gestalten.

Beispiel 47: Textbeispiel für ein Literaturverzeichnis (englisch)
References

Damodaran, A. (n.d.). *Damodaran online: Home page for Aswath Damodaran.* Retrieved June 23, 2021, from https://pages.stern.nyu.edu/~adamodar/

Fuderer, M. (2016). *Hochschullehrer als Sponsor einer klinischen Prüfung nach dem Arzneimittelgesetz* (J. Taupitz, H. Raspe, & M. Oehlrich, Eds.). LIT.

Huber, A., & Laverentz, K. (2019). *Logistik* (2nd ed.). Vahlen.

Huber, A. (2018). *Personalmanagement* (2nd ed.). Vahlen.

Huber, A. (2021). Controlling von Marketingprojekten. In C. Zerres (Ed.), *Handbuch Marketing-Controlling. Grundlagen – Methoden – Umsetzung* (5th ed., pp. 591–607). SpringerGabler. https://doi.org/10.1007/978-3-662-50406-2

Huber, A. (in press). *Marketing* (4th ed.). Vahlen.

Hüttmann, A., & López Rosa, T. (2020). (R)evolution? – Wie die Digitalisierung die Unternehmenskommunikation verändert. In Y. Thorhauer, & C. A. Kexel (Eds.), *Facetten der Digitalisierung: Chancen und Herausforderungen für Mensch und Management* (pp. 55–72). SpringerGabler. https://doi.org/10.1007/978-3-658-29870-8

Hüttmann, A. (2010a). Sich selber finden – Soft Skill-Training ist Persönlichkeits-Entwicklung. *accadis denkpunkt*, (1), 4–11.

Hüttmann, A. (2010b). Dem anderen begegnen – Die interpersonalen Facetten des Soft Skill-Spektrums. *accadis denkpunkt*, (2), 12–19.

Hüttmann, A. (2016). *Erfolgreich studieren mit Soft Skills – Die eigene Persönlichkeit wirkungsvoll stärken.* SpringerGabler. https://doi.org/10.1007/978-3-658-09970-1

Hüttmann, A. (2017). Zerstört das Internet die ethischen Grundsätze unseres Miteinanders? – „Soziale Medienkompetenz" muss und will gelernt sein. In Y. Thorhauer & C. A. Kexel (Eds.), *Face-to-Interface: Werte und ethisches Bewusstsein im Internet* (pp. 101–113). SpringerGabler. https://doi.org/10.1007/978-3-658-17155-1

Hüttmann, A. (2018). *Erfolgreiche Präsentationen mit PowerPoint – Mit wertvollen Tipps und Tricks.* SpringerGabler. https://doi.org/10.1007/978-3-658-22143-0

Kexel, C. A. (2013). *Knowledge creation and management in search engine marketing – An action-learning based approach* [Unpublished doctoral dissertation]. Université Nice Sophia-Antipolis.

Kexel, P., Pfeffel, F., Lee, K.-Y., & Ratz, M. (2017 September 6). *Image transfer through junior sports events and their legacy effects* [Paper presentation]. 25th European Association for Sport Management Conference (EASM), Bern, Switzerland.

Nickolai, V., & Pfeffel, F. (2020 September 25). *Systematic literature review of the satellite fan segment* [Paper presentation]. 28th EASM Virtual Conference.

Oehlrich, M., & Daemmrich, A. A. (2013). Legal and political competitiveness for pharmaceuticals. *Pharmaceuticals Policy and Law, 15*, 93–97.

Oehlrich, M., & Hattemer, R. (2018). *Strategy: An annotated bibliography* (No. 3297451). SSRN. https://ssrn.com/abstract=3297451

Oehlrich, M., & Jähn, K. (2004 February 27). Satellitensymposium für Krebspatienten. In M. Bamberg & J. Claßen (Chairs), *26. Deutscher Krebskongress* [Symposium], Berlin, Germany.

Oehlrich, M. (2001). *Strategische Analyse von Unternehmensakquisitionen: Das Beispiel der pharmazeutischen Industrie.* Gabler; DUV. (Original work published in 1999)

Oehlrich, M. (2005). *Digital Communities* [Paper presentation]. Prix Ars Electronica – International Competition for Cyber Arts, United Nations, New York City, NY, USA.

Oehlrich, M. (2006). Arbeitnehmerfindungsgesetz und Innovationsfähigkeit: Gedanken über Anwendung und Auswirkungen in der pharmazeutischen Industrie. *Gewerblicher Rechtsschutz und Urheberrecht, 108*(1), 17–21.

Oehlrich, M. (2006). Hämatologie/Onkologie im Internet. In H. J. Schmoll, K. Höffken, & K. Possinger (Eds.), *Kompendium Internistische Onkologie: Standards in Diagnostik und Therapie: Vol. 2. Epidemiologie, Tumorbiologie, Zytostatika, Prinzipien der Tumortherapie, Supportive Maßnahmen* (4th ed., pp. 2592–2605). Springer.

Oehlrich, M. (2009a). Vom Rhenser Weistum bis zur Förderalismusreform: Das Förderalismusprinzip als Konstante in den deutschen Verfassungen. *Juristische Ausbildung, 31*(11), 805–814.

Oehlrich, M. (2009b). Die Rolle der betriebswirtschaftlichen Unternehmensbewertung im Rahmen der Beratung bei Mergers & Acquisitions. *Neue Juristische Wochenschrift, 62*(52), 3756.

Oehlrich, M. (2013). End-of-life care and the economics of living wills. In A. Salkic, P. Negri, & J. Taupitz (Eds.), *Advance care decision-making in Germany and Italy: A comparative, European and international law perspective* (pp. 235–256). Springer.

Oehlrich, M. (2016 August 16). Ökonomische Grundkonzepte: Zeit ist Geld. *Frankfurter Neue Presse*. http://www.taunus-zeitung.de/nachrichten/wirtschaft/Zeit-ist-Geld;art686,214 0134

Oehlrich, M. (2019). *Wissenschaftliches Arbeiten und Schreiben: Schritt für Schritt zur Bachelor- und Master-Thesis in den Wirtschaftswissenschaften* (2nd ed.). SpringerGabler. https://doi.org/10.1007/978-3-662-58204-6

Oehlrich, M. (2020a). Abschaffung der Imposta Monofase sulle Importazioni. *Internationales Steuerrecht, 29*(3), 10–13.

Oehlrich, M. (2020b). Die Bedeutung der Principal-Agent-Theorie für die ökonomische Analyse des Rechts. *Juristische Ausbildung, 42*(9), 887–895.

Oehlrich, M. (with Dahmen, A.). (2019). *Betriebswirtschaftslehre: Eine Einführung am Businessplan-Prozess* (4th ed.). Vahlen.

Oehlrich, M., Baltes, A., Geldermann, J., Helmer, K., Hempel, C., & Sautter, A. (2011). Finanzmarktkrise damals und heute. *Zeitschrift für Rechtspolitik, 44*(2), 40–44.

Oehlrich, M., Fuderer, M., & Heible, C. (2009). Verhindert der Morbi-RSA Forschungsanreize für bestimmte Indikationen? In T. Wilke, K. Neumann, & D. Meusch (Eds.), *Arzneimittel-Supply-Chain: Marktsituation, aktuelle Herausforderungen und innovative Konzepte* (2nd ed., pp. 89–105). Nomos.

Oehlrich, M., Stallforth, R., Trapana, G., & Zemme, V. (2013). *Pókónaj nowotnór: Skuteczne zapóbieganiei, walka z chóróbą* [Preventing and combating cancer]. Reader's Digest.

Pfeffel, F. (2002). *Der Schöpfermensch in der New Economy: Eine philosophische Begründung und organisationstheoretische Korrelationsbetrachtung Selbstverwirklichung gewährender Arbeitswelten* [Doctoral dissertation, St. Augustine College of South Africa]. Der Andere Verlag.

Pfeffel, F. (2018 December 6). Teammanagement – Ein Gesamtkunstwerk. *DFB Leadership Festival* [Symposium], Frankfurt, Germany.

Pfeffel, F., Ratz, M., & Kexel, P. (2018 May 26). *Second-Screen-Potenziale in der Sportvermarktung: Zielgruppen- und Clusteranalyse* [Paper presentation]. 22. Jahrestagung des Arbeitskreises Sportökonomie, München, Germany.

Ratz, M. (2021). *Crowdfunding in German association football clubs: Identifying supporters' drivers to invest* [Unpublished doctoral dissertation]. Northumbria University.

Thorhauer, Y., & Kexel, C. A. (Eds.). (2017). *Face-to-Interface: Werte und ethisches Bewusstsein im Internet*. SpringerGabler. https://doi.org/10.1007/978-3-658-17155-1

Thorhauer, Y., & Kexel, C. A. (Eds.). (2018). *Compliance im Sport: Theorie und Praxis*. SpringerGabler. https://doi.org/10.1007/978-3-658-22511-7

Thorhauer, Y., & Kexel, C. A. (Eds.). (2020). *Facetten der Digitalisierung: Chancen und Herausforderungen für Mensch und Management*. SpringerGabler. https://doi.org/10.1007/ 978-3-658-29870-8

Thorhauer, Y. (2009). Business intelligence meets moral intelligence. *International Review of Information Ethics, 10*(2). http://www.i-r-i-e.net

Thorhauer, Y. (2017a August 29). Mitgefühl ist wichtiger als Moral. Interview mit Stephanie Kreuzer. *Taunuszeitung.*

Thorhauer, Y. (2017b November 16–18). *Ästhetik – die vergessene Dimension unternehmerischer Verantwortung* [Paper presentation]. Jahrestagung der Arbeitsgruppe für Wirtschaftsphilosophie und Ethik der Deutschen Gesellschaft für Philosophie: Ökonomie als Kultur, St. Gallen, Switzerland.

Thorhauer, Y., Jakob, A., & Ratz, M. (2018). E-Sport – Skizze eines neuen Forschungsfeldes. In Y. Thorhauer & C. A. Kexel (Eds.), *Compliance im Sport: Theorie und Praxis* (pp. 105–126). SpringerGabler. https://doi.org/10.1007/978-3-658-22511-7

Dem Literaturverzeichnis kommt bei der Beurteilung der Arbeit eine bedeutende Rolle zu, die oftmals unterschätzt wird. Denn das Literaturverzeichnis ist kein bloßes „Anhängsel" der Arbeit, sondern stellt ein grundlegendes Arbeitswerkzeug für den Leser dar (so auch Theisen, 2021, S. 201). Ein fehlerhaftes Literaturverzeichnis muss sich somit negativ auf die Qualität der Arbeit auswirken. Ein umfangreiches und fehlerfreies Literaturverzeichnis ist für die Gutachterin ein Indiz für eine wissenschaftliche Literaturarbeit.

▶ **Tipp** Das Literaturverzeichnis verzeichnet vollständig und ausschließlich die in der Arbeit zitierte Literatur.

Das Literaturverzeichnis ist ein Verzeichnis der zitierten, d. h. nicht der nur gelesenen Literatur. Enthält es Literatur, die nicht in der Arbeit zitiert wurde, so wird dies zu Punktabzügen führen. Ist das Literaturverzeichnis sogar durch systematische Hinzufügung von nichtzitiertem Material aufgebläht, kann dies auch als Täuschungsversuch gewertet werden. Daher ist bei Fertigstellung der Arbeit (und günstigstenfalls bereits vorher) die Übereinstimmung des Verzeichnisses mit den Zitaten zu überprüfen. Es gilt die Regel, dass jede zitierte Literatur im Literaturverzeichnis aufgeführt werden muss, also auch die im Anhang zitierte Literatur. Das Literaturverzeichnis darf – wie oben erläutert – keine zusätzlichen Einträge enthalten. Dies wird bei der Bewertung der Arbeit durch den Gutachter überprüft.

Bei der eigenen Überprüfung sollte folgendermaßen vorgegangen werden: Sofern die Kurzbeleg-Methode verwendet wird, sind alle Zitate sowie die Quellennachweise der Abbildungen und Tabellen in den Zitatnachweisen ausgewiesen. Am besten werden der Text mit den Zitatnachweisen sowie das Literaturverzeichnis in zwei Fenstern geöffnet oder separat ausgedruckt. Nun wird beginnend ab dem ersten Zitatnachweis die zitierte Literatur im Literaturverzeichnis gesucht und nach Überprüfung der Übereinstimmung von Verfassernamen und Jahreszahl im Literaturverzeichnis mit einer farblichen Textmarkierung versehen. Dabei kann auch die Sinnhaftigkeit der im Zitatnachweis genannten Seite überprüft werden. Wenn im Zitatnachweis beispielsweise die Seite 20 zitiert wird, der Zeitschriftenbeitrag laut Literaturverzeichnis jedoch die Seiten 25–40 umfasst, so ist eine der beiden Angaben falsch. Denn bei Zeitschriftenbeiträgen sind im Literaturverzeichnis alle Seiten des Beitrags, d. h. nicht nur die zitierten Seiten anzugeben; bei Büchern, die nicht Sammelwerk sind, wird im Literaturverzeichnis auf das gesamte Buch verwiesen, sodass dort keine Seitenangabe erfolgen darf. Im Zitatnachweis ist jedoch in allen Fällen so genau wie möglich zu zitieren; die Angabe der Seitenzahl(en) ist unerlässlich. Wird diese Überprüfung bis zum letzten Zitatnachweis weitergeführt, so ergibt sich folgendes Ergebnis: Wenn nicht alle Zitate in den Zitatnachweisen gefunden wurden, so sind die verbliebenen – nach nochmaliger Prüfung – ins Literaturverzeichnis aufzunehmen. Wenn im Literaturverzeichnis Einträge nicht markiert sind, so sind sie – nach nochmaliger Prüfung mittels der Suchfunktion nach dem Verfassernamen, ob sie nicht doch im Text zitiert sind – im Literaturverzeichnis zu löschen. Bei Einsatz eines Literaturverwaltungsprogramms könnte auf die beschriebene Überprüfung verzichtet werden. Es sollte dann aber zumindest stichprobenartig die korrekte Verwendung der Software überprüft werden.

Fragen

Aufgabe 3.3: Recherchieren Sie das SSRN Working Paper No. 3297451 und formatieren Sie die entsprechenden Einträge im Literaturverzeichnis des Working Papers nach dem APA Style. Ergänzen Sie fehlende Angaben.

Die folgende Checkliste fasst zusammen, was beim Literaturverzeichnis zu beachten ist.

Checkliste „Literaturverzeichnis"

- Überprüfung, ob jedes zitierte Material im Literaturverzeichnis aufgeführt ist
- Überprüfung, ob im Literaturverzeichnis nur die zitierten Sekundärmaterialien (nicht aber das nur gelesene Material) aufgeführt sind
- Einhaltung der von der Hochschule vorgeschriebenen Zitiermethode bzw. einheitliche Anwendung einer anerkannten Methode (z. B. APA Style)
- Alphabetische Sortierung der Literatur (bei gleichem Verfasser: Sortierung nach Jahreszahl)
- Verwendung vorwiegend neuerer Literatur

- Verwendung der Literatur in der jeweils neuesten Auflage, i. d. R. keine Verwendung von unterschiedlichen Auflagen des gleichen Buches
- Abgleich der Schreibweise von Verfassernamen mit den Zitierungen in den Zitatnachweisen
- Vermeidung allgemeiner Lehrbücher und Lexika (insbesondere Wikipedia)
- Keine Literatur sind und damit nicht ins Literaturverzeichnis gehören Quellen wie Gesetze, Verordnungen, Richtlinien, Normen, Urteile, (eigene) Erhebungen und Interviews
- Nicht zitierwürdig sind Vorlesungsmaterialien und Vorlesungsfolien

3.5 Quellenverzeichnis

Quellen sind Primärmaterialien, die noch nicht für wissenschaftliche Zwecke aufbereitet wurden, wie eigene und fremde Erhebungen, Gesetze, Urteile und Berichte (Theisen, 2021, S. 90 f.). Die Besonderheit der Quellen besteht sowohl in der Zitierweise als auch in der Eintragsform im Quellenverzeichnis. Die Zitierung von Quellen geschieht in der Regel nicht in der Form der Zitierung von Sekundärmaterial. Die Ursache liegt in den vielfältigen Arten von Quellen. So kann etwa auf Gesetzestexte verwiesen werden, sie können auch wörtlich wiedergegeben werden, aber es gibt beim Gesetzestext kein indirektes Zitat (Theisen, 2021, S. 167). Auch erhobene Daten können nicht sinngemäß zitiert werden. Dagegen kann aus einer E-Mail oder einem Protokoll sinngemäß oder wörtlich zitiert werden. Hier sind die Zitierregeln zum Sekundärmaterial analog anzuwenden. Beim Umgang mit Primärquellen ist daher diesen Unterschieden Rechnung zu tragen, indem für die infrage stehende Quelle die geeignete Zitierform gefunden wird. Die nachfolgenden Regeln können dabei nur Anhaltspunkte geben, da sie nicht alle möglichen Arten von Primärquellen umfassen können.

Alle *flüchtigen Quellen,* die nicht dauerhaft und öffentlich zur Verfügung stehen, müssen schriftlich oder elektronisch dokumentiert werden. Diese Fixierung soll dem Leser, d. h. auch dem Gutachter die Überprüfung ermöglichen, ob die Quellen korrekt ausgewertet wurden. Welche Quellen in dieser Form zu fixieren sind, ist umstritten und je nach Prüfungsordnung unterschiedlich festgelegt. Es empfiehlt sich daher, im Zweifel eher zu viele Quellen zu fixieren, da dies auch einer strukturierten Arbeitsweise dienlich ist. Zweifellos zählen zu den flüchtigen Quellen:

- Gespräche und Interviews (vom Gesprächspartner unterschriebenes Protokoll)
- Reden und Vorträge (Manuskript)

- Material von Internetseiten (Sicherung der HTML-Datei bzw. Ausdruck in PDF-Datei)
- Stationäre oder elektronische Umfragen (Scans der Fragebögen bzw. Sicherung der erhobenen Daten aus dem Online-Befragungstool)

Gesetze, Verordnungen, Richtlinien und sonstige Normen werden nicht über den Verfasser und Herausgeber, sondern über ihren Eigennamen nach der juristischen Zitierweise zitiert (so auch APA, 2020, S. 365–368, für US-amerikanische Rechtsquellen). Auf das Bürgerliche Gesetzbuch wird demnach nicht etwa mit „Bundesrepublik Deutschland", sondern nur über die Kurzform des Gesetzes (BGB) und den Paragraphen (nicht die Seite!) Bezug genommen. Die Angabe der Fundstelle ist dabei so genau wie möglich zu benennen, sodass gegebenenfalls auch Absatz, Satz und Nummer anzugeben sind: § 433 Abs. 1 Satz 1 BGB. Die Fundstellenangabe kann sowohl im Text als auch in Klammern erfolgen. Das folgende Beispiel verdeutlicht den Verweis im Text.

Beispiel 48: Zitierung eines Gesetzes im Text
Die Inanspruchnahme der Erfindung durch den Arbeitgeber kann auf zwei Ebenen erfolgen: Durch die schriftliche Erklärung der *unbeschränkten Inanspruchnahme* gehen gemäß § 7 Abs. 1 ArbEG alle Rechte an der (Dienst-)Erfindung auf den Arbeitgeber über. Durch die *beschränkte Inanspruchnahme* erwirbt er hingegen nur ein einfaches, nicht ausschließliches Nutzungsrecht (Lizenz); die Erfindungsrechte des Erfinders bleiben dadurch unberührt.

Auch bei einer Angabe in einer Klammer unterbleibt der Zusatz „vgl." (Theisen, 2021, S. 167). Zur Abgrenzung von einem direkten Zitat kann „s." für „siehe" vorangestellt werden.

Beispiel 49: Zitierung eines Gesetzes in Klammern
Die Inanspruchnahme der Erfindung durch den Arbeitgeber kann auf zwei Ebenen erfolgen: Durch die schriftliche Erklärung der *unbeschränkten Inanspruchnahme* gehen alle Rechte an der (Dienst-)Erfindung auf den Arbeitgeber über (§ 7 Abs. 1 ArbEG). Durch die *beschränkte Inanspruchnahme* erwirbt er hingegen nur ein einfaches, nicht ausschließliches Nutzungsrecht (Lizenz); die Erfindungsrechte des Erfinders bleiben dadurch unberührt.

Die Abkürzung des Gesetzes ist in das Abkürzungsverzeichnis aufzunehmen. Im Quellenverzeichnis wird das Gesetz unter der Angabe der ersten Seite im Gesetzblatt (für Bundesgesetze das Bundesgesetzblatt I, BGBl. I) und dem Datum der letzten Änderung aufgeführt.

Beispiel 50: Aufnahme eines Gesetzes in die Verzeichnisse
Aufnahme ins Abkürzungsverzeichnis:

ArbEG   Arbeitnehmererfindungsgesetz

Aufnahme ins Quellenverzeichnis:
Gesetz über Arbeitnehmererfindungen (Arbeitnehmererfindungsgesetz) vom 25. Juli
1957 (BGBl. I, S. 756), zuletzt geändert durch Gesetz vom 18. Januar 2002 (BGBl. I, S. 414).

Die notwendigen Angaben für den Eintrag können der gedruckten Gesetzes-
sammlung entnommen werden. Sofern diese nicht vorliegt, können die meisten
Bundesgesetze über die Seite des Bundesjustizministeriums http://www.gesetze-
im-internet.de mit den zur Zitierung notwendigen Daten abgerufen werden.

Bei Gesetzestexten ist auf die nationalen Besonderheiten zu achten. In
Deutschland sind Gesetze in Paragraphen unterteilt mit Ausnahme des Grund-
gesetzes, das in Artikel (Art.) unterteilt ist. Im angelsächsischen Recht ist die
relevante Unterteilung die in sections (sec.), wobei die paragraphs die Unterabschnitte bezeichnen. Wird auf mehrere Paragraphen verwiesen, so ist ein
Doppelparagraph voranzustellen: §§ 443, 631 BGB. Die verwendeten Abkürzungen der Gesetze sind bei der erstmaligen Nennung auszuschreiben; die
verwendete Abkürzung ist dann in Klammern hinzuzufügen.

Auch bei *Urteilen* sind die nationalen Besonderheiten zu beachten. In Deutschland werden Urteile über das Gericht (bzw. dessen Abkürzung), das Datum,
das Aktenzeichen sowie gegebenenfalls die Fundstellen der amtlichen Sammlung
zitiert. Die Zitierung ist identisch mit dem Eintrag im Quellenverzeichnis, wo
jedoch auf das gesamte Urteil (und nicht auf eine einzelne Seite) zu verweisen
ist. Da nicht alle Urteile (vollständig) veröffentlicht werden, sind alle bekannten
Abdrucke in Fachzeitschriften anzugeben, um dem Leser die Beschaffung des
Urteils zu erleichtern. Es wird jeweils nur die erste Seite angegeben. Das folgende Beispiel verdeutlicht den Verweis auf zwei Urteile des Bundesgerichtshofs
(BGH).

Beispiel 51: Zitierung von Urteilen im Text
Der Arbeitnehmer hat nach Meinung des BGH einen umfassenden Informationsanspruch
gegen den Arbeitgeber, um die Angemessenheit der Vergütung zu überprüfen (BGH, Urteil
vom 13.11.1997, X ZR 132/95, GRUR 1998, 689 – Copolyester II; BGH, Urteil vom
13.11.1997, X ZR 6/96, GRUR 1998, 684 – Spulkopf).

Wenn im Zitatnachweis auf eine bestimmte Seite des Urteils verwiesen werden
soll, so ist diese nach der ersten Seite des Urteils mit einem Komma anzufügen.

Beispiel 52: Zitierung einer Seite eines Urteils
BGH, Urteil vom 13.11.1997, X ZR 132/95, GRUR 1998, 689, 690 – Copolyester II.

In diesem Fall beginnt das in der Zeitschrift Gewerblicher Rechtsschutz und Urheberrecht (GRUR) abgedruckte Urteil auf Seite 689; die Seite, auf die verwiesen wird, ist Seite 690. Handelt es sich um ein bekanntes Grundsatzurteil, so kann ergänzend ein für die Entscheidung verwendetes Schlagwort angegeben werden. Die hier zitierte Entscheidung wird in Fachkreisen als zweite Copolyester-Entscheidung bezeichnet.

Geschäftsberichte von Unternehmen werden über den Unternehmensnamen sowie den Rechtsformzusatz zitiert. Zu beachten ist ein vom Kalenderjahr abweichendes Geschäftsjahr. Da die Angaben für den (Selbst-)Verlag denen des Verfassers entsprechen, entfällt diese Angabe (APA, 2020, S. 296).

Beispiel 53: Eintrag eines Geschäftsberichts
Fresenius SE & Co. KGaA. (2021). *Geschäftsbericht 2020.*

Archivmaterial bzw. Ausstellungsstücke in Museen und Ausstellungen werden nach dem Archiv bzw. dem Museum oder der Ausstellung aufgeführt. Bei Archiven und dauerhaften Ausstellungen genügt die Bezeichnung der Quelle ohne Jahr gefolgt von der internen Signatur oder Inventarnummer. Bei befristeten Ausstellungen sind die entsprechenden Daten des Leihgebers anzugeben; hilfsweise ist ein Eintrag unter Nennung der befristeten Ausstellung und der dortigen Signatur möglich. Beim Verweis im Text ist anstelle der Seitenzahl diese Inventarnummer anzugeben.

Sofern öffentlich verfügbare Quellen nicht zur Verfügung stehen, können auch *eigene Quellen* des Verfassers zugrunde gelegt werden. Um den Anspruch der Wissenschaftlichkeit zu erfüllen, müssen diese Quellen jedoch dokumentiert werden und nachprüfbar sein (ähnlich Theisen, 2021, S. 218). Eigene Interviews und Gespräche müssen daher in einem Protokoll festgehalten werden, das – je nach Prüfungsordnung – vom Gesprächspartner zu unterschreiben ist. Statt eines wörtlichen Protokolls ist ein Ergebnisprotokoll dann sinnvoll, wenn es nicht auf den genauen Wortlaut ankommt und mithin nicht wörtlich zitiert werden soll. Das Protokoll enthält Ort und Datum des Gesprächs sowie den Namen und die Berufsbezeichnung bzw. die berufliche Stellung des Gesprächspartners. Im Falle der Verwendung von Protokollen ist an der eigenen Hochschule zu klären, ob das Protokoll im Anhang der (gedruckten) Arbeit beizufügen ist oder ob es auch auf einem separaten Datenträger (als Scan) bzw. als Upload zur Verfügung gestellt werden kann. Das folgende Beispiel verdeutlicht den Eintrag eines Interview-protokolls im Quellenverzeichnis, das mit dem Geschäftsführer der Alba GmbH, Manfred Mustermann, am 15. März 2021 geführt wurde.

Beispiel 54: Eintrag für ein Interviewprotokoll
Mustermann, M. (2021 März 15). *Interview mit dem Geschäftsführer der Alba GmbH* [Gesprächsprotokoll].

Reden und Vorträge können nur dann zitiert werden, wenn ein Redemanuskript vorliegt. Die öffentlich-rechtlichen Rundfunksender bieten auf ihren Homepages meist Mitschriften der Sendungen an, die ebenfalls als Quellen zitiert werden können.

Beispiel 55: Eintrag für ein Redemanuskript
Merkel, A. (2017 Juli 1). *Rede von Bundeskanzlerin Merkel beim Europäischen Trauerakt zu Ehren von Bundeskanzler a. D. Dr. Helmut Kohl am 1. Juli 2017 in Straßburg* [Redema-nuskript]. https://www.bundeskanzlerin.de/bkin-de/aktuelles/rede-von-bundeskanzlerin-mer kel-beim-europaeischen-trauerakt-zu-ehren-von-bundeskanzler-a-d-dr-helmut-kohl-am-1-juli-2017-in-strassburg-793108

Vorlesungsmaterialien bzw. Vorlesungen dürfen nicht als Quelle (oder gar als Literatur) zitiert werden. Allgemeines Wissen aus dem Studium kann ohne Zitat-nachweis genutzt werden. Sofern auf spezielle Informationen aus einer Vorlesung zurückgegriffen wird, ist anhand des Vorlesungsmaterials notfalls durch Rück-frage beim Dozenten die Originalquelle zu recherchieren, zu beschaffen und zu zitieren.

In einzelnen Fachrichtungen bzw. Themenbereichen kann sich auch die Not-wendigkeit ergeben, *YouTube-Videos* sowie *Film- und Fernsehbeiträge* o. Ä. auszuwerten und zu zitieren. Hier sind die obigen Angaben sinngemäß anzu-wenden. An die Stelle der Seitenzahl tritt die Zeitangabe, sodass mit Stunden, Minuten und Sekunden zitiert wird. Das folgende Beispiel verdeutlicht dies für einen Fernsehbericht aus der Mediathek des ZDF.

Beispiel 56: Eintrag für einen Fernsehbericht
(*Die große Samwer-Show*, o. J., Min. 23:19).
　　Eintrag im Quellenverzeichnis:
　　Die große Samwer-Show [TV-Beitrag]. (o. J.). ZDF. https://www.zdf.de/politik/frontal-21/dokumentation-die-grosse-samwer-show-100.html

Das Beispiel verdeutlicht, dass dabei gleich mehrere Besonderheiten zu beach-ten sind. Ähnlich zur Praxis bei Zeitungsartikeln ist nicht der TV-Sender, hier das

ZDF, Autor des Beitrags. Sofern der Autor, d. h. die inhaltlich verantwortliche Person wie etwa der Regisseur (Film), der Produzent (TV-Serien), der Experte bzw. der Interviewer (Interview) usw. nicht in Erfahrung gebracht werden kann, ist von der Autor-Datum-Systematik auf die Titel-Datum-Systematik überzugehen. Der Titel wird als Hauptwerk kursiv geschrieben. Ein Zusatz in eckigen Klammern gibt die Art der Quelle an. Sofern das Veröffentlichungsdatum ebenfalls nicht ermittelt werden kann, ist hier „o. J." für „ohne Jahr" einzutragen. Ein Abrufdatum ist nicht einzutragen, da TV-Beiträge nach Veröffentlichung in der Mediathek nicht mehr verändert werden. Die Fundstelle setzt sich zusammen aus der Angabe „ZDF" und der URL, nach der wie immer beim APA-Stil kein Punkt zu setzen ist, um die Funktionalität des Links nicht zu beeinträchtigen.

Das folgende Beispiel eines Quellenverzeichnisses soll die unterschiedlichen Quellen verdeutlichen.

Beispiel 57: Textbeispiel für ein Quellenverzeichnis
Quellenverzeichnis

An Act to Amend the Federal Food, Drug, and Cosmetic Act and the Public Health Service Act to Improve the Regulation of Food, Drugs, Devices, and Biological Products, and for other Purposes [Food and Drug Administration Modernization Act of 1997], Pub. L. No. 105–115, Nov. 21, 1997, 111 Stat. 2296 (amending sections or other provisions of the Federal Food, Drug, and Cosmetic Act, 21 U.S.C. 301 et seq.).

Bürgerliches Gesetzbuch vom 18. August 1896 (RGBl. S. 195), in der Fassung der Bekanntmachung vom 2. Januar 2002 (BGBl. I, S. 42, ber. S. 2909), zuletzt geändert durch Gesetz vom 23. Juli 2002 (BGBl. I, S. 2850).

Bundesministerium der Justiz. (2001 Oktober 25). Referentenentwurf eines Gesetzes zur Änderung des Gesetzes über Arbeitnehmererfindungen.

Drug Price Competition and Patent Term Restoration Act of 1984 [Hatch–Waxman Act], Pub. L. No. 98–417, Sept. 24, 1984, 98 Stat. 1585 (enacting section 156 of Title 35, Patents, amending sections 355 and 360 cc of this title, sections 68b, 68c, and 70b of Title 15, Commerce and Trade, section 2201 of Title 28, Judiciary and Judicial Procedure, and sections 271 and 282 of Title 35, and enacting provisions set out as notes under section 355 of this title and section 68b of Title 15).

Fiktiv AG. (2021 März 15). [Schriftliche Auskunft der Abteilung Unternehmenskommunikation].

Grundgesetz für die Bundesrepublik Deutschland vom 23. Mai 1949 (BGBl. I, S. 1), zuletzt geändert durch Gesetz vom 26. Juli 2002 (BGBl. I, S. 2863).

Richtlinie (EWG) 65/65 des Rates vom 26. Januar 1965 zur Angleichung der Rechts- und Verwaltungsvorschriften über Arzneimittel (ABl. Nr. L 22 vom 9. Februar 1965, S. 369), aufgehoben durch Richtlinie (EG) 2001/83.

Securities and Exchange Commission: SEC v. Waksal, Amended Complaint, United States District Court, Southern District of New York, 02-Civ.-4407, 03/11/2003.

Verordnung (EWG) Nr. 1768/92 des Rates vom 18. Juni 1992 über die Schaffung eines ergänzenden Schutzzertifikats für Arzneimittel (ABl. Nr. L 182 vom 2. Juli 1992, S. 1).

Sofern die Arbeit nur wenige Quellen enthält, können diese auch in ein kombiniertes Literatur- und Quellenverzeichnis aufgenommen werden. Bei zahlreichen Quellen einer Art können auch separate Verzeichnisse (Rechtsquellenverzeichnis, Rechtssprechungsverzeichnis, Interviewverzeichnis, Videoverzeichnis etc.) erstellt werden.

3.6 Eigene Erhebung von Quellen

3.6.1 Überblick

Vor allem in der empirischen Forschung kommt der Datenerhebung (Primärquellen) eine besondere Bedeutung zu, da die Empirie auf Erfahrungen beruht und diese müssen vom Forschenden in Form von Daten oft selbst erhoben werden. Auch wenn der Begriff „Daten" im alltäglichen Sprachgebrauch mit „Zahlen" gleichgesetzt wird, wird mit dem Begriff in der Regel das empirische Rohmaterial bezeichnet (Hug & Poscheschnik, 2020, S. 101), sodass letztendlich alle (dokumentierten) Erfahrungen, die als Basis für die empirische Forschung genutzt werden, Daten in diesem Sinne darstellen.

Die grundlegende Unterscheidung der Daten erfolgt dahingehend, ob sie quantitativ oder qualitativ sind (Bryman & Bell, 2015, S. 37–39). Denn diese Unterscheidung hat sich in der wissenschaftlichen Forschung fast schon zu einem „Lagerdenken" entwickelt, welches auch in den Wirtschaftswissenschaften zu heftigen Diskussionen um die „richtige" empirische Vorgehensweise geführt hat. *Quantitative Forschung* zielt darauf ab, für eine möglichst große Grundgesamtheit empirische Erfahrungen als Zahlen zu erfassen, um diese mit statistischen Methoden wie etwa dem Hypothesentest oder der Regressionsanalyse auszuwerten. Die erhobenen Daten werden dabei als (weitgehend) objektive Merkmale der Realität angesehen. *Qualitative Forschung* untersucht dagegen die subjektive Realität, also die individuelle Sicht von bestimmten Menschen. Die Auswertung der Daten erfolgt dann nicht mit emotionaler Distanz zu den Datenlieferanten wie bei der quantitativen Forschung, sondern in deutlicher Nähe und mit einer Offenheit den beforschten Menschen gegenüber (Bryman & Bell, 2015, S. 37 f.; Hug & Poscheschnik, 2020, S. 107–111). Dies könnte natürlich so missverstanden werden, dass die Vorgehensweise unwissenschaftlich, weil subjektiv sei. Doch geht es hier nicht um die Subjektivität des Forschers, sondern um die Subjektivität des Beforschten. Der Forscher hingegen versucht, durch Reflexion des eigenen Einflusses auf den Beforschten und den Forschungsprozess zusätzliche Meta-Daten zu erheben. In vielen Bereichen der Wirtschaftswissenschaften hat sich insbesondere in den vergangenen Jahrzehnten ein Trend hin zur quantitativen Forschung gezeigt, die eine dem Selbstverständnis des „nüchternen Ökonomen" entsprechende Objektivität sicherstellt. So sind insgesamt die Volkswirtschaftslehre, die Investitions- und Finanzierungstheorie, aber auch zunehmend das Marketing quantitativ ausgerichtet. Diese Entwicklung wird nicht zuletzt auch dadurch weiter angefeuert, dass die Top-Journals in den Wirtschaftswissenschaften (s. Anhang 2) eine Präferenz für quantitative Forschung aufweisen. Der Studierende, der – wie meist bei der Abschlussarbeit der Fall – eine Betreuerin vorschlagen kann, sollte sich daher im Klaren sein, ob die in Frage kommenden Personen eine Präferenz für die quantitative oder die qualitative Forschung aufweisen.

▶   **Tipp** Finden Sie heraus, ob Ihre Betreuerin eher quantitativ oder eher qualitativ ausgerichtet ist, indem Sie ihre eigenen Veröffentlichungen recherchieren.

Generell sollte die Entscheidung für quantitative oder qualitative Forschung jedoch keine „Glaubensfrage" sein, sondern vielmehr vom Thema, den Forschungsfragen und der Hypothese abhängig gemacht werden. So kann in der Investitionstheorie zwar beispielsweise das Entscheidungsverhalten von Anlegern hinsichtlich nachhaltiger Investments quantitativ-statistisch erfasst werden. Die dahinter stehende Motivation jedoch, ob also aus innerer Überzeugung heraus investiert wird oder nur, weil es sich um einen boomenden Bereich handelt, ließe sich eher mit der qualitativen Forschung erfassen. Tab. 3.9 stellt die Charakteristika quantitativer und qualitativer Forschung gegenüber, wobei jedoch die Unterschiede nur idealtypisch aufgefasst werden sollten, da die Übergänge fließend sind (so auch Bryman & Bell, 2015, S. 38).

Allerdings ist die klare Abgrenzung zwischen quantitativer und qualitativer Forschung nicht immer sinnvoll. Daher hat sich mit *mixed methods research* ein kombinierter Einsatz quantitativer und qualitativer Forschung als dritte Variante etabliert. Diese Kombination kann dabei sowohl parallel als auch sukzessive erfolgen, sodass sich die jeweiligen Ergebnisse dann gegenseitig validieren oder ergänzen (Hug & Poscheschnik, 2020, S. 111 f.). Dabei kann jeweils die quantitative bzw. die qualitative Forschung stärker gewichtet werden oder sie werden gleich gewichtet; auch in Bezug auf die Reihenfolge kann entweder eine Methode zeitlich vorgezogen werden oder sie erfolgen beide gleichzeitig (Bryman & Bell, 2015, S. 644–646). Zudem kann das Design explorativ oder evaluativ sein und zur Triangulation genutzt werden (Bryman & Bell, 2015, S. 646–649).

Tab. 3.9 Charakteristika quantitativer und qualitativer Forschung (leicht modifiziert nach Hug & Poscheschnik, 2020, S. 107)

Quantitative Forschung	Qualitative Forschung
Quantifizierung von Sachverhalten	Verstehen von Sinn
Große Stichproben, Repräsentativität	Einzelne Fälle
Linearer Ablauf	Interaktiver, zirkulärer Ablauf
Standardisiertes Vorgehen	Offenes, flexibles Vorgehen
Interessiert an objektiven Fakten	Interessiert an subjektiven Sachverhalten
Laborforschung	Feldforschung
Eher hypothesentestend	Eher hypothesengenerierend

Empirische Forschung unterteilt sich in die drei Schritte Datenerhebung, Datenaufbereitung und Datenauswertung (Hug, 2001), die im Folgenden überblicksartig dargestellt werden, da diese Quellen nicht nur in der empirischen Forschung eingesetzt werden können.

3.6.2 Erhebungsmethoden

Die Datenerhebung kann über die Erhebung von Sekundärdaten durch vorhandene Statistiken (Sekundärforschung oder Desk Research) oder die Verwendung von Primärdaten durch eigene Erhebung (Primärforschung oder Field Research) erfolgen. Als Quelle der amtlichen Statistik bieten sich an (Stoetzer, 2012, S. 86–99):

- Veröffentlichungen des Statistischen Bundesamtes (destatis)
- Veröffentlichungen des Europäischen Statistischen Amtes (Eurostat)
- Veröffentlichungen der statistischen Ämter und Behörden der Länder und Kommunen
- Veröffentlichungen der Deutschen Bundesbank
- Veröffentlichungen der Bundesregierung
- Veröffentlichungen der Organisation für wirtschaftliche Zusammenarbeit und Entwicklung (OECD)
- Veröffentlichungen der Vereinten Nationen (UN), insbesondere des Internationalen Währungsfonds (IWF) und der Weltbank

Als Quellen der nichtamtlichen Statistik bieten sich an (Stoetzer, 2012, S. 99–108):

- Veröffentlichungen des Sachverständigenrates zur Begutachtung der gesamtwirtschaftlichen Entwicklung (SVR)
- Veröffentlichungen des Deutschen Instituts für Wirtschaftsforschung (DIW) in Berlin
- Veröffentlichungen des ifo-Instituts für Wirtschaftsforschung in München
- Veröffentlichungen des Zentrums für Europäische Wirtschaftsforschung (ZEW) in Mannheim

Kostenpflichtige Datenbanken sind (Stoetzer, 2012, S. 115–120):

- Kreditreform (https://www.creditreform.de): Unternehmensinformationen
- Hoppenstedt (https://www.hoppenstedt.de): Unternehmensinformationen
- GBI-Genios (https://www.genios.de): Unternehmensinformationen
- Thomson Reuters Datastream (https://www.thomsonreuters.com): makroökonomische Daten, Wechselkurse, Zinsen, Fundamentaldaten, Aktien-, Bond- und Optionspreise, Indizes
- Econstats (https://www.econstats.com): makroökonomische und Finanzmarktdaten
- Bureau van Dijk (https://www.bvdinfo.com): Unternehmens- und Marktinformationen
- Dun&Bradstreet (https://www.dnb.com): Unternehmens- und Marktinformationen
- Bloomberg (https://www.bloomberg.com): Unternehmens- und Marktinformationen
- GfK-Gruppe (https://www.gfk.com): Marktforschung
- Nielsen (https://www.nielsen.com): Marktforschung
- Forrester Research (https://www.forrester.com): Marktforschung
- Gartner (https://www.gartner.com): Marktforschung (IT-Sektor)

Außer den oben genannten Datenbanken können jedoch auch alle von Menschen geschaffenen Produkte wie Texte (Pressemitteilungen, Texte in sozialen Medien, Redemanuskripte usw.), Audio- und Videoaufzeichnungen (Interviews, Statements, Reden usw.), aber auch kommerzielle Produkte (Smartphones, Autos, Waschmittel usw.) Forschungsgegenstand sein (vgl. auch Atteslander, 2010, S. 54; Hug & Poscheschnik, 2020, S. 103). Je nach Art des Materials können die Daten quantitativ, qualitativ oder beides sein.

Zu Beginn des empirischen Kapitels einer wissenschaftlichen Arbeit sind der Prozess der Datenerhebung bzw. -beschaffung sowie das Ergebnis, d. h. die Stichprobe kurz zu beschreiben. Bei einer selbst durchgeführten Fragebogenanalyse sind daher der Ort und der Zeitpunkt bzw. der Zeitraum der Befragung, der Befragungsinhalt sowie die Zahl der befragten Personen anzugeben. Umfangreiche Angaben wie etwa das Muster des verwendeten Fragebogens sind in den Anhang auszulagern, auf den verwiesen werden sollte. Alle Maßnahmen, um die Güte der Befragung zu erhöhen, sind zu erläutern. Anzugeben sind aber auch alle Einschränkungen, wie etwa die Zahl der nicht vollständig ausgefüllten bzw. nicht zurückgesendeten Fragebögen.

Wie eine eigene Datenerhebung durchzuführen ist, kann an dieser Stelle nicht umfassend und für alle Fälle erläutert werden. Es können jedoch allgemeine Anhaltspunkte gegeben werden, die zu beachten sind. Grundsätzlich lassen sich die folgenden Methoden der Primärforschung unterscheiden (Heister & Weßler-Poßberg, 2011, S. 132 f.; Hug & Poscheschnik, 2020, S. 102–104):

- Bei einer *Befragung* werden Primärdaten über die Antworten der Befragten erhoben. Befragungen können weiter nach der Form (z. B. schriftlich, telefonisch, Internet-basiert) und der Art der Fragen (z. B. geschlossene oder offene Fragen) unterschieden werden. Auch wenn die Befragung freiwillig erfolgt, so ist doch möglichen ethischen Bedenken Rechnung zu tragen.
- Mit einer *Beobachtung* können Informationen der realen Umwelt erhoben werden. Beispielsweise kann die Route der Kunden in einem stationären Einzelhandelsgeschäft mittels Kamera oder Gesichtserkennung untersucht werden oder es werden die Klicks bzw. Mausbewegungen der Kunden eines Onlineshops erfasst. Bei allen Beobachtungen ist dem Datenschutz Rechnung zu tragen. Innerhalb eines Unternehmens durchgeführte Beobachtungen erfordern in Deutschland die vorherige Zustimmung des Betriebsrats.
- Bei einem *Experiment* wird nicht die reale Umwelt betrachtet. Vielmehr werden die Daten unter vorher definierten Rahmenbedingungen erhoben. Experimente können danach unterschieden werden, ob die Daten mit einer Befragung oder einer Beobachtung erhoben werden und ob sie unter künstlichen Bedingungen (Laborexperiment) durchgeführt werden. Da Experimente die Probanden immer in vordefinierte Entscheidungssituationen versetzen, sind ggf. Anreize zu gewähren, damit die Probanden wahrheitsgemäß und möglichst realistisch agieren. Beispielsweise könnte bei einem Börsenexperiment eine reale Gewinnchance von 0 bis 50 EUR ausgezahlt werden.

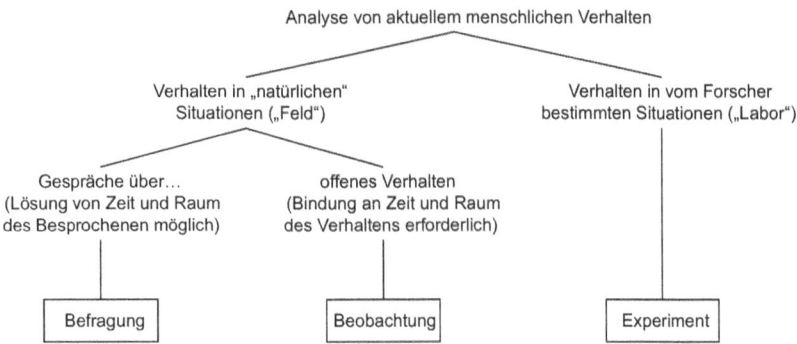

Abb. 3.3 Gegenstandsbereiche und Methoden empirischer Primärforschung (Atteslander, 2010, S. 54)

Die dargestellten Methoden empirischer Primärforschung lassen sich wie in Abb. 3.3 zusammenfassen.

3.6.3 Aufbereitungsmethoden

Nur wenn die Daten im Wege der Sekundärforschung erhoben wurden, können sie direkt ausgewertet werden und es entfällt der Zwischenschritt der Datenaufbereitung. Dies ist etwa dann gegeben, wenn quantitative Daten aus einer Datenbank heruntergeladen werden oder der Datensatz so formatiert ist, dass er direkt in einer Statistiksoftware weiterverarbeitet werden kann. Im Wege der Primärforschung erhobene Daten müssen dagegen in der Regel aufbereitet werden. Bei quantitativen Daten, die etwa im Wege einer Online-Befragung ermittelt wurden, können auch hier einzelne Zwischenschritte entfallen. Gerade bei selbst erhobenen qualitativen Daten wie etwa Interviews ist jedoch meist eine umfangreiche Aufbereitung notwendig. Nach Hug und Poscheschnik (2020) lassen sich dabei die folgenden drei Schritte der Aufbereitung abgrenzen (S. 100):

• Der erste Schritt der Datenaufbereitung besteht in der *Fixierung flüchtiger Informationen.* Interviews oder Beobachtungen sind als Forschungsmethoden für die Leser der Arbeit nicht nachvollziehbar, wenn sie nicht in der Arbeit wiedergegeben werden. Auch Audio- oder Videoaufzeichnungen sind in Schriftform zu fixieren. Sofern es in der Auswertung um den genauen Wortlaut des Interviews geht, ist dieses zu transkribieren, d. h. zu verschriftlichen.

Sofern nicht der genaue Wortlaut von Bedeutung ist, kann die Fixierung auch in einem Ergebnisprotokoll bestehen. Auch Beobachtungen können in Form von Protokollen verschriftlicht werden.

- Der zweite Schritt der Datenaufbereitung besteht in der *Selegierung,* d. h. der Auswahl. Denn nicht alle erhobenen Daten sind für die Auswertung von Bedeutung. Je nach Art der Auswertung sind daher in die Fixierung auch genauere Informationen aufzunehmen. Beispielsweise kann es erforderlich sein, auch Sprechpausen, Gestik und Mimik des Interviewpartners in die Transkription aufzunehmen. Umgekehrt sollen Daten, die zur Beantwortung der Forschungsfragen nicht von Bedeutung sind, zwar fixiert aber nicht in die Auswertung einbezogen werden.

- Der letzte Schritt der Datenaufbereitung besteht in der *Strukturierung* der Daten. Sind Interviews im Wortlaut transkribiert worden, dann wird die Transkription üblicherweise durch eine Zeilennummerierung ergänzt, damit in der Auswertung auf bestimmte Ausschnitte Bezug genommen werden kann. Bei quantitativen Daten erfolgt die Strukturierung durch Codierung, d. h. Verschlüsselung in numerische Daten. Eine Kodierung ist auch bei qualitativen Daten möglich; sie stellt dort aber meist bereits einen Teil der Datenauswertung dar.

3.6.4 Auswertungsmethoden

Bei quantitativen Daten erfolgt die Datenauswertung immer nach dem gleichen Schema: Die Daten werden zunächst einer deskriptiven Analyse unterzogen, wobei die zugrunde liegende Verteilung mit Lage- und Streuungsparametern (z. B. arithmetisches Mittel, Median, Varianz, Standardabweichung) charakterisiert wird, bevor die schließende Statistik (z. B. Hypothesentest, Regressionsanalyse) folgt.

Bei der qualitativen Forschung sind die Methoden der Auswertung hingegen heterogener. Zu nennen ist dabei vor allem die qualitative Inhaltsanalyse, jedoch sind auch weitere Verfahren der empirischen Sozialforschung und anderer benachbarter Disziplinen zu nennen.

Der quantitativen empirischen Forschung kommt in den Wirtschaftswissenschaften in vielen Bereichen mittlerweile eine überragende Bedeutung zu (s. Abschn. 4.3), sodass der Einsatz rein qualitativer, verbaler Quellen wie Interviews keinen sehr hohen Stellenwert mehr besitzt, wenn sie nicht mit wissenschaftlichen Methoden wie etwa der qualitativen Inhaltsanalyse systematisch ausgewertet

werden. Nichtsdestotrotz ist gerade die qualitative Forschung ein in den Geistes-
wissenschaften anerkanntes Verfahren. Voraussetzung dafür ist der Einsatz des
Interviews als Forschungsmethode (Heister & Weßler-Poßberg, 2011, S. 144).
Alle Ergebnisse sollten dazu genutzt werden, induktiv auf abstrakte Zusammen-
hänge zu schließen. In der Forschung kann zwischen den folgenden Formen von
Interviews unterschieden werden:

- Das *Leitfadeninterview* ist die häufigste Interviewform im Rahmen der wirtschaftswissenschaftlichen Forschung. Es ist dadurch charakterisiert, dass der
  Verantwortliche für das Interview bereits zuvor eine Struktur der Interview-
  themen erstellt hat. Durch daran orientierte Leitfragen, die meist wörtlich
  abgelesen werden, wird der Befragte immer wieder auf diese Struktur zurück-
  gebracht. Diese strukturierte Form des Interviews zeichnet sich insbesondere
  durch seine Wiederholbarkeit und Vergleichbarkeit aus, wenn mehrere Personen befragt werden sollen. Es kann somit sichergestellt werden, dass die
  Befragten beim Thema bleiben und die Aussagen mehrerer Befragter miteinander in Beziehung gesetzt werden können. Zudem gibt es dem Interviewer
  Sicherheit: Weder kann er wichtige Fragen vergessen oder sie im Eifer des
  Gefechts falsch formulieren, noch kann ihn ein eloquenter Befragter vom
  Thema abbringen. Nachteilig ist jedoch die möglicherweise mangelnde Inter-
  aktion zwischen Interviewer und Befragten. Das „Kleben" am Fragebogenblatt
  verhindert den Blickkontakt und gibt den Befragten kaum Spielraum für eine
  eigene Schwerpunktsetzung bei den behandelten Themen.
- Während das Leitfrageninterview sich an alle Gruppen von Befragten wie
  Kunden, Privatpersonen u. Ä. richten kann, stellt das *Experteninterview* das
  Fachwissen einer (oder mehrerer) versierter Person(en) in den Vordergrund.
  Der Befragte muss also nicht selbst Entscheidungsträger oder Betroffener
  sein, sondern kann auch eine eigenständige Analyse des Geschehens beitragen,
  für die dem Interviewer das nötige Fachwissen fehlt. Das Experteninterview
  kann ähnlich dem Leitfadeninterview selbst auch als strukturiertes Interview
  aufgebaut sein. Da es sich jedoch um einen thematisch sehr eingegrenzten
  Themenbereich handelt, besteht eine geringere Gefahr von Abschweifungen.
  Zudem werden Experteninterviews in der Regel nicht so häufig wiederholt,
  dass auf eine Vergleichbarkeit geachtet werden müsste.
- Das *Gruppeninterview* ist eine Zeit und Kosten sparende Form der qualitativen Datenerhebung. Es weist jedoch den erheblichen Nachteil auf, dass
  nicht kontrollierbare Gruppenprozesse die anschließende Auswertung behin-
  dern können, weil sich die Beiträge einzelner Teilnehmer quantitativ und
  qualitativ stark unterscheiden. Insofern sollte statt des Gruppeninterviews

ein Leitfrageninterview vorgezogen werden, das mit den einzelnen Befragten jeweils isoliert geführt wird.

- Das *Fokusgruppeninterview* ist nach der Ausgestaltung durch einen seiner Begründer MERTON meist als exploratives Forschungsinstrument als Vorstufe für quantitative Forschungsdesigns angesetzt (Merton, 1987). In den Wirtschaftswissenschaften findet es insbesondere in der Markt- und Konsumforschung Anwendung. Für ein Fokusgruppeninterview werden 3–20 Teilnehmer ausgewählt. Nachdem der Moderator den Ablauf der Diskussion erläutert hat, stellt er eine Eingangsfrage, die die Teilnehmer zur weiteren Diskussion anregen soll. Diese Eingangsfrage sollte daher offen formuliert sein und nahe der vermuteten Gruppenerfahrung liegen. Ziel des Moderators ist es, die Gruppe zu einer selbstläufigen Diskussion anzuregen. Er sollte sich zurücknehmen und keine inhaltliche Stellungnahme abgeben. Falls Interventionen notwendig sind, werden diese an die gesamte Gruppe gerichtet. Die Reihenfolge der Beiträge wird durch die Gruppe selbst gesteuert, d. h., der Moderator erteilt nicht einzelnen Teilnehmern das Wort. Erst zum Schluss kann der Moderator zu wichtigen, von der Gruppe übergangenen Themen gezielte Nachfragen stellen. Zu den Methoden der Auswertung und Interpretation der Protokolle wird auf die Literatur verwiesen (Bohnsack, 2014).

Die erläuterten Voraussetzungen sowie die Vor- und Nachteile der empfohlenen Formen von Interviews werden in Tab. 3.10 gegenübergestellt.

Die genannten Interviewformen sollen im Folgenden an einem Beispiel verdeutlicht werden. Die Forschungsfrage lautet, wie die Übernahme der Dresdner Bank AG durch die Commerzbank AG gestaltet sein soll, um die Abwanderung von Kunden zu verhindern. In Leitfrageninterviews könnten viele einzelne Kunden, die nach Alter, Beruf, finanzieller Situation usw. repräsentativ für die Gesamtkunden der Bank sind, strukturiert befragt werden. Die Leitfragen beziehen sich dabei auf Themen, die aus Sicht der Verantwortlichen eine Hürde für den Zusammenschluss darstellen könnten. Typische, im Voraus abzusehende Befürchtungen betreffen die Sicherheit der Finanzanlagen, die Fortführung bestehender Verträge sowie die Schließung bzw. Zusammenlegung von Filialen. Die Ergebnisse der Befragung könnten anschließend zusammengefasst und systematisch ausgewertet werden. Durch die thematische Einschränkung des Leitfadens werden jedoch kaum Punkte zur Sprache kommen, die der Interviewer nicht zuvor bedacht hat. Sofern ein Befragter auf solche Themen abschweift, wird dies zwar notiert, aber in der Masse der durchgeführten Interviews untergehen. Im Gegensatz dazu weist das Fokusgruppeninterview eine größere Freiheit auf, da der Interviewer lediglich Rahmenfragen in den Raum wirft („Wie stehen Sie zum

Tab. 3.10 Kriterien zur Wahl der Interviewform

	Leitfadeninterview	Experteninterview	Fokusgruppeninterview
Voraussetzungen (Ziele des Interviews)	• Konkrete Fragestellungen	• Konkrete Fragestellungen aus fachlicher Perspektive	• Explorative Erfassung von Gruppenmeinungen
Erforderliche Kenntnisse (Studierender)	• Geringe Kenntnisse (vorbereiteter Leitfaden)	• Geringe Kenntnisse	• Kenntnisse in der Moderation von Gruppen und Organisationstalent
Vorteile	• Strukturiert • Einfache Auswertung	• Strukturiert • Einfache Auswertung • Zugriff auf Expertenwissen	• Keine thematische Einschränkung • Gute Einblicke in Gruppenmeinungen
Nachteile	• Größere Zahl an Interviews notwendig • Thematische Einschränkung durch Leitfaden	• Ergebnis abhängig von ausgewählten Experten • Thematische Einschränkung durch Leitfaden	• Aufwendige Organisation und Durchführung • Aufwendige Auswertung

Zusammenschluss?"), aus denen sich dann eine intensive Diskussion der Teilnehmer untereinander ergeben wird, die eine erhoffte Eigendynamik entwickelt. Ein Meinungsführer könnte beispielsweise die zuvor gar nicht betrachtete Frage der Farbe des gemeinsamen Logos aufwerfen (grün oder gelb), bei der andere, vielleicht zurückhaltendere Teilnehmer einstimmen. Als Ergebnis könnte nach einer zehnminütigen Diskussion festgestellt werden, dass die Kunden der zu integrierenden Dresdner Bank sich mit dem grünen Logo und einem uralten Werbespruch („das grüne Band der Sympathie") verbunden fühlten, woran die (jüngeren) Mitglieder des Interviewteams gar nicht gedacht haben. Der Interviewer müsste die Gruppendynamik von Zeit zu Zeit unterbrechen, wenn zu erwarten ist, dass die Diskussion sich nicht weiterbewegen wird, und auf neue Themen überleiten. In einem Experteninterview könnte hingegen ein ganz anderes Bild gewonnen werden. Vielleicht bestätigt auch der Experte die langfristige Bindung an ein Logo und einen alten Werbespruch. Doch könnte er darauf hinweisen, dass eine solche Bindung zwar subjektiv als stark wahrgenommen werden kann, jedoch mittelfristig durch Marketingmaßnahmen beeinflussbar ist und die Vorteile eines einheitlichen Markenauftritts langfristig überwiegen. Das Experteninterview bringt somit eine andere Perspektive ein, weshalb die einzelnen Interviewformen auch kombiniert angewendet werden können.

Bei für die Argumentation bedeutsamen Interviews sind deren Durchführung und Organisation vor der Darstellung der Ergebnisse kurz zu beschreiben. Zu den notwendigen Angaben gehören insbesondere die Auswahl und Anzahl der Gesprächspartner, der Ort und das Datum der Durchführung sowie die angewendete Art des Interviews. Sofern ein bekanntes Interviewdesign verwendet wurde, ist die Angabe der Bezeichnung ausreichend (siehe oben). Bei kombinierten oder eigenen Designs ist dies zu beschreiben. Im Regelfall ist auch der Name des bzw. der Gesprächspartner anzugeben. Gerade bei Einzel- oder Experteninterviews hängt die wissenschaftliche Nachprüfbarkeit und Reproduzierbarkeit von dieser Angabe ab. Lediglich bei Massen- oder Fokusgruppeninterviews ist auch eine anonymisierte Auswertung („Teilnehmer 1" usw.) möglich. Sofern davon auszugehen ist, dass die Befragten ihre persönlichen Daten nicht preisgeben wollen, sollte jedoch besser das Design einer *Umfrage* gewählt werden, da hierbei durch die ausgefüllten Fragebögen bzw. durch den Datensatz einer Online-Umfrage sowohl Nachprüfbarkeit als auch Reproduzierbarkeit gegeben sind.

Gespräche und Interviews gehören zu den flüchtigen Quellen, die vom Verfasser zu dokumentieren und in den Anhang der Arbeit aufzunehmen sind, wobei für jedes Interview ein eigener Gliederungspunkt im Anhang vorzusehen ist. Die Dokumentation erfolgt in der Form eines *Gesprächsprotokolls,* das von der interviewten Person zu unterschreiben ist. Das Protokoll kann wahlweise als

Verlaufs- oder Ergebnisprotokoll angefertigt werden. Während in den meisten Fällen ein Ergebnisprotokoll ausreicht, wird ein (wörtliches) Verlaufsprotokoll benötigt, wenn einzelne Aussagen direkt ausgewertet und zitiert werden sollen. Eine Aufzeichnung des Interviews ist nur dann zulässig, wenn alle Teilnehmer zustimmen. Bereits bei der Vereinbarung des Interviews sollte auf die beabsichtigte Aufzeichnung hingewiesen und die Zustimmung eingeholt werden. Zu Beginn der Aufnahme sollten die Frage und die zustimmende Antwort wiederholt und aufgezeichnet werden. Jedoch ist die Aufzeichnung nicht der Arbeit beizufügen, sondern verbleibt beim Verfasser. In den Anhang ist nur die Transkription, d. h. die wörtliche Abschrift der Aufzeichnung zusammen mit der Unterschrift des Interviewpartners aufzunehmen.

Interviews eignen sich auch dazu, um interne Unternehmensinformationen, die nicht schriftlich fixiert sind, für den Leser der Arbeit zu dokumentieren. Dies ist besonders wichtig für praxisorientierte Arbeiten in Zusammenarbeit mit einem Unternehmen, die etwa während eines Praktikums oder dualen Studiums verfasst werden. In diesen Fällen kennt der Verfasser zwar sein Unternehmen, doch kann er das Wissen nicht einfach ohne Zitierungen einsetzen, da darunter die Wissenschaftlichkeit leiden würde. Ein kurzes Interview verbunden mit einem Ergebnisprotokoll kann dann im Hauptteil der Arbeit zitiert werden. Das folgende Beispiel verdeutlicht diese Vorgehensweise, indem zunächst die Einbettung des Protokolls in den Anhang gezeigt werden soll.

Beispiel 58: Gesprächsprotokoll im Anhang

Anhang 1:	Experteninterviews
Anhang 1.1:	Ergebnisprotokoll des Experteninterviews mit Christian Schorn
Ort:	Frankfurt am Main
Datum:	21.05.2021
Interviewpartner:	Dr. Christian Schorn, Abteilungsleiter Controlling der Labahethü Bank
Interviewer:	Max Mustermann

Aufgrund der Eigentümerstruktur orientiert sich die Bank nicht am Shareholder-Value-Ansatz, sondern verfolgt das Ziel der Maximierung des Stakeholder Values. Zentrale Steuerungsgrößen sind neben dem handelsrechtlichen Gewinn die Eigenkapitalquote sowie die Bilanzsumme. Ein an die Geschäftsentwicklung gebundenes Anreizsystem für Führungskräfte existiert nicht.
Gezeichnet Schorn
Unterschrift des Interviewpartners

Das Beispiel setzt dabei voraus, dass es noch weitere Interviews gibt, die geführt wurden und in den Anhang aufzunehmen sind. Ansonsten müsste das

Interview in der Gliederung unter Anhang 1 ausgewiesen werden. Die Zitierung des Interviews erfolgt nicht – wie bei Literatur – ausschließlich über den Namen des Interviewpartners, sondern muss einen Hinweis auf die Art der Quelle enthalten und wo diese zu finden ist. Das folgende Beispiel verdeutlicht die Zitierung im Hauptteil.

Beispiel 59: Zitierung eines Interviews
Die zentralen Steuergrößen der Bank sind die Eigenkapitalquote und die Bilanzsumme, nicht jedoch der Shareholder Value (Experteninterview Schorn, Anhang 7.1).

Die folgende Checkliste fasst die bei Interviews zu beachtenden Punkte zusammen.

Checkliste „Interviews"

- Anfertigung eines Ergebnis- oder Verlaufsprotokolls
- Unterschrift des Interviewpartners
- Aufnahme des Interviews in den Anhang
- Eintrag ins Quellenverzeichnis
- Zitierung als Quelle mit Angabe der Fundstelle

Gedankenführung und Argumentation

4

4.1 Gliederung

4.1.1 Gliederungsprinzipien

Ziel der Gliederung ist es, den Gedankengang der wissenschaftlichen Arbeit sowie die Abfolge der Argumentationsblöcke deutlich zu machen. Die Gliederung stellt somit die Struktur der Arbeit dar und ist Zeichen und Ergebnis eines „roten Fadens". Eine zielgerichtete, sinnvolle Gliederung ist Grundvoraussetzung jeder wissenschaftlichen Arbeit. Vor dem ersten Schreiben sollte daher ein grober Gliederungsentwurf festgehalten werden. Am einfachsten geschieht dies direkt in der Textverarbeitung, sodass Änderungen von Formulierungen oder Verschiebungen von Gliederungspunkten sofort vorgenommen werden können. Diese erste (Grob-)Gliederung wird sich im Laufe des Schreibprozesses ständig verändern, insofern ist die Gliederung dynamisch aufzufassen. Dennoch kann eine solide wissenschaftliche Arbeit nur dann entstehen, wenn der Gliederung von Anfang an die notwendige Aufmerksamkeit geschenkt wurde. Eine gute Beschreibung für diesen Prozess stellt der Sinnspruch „Der Weg ist das Ziel" dar. Der Verfasser einer Arbeit sollte sich bewusst sein, dass es bei den meisten Fragestellungen auch nach mehreren Iterationen nicht möglich ist, die einzig richtige, ideale Gliederung zu finden (Theisen, 2021, S. 104: „dynamischer Arbeitsprozess"; Schimmel et al., 2017, S. 93: „Leidensfähigkeit und Ausdauer"). Denn auch jede noch so gute Gliederung weist Verbesserungsmöglichkeiten auf, die an anderer Stelle wieder zu einer Verschlechterung führen werden. Es handelt sich hier um einen klassischen Trade-off, über den möglicherweise auch bei kleinsten textlichen Änderungen neu zu entscheiden ist. Selbst erfahrene Autoren stellen bei Texten, an denen sie mitunter Jahre gearbeitet haben, noch Verbesserungsmöglichkeiten in der Gliederung fest.

Es ist auf eine sinnvolle, verständliche und ökonomische Gedankenführung zu achten. Dies bedeutet auf der einen Seite, dass Inhalte, die zum Verständnis erforderlich sind, zuvor erläutert werden. Auf der anderen Seite ist der Aufbau so zu wählen, dass Wiederholungen vermieden werden. Typischerweise folgt daher nach der Einleitung ein Grundlagenkapitel, in dem beispielsweise wichtige Begriffe definiert bzw. erläutert werden und grundlegende Zusammenhänge erklärt werden. Allerdings sollte nur auf das eingegangen werden, was zum weiteren Verständnis der Arbeit notwendig ist. Allgemein bekannte oder unstrittige Sachverhalte, eindeutige Begriffe oder übergreifende Exkurse sind wegzulassen. Die herrschende Meinung empfiehlt, Exkurse „sparsam" einzusetzen (Theisen, 2021, S. 178 f.; Schimmel et al., 2017, S. 141; Heister & Weßler-Poßberg, 2011, S. 53).

Als grundlegender *Gliederungsaufbau* bietet sich die Unterteilung in Einleitung, Hauptteil und Schluss an, wobei für die Einleitung ca. 15 %, für den Hauptteil ca. 75 % und für den Schluss ca. 10 % des Wort- bzw. Seitenumfangs einzuplanen sind. Diese Angaben sollen nur der Orientierung dienen. Im Zweifelsfall sollten noch verfügbare Seiten (die meisten Prüfungsordnungen schreiben ein Mindestvolumen vor) dem Hauptteil der Arbeit zugeplant werden.

Die *Wahl der Gliederungsordnung* stellt zumindest für Bachelor- und Masterarbeiten keine problematische Entscheidung dar, für die es viel Zeit aufzuwenden gilt. Grundsätzlich wird zwischen der dekadischen und der alphanumerischen Ordnung unterschieden. Während bei der dekadischen Gliederung jede Gliederungsebene beginnend mit der Zahl Eins durchnummeriert wird, basiert die alphanumerische Ordnung auf unterschiedlichen Symbolen für jede Gliederungsebene. Tab. 4.1 stellt dieselbe Gliederung nach beiden Ordnungen gestaltet gegenüber.

Die meisten Prüfungsordnungen bzw. Formatierungsrichtlinien sehen für Bachelor- und Masterarbeiten die dekadische Gliederungsordnung vor (so auch Theisen, 2021, S. 104); diese ist – zumindest bis zur vierten Gliederungsebene – auch übersichtlicher als die alphanumerische Ordnung. Bei einem Textumfang von zumeist 40 bis 60 Seiten werden tiefere Untergliederungen (fünfte Gliederungsebene usw.) nicht erforderlich sein. Aufgrund der elektronischen Textverarbeitung stellt die Einstellung der Gliederungsordnung kein Problem dar. Jedoch ist zu beachten, dass bei der dekadischen Nummerierung kein Schlusspunkt gesetzt wird, d. h. „1" statt „1.". Von der häufig praktizierten Einrückung von Überschriften nachgeordneter Gliederungsebenen im Text wird

Tab. 4.1 Gegenüberstellung der dekadischen und der alphanumerischen Gliederungsordnung

Dekadische Gliederungsordnung	Alphanumerische Gliederungsordnung
1 Einleitung	I. Einleitung
1.1 Bedeutung der Unternehmensakquisition	A. Bedeutung der Unternehmensakquisition
1.2 Problemstellung und Zielsetzung der Arbeit	B. Problemstellung und Zielsetzung der Arbeit
1.3 Gang der Untersuchung	C. Gang der Untersuchung
1.4 Begriffsabgrenzung	D. Begriffsabgrenzung
2 Ökonomische Ansätze zur Erklärung von Unternehmensakquisitionen	II. Ökonomische Ansätze zur Erklärung von Unternehmensakquisitionen
2.1 Effizienz-Ansätze	A. Effizienz-Ansätze
2.1.1 Transaktionskostenansatz	1. Transaktionskostenansatz
2.1.2 Differential Managerial Efficiency-Hypothese	2. Differential Managerial Efficiency-Hypothese
2.1.3 Synergiemanagement	3. Synergiemanagement
2.1.4 Risikodiversifikation	4. Risikodiversifikation
2.1.5 Strategieorientierter Ansatz	5. Strategieorientierter Ansatz
2.1.6 Unterbewertung des Akquisitionsobjektes	6. Unterbewertung des Akquisitionsobjektes
2.2 Management-Ansätze	B. Management-Ansätze
2.2.1 Market for Corporate Control	1. Market for Corporate Control
2.2.2 Managerialism	2. Managerialism
2.2.3 Free Cash Flow-Hypothese	3. Free Cash Flow-Hypothese
2.2.4 Hubris-Hypothese	4. Hubris-Hypothese
2.3 Sonstige Ansätze	C. Sonstige Ansätze
2.3.1 Monopolhypothese	1. Monopolhypothese
2.3.2 Steuerhypothese	2. Steuerhypothese
2.3.3 Umverteilungshypothese	3. Umverteilungshypothese

abgeraten, da diese ab der dritten Gliederungsebene zu vielzeiligen Überschriften führen wird. Eine Einrückung im Inhaltsverzeichnis kann dagegen dessen Lesbarkeit erhöhen.

Da das Augenmerk der Arbeit auf dem Hauptteil liegt, ist bei der *Gliederungstiefe* darauf zu achten, dass sich in Einleitung und Schluss nur wenige Gliederungspunkte befinden. In der Regel sollten für Einleitung und Schluss nur Gliederungspunkte bis zur zweiten Ebene (1.1 usw.) vorgesehen werden. Im Hauptteil sind weitere Untergliederungen, d. h. der dritten oder vierten Ebene (3.1.1 bzw. 3.1.1.1 usw.) an den Stellen vorzusehen, an denen auch die Probleme der Themenstellung gesehen werden.

Ein häufiger Fehler in der Gliederung ist das *Fehlen eines zweiten Gliederungspunktes*. Die einfache Regel lautet: „Wer A sagt, muss auch B sagen" (Theisen, 2021, S. 195). Wenn einem Gliederungspunkt nur ein Unterpunkt folgt, so ist dies falsch und führt zu Punktabzügen. Jeder Gliederungspunkt muss also aus mindestens zwei gleichrangigen Punkten bestehen. Die folgende Gliederung ist demnach falsch.

Beispiel 1: Gliederungsfehler

1 Einleitung
   1.1 Problemstellung
      1.1.1 Hypothese
   1.2 Zielsetzung
   1.3 Gang der Untersuchung
2 Theoretische Grundlagen
   2.1 Definitionen
      2.1.1 Marketing
      2.1.2 Kundenzufriedenheit
   2.2 Kundenrückgewinnung
      2.2.1 Kosten
   2.3 Kundenbindung

Die Gliederungspunkte 1.1.1 und 2.2.1 stehen alleine auf der jeweiligen Ebene. Sie sind also durch mindestens einen weiteren Gliederungspunkt (1.1.2 und 2.2.2) zu ergänzen oder aus der Gliederung zu entfernen. Wer bei dieser Vorgehensweise das Gefühl hat, die Gliederungspunkte zu benötigen, sollte über eine Anpassung des darüberstehenden Gliederungspunktes (hier: 1.1 und 2.2) nachdenken.

Die Gliederungspunkte sollten einen *angemessenen Umfang* haben. Darüber, was unter „angemessen" zu verstehen ist, lässt sich trefflich streiten. Die Empfehlungen lauten von „mindestens eine halbe Seite Text" (Heister & Weßler-Poßberg,

2011, S. 45) je Gliederungspunkt bis zur Formel „Seitenzahl = Überschriften-zahl +/–30 %" (Schimmel et al., 2017, S. 99). Im Ergebnis lässt sich somit ein Mindestumfang von einer halben bis Dreiviertel Seite Text je Gliederungspunkt ableiten (angewendet auf eine 40-seitige Arbeit ergibt die Formel von Schimmel et al.: 40/(1,3 × 40) = 0,77). Längere Texte zwischen zwei Gliederungspunkten unterschiedlicher Ordnung (z. B. 3.3 und 3.3.1) sind zu vermeiden.

Jeder Gliederungspunkt sollte einen klaren *Bezug zum Thema* der Arbeit auf-weisen (Heister & Weßler-Poßberg, 2011, S. 45). Exkurse oder Ausschweifungen auf interessante, aber nicht für die Fragestellung relevante Sachverhalte sind zu vermeiden. Wenn solche Punkte als unbedingt nötig erscheinen oder Gründe außerhalb der Bearbeitung dafür sprechen (Einflussnahme seitens des Partner-unternehmens), so sollte eine Anpassung des Themas und der Zielsetzung der Arbeit ins Auge gefasst werden. Diese ist allerdings zuvor mit der Hochschule abzustimmen und nicht in allen Fällen möglich.

Besonderes Augenmerk sollte auch auf die *Abstimmung der Gliederungspunkte* untereinander gelegt werden. Kein Gliederungspunkt darf mit dem Thema der Arbeit übereinstimmen. Gliederungspunkte sollen sich weder mit übergeordneten Punkten noch mit dem Gesamtthema überschneiden. Die Abgrenzungskriterien müssen – wie es die Unternehmensberatung McKinsey einmal formuliert hat – „me-ce" (gesprochen: mi:si) sein, d. h. mutually exclusive (überschneidungsfrei) und collectively exhaustive (erschöpfend).

Die *Sprache der Gliederungspunkte* sollte prägnant und informationsvermit-telnd sein. Dies ist meist durch Nominalisierung, d. h. der Verwendung von Substantiven anstatt von Verben zu erreichen. Der Gliederungspunkt „Die Grie-chenlandkrise wirkt auf die Stabilität des Euro" sollte also mit „Wirkung der Griechenlandkrise auf die Stabilität des Euro" überschrieben werden. Zudem sollten die Überschriften der Gliederungspunkte nicht zu lang sein und nur im Ausnahmefall eine Zeile überschreiten. Abkürzungen sind ebenso wie Klammer-zusätze, das Et-Zeichen (&) oder Schrägstriche (/) zu vermeiden. Zwar können sie in einer Arbeitsversion des Textes zusätzliche Anmerkungen für den Ver-fasser (nicht für den Leser) enthalten. Besser ist jedoch die Verwendung von Anmerkungen in der Textverarbeitung, die im Ausdruck auch unsichtbar gestellt werden können. Der Verfasser sollte sich von Anfang an zwingen, Gliederungs-punkte „sauber" zu formulieren. Nur im Ausnahmefall ist die Verwendung von Fragen als Überschrift für einen Gliederungspunkt sinnvoll, denn sie weichen in Gestaltung und Länge deutlich von nominalisierten Überschriften ab und sind somit geeignet, den Gesamteindruck der Gliederung zu stören.

Die *Anlehnung der eigenen Gliederung an eine fremde Arbeit* ist zulässig, sofern dies offengelegt wird. Dabei gilt folgende Grundregel: Während die bloße Auseinandersetzung mit einer anderen Arbeit ohne deren Zitierung keine Täuschung darstellt, ist dies der Fall „wenn der Prüfling schlicht die Gedanken und Folgerungen des Vorarbeiters unwahr als seine eigenen ausgibt" (Niehues et al., 2014, Rdn. 233). Zu beachten ist dabei, dass die reine Nacherzählung eines fremden Werkes in eigenen Worten im Sinne von § 23 UrhG eine Bearbeitung darstellt, die nur mit Zustimmung des Urhebers zulässig ist (Rieble, 2010, S. 18).

Da die Gliederung themenabhängig und sehr individuell ist, ist es nicht möglich, detaillierte Hinweise zu geben, wie eine solche Gliederung aufzubauen ist. Im Folgenden sollen jedoch einige allgemeine Hinweise zur Gliederung von Einleitung, Hauptteil und Schluss sowie Gliederungsbeispiele gegeben werden. Diese sind nicht als feste Vorgaben zu verstehen, sondern sollen dem Anfänger als erstes Beispiel zum Nachahmen dienen. Der Fortgeschrittene, der glaubt, seinen Text besser gliedern zu können als hier angegeben, soll dies gerne tun.

4.1.2 Gliederung der Einleitung

Die Einleitung dient der Hinführung zum Thema. Sie soll das Interesse des Lesers wecken und ihn darauf vorbereiten, was ihn im Hauptteil der Arbeit erwartet. Keinesfalls sollen in der Einleitung bereits inhaltliche Ausführungen zum Hauptteil der Arbeit gemacht werden. Die Einleitung kann aus einem etwaigen früher erstellten Exposé entwickelt werden. Sie ist bis zum Abschluss des Hauptteils nur als vorläufig zu betrachten, da Zielsetzung, Vorgehensweise usw. erst dann endgültig feststehen. Die folgende Beispielgliederung verdeutlicht die zu berücksichtigenden Punkte (s. hierzu auch Theisen, 2021, S. 135 f.; Heister & Weßler-Poßberg, 2011, S. 43 f.).

Beispiel 2: Gliederung der Einleitung

1.   Einleitung
1.1 Problemstellung
1.2 Zielsetzung und Abgrenzung
1.3 Stand der Forschung
1.4 Gang der Untersuchung

Diese Beispielgliederung ist – wie im Folgenden erläutert wird – den eigenen Bedürfnissen anzupassen. So können hier vorgeschlagene Gliederungspunkte mit anderen zusammengefasst werden, wenn sie alleine nur wenige Zeilen ausmachen. Insbesondere sind die genannten Überschriften nur Hüllen, die bestenfalls durch eigene, inhaltliche Formulierungen zu füllen sind. So könnte Abschn. 1.1 etwa mit „1.1 Das Bankenwesen nach der Finanzmarktkrise" überschrieben werden.

Die *Problemstellung* soll dem Leser die Bedeutung des Themas vor Augen führen. Er soll erkennen, dass das Thema hochaktuell ist und eine große Bedeutung und Tragweite besitzt. Dazu ist der Bezug zur aktuellen Entwicklung in der Wirtschaft herzustellen, was bei theoriebasierten Arbeiten meist vernachlässigt wird. Zu warnen ist allerdings vor den ausschmückenden Floskeln „immer mehr" bzw. „immer häufiger", sofern diese nicht mit konkreten Zahlen und Fakten untermauert werden. Entwicklungen sollen anhand von Abbildungen oder Tabellen verdeutlicht und Stück für Stück interpretiert werden. Aus diesem Grund werden die meisten Zitatnachweise in der Problemstellung nicht auf wissenschaftliche Fachveröffentlichungen, sondern auf Artikel der Tagespresse, Datenbanken, Statistiken und weitere Quellen verweisen. Die Problemstellung sollte jedoch nicht den journalistischen Stil kopieren.

Die *Zielsetzung und Abgrenzung* soll die wissenschaftliche Hypothese der Arbeit widerspiegeln. Die Hypothese sollte dabei so kurz und knapp wie möglich formuliert sein und im besten Fall einen Satz ausmachen. Sie kann anschließend näher erläutert werden. Die Abgrenzung macht deutlich, auf welche nahe liegenden Facetten des Themas der Verfasser nicht eingehen wird, und begründet dies kurz. Dabei können das Forschungsdesign und die methodische Vorgehensweise dargestellt werden, d. h., ob die Arbeit eine normative oder positive Analyse darstellt und ob die Vorgehensweise theoretisch empirisch oder modellbasiert sein wird (s. Abschn. 2.3).

Der *Stand der Forschung* ist ein Gliederungspunkt, der bei Master- und Doktorarbeiten auf jeden Fall zu behandeln ist. Bei Bachelorarbeiten kann dies jedoch nicht bei jedem Thema bzw. Studierenden verlangt werden, da hier möglicherweise der Überblick über die fachlichen Zusammenhänge noch nicht gegeben ist. Bestenfalls liegt jedoch auch hier bereits das Fachwissen vor, um die „Schultern der Riesen", auf denen man steht, in wenigen Absätzen darstellen zu können.

Im anschließenden *Gang der Untersuchung* wird die Vorgehensweise anhand des Ablaufs der Gliederung kurz zusammengefasst. Es soll jedoch nicht einfach die Gliederung „vertont", d. h. nacherzählt werden (so auch Theisen, 2021, S. 135). Vielmehr ist das Augenmerk auf diejenigen Überlegungen zu legen, die zu genau eben dieser Gliederung geführt haben. Auf Gliederungspunkte, die *vor* dem Gang der Untersuchung bereits ausgeführt wurden, ist jedoch nicht mehr einzugehen. Im Gang der Untersuchung sind Zitatnachweise unüblich. Die Erläuterung der Gliederung ist fachspezifisch. So wird etwa in juristischen Arbeiten niemals auf Aufbaufragen eingegangen. Das folgende Beispiel verdeutlicht den Gang der Untersuchung für eine Bachelorarbeit.

Beispiel 3: Gang der Untersuchung
1.4 Gang der Untersuchung
In Kap. 2 werden zunächst ausgewählte Ansätze zur Erklärung von Unternehmensakquisitionen vorgestellt und kommentiert, um so den jeweiligen Erklärungsbeitrag eines Ansatzes isoliert darzustellen und gleichzeitig die Grenzen eines monokausalen Vorgehens aufzuzeigen.

Darauf aufbauend sollen in Kap. 3 die grundlegenden Implikationen für die Entwicklung eines allgemeinen Ansatzes abgeleitet werden, mit dessen Hilfe es möglich sein soll, eine Integration der für relevant erachteten Ansätze vorzunehmen (also einen eklektischen Ansatz zu formulieren): Dazu wird zunächst beispielhaft anhand dreier Ansätze aufgezeigt, dass eine Berücksichtigung mehrerer Ansätze sowie deren Integration in ein umfassendes System unbedingt erforderlich ist. Anschließend erfolgt eine Analyse und Kritik der Vorgehensweisen, die häufig zur Integration (bzw. Anordnung) der für relevant erachteten Ansätze Verwendung finden. Zuletzt schließt sich eine Charakterisierung der Alternativen zu Unternehmensakquisitionen an.

Zur Vereinfachung erfolgt eine Separation der Bestimmung der Vorteilhaftigkeit von Unternehmensakquisitionen in eine strategische (Kap. 4) und eine finanzwirtschaftliche Evaluation (Kap. 5).

In Kap. 4 wird ausgehend von den in Kap. 3 abgeleiteten Implikationen ein System entwickelt, das eine Integration der für relevant erachteten Ansätze erlauben soll. Anhand dieses Systems ist dann zu untersuchen, welche Konsequenzen die Formulierung einer Strategie und die Wahl einer Alternative zur Realisierung dieser Strategie zur Folge haben. Dadurch wird es auch möglich sein aufzuzeigen, welche Interdependenzen zwischen den einzelnen Ansätzen vorstellbar sind und wie in ihrer Einflusssphäre bei der Entwicklung der Strategie und der Wahl der Alternative deren Konsequenzen antizipiert und berücksichtigt werden müssen. Zuletzt soll skizziert werden, dass sich das hier entwickelte System als eine Verallgemeinerung der in Kap. 3 dargestellten Integrationsansätze auffassen lässt.

In Kap. 5 wird dargestellt, wie die im vorhergehenden Kapitel herausgearbeiteten vorteilhaftigkeitsrelevanten Merkmale einer Unternehmensakquisition in einer finanzwirtschaftlichen Bewertung erfasst werden können. Dabei wird grundsätzlich dargestellt, welche Probleme beim Übergang von der strategischen (qualitativen) zur finanzwirtschaftlichen (quantitativen) Betrachtung auftreten können und welche finanzwirtschaftlichen Methoden sich für eine finanzwirtschaftliche Beurteilung der strategischen Implikationen anbieten.

In Kap. 6 werden die Ausprägungen des Systems für den Fall der pharmazeutischen Industrie exemplarisch spezifiziert. Danach soll durch die Darstellung der charakteristischen Merkmale dreier konkreter Akquisitionen die grundlegende Wirkungsweise des Ansatzes verdeutlicht werden.

Schimmel et al. (2017) benennen noch weitere mögliche Elemente der Einleitung, die auch für wirtschaftswissenschaftliche Arbeiten infrage kommen. So kann etwa die *persönliche Motivation* eingebracht werden, wenn das Thema nicht zugeteilt, sondern vom Verfasser mit dem Betreuer frei ausgehandelt wurde. In diesem Zusammenhang kann auch auf Vorwissen, berufliche Erfahrung etc. hingewiesen werden. Im Allgemeinen dürfte jedoch ein Nebensatz ausreichen (S. 114 und 117 f.). Im Anschluss an den *Stand der Forschung* kann ggf. auf die *Quellenlage bzw. Informationsverfügbarkeit* hingewiesen werden. Vielleicht lässt sich das Thema nur mit qualitativ geringwertigen Quellen bearbeiten, vielleicht ist aber auch nur veraltetes Datenmaterial verfügbar, da eine Erhebung von Primärdaten zeitlich nicht möglich ist. Vielleicht hat aber auch ein beteiligtes Unternehmen die Verwendung betrieblicher Daten untersagt. All das kann die Aussagekraft der Ergebnisse einschränken und sollte dem Leser gegenüber offen diskutiert werden (Schimmel et al., 2017, S. 116). Der Ansatz der Arbeit sollte nur erklärt werden, wenn er erklärungsbedürftig oder überraschend ist. So ist es üblicherweise nicht notwendig, lang und breit eine theoretisch-deduktive Vorgehensweise zu erläutern. Wenn jedoch auf Methoden anderer Disziplinen zurückgegriffen wird, die in den Wirtschaftswissenschaften unbekannt sind, wie etwa die Inhaltsanalyse, sollte dies begründet und erklärt werden. Dies gilt gerade, wenn zu erwarten ist, dass der Leser anders vorgehen würde (Schimmel et al., 2017, S. 117). Auch kann es sinnvoll sein, bereits in der Einleitung wichtige *Definitionen* vorwegzunehmen. Typischerweise erfolgen begriffliche Klarstellungen erst im Hauptteil. Wenn aber bereits im Titel der Arbeit ein Begriff auftaucht, der – etwa, weil er branchen- oder unternehmensspezifisch ist – für den Leser unbekannt oder unklar ist, sollte dieser schon bei seinem ersten Auftreten im Text definiert werden. Ähnliches gilt für Euphemismen oder Begriffe der „politischen Kampfrhetorik", die im Titel verwendet werden (Schimmel et al., 2017, S. 120–122).

4.1.3 Gliederung des Hauptteils

Zur Gliederung des Hauptteils können nur wenige allgemeine Hinweise gegeben werden, da diese vom Thema und Forschungsdesign abhängt. Allerdings ist die Gliederung nach einem sinnvollen Gliederungskriterium zu gestalten, das einen einheitlichen Gedanken- und Argumentationsfluss sicherstellt. Dies kann – je nach Thema – durch die Orientierung an einem der folgenden Kriterien erfolgen (Theisen, 2021, S. 134 f.):

- *aufbauend* durch schrittweises Zusammentragen einzelner separater Argumente,

- *kumulierend* durch schrittweises Erarbeiten einzelner Elemente einer zusammenhängenden Argumentation,
- *einengend bzw. ausweitend* vom Allgemeinen zum Speziellen oder umgekehrt,
- *dialektisch* durch Gegenüberstellung von These und Antithese oder
- *chronologisch* durch Orientierung gemäß der Eintrittszeitpunkte.

In vielen Fällen bietet es sich an, nach der Einleitung ein allgemeines Grundlagenkapitel folgen zu lassen, auf dem die weiteren Ausführungen aufbauen können. Dies geschieht etwa durch die Definition zentraler Begriffe, die Darstellung der theoretischen Grundlagen sowie durch die Benennung zentraler Annahmen. Das Grundlagenkapitel sollte – wenn es als notwendig erscheint – nicht mit „2 Grundlagen" oder gar „2 Theoretisches Fundament" überschrieben werden (ähnlich Theisen, 2021, S. 189). Vielmehr sollte die Überschrift auf die für notwendig erachteten Inhalte abgestimmt werden.

Zu warnen ist vor dem häufigen Problem, dass das Grundlagenkapitel zum Lückenfüller für die gesamte Arbeit gemacht wird. Denn die Themen von wissenschaftlichen Abschlussarbeiten sind bewusst so angelegt, dass sie einer individuellen Lösung bedürfen, die nicht aus dem im Studium erlernten Wissen einfach so niedergeschrieben werden kann. Der Verfasser einer Abschlussarbeit wird demnach – wie jeder andere auch – besonders zu Beginn der Bearbeitung höchst unkreative Phasen durchleben, in denen ihm fast nichts einfällt, was er zu Papier bringen könnte. Angesichts dieser Problematik und des Zeitdrucks nutzen viele Studierende diese Zeit (richtigerweise) für das Verfassen des Grundlagenkapitels. Jedoch besteht dann die Gefahr, über das Ziel hinauszuschießen, indem die Grundlagen überbordend dargestellt werden. Was dem Verfasser oft als „phänomenale" Darstellung der Wirtschaftswissenschaften erscheint, wird durch den Gutachter hart abgestraft. Denn in der wissenschaftlichen Abschlussarbeit soll unter Beweis gestellt werden, dass der Verfasser *ein Problem* aus seinem Fachgebiet mit wissenschaftlichen Methoden *lösen* kann. Er soll nicht Studienwissen nacherzählen. Selbst eine gelungene Beschreibung der Grundlagen stellt keine eigene wissenschaftliche Leistung dar und kann damit in der Bewertung allenfalls durchschnittlich (befriedigend) ausfallen. Daher sollten seitenfüllende Erläuterungen der Grundlagen unterlassen bzw. – wenn sie schon zu Papier gebracht wurden – aus dem Text herauskopiert werden (etwa in eine Datei Rauswurf.docx). Gerade der Grundlagenteil kann durch Streichungen und Kürzungen gewinnen (ähnlich Schimmel et al., 2017, S. 148 f.).

In den Abschn. 4.2, 4.3, 4.4 und 4.5 folgen weitere Hinweise zur Erstellung des Hauptteils.

4.1.4 Gliederung des Schlussteils

Im abschließenden Kapitel „Schluss" sollen die gewonnenen Erkenntnisse kurz zusammengefasst und kommentiert werden. Zwar stellt eine solche Zusammenfassung eine Wiederholung von bereits Gesagtem dar, sodass man mit Blick auf die Zeit- und Umfangbeschränkung bei Prüfungsarbeiten darauf verzichten könnte (so mancher Betreuer „verbietet" deshalb die Zusammenfassung; vgl. Theisen, 2021, S. 137). Doch sprechen gleich mehrere Vorteile dafür, Zeit und Seiten in dieses Kapitel zu investieren:

1. Das Verfassen einer Zusammenfassung auf wenigen Seiten erfordert die inhaltliche Reflektion und Strukturierung der eigenen Arbeit. Vielfach stellt man dann noch Verbesserungspotentiale in den vorhergehenden Teilen der Arbeit fest, indem etwa auffällt, dass wichtige Erkenntnisse gar nicht deutlich genug herausgestellt wurden, oder es wird deutlich, dass die Gliederung angepasst werden muss, da sie nicht dem geschriebenen Text entspricht. Zudem ermöglicht dies einen Abgleich mit der Zielsetzung in der Einleitung, die möglicherweise eingeschränkt werden muss, weil doch nicht so viel oder gar mehr als beabsichtigt herausgearbeitet werden konnte.
2. Eine kritische Diskussion der eigenen Ergebnisse macht deutlich, dass der Verfasser die Grundsätze des kritischen Rationalismus nach POPPER beachtet hat. Gleichzeitig können möglicherweise bekannte Gegenargumente gegen die eigene Position entkräftet werden.
3. Keine Prüfungsarbeit kann das betreffende Thema vollumfassend behandeln. Gerade bei Bachelor- und Masterarbeiten, die in der Bearbeitungszeit begrenzt sind, muss die Zielsetzung so eng gefasst sein, dass ein Abschluss der Bearbeitung innerhalb der Frist möglich ist. Zudem sollte das Forschungsdesign nach den eigenen Fähigkeiten gewählt werden, sodass vielleicht eine theoretische Vorgehensweise gewählt wurde, obwohl eine empirische zu valideren Ergebnissen geführt hätte. In diesen Fällen kann der Verfasser zeigen, dass er die Grenzen der eigenen Arbeit erkannt hat und zumindest ansatzweise mögliche Verbesserungen benennen kann. Der erkannte Bedarf für weitere Forschung kann gegebenenfalls in einem „Ausblick" dargestellt werden.
4. Nicht jeder Leser der Arbeit wird die Zeit haben, die gesamte Arbeit durchzulesen. Insbesondere bei der Bewerbung für ein Master- oder Promotionsstudium bzw. ein Stipendium wird zum Teil die Vorlage einer früheren Abschlussarbeit erwartet. Wurde die Arbeit bereits durch Dritte gefördert, so ist der Institution bzw. dem Unternehmen sowieso Rechenschaft abzulegen.

Diesem Informationsbedürfnis kann durch eine knappe Zusammenfassung Rechnung getragen werden.

Die Zusammenfassung sollte noch weniger Gliederungspunkte als die Einleitung umfassen. Das folgende Beispiel verdeutlicht, dass in der Regel zwei Gliederungspunkte ausreichen dürften.

Beispiel 4: Gliederung des Schlussteils

6   Schluss
6.1 Zusammenfassung
6.2 Ausblick

4.1.5 Inhaltsverzeichnis

Das Inhaltsverzeichnis gibt die Gliederung sowie alle zusätzlichen Abschnitte der Arbeit wieder. Es ist selbst jedoch nicht in das Inhaltsverzeichnis aufzunehmen. Der Text der Arbeit (Einleitung) beginnt mit der arabischen (Seiten-) Nummerierung (Paginierung) beginnend mit „1" (a. A. Theisen, 2021, S. 191). Die Seiten vor dem Text werden mit großen römischen Ziffern nummeriert. Das Deckblatt erhält dabei die römische Seitennummer „I", die jedoch nicht aufgedruckt wird. Die Gestaltung des Deckblatts bzw. der Verzeichnisse sollte sich an den Vorgaben und Musterseiten der eigenen Hochschule orientieren. Alle Seiten nach dem Textteil (Anhang, Literatur- und Quellenverzeichnis) führen die arabische Seitennummerierung des Textteils fort. Eine Gliederungsnummerierung oder Ordnungsziffer erhält nur der Textteil. Nur die Gliederung kann bei untergeordneten Gliederungspunkten (z. B. 2.1, 2.1.1) linksbündig eingerückt werden. Alle Teile der Arbeit vor dem Textteil (Verzeichnisse usw.) werden im Inhaltsverzeichnis ohne Einrückung und Ordnungsziffer linksbündig gesetzt. Alle Einträge im Inhaltsverzeichnis sind mit ihrer Seitenzahl auszuweisen.

Die Arbeit enthält in folgender Reihenfolge:

- Deckblatt (Cover Page), beginnend mit Seite I (auf dem Deckblatt nicht aufgedruckt)
- Sperrvermerk (Non-Disclosure Note) – falls erforderlich
- Inhaltsverzeichnis (Table of Contents)

- Abkürzungsverzeichnis (List of Abbreviations) – falls Abkürzungen verwendet wurden
- Abbildungsverzeichnis (List of Figures) – falls Abbildungen verwendet wurden
- Tabellenverzeichnis (List of Tables) – falls Tabellen verwendet wurden
- Symbolverzeichnis (List of Symbols) – falls erforderlich
- Vorwort (optional) (Preface)
- Executive Summary – falls erforderlich
- Textteil mit fortlaufender Nummerierung, beginnend mit Seite 1
- Anhang (Appendix) – falls erforderlich
- Literatur- und Quellenverzeichnis (References)
- Sonstige Verzeichnisse – falls erforderlich
- Ehrenwörtliche Erklärung (Affirmation)

Ein *Vorwort* sollte nur im Ausnahmefall verwendet werden. Häufigste Anwendung findet es bei praxisorientierten Arbeiten, wenn aus „politischen" Gründen dem betrieblichen Betreuer oder Vorgesetzten gedankt werden soll. Ein Dank an den Betreuer der Hochschule ist nicht notwendig, da dieser nur seine Pflicht erfüllt (ähnlich Theisen, 2021, S. 199; Schimmel et al., 2017, S. 101). Vom Abdruck eines Mottos, eines Zitats oder einer persönlichen Widmung ist in der einzureichenden Version der wissenschaftlichen Arbeit Abstand zu nehmen. Es handelt sich um eine Prüfungsarbeit, die vom Gutachter rein unter wissenschaftlichen und fachlichen Gesichtspunkten zu bewerten ist (a. A. Schimmel et al., 2017, S. 110: „[Zitate] müssen passen und dürfen nicht mühsam gesucht werden."). Jede persönliche Anmerkung ist hier fehl am Platz. Schließlich käme man auch bei einer Klausur nicht auf die Idee, mit einem Zitat von Goethe zu beginnen oder einen Gruß an Partner, Freunde und Verwandte zu richten.

Das *Deckblatt* muss nach dem Muster der Hochschule gestaltet werden. Es muss den Titel der Arbeit genauso wiedergeben, wie er vereinbart wurde. Notwendige Anpassungen oder Änderungen müssen mit der zuständigen Stelle abgestimmt werden. Eigenmächtige Änderungen sind nicht zulässig.

Es versteht sich von selbst, dass der Name der Betreuerin auf dem Deckblatt korrekt anzugeben ist. Tippfehler oder ein weggelassener Vorname können den Eindruck eines mangelnden Interesses an dieser für den Studienabschluss so wichtigen Person erwecken, der vom Studierenden sicher so nicht beabsichtigt ist. Dieser schlechte allererste Eindruck kann durch lobende und einschmeichelnde Worte in einem (eigentlich überflüssigen) Vorwort kaum beseitigt werden. In diesem Zusammenhang ist auch auf eine korrekte Angabe von Berufsbezeichnung und akademischen Graden zu achten. Bei manchen Studierenden scheint das Missverständnis vorzuliegen, dass jeder Lehrende die Berufsbezeichnung „Professor" trägt. Vielleicht glaubt man auch, damit nichts falsch machen zu können, einfach vor dem Namen die Abkürzung „Prof." zu setzen. Aber auch diese Vorgehensweise zeugt von mangelndem Interesse, schließlich kann ein plötzliches „Upgrade" die Person in Verlegenheit, wenn nicht sogar in ein schiefes Licht bringen. Schließlich werden Abschlussarbeiten in der Regel im Sekretariat oder per Post eingereicht und durchlaufen mehrere Stationen, bis sie beim Empfänger landen. Niemand möchte an seiner Universität oder Hochschule in die Gefahr geraten, als Hochstapler bezeichnet zu werden, zumal das unberechtigte Führen von Amtsbezeichnungen und akademischen Graden nach § 132a StGB eine Straftat darstellt. Am besten werden daher die Angaben aus einer E-Mail oder von der persönlichen Homepage der Betreuerin direkt übernommen. Zur Klarstellung dienen folgende Hinweise: Hochschulen werden in Deutschland in Universitäten, Hochschulen für angewandte Wissenschaften (früher als „Fachhochschulen" bezeichnet), Kunsthochschulen und (in Baden-Württemberg) Pädagogische Hochschulen unterschieden. Bei haupt- oder nebenberuflich lehrenden Mitgliedern dieser Hochschulen ist zwischen der (Amts-)Bezeichnung (z. B. „Professor/in") und akademischen Graden (z. B. „Doktor/in", „Master") zu unterscheiden. Hinsichtlich der Amtsbezeichnungen wird allgemein zwischen Hochschullehrern, wissenschaftlichen Mitarbeitern und Lehrkräften für besondere Aufgaben unterschieden.

Bei den Hochschulen für angewandte Wissenschaften gibt es nur eine überschaubare Zahl an Kombinationen von Amtsbezeichnungen und akademischen Graden. Lehrende aus der Gruppe der Hochschullehrer/innen führen dort die Bezeichnung „Professor/in", die auf dem Deckblatt mit „Prof." abgekürzt wird. Da eine Einstellungsvoraussetzung für Hochschullehrer regelmäßig die abgeschlossene Promotion ist, führen die meisten Professorinnen auch den akademischen Grad „Dr.", wobei es jedoch auch Ausnahmen etwa bei den nebenberuflichen Honorarprofessorinnen gibt, deren Bezeichnung ebenfalls „Professor/in" lautet, die jedoch nicht unbedingt promoviert sein müssen. Falls die Betreuerin Hochschullehrerin ist, kommen also zwei mögliche Angaben auf dem Deckblatt in Betracht: „Prof. Dr. Maria Musterfrau" (Regelfall) oder „Prof. Maria Musterfrau" (z. B. nicht promovierte Honorarprofessorin). Weitere akademische Grade wie etwa Master, Bachelor, Diplom oder Magister werden in diesem Fall nicht angegeben. Auch die Fachrichtung des Doktorgrades („Dr. rer. pol.", „Dr. rer. oec." usw.) wird üblicherweise weggelassen, wobei bei einzelnen Fachrichtungen wie etwa der Medizin („Dr. med.") auch Ausnahmen gemacht werden. Manche Doktorinnen legen jedoch vielleicht wert auf die Angabe der Fachrichtung oder die Tatsache, dass sie nicht nur promoviert, sondern auch habilitiert sind („Dr. habil."). Dies sollte dann auch auf dem Deckblatt berücksichtigt werden. Bei wissenschaftlichen Mitarbeiterinnen und Mitarbeitern sowie Lehrkräften für besondere Aufgaben wird die Bezeichnung nicht angegeben, sondern üblicherweise nur der akademische Grad. Die Beispiele lauten dann „Dr. Maria Musterfrau" für eine promovierte wissenschaftliche Mitarbeiterin oder andernfalls „Maria Musterfrau, MBA". Nach dem Namen folgt in einer separaten Zeile die Angabe des Fachbereichs und in einer weiteren Zeile der Name der Hochschule.

Bei den Universitäten ist es komplizierter, da dort zur Gruppe der Hochschullehrer/innen noch die Juniorprofessorinnen hinzukommen, deren Bezeichnung und Stellung je nach Bundesland und Universität den Professorinnen gleichgestellt sein kann, aber nicht muss, und zudem werden außerplanmäßige Professorinnen, die keinen Lehrstuhl innehaben, an manchen Universitäten als „apl. Prof. Dr." bezeichnet. Vor diesem Hintergrund legt manche Professorin an der Universität Wert auf die Abgrenzung von Fachhochschul- und außerplanmäßigen Professorinnen, was dann durch die Abkürzung „Univ.-Prof." deutlich gemacht werden soll. Das sollte man so übernehmen, auch wenn es in keinem Gesetz steht. Eine Professorin an der Universität kann somit als „Prof. Dr. Maria Musterfrau", „Univ.-Prof. Dr. Maria Musterfrau", „Jun.-Prof. Dr. Maria Musterfrau" oder „apl. Prof. Dr. Maria Musterfrau" bezeichnet werden. Habilitierte wissenschaftliche Mitarbeiterinnen können an der Universität zur Privatdozentin ernannt werden; in diesem Fall ist auf dem Deckblatt „PD Dr. Maria Musterfrau" anzugeben. Ansonsten gilt das Gleiche wie bei den Hochschulen für angewandte Wissenschaften. Allerdings wird nach dem Namen der Betreuerin und vor dem Fachbereich oder der Fakultät bei Universitäten der Lehrstuhl bzw. das Institut angegeben, denen die Betreuerin ganz gleich in welcher Stellung zugeordnet ist. Die Bezeichnung des Lehrstuhls kann etwa „Lehrstuhl für Controlling und wertorientiertes Management" lauten und sollte wie auf der Homepage angegeben übernommen werden. Das Gleiche gilt für ein Institut.

Bei schriftlichen Arbeiten, die vertrauliche Informationen enthalten, ist es möglich, einen *Sperrvermerk* anzubringen. Hierzu wird ein Blatt hinter dem Deckblatt eingefügt. Darin ist sinngemäß folgender Wortlaut enthalten.

Beispiel 5: Sperrvermerk
Die vorliegende Arbeit beinhaltet interne vertrauliche Informationen der X AG. Die Weitergabe des Inhalts der Arbeit im Gesamten oder in Teilen sowie das Anfertigen von Kopien oder Abschriften sind grundsätzlich untersagt. Ausnahmen bedürfen der schriftlichen Genehmigung der X AG.

Dadurch wird Dritten (auch Studierenden) die Einsicht in die Arbeit verwehrt. Lediglich das Unternehmen sowie Mitarbeiter der Hochschule (z. B. Betreuer, Prüfungsamt, Studienleitung) können Einsicht nehmen.

Es ist die Aufgabe des Studierenden, vor Abgabe des Anmeldeformulars bzw. spätestens zu Beginn der Bearbeitung mit dem betreffenden Unternehmen gegebenenfalls eine Vereinbarung über die Verwendung vertraulicher Informationen zu treffen. Sollte eine solche Vereinbarung nicht existieren, kann das Unternehmen im Extremfall die Einreichung der Arbeit untersagen; die Prüfungsleistung wäre damit nicht erbracht und müsste als nicht bestanden bewertet werden. Es wird daher dringend empfohlen, die Vereinbarung mit dem Vorgesetzten bzw. einer zeichnungsberechtigten Führungskraft des Unternehmens in Schriftform oder zumindest per E-Mail zu treffen. Diese Vereinbarung dient nicht der Vorlage bei der Hochschule, sondern verbleibt beim Verfasser der Arbeit.

Die Verzeichnisse nach dem Inhaltsverzeichnis sind nur notwendig, wenn sie Einträge enthalten. Bereits ab der Verwendung einer Abbildung oder Tabelle ist ein entsprechendes Verzeichnis zu erstellen. Enthalten beide nur wenige Einträge, so können sie auch zu einem kombinierten „Abbildungs- und Tabellenverzeichnis" zusammengefasst werden.

Im *Abkürzungsverzeichnis* werden alle in der Arbeit verwendeten, nicht dudengängigen Abkürzungen in alphabetischer Reihenfolge aufgeführt und erklärt, auch die Symbole, die im Text bzw. in den Formeln verwendet wurden, und Zeitschriftentitel, Gesetzesbezeichnungen, Kommentarabkürzungen, die im Literaturverzeichnis oder in den Zitierungen verwendet wurden. Abkürzungen sollten sparsam verwendet werden. Nur in Ausnahmefällen sollten selbst erfundene Abkürzungen verwendet werden. Bei der umfangreichen Verwendung von Formeln, Variablen und Symbolen ist ein separates *Symbolverzeichnis* nach dem Abkürzungsverzeichnis sinnvoll. Bekannte Symbole wie Integral- oder Summenzeichen dürfen nicht aufgenommen werden, sondern lediglich Variablen (z. B. V_{EK}: Marktwert des Eigenkapitals) und Indizes (z. B. t: Zeit).

▶ **Tipp** Leere Verzeichnisse sind spätestens bei Einreichung der Arbeit zu entfernen. Ansonsten wirkt die fertige Arbeit auf den Leser wie eine unfertige.

Ist von der Prüfungsordnung eine *Executive Summary* oder ein *Abstract* verlangt, so sollten hier nicht blind Texte aus dem Textteil der Arbeit hineinkopiert werden. Insbesondere unterscheiden sie sich deutlich von der Zusammenfassung. So bezieht sich die – aus der Praxis stammende – Executive Summary auf die wesentlichen Ergebnisse der Arbeit und umfasst typischerweise 1–2 Textseiten. Das Abstract hingegen stellt eine komprimierte Wiedergabe des Inhalts dar und berücksichtigt Fragestellung, Zweck, Reichweite, Grenze, Untersuchungsdesign, Methode, Hauptergebnisse, wichtigste Botschaft, Hauptinterpretationen und -folgerungen und Beweiskraft (Theisen, 2021, S. 87). Trotz dieser Fülle an Informationen umfasst das Abstract nur einige Zeilen.

Auch die Zielgruppen unterscheiden sich deutlich voneinander: Während sich das Abstract an andere Forschende richtet, die sich mit dem Thema der Arbeit auskennen, ist die Executive Summary stärker praxisorientiert und daher an Personen gerichtet, die nicht zwingend Detailwissen auf dem betreffenden Gebiet haben müssen. Der Unterschied kann folgendermaßen verdeutlicht werden: Das Abstract ist wie eine Werbeanzeige in einer Fachzeitschrift. Es ist sehr kurz und soll das Interesse einer Spezialistin wecken, d. h. sie dazu anregen, sich weitere Informationen über die Arbeit zu beschaffen. Das Abstract ist also keinesfalls vollständig und abschließend. Die Executive Summary hingegen ist eine kurze und eigenständige Version der Arbeit, die deshalb auch vollständig sein muss (Bailey, 1997, S. 73–80). Als komprimierte Version der Arbeit richtet sie sich auch und vielleicht vor allem an diejenigen Leserinnen, die sich nicht auf dem betreffenden Gebiet auskennen. Die Executive Summary soll der Leserin ein möglichst vollständiges Bild vom Inhalt der Arbeit bieten, ohne dass sie sich mit den für sie unnötigen und vielleicht unverständlichen Details beschäftigen muss. Es gibt zwei Gründe dafür, dass eine Hochschule ihre Studierenden dazu verpflichtet, der Bachelor- oder Masterarbeit eine Executive Summary voranzustellen: Erstens soll diese Aufgabe die Studierenden dazu anhalten, bei aller wissenschaftlichen Detailverliebtheit den Blick für das große Ganze nicht aus den Augen zu verlieren. Wer in einem Bewerbungsgespräch gebeten wird, kurz über den Inhalt der eigenen Abschlussarbeit zu referieren, weiß diese Übung zu schätzen. Denn es ist nicht einfach, aus dem Stegreif eine Arbeit im Umfang von 40, 60 oder vielleicht sogar 80 Seiten prägnant zusammenzufassen. Zweitens werden diese Executive Summaries auch intern genutzt, damit sich etwa nicht an der Begutachtung der Arbeit beteiligte Personen leicht einen Überblick über mehrere Arbeiten verschaffen können. Das kann die Leitung der Prüfungsorganisation oder des Prüfungsamtes sein, die Fachbereichsleitung, die Forschungs- bzw. Hochschulleitung. Dies macht deutlich, dass es sich dabei um Personen handeln wird, die sich anders als die Gutachter nicht in dem betreffenden Fachgebiet auskennen werden und die in der Regel nicht die Zeit haben werden, die gesamte Arbeit zu lesen. Die Gutachter der Arbeit hingegen werden zuerst die Executive Summary und anschließend die gesamte Arbeit lesen. Die Unterschiede zwischen Abstract und Executive Summary werden in Tab. 4.2 zusammengefasst.

Tab. 4.2 Unterschiede zwischen Abstract und Executive Summary

	Abstract	Executive Summary
Aufgabe	Interesse an der Lektüre der Thesis wecken	Ersatz für die Lektüre der Thesis
Zielgruppe	Leser mit Thesis-spezifischem Fachwissen	Leser ohne Thesis-spezifisches Fachwissen
Umfang	Wenige Zeilen (in der Regel 5–8 Zeilen)	Wenige Seiten (in der Regel 1–2 Seiten)
Ausrichtung	Wissenschaftlich (Methodik)	Praxisorientiert (Ergebnis)

Beim Verfassen der Executive Summary kann die Studierende von vornherein einen gravierenden Fehler vermeiden, nämlich den, die Executive Summary zu schreiben, bevor die Thesis fertig gestellt ist (Jansen, 2018). Denn dies wird zwangsläufig dazu führen, dass sich Executive Summary und der Textteil der Thesis voneinander unterscheiden oder sich vielleicht sogar widersprechen, was insbesondere bei der Gutachterin, die beides lesen wird, einen schlechten Eindruck hinterlassen wird. Die Executive Summary sollte aber auch nicht als lästiges Übel missverstanden werden, welches am Ende noch zu erledigen ist. Schließlich handelt es sich dabei um den ersten inhaltlichen Eindruck, den die Leserin von der Arbeit haben wird. Für manche nicht an der Begutachtung beteiligte Leserin wird dies sogar der einzige inhaltliche Eindruck der Arbeit sein. Die Executive Summary sollte daher als eigenständiges Dokument aufgefasst werden, für das von vornherein genügend Zeit einzuplanen ist (Bailey, 1997, S. 79). Unstimmigkeiten, Widersprüche oder sogar Tippfehler sind daher auf jeden Fall zu vermeiden, da ein schlechter erster Eindruck bekanntermaßen kaum mehr wiedergutzumachen ist (im Personalmanagement spricht man diesbezüglich vom Primary-Effekt). Damit es als eigenständiges Dokument auch wirken kann, sollte es nach Fertigstellung der Thesis vollständig neu geschrieben werden. Nur einzelne, elementare Sätze wie etwa eine Forschungsfrage, Hypothese oder eine Empfehlung können aus der Thesis kopiert werden (Jansen, 2018). Bei der Formulierung sollte man sich zwingen, möglichst kurz, klar und deutlich zu schreiben. Denn ansonsten wird man zwei grundlegende Anforderungen der Executive Summary nicht erfüllen können: Erstens sollte sie bei einer Bachelor oder Masterarbeit im Regelfall nicht mehr als zwei Seiten ausmachen, was nicht funktionieren wird, wenn lange Schachtelsätze verwendet werden. Zweitens soll sie der Leserin die Lektüre der vollständigen Thesis „ersparen" und auch der fachfremden Leserin einen fundierten Einblick in die Thesis bieten (so auch

Bailey, 1997). Dies wird man nicht erreichen, wenn jeder Teilaspekt unter Verwendung von Fachbegriffen, Abkürzungen und Akronymen bis auf die tiefste Ebene ergründet wird. Aus diesem Grund sollte die Executive Summary auch keine Zitatnachweise, Abbildungen, Tabellen, Aufzählungen oder Überschriften enthalten.

Abschließend soll noch die Frage geklärt werden, wie die Executive Summary zu verfassen ist. Nachdem der Textteil der Thesis fertig gestellt ist, sollte man diesen vollständig durchlesen und von den wesentlichen Punkten stichwortartig Notizen machen. Es versteht sich von selbst, dass Randthemen oder sogar Exkurse an dieser Stelle bereits durchs Raster fallen sollten. Denn anders als bei der Darstellung des Gangs der Untersuchung geht es bei der Executive Summary nicht um eine lückenlose und gleich gewichtete Darstellung von jedem Abschnitt. Vielmehr sollten die wichtigsten Punkte der Thesis auch stärker gewichtet werden. Eine sinnvolle Gliederung vorausgesetzt kann man sich dabei ganz gut an den vorhandenen Kapiteln orientieren und für jedes Kapitel ungefähr einen Absatz in der Executive Summary einplanen. Bei vier oder fünf Kapiteln in der Thesis bedeutet dies entsprechend vier oder fünf Absätze in der Executive Summary. Im ersten Absatz ist die Problemstellung darzustellen, wozu bei praxisorientierten Arbeiten eine Vorstellung des Unternehmens bzw. der Branche gehört. Es ist zu klären, welche Zielsetzung die Arbeit hat bzw. welche Forschungsfragen und Hypothesen eingangs aufgestellt werden. Auch etwaige Einschränkungen, d. h., welche nahe liegenden Fragestellungen nicht betrachtet werden, sind zu nennen. Im zweiten (und ggf. dritten) Abschnitt sind je nach methodischer Vorgehensweise die theoretischen Grundlagen, durchgeführte Analysen bzw. erhobene Daten zu beschreiben. Die Herausforderung liegt dabei darin, diese anspruchsvollen Inhalte für einen „intelligenten Laien" (Jansen, 2018) verständlich darzustellen, ohne dabei zu „platte" Aussagen zu treffen. Denn auch die fachlich versierte Gutachterin wird sich die Executive Summary wahrscheinlich als erstes durchlesen. Abschließend sind je nach Methodik die Anwendung der Theorie auf die Praxis, die statistische Datenauswertung bzw. das aufgestellte Modell zu beschreiben, wobei sowohl die Durchführung als auch die Ergebnisse nicht zu kurz kommen dürfen. Zuletzt sind die abgeleiteten Empfehlungen ausführlich darzustellen. Dieser Absatz ist besonders wichtig, da die Leserin die Lösung für die eingangs aufgestellte Problemstellung erwartet. Wurden Forschungsfragen aufgestellt, so sind auch diese zu beantworten. Ebenso sind etwaige eingangs aufgestellte Hypothesen als falsifiziert oder als nicht falsifiziert zu kennzeichnen. Bei alledem ist darauf zu achten, dass nicht etwa wichtige Inhalte weggelassen werden, weil sie in der Thesis stehen. Denn die Executive Summary soll sich gedanklich an eine Leserin richten, die die Thesis selbst nicht mehr lesen wird. Denn sie kennt ja die grundlegenden Aussagen aus der Executive Summary. Um sicherzugehen, dass die Eigenständigkeit und Vollständigkeit der Executive Summary gegeben sind, sollte diese an eine Person aus dem Freundes- bzw. Familienkreis zum Lesen gegeben werden, der die Thesis selbst nicht bekannt ist. Der Test besteht darin, dass diese Person auf Basis der Executive Summary den Inhalt der Thesis wiedergeben soll (Jansen, 2018). Dabei auftretende Unstimmigkeiten können ein Indiz dafür sein, dass die entsprechenden Ausführungen in der Executive Summary genauer gefasst werden müssen.

Das folgende Beispiel verdeutlicht den Aufbau und die Gestaltung des Inhaltsverzeichnisses.

Beispiel 6: Inhaltsverzeichnis

Inhaltsverzeichnis			
Abkürzungsverzeichnis			III
Abbildungsverzeichnis			IV
Tabellenverzeichnis			V
Executive Summary			VII
1		Einleitung	1
	1.1	Problemstellung und Motivation	1
	1.2	Zielsetzung und Abgrenzung	2
	1.3	Gang der Untersuchung	3
2		Forschung und Entwicklung in der chemischen Industrie	5
	2.1	Rahmenbedingungen in der chemischen Industrie	5
	2.2	Forschungsstrategie	7
	2.3	Aufgaben und Ziele der Metachrylatchemie	9
3		Rahmenbedingungen der untersuchten Agency-Beziehung	11
	3.1	Agency-Beziehungen in der Metachrylatchemie	11
	3.1.1	Gegenstand der Agency-Theorie	11
	3.1.2	Charakteristika der Agency-Beziehung	15
	3.1.3	Personalkategorien im Forschungs- und Entwicklungsbereich	21
	3.1.4	Delegation eines Forschungsauftrages	25
	3.2	Grundannahmen und Grundlagen der Agency-Theorie	29

Inhaltsverzeichnis

Bei Verweisen auf einzelne Gliederungspunkte ist Folgendes zu beachten: Nur die Gliederungspunkte erster Ebene (1, 2 usw.) stellen Kapitel dar. Gliederungspunkte der zweiten Ebene (1.1, 2.1, 2.2 usw.) werden als Abschnitte bezeichnet und Gliederungspunkte der dritten Ebene als Unterabschnitte. Es muss also lauten „In Abschn. 2.1 werden …" und nicht „In Kap. 2.1 werden …".

Die folgende Checkliste fasst die bei der Gliederung zu beachtenden Punkte zusammen.

Checkliste „Gliederung"

- Gliederungssystematik gemäß den Vorgaben der Hochschule (z. B. 1, 1.1, 1.1.1 usw.)
- Kurze und aussagekräftige Überschriften
- Einheitliche Formulierung der Gliederungspunkte
- Vermeidung von Abkürzungen, Klammerzusätzen und Sonderzeichen (z. B. &, /)
- Überschneidungsfreiheit der Gliederungspunkte (z. B. nicht 2.1 Europa, 2.2 Deutschland)
- Erschöpfung der Gliederungspunkte (z. B. 2.1 Europa, 2.2 Nordamerika, 2.3 Übrige Staaten)
- Vermeidung von Zwischentexten zwischen Gliederungspunkten unterschiedlicher Ordnung (z. B. zwischen 2.1 und 2.1.1)

- Stärkere Untergliederung der Schwerpunkte der Arbeit
- Kein Ausweis des Inhaltsverzeichnisses im Inhaltsverzeichnis

4.2 Theorie

4.2.1 Theoriegeschichte

Die Grundvoraussetzung für das wissenschaftliche Arbeiten mit Theorien ist das Verständnis, was eine Theorie ausmacht. Die Theorie ist eine abstrakte Beschreibung eines allgemeinen Zusammenhangs. Die Anwendung einer Theorie besteht daher in einer Deduktion, indem vom Allgemeinen auf das Spezielle, d. h. der konkreten Fragestellung geschlossen wird. Diese Anwendung macht zunächst einmal die Kenntnis und das Erfassen des Hintergrunds, der Voraussetzungen und der Annahmen notwendig. Jede Theorie ist damit eingebettet in ein Theoriegerüst. Der Wissenschaftstheoretiker Robert K. Merton prägte hierfür auf Basis von Isaac Newton das bekannte Zitat: „Wir stehen alle auf den Schultern von Riesen" (Merton, 1989, S. 37 f.). Im Original schrieb Newton: „If I have seen farther, it is by standing on the shoulders of giants." Denn jede Theorie, jede Idee basiert auf einer langen Reihe von Theorien, die in dem zitierten, d. h. verwendeten Material veröffentlicht wurden. Besonders für den Einsteiger in den Wissenschaftsbetrieb ist es schwierig, diese Hintergründe zu erklären, hat er doch im Rahmen seines Bachelorstudiums nicht mit den Originalveröffentlichungen der einzelnen erlernten Theorien gearbeitet, sondern meist nur mit einem zusammenfassenden Lehrbuch, einem Skript des Dozenten bzw. den Vorlesungsfolien. Diese Einschränkung gilt es zu durchbrechen. Das hat zum einen ganz praktische Gründe, da alle diese Quellen nicht zitierfähig bzw. zitierwürdig sind. Zum anderen stellen sie auch eine Verfremdung des Originals dar. Wissenschaftliches Arbeiten bedeutet hier, dass die Originalquelle einzusehen und auszuwerten ist. Erschwerend kommt hinzu, dass die Theorien zwar in den Originalveröffentlichungen nachzulesen sind, diese jedoch insbesondere die Annahmen und die Voraussetzungen der Theorie meist implizit, d. h. stillschweigend behandeln. Dies liegt daran, dass sich die Autoren in einer abgeschotteten Welt bewegen. Sie publizieren in Fachzeitschriften, in denen persönlich bekannte Kollegen veröffentlichen, die ebenfalls schon seit Jahren an diesem Thema forschen. Hier ist es dann nicht mehr notwendig, bestimmte Dinge auszusprechen, da sie sowieso allen Beteiligten bekannt sind. Um etwa die grundlegenden Arbeiten zur Kapitalmarkttheorie richtig einordnen zu können, müssen auch diese impliziten Annahmen erkannt werden. Es gilt also, die Schultern der Riesen zu erkennen, auf denen die jeweilige Theorie steht. Zur Verdeutlichung dieser Schultern werden im Folgenden die wichtigsten Strömungen wirtschaftswissenschaftlicher Theorien kurz vorgestellt. Dieser Abriss kann keinen Anspruch auf Vollständigkeit erheben, sondern soll dabei helfen, das Blickfeld auf die Hintergründe einer Theorie eigenständig erweitern zu können.

Die *klassische Ökonomie* geht zurück auf Adam Smith und bezieht sich insbesondere auf die Theorien zwischen dem Erscheinen seines Buches „Wealth of Nations" im Jahr 1776 und dem Entstehen der Neoklassik in den 1850er-Jahren.

Die *neoklassische Ökonomie* (Neoklassik) zeigt auf Basis der Annahme eines perfekten Wettbewerbs, dass der Markt zu einer effizienten Allokation begrenzter Ressourcen führt. Sie verwendet dabei (vereinfachende) Modelle, die die Marginalanalyse einsetzen, d. h. insbesondere die Grenzkosten und den Grenzertrag zum Ausgangspunkt einer mathematischen Lösung des Allokationsproblems machen. Die grundlegenden Annahmen der neoklassischen Theorien sind, dass die Individuen in ihren Präferenzvorstellungen rational sind, Individuen ihren Nutzen bzw. Unternehmen ihren Gewinn maximieren und alle Entscheider auf Basis vollständiger Information rationale Entscheidungen treffen. Die sich ergebenden Hypothesen können zwar empirisch getestet werden. Jedoch ist eine Interpretation der Ergebnisse aufgrund der unrealistischen Idealvorstellung der Neoklassik schwierig. Infolgedessen haben sich andere Theorieströmungen insbesondere damit beschäftigt, welche Auswirkungen die Aufhebung einzelner Annahmen haben wird (Marktversagen). Die wichtigsten Vertreter der Neoklassik sind Léon Walras, Friedrich Wieser, Alfred Marshall, William S. Jevons, Carl Menger und Eugen von Böhm-Bawerk.

Die *keynesianische Theorie* wurde von John Maynard Keynes in den 1930er-Jahren entwickelt. KEYNES zeigte vor dem Hintergrund der Weltwirtschaftskrise, dass der Markt nicht in der Lage ist, die Krise und ihre Auswirkungen wie etwa die hohe Arbeitslosigkeit von alleine zu überwinden. Vielmehr sollte der Staat mithilfe der Fiskal- und der Geldpolitik steuernd Einfluss auf die aggregierte Nachfrage nehmen, um die Arbeitslosigkeit zu bekämpfen.

Die *Spieltheorie* (Game Theory) ist eine auf die Mathematik zurückgehende Forschungsrichtung, die untersucht, wie rationale Individuen entscheiden, wenn ihre Entscheidungen voneinander abhängen, d. h. interdependent sind. Am bekanntesten ist das Gefangenendilemma, das zeigt, dass zwei gefangene Straftäter, denen die Polizei die Tat jedoch nicht nachweisen kann, bei Nichtexistenz von Kommunikation und Vertrauen zu einem Ergebnis kommen, das für beide nachteilig (suboptimal) ist: Sie werden unabhängig voneinander gestehen, um einen Strafnachlass zu erhalten. Die Spieltheorie wird grundlegend in die nicht kooperative und die kooperative Spieltheorie unterschieden: Die nicht kooperative Spieltheorie analysiert einen einzelnen Spieler, der nur im Eigeninteresse handelt und seine nutzenmaximierenden Entscheidungen unter Berücksichtigung der Entscheidungen des anderen Spielers trifft. Dieses Ergebnis wird als Nash-Gleichgewicht bezeichnet (Nash, 1950). Die kooperative Spieltheorie beschäftigt sich mit der Analyse von Entscheidungen der Spieler, wenn diese Absprachen bzw. durchsetzbare vertragliche Vereinbarungen eingehen können. Die grundlegende Veröffentlichung zur Spieltheorie stammt von John Von Neumann und Oskar Morgenstern (Von Neumann & Morgenstern, 1944).

Die Grundlagen für die *Institutionenökonomie* wurden in der Veröffentlichung von Ronald H. Coase „The Nature of the Firm" aus dem Jahr 1937 gelegt. COASE beschäftigte sich mit der Frage nach den Entstehungsgründen für Unternehmen, was mit dem Schlagwort „Markt versus Hierarchie" zusammengefasst wird. Ein einzelnes Unternehmen könnte die gesamte Wertschöpfungskette von der Rohstoffgewinnung bis zum Vertrieb der Endprodukte übernehmen. Dennoch sind in der Realität beispielsweise Automobilhersteller zu beobachten, die sich auf die Produktentwicklung, die Koordination des Herstellungsprozesses sowie die Markenpflege beschränken (Hierarchie), jedoch andere Wertschöpfungsprozesse von Lieferanten beziehen oder an Vertriebspartner abgeben (Markt). Die Neoklassik konnte diese Frage nicht klären, sogar noch nicht einmal stellen, da ihre Annahmen realitätsfern sind. Die Institutionenökonomie weicht daher die einzelnen Annahmen über eine vollständige Information und Markttransparenz, das rationale Verhalten der Marktteilnehmer und die Zweiteilung in Unternehmen und Haushalte Stück für Stück auf. Bei der Institutionenökonomie handelt es sich jedoch nicht um ein homogenes Forschungsgebiet. Vielmehr hat sie sich in verschiedene Teilströmungen zersplittert: Property-Rights-Ansatz, Transaktionskostentheorie, Principal-Agent-Theorie und Informationsökonomie. Diese werden im Folgenden dargestellt.

Der *Property-Rights-Ansatz* stellt jede wirtschaftliche Transaktion (Kaufvertrag, Mietvertrag, Arbeitsvertrag, Liefervertrag usw.) als einen Tausch von Verfügungsrechten dar. Ein Unternehmen kann somit auch als Bündel von Verfügungsrechten angesehen werden. Der Property-Rights-Ansatz untersucht nun, wie sich die Verteilung von Verfügungsrechten auf das Verhalten der Wirtschaftssubjekte auswirkt. Beispielsweise wird ein Eigentümer sorgsamer mit einem Gegenstand umgehen als ein Mieter. Auch wird ein Unternehmer das vergiftete Abwasser seiner Fabrik ungeklärt in den nahe gelegenen Fluss leiten, wenn nicht er, sondern die Allgemeinheit für die Kosten der Umweltschäden aufkommen muss (externalisierte Kosten).

Die *Transaktionskostentheorie* beschäftigt sich mit der Fragestellung der Wahl eines geeigneten institutionellen Arrangements (Governance Structure) für langfristige ökonomische Transaktionsbeziehungen. Unternehmen, Markt und relationale Verträge stellen Grundformen von Governance Structures dar. Die Charakteristika der drei Governance Structures lassen sich wie folgt zusammenfassen:

- Klassischer Vertrag (Markt): kurze Dauer; präzise Bestimmung des Gegenstands und der Konditionen der Transaktion; begrenzte persönliche Interaktion der Transaktionspartner; Lösung von Konflikten auf dem Rechtsweg; förmliche (z. B. schriftlich fixierte) Merkmale haben Vorrang.
- Neoklassischer Vertrag (Hybrid): Autonomie der Vertragsparteien unter bilateraler Abhängigkeit; auch nach Vertragsabschluss Entscheidungen, Abstimmung und Kooperation der Transaktionspartner erforderlich (z. B. langfristige Lieferverträge, Franchising, Joint Ventures).
- Relationaler Vertrag (Hierarchie): Etablierung einer langfristigen Austauschbeziehung (z. B. Arbeitsvertrag).

Die Transaktionskostentheorie basiert auf der Annahme, dass die Auswahl einer solchen institutionellen Form rein aus Effizienzgründen erfolgt. Die Wahl einer bestimmten Governance Structure erfolgt im Hinblick auf die durch sie verursachten Transaktionskosten, wobei jedoch umstritten ist, ob die Transaktionskosten dabei eine zu minimierende Zielgröße darstellen oder lediglich als didaktisches Hilfsmittel fungieren, um ausgewählte Probleme stringenter analysieren zu können.

Die *Principal-Agent-Theorie* untersucht die Existenz und Ausgestaltung vertraglicher Übereinkünfte in Kooperationsbeziehungen, durch die unterschiedlich informierte, mit Ressourcen ausgestattete und von Zielen geleitete Wirtschaftssubjekte durch Arbeitsteilung oder durch den Austausch von Gütern, Dienstleistungen oder Informationen ihre jeweiligen Nutzenpositionen verbessern möchten. Solche Agency-Beziehungen zwischen einem Auftraggeber (Principal) und einem Auftragnehmer (Agent) sind dadurch gekennzeichnet, dass der Principal die Eigenschaften bzw. Handlungen des Agents nicht (vollständig) beobachten kann. Dies macht es für den Principal erforderlich, den Agent über Anreize zu steuern. Siehe hierzu das Textbeispiel in Unterabschn. 4.2.2.

Die *Informationsökonomie* untersucht, wie sich eine (vor dem Vertragsabschluss bestehende) Informationsasymmetrie auf den Vertragsschluss auswirkt. Das bekannteste Beispiel ist das des Gebrauchtwagenkaufs, bei dem nur der Händler weiß, ob es sich um einen qualitativ hochwertigen Wagen handelt, bei dem der geforderte Preis gerechtfertigt ist, oder um eine Schrottmühle (engl. lemon). Im Gegenzug weiß nur der Käufer, ob er überhaupt zahlungsfähig ist. George A. Akerlof hat für seine Untersuchung solcher von Unsicherheit geprägter Märkte den Nobelpreis erhalten (Akerlof, 1970).

4.2.2 Einordnung in die Theorie

Bei einer theoriebasierten Arbeit ist zunächst die Einordnung in die Theorie vorzunehmen. Wissenschaftlichkeit basiert auf Stringenz, sodass Arbeiten, in denen wahllos Argumente zusammengewürfelt werden, wissenschaftliche Ansprüche nicht erfüllen werden. Für die Einordnung muss zunächst die betreffende Theorierichtung identifiziert bzw. ausgewählt werden. Die im vorigen Abschnitt genannten Theorierichtungen können dabei eine Orientierung bieten, wobei zu beachten ist, dass die Auflistung nicht erschöpfend sein kann. Gerade diese Identifizierung der Theorierichtung stellt in manchen Fällen – insbesondere bei praxisorientierten Arbeiten – ein handfestes Problem dar, da dem Studierenden der Überblick über die verschiedenen Theorierichtungen in den Wirtschaftswissenschaften fehlt. Diese Problematik sollte daher mit dem Betreuer besprochen werden. Eine andere Möglichkeit, die betreffende Theorierichtung zu ermitteln, stellt die Literaturrecherche dar. Zwar wird in wirtschaftswissenschaftlichen Aufsätzen in Fachzeitschriften kaum auf sie eingegangen, da dies vorausgesetzt wird, doch können in Lehrbüchern bzw. in anderen studentischen Arbeiten zum Thema diese Einordnung oder zumindest Hinweise darauf gefunden werden. Es ist jedoch dringend davon abzuraten, im Falle einer gefundenen studentischen Arbeit, diese selbst als Hauptliteratur zugrunde zu legen. Vielmehr sollte versucht werden, auf Basis der dortigen Nachweise die einschlägige Literatur zu recherchieren. Die studentische Arbeit kann und soll dabei aber nur ein Puzzleteilchen unter vielen ausmachen. Keinesfalls sollte man sich auf die Korrektheit der dortigen Darstellung verlassen. Jede Behauptung ist vielmehr anhand der zitierten Nachweise in der Originalveröffentlichung zu recherchieren und darf nur von dort in die eigene Arbeit einfließen. Wer sich diese notwendige Arbeit macht, wird erkennen, wie häufig falsche Zitatnachweise oder verfremdete Übernahmen fremder Gedanken sind. (Dies gilt übrigens nicht nur für studentische Arbeiten.) Die eigene Formulierung hat losgelöst von der gefundenen studentischen Arbeit zu geschehen. Denn das Nachbauen der Darstellung in der studentischen Arbeit in eigenen Worten, d. h. Umschreiben in eigene Worte bei Übernahme der Zitatnachweise ist nicht nur unwissenschaftlich, sondern stellt ein Plagiat dar.

Bei der Einordnung des eigenen Themas in die Theorie ist darauf zu achten, dass die betreffende Theorie explizit genannt wird. Dies kann unter einer kurzen Darstellung der geschichtlichen Entwicklung unter schwerpunktartiger Beachtung des aktuellen Forschungsstands geschehen. Dabei sind insbesondere auch die grundlegenden Begriffe zu definieren, sodass im weiteren Verlauf der eigenen Arbeit darauf zurückgegriffen werden kann. Im nachfolgenden Beispiel wird die Gestaltung von Anreizen für Forschungsmitarbeiter untersucht. Als theoretische Grundlage wurde die Principal-Agent-Theorie ausgewählt, in der die Anreizgestaltung mithilfe mathematischer Modelle untersucht wird.

Beispiel 7: Theoretische Vorgehensweise

3   Rahmenbedingungen der untersuchten Agency-Beziehung
3.1   Agency-Beziehungen in der Metachrylatchemie
3.3.1   Gegenstand der Principal-Agent-Theorie

Untersuchungsgegenstand der Principal-Agent-Theorie ist die Existenz und Ausgestaltung vertraglicher Übereinkünfte (ähnlich die Definition von Ross, 1973, S. 134) in Kooperationsbeziehungen, durch die unterschiedlich informierte, mit Ressourcen ausgestattete und von Zielen geleitete Wirtschaftssubjekte durch Arbeitsteilung oder durch den Austausch von Gütern, Dienstleistungen oder Informationen ihre jeweiligen Nutzenpositionen verbessern möchten (Laux, 1990, S. 2; Gillenkirch, 1997, S. 5). Solchermaßen gestaltete Vorgänge werden als „Agency-Beziehungen", „Agentur-Beziehungen" bzw. „Auftragsbeziehungen" bezeichnet. Diese Bezeichnungen wurden von dem in der angloamerikanischen Literatur verwendeten Begriff der *agency relationship* abgeleitet. Schon nach US-amerikanischem Rechtsverständnis sind die Begriffe „agency" und „Auftrag" jedoch nicht deckungsgleich (vgl. z. B. Posner, 1998, S. 205). Nachdem sich die Principal-Agent-Theorie seit den 1970er-Jahren selbst von dieser Begriffsinterpretation entfernt hat, erscheint die Verwendung des deutschen Begriffs „Auftragsbeziehung" daher verwirrend. Agency-Beziehungen treten dabei meist in Form von Delegationsbeziehungen auf, bei denen ein Auftraggeber (Prinzipal) Entscheidungskompetenzen an einen Auftragnehmer (Agenten) delegiert. Nach der Definition von Ross (1973) besteht eine Agency-Beziehung zwischen zwei (oder mehreren) Kooperationspartnern dann, „when one, designated as the agent, acts for, on behalf of, or as representative for the other, designated the principal, in a particular domain of decision problems" (S. 134; zu alternativen Definitionen vgl. Pratt & Zeckhauser, 1985, S. 2; Hart & Holmström, 1987, S. 75). Sinngemäß impliziert diese Abgrenzung eine Vertragsbeziehung zwischen Prinzipal und Agent, bei der sich der Agent gegen einen Anspruch auf Entlohnung zur Erfüllung des Kooperationsinhaltes verpflichtet. Form und Inhalt der Kooperation können im Vertrag explizit oder implizit festgelegt sein. Durch die Definition von Ross werden zum einen reine Kooperationsbeziehungen zwischen unabhängigen Marktsubjekten (at arm's length) erfasst (z. B. Dienstverträge und Geschäftsbesorgungsverträge); zum anderen wird auch auf (Delegations-)Beziehungen in Hierarchien Bezug genommen (z. B. Arbeitsverträge). Gleichzeitig werden mit dieser Abgrenzung die häufig analysierten intrinsischen Agency-Beziehungen explizit ausgeschlossen, bei denen die Agency-Beziehung unabhängig von einer initiierenden (schuldrechtlichen) Vertragsbeziehung entsteht (zur Unterscheidung von *delegated* und *intrinsic* agency vgl. Bernheim & Whinston, 1986, S. 923 f.).

Typische Beispiele für Agency-Beziehungen in Unternehmen sind die Beziehungen zwischen den Eigentümern und dem Geschäftsführer, dem Vorstand eines Unternehmens und dem Aufsichtsrat oder zwischen dem Aufsichtsrat und den Aktionären. Aber auch außerhalb von hierarchischen Strukturen können Agency-Beziehungen bestehen, etwa zwischen einem Anwalt und einem Mandanten, einem Investmentbanker und einem Anleger, einem Architekten und einem Bauherren, einer Bank und einem Kreditnehmer oder aber auch zwischen einem pharmazeutischen Unternehmen und einem Biotech-Unternehmen.

Anreizverträge, die das Verhalten des Auftragnehmers im Sinne des Auftraggebers steuern sollen, können also in Form von Arbeitsverträgen, Beraterverträgen, Honorarordnungen, Kreditverträgen oder Lizenzverträgen auftreten (Gillenkirch, 1997, S. 5). Intrinsische Agency-Beziehungen wurden bei dem Verhältnis von Steuergesetzgeber (Prinzipal) und Steuerpflichtigem (Agent) identifiziert (vgl. hierzu z. B. Hart & Holmström, 1987, S. 76 sowie zu anderen intrinsischen Agency-Beziehungen Arrow, 1983; Pratt & Zeckhauser, 1985, S. 1; Rees, 1985a, S. 3; Sappington, 1991, S. 46). Gerade bei intrinsischen Agency-Beziehungen stellt sich die Frage, wo die Grenzen des Anwendungsbereichs der Principal-Agent-Theorie zu ziehen sind. Die Tatsache, dass die „Beziehung" zwischen einem Buchautor und seinen Lesern ebenso als Agency-Beziehung interpretiert wird (Pratt & Zeckhauser, 1985) wie die Beziehung zwischen einem mit gefährlichen Chemikalien agierenden Unternehmen und den unbeteiligten Anwohnern (Rees, 1985b), deutet auf mögliche Abgrenzungsprobleme im Zuge der weiten Definition hin. Im Rahmen der vorliegenden Arbeit werden allerdings nur Delegationsbeziehungen betrachtet. In einer Delegationsbeziehung überträgt der Prinzipal zur Realisierung seiner Interessen auf der Basis eines Vertrages bestimmte Aufgaben und Entscheidungskompetenzen an einen Agenten. Diese Delegationsbeziehungen sind dabei durch asymmetrische Informationsverteilung und Interessenunterschiede geprägt.

Agency-Beziehungen sind ferner dadurch gekennzeichnet, dass die Handlungen des Agenten nicht nur seinen eigenen Nutzen, sondern auch den des Prinzipals beeinflussen. Durch die Delegation von Entscheidungskompetenzen an den Agenten kann sich der Prinzipal dessen spezialisierte Arbeitskraft und seinen Informationsvorsprung zunutze machen; die ungleiche Informationsverteilung ist also gerade konstitutiv für die Agency-Beziehung. Die Delegation einer Aufgabe kann aber auch Probleme aufwerfen, wenn der Prinzipal über die Motive, die Handlungsmöglichkeiten und das konkrete Leistungsverhalten des Agenten unvollständig informiert ist. Je größer dieser Informationsnachteil des Prinzipals ist, umso größer ist auch die Gefahr, dass sich der Agent nicht mehr (ausschließlich) an der delegierten Aufgabe orientiert, sondern seine eigenen Interessen auch dann verfolgt, wenn dies zum Nachteil des Prinzipals geschieht. Der Prinzipal wird in dieser Situation vertragliche Möglichkeiten nutzen, um sicherzustellen, dass sich der Agent mit seinen Handlungen am vereinbarten Kooperationsziel orientiert (Ebers & Gotsch, 1995, S. 195).

Vor diesem Hintergrund untersucht die Principal-Agent-Theorie die vertragliche Gestaltung der Beziehung zwischen Prinzipal und Agenten unter Berücksichtigung grundlegender Verhaltensannahmen und Informationsasymmetrie. Auf Basis dieser Annahmen lassen sich typische Probleme von Agency-Beziehungen analysieren und Mechanismen entwickeln, mit denen diese Probleme reduziert werden können. Die Principal-Agent-Theorie kann nach Jensen (1983) in zwei unterschiedliche Strömungen unterteilt werden (S. 334–336): Die sogenannte *positive Principal-Agent-Theorie* ist deskriptiv ausgerichtet und widmet sich der Beschreibung und Erklärung der institutionellen Gestaltung von *realen* Agency-Beziehungen insbesondere im Rahmen der Trennung von Eigentum und Kontrolle (Vertreter dieses positiven Zweiges sind z. B. Jensen & Meckling, 1976; Fama, 1980). Die *normative Principal-Agent-Theorie* widmet sich hingegen der *effizienten* vertraglichen Gestaltung, wobei der Konflikt zwischen pareto-effizienter Risikoteilung und der Motivation unter Berücksichtigung auftretender Wohlfahrtsverluste im Mittelpunkt steht (als Vertreter des normativen Theorie-Zweiges sind zu nennen: Ross, 1973; Harris & Raviv, 1978, 1979; Shavell, 1979; Holmström, 1979; Mirrlees, 1974; Grossman & Hart, 1983).

Auf Basis der kurz gefassten Darstellung der Principal-Agent-Theorie ist nun eine Einordnung des eigenen Themas leicht möglich, indem die herausgearbeiteten grundlegenden Begriffe Agency-Beziehung, Prinzipal und Agent auf den betrachteten Sachverhalt angewendet werden. Diese Darstellung sollte den Schwerpunkt des Grundlagenkapitels ausmachen, sodass dieser weniger aus der Wiedergabe der (bekannten) Theorie als vielmehr in der Transferleistung der Anwendung auf den betrachteten Sachverhalt besteht. Ohne diesen Transfer für das betrachtete Beispiel ausführlich nachzuvollziehen, wird er auf der folgenden Gleichsetzung beruhen:

- Agency-Beziehung: Arbeitsvertrag
- Prinzipal: Vorgesetzter des Mitarbeiters (als Vertreter für die Unternehmensleitung)
- Agent: Forschungsmitarbeiter

4.2.3 Aufbau von Argumentationsketten

Während sich die Vorgaben zum Zitieren eher auf die Form der wissenschaftlichen Arbeit bzw. das formelle wissenschaftliche Arbeiten beziehen, können zum materiellen, d. h. inhaltlichen Teil nur recht allgemeine Hinweise gegeben werden. Beim Aufbau der Argumentation ist insbesondere auf eine klare Strukturierung zu achten, d. h., dass die einzelnen Argumente nicht wahllos vermischt und diskutiert werden dürfen. Vielmehr sollte zunächst festgelegt werden, wie die Argumentation aufzubauen ist. Die Argumentation stellt gerade bei der theoriebasierten Vorgehensweise eine besondere Herausforderung dar, da hier im Gegensatz zu den anderen Forschungsdesigns kein vorgegebener Aufbau existiert. Die Grundlage der Argumentation ist die Einordnung in die Theorie, wie sie zuvor erläutert wurde. Dies gewährleistet, dass die eigene Argumentation nicht auf tönernen Füßen steht. Denn in diesem Fall könnten leichte Zweifel an den Grundlagen die gesamte Argumentation ins Wanken bringen.

Eine Ausnahme von der notwendigen eindeutigen Einordnung in *eine* Theorie stellt die sog. *eklektische Vorgehensweise* dar. Ein eklektischer Ansatz (von griech. ἐκλεκτός, eklektos – ausgewählt) greift aus verschiedenen Theorien Elemente heraus und versucht, diese in einem integrierten Ansatz zusammenzuführen. Diese Vorgehensweise ist dann anzuraten, wenn eine einzelne Theorie zu kurz greift, weil sie nur einen isolierten Faktor betrachtet. Das Problem tritt häufig dann auf, wenn komplexe Entwicklungen in der Realität erklärt werden sollen, die von verschiedenen Theorien auf unterschiedliche Ursachen zurückgeführt wurden. Unter normalen Umständen müssten diese Theorien gegenübergestellt werden, um damit die zutreffende Theorie ausmachen zu können. Wenn nun jedoch jede dieser Theorien ein „Fünkchen Wahrheit" enthält und einen Teil des großen Ganzen zu erklären vermag, kann sie nicht falsifiziert, d. h. widerlegt werden. In diesem Fall kann es angeraten sein, die verschiedenen Theorien zusammenzufassen. Dies ist jedoch nur möglich, wenn die Theorien sich nicht widersprechen und damit komplementär sind, sich also gegenseitig unterstützen. Bekanntestes Beispiel für die eklektische Vorgehensweise ist der eklektische Ansatz von DUNNING zur Erklärung von Direktinvestitionen im Ausland (Foreign Direct Investment, FDI). Denn die einzelnen isolierten Theorien konnten zwar interessante Teilaspekte erklären, wie etwa den Einfluss der Wechselkurse auf Direktinvestitionen. Jedoch stellte DUNNING fest, dass die einzelnen Theorien für sich genommen keine hinreichende Erklärung für Direktinvestitionen bieten können.

Die Herausforderung bei der eklektischen Vorgehensweise besteht in der Arbeit mit den unterschiedlichen Annahmen der zugrunde gelegten Theorien. Denn der eklektische Ansatz stößt beispielsweise an seine Grenzen, wenn eine zugrunde gelegte Theorie rationales Verhalten der Entscheider zwingend voraussetzt, während eine andere verwendete Theorie nur dann gültig ist, wenn der Entscheider irrational handelt. Dieses Beispiel zeigt, dass die eklektische Vorgehensweise kein Freibrief für Beliebigkeit ist, sondern vielmehr noch höhere Anforderungen an den Verfasser einer wissenschaftlichen Arbeit stellt als das Arbeiten mit nur einer einzelnen Theorie.

Generell wird beim theoriebasierten Arbeiten deduktiv vorgegangen, d. h., es wird vom Allgemeinen auf das Spezielle geschlossen. Im Falle von Dunnings Theorie der Direktinvestitionen wird demnach die allgemeine Theorie auf einen bestimmten Einzelfall etwa die Gründung einer Tochtergesellschaft in China angewendet. Eine solche Anwendung einer Theorie auf den Einzelfall muss – um den Anforderungen der Wissenschaftlichkeit zu genügen – intersubjektiv überprüfbar sein. Sie sollte so gestaltet sein, dass jede andere Person zu den gleichen Schlussfolgerungen kommen wird wie der Verfasser der infrage stehenden Arbeit.

Insofern ist systematisch vorzugehen, damit das wissenschaftliche Ergebnis nicht von Zufälligkeiten abhängt. Zwar existiert kein wissenschaftliches Gesetz, wie genau bei dieser Anwendung einer Theorie vorzugehen ist, doch können die folgenden Vorgehensweisen zur Anwendung einer Theorie als hilfreiche Leitlinie dienen, die eine gewisse Sicherheit bieten, wenn man zum ersten Mal mit einer wissenschaftlichen Arbeit befasst ist:

- grammatische Anwendung am Wortlaut der Originalveröffentlichung
- systematische Anwendung auf Basis späterer Literatur
- teleologische Anwendung
- Analogie
- Umkehrschluss

Die sicherste Vorgehensweise ist, sich am *Wortlaut der Originalveröffentlichung* zu orientieren (grammatische Anwendung). Wenn also die Anwendung der oben genannten Theorie von DUNNING angestrebt wird, so ist zunächst dessen Originalveröffentlichung zu identifizieren. In keiner wissenschaftlichen Arbeit sollte eine solche Theorie rein auf Basis von Lehrbüchern angewendet werden. Diese können höchstens dazu dienen, die Originalveröffentlichung aufzufinden und einzuordnen.

Sofern die Originalveröffentlichung Fragen aufwirft, die nicht durch sie geklärt werden können, so kann die *spätere Literatur* herangezogen werden (systematische Anwendung). Auch hierbei ist auf Lehrbücher zu verzichten und vielmehr den wissenschaftlichen Fachveröffentlichungen der Vorzug zu geben. Bei dieser Vorgehensweise löst man sich von der Originalveröffentlichung und stellt sie in den Zusammenhang mit den späteren wissenschaftlichen Veröffentlichungen. Beispielsweise wurde die Transaktionskostentheorie von COASE begründet und insbesondere von WILLIAMSON weiterentwickelt. Jedoch hat auch WILLIAMSON seine ersten Beiträge später überarbeitet und konkretisiert. Aufgrund der langen Entwicklung wäre es beim Transaktionskostenansatz (man beachte auch die zum Teil synonymen Namen „Transaktionskostenansatz" und „Transaktionskostentheorie") nicht sinnvoll, nur von einer Veröffentlichung auszugehen. Das folgende Textbeispiel verdeutlicht die systematische Anwendung des Transaktionskostenansatzes.

Beispiel 8: Systematische Anwendung der Theorie
2.2.1 Transaktionskostenansatz
Der Transaktionskostenansatz (vgl. allgemein Commons, 1931; Coase, 1937; Williamson, 1975 sowie Alchian & Demsetz, 1972; Demsetz, 1968; Klein et al., 1978) beschäftigt

sich mit der Fragestellung der Wahl eines geeigneten institutionellen Arrangements *(Governance Structure)* für langfristige ökonomische Transaktionsbeziehungen, also entweder *Dauerbeziehungen* oder aber auch *häufige Einzelbeziehungen* (Schmidt, 1992, Sp. 1856 f.). *Unternehmen, Markt* und *relationale Verträge* stellen Grundformen von *Governance Structures* dar (zur Notwendigkeit einer solchen Abgrenzung s. Grote, 1990, S. 26; Michaelis, 1985, S. 77 und 190 f.). Dabei wird davon ausgegangen, „daß solche institutionellen Formen um ihrer ökonomischen Vorteile willen, also aus Effizienzgründen ..., geschaffen und gewählt werden" (Schmidt, 1992, Sp. 1854).

Der Transaktionskostenansatz basiert auf der Annahme der folgenden *Humanfaktoren* und *Transaktionsfaktoren,* die in Verbindung mit der gewählten *Governance Structure* zur Entstehung von Transaktionskosten führen (vgl. Williamson, 1975, S. 20–40, bzw. modifiziert Williamson, 1985a, S. 43–84):

- *Bounded Rationality:* Die Wirtschaftssubjekte sind *beschränkt rational,* d. h., sie verfügen nur über begrenzte Möglichkeiten, Informationen zu verarbeiten.
- *Opportunism:* Wenn sich eine Möglichkeit ergibt, verhalten sie sich *opportunistisch* und nutzen Informationsvorsprünge, Vertragslücken und Ermessensspielräume, um ihren eigenen Nutzen (auf Kosten des Transaktionspartners) zu steigern.
- *Uncertainty:* Es besteht Unsicherheit über die zukünftigen Umweltzustände, sodass es nicht möglich ist, beim Vertragsschluss alle Eventualitäten zu antizipieren und zu berücksichtigen.
- *Small Numbers (Bargaining):* Eine geringe Zahl von potenziellen Transaktionspartnern kann dazu führen, dass Märkte nicht effizient funktionieren, da Abhängigkeiten und Manipulierbarkeit bestehen können.
- *Information Impactedness:* Es besteht Informationsasymmetrie (vgl. hierzu auch Akerlof, 1970), die den besser informierten Transaktionspartnern opportunistisches Handeln ermöglicht. Darüber hinaus ist jedoch auch denkbar, dass beide Transaktionspartner über die gleiche, *unzulängliche* Information verfügen.

Die Wahl einer bestimmten *Governance Structure* erfolgt im Hinblick auf die durch sie verursachten Transaktionskosten (zum Begriff vgl. Arrow, 1970, S. 77; Coase, 1937, S. 394: „Marketing Costs") wobei jedoch umstritten ist, ob die Transaktionskosten dabei eine zu minimierende Zielgröße (kritisch Terberger, 1994, S. 131 f.) darstellen oder lediglich als „didaktisches Hilfsmittel" (Schmidt, 1992, Sp. 1856) fungieren, um ausgewählte Probleme stringenter analysieren zu können. Durch die getroffenen Annahmen sind Transaktionskosten nicht nur als pagatorische Kosten (Picot, 1982, S. 270 f.; für die Einbeziehung von Opportunitätskosten Terberger, 1994, S. 126) der Nutzung des Marktmechanismus (etwa Anbahnungskosten oder Vereinbarungskosten) zu verstehen, sondern auch im Sinne von Opportunitätskosten. WINDSPERGER (1987) definiert Transaktionskosten als „Kosten der Koordination von ökonomischen Transaktionen. Darunter fallen: Suchkosten, Informationskosten, Entscheidungskosten, Bargainingkosten, Disincentivekosten, Kontrollkosten und Kontraktvollstreckungskosten. Sie variieren bei gegebenem Transaktionsvolumen mit dem Komplexitäts- und Veränderungsgrad der transaktionalen Umwelt" (S. 65).

Zur Verdeutlichung des Erklärungsbeitrages des Transaktionskostenansatzes hinsichtlich der Begründung von Unternehmensakquisitionen werden im Folgenden die Beiträge von WILLIAMSON, TEECE und KLEIN et al. kurz dargestellt.

WILLIAMSON (1971) wendet sich insbesondere der Fragestellung der *vertikalen Integration* zu, indem er die optimale *Governance Structure* für eine gegebene Transaktionsbeziehung sucht und verschiedene Möglichkeiten eines Marktversagens (Market Failure) erörtert. Er weist zunächst darauf hin, dass in vielen Situationen – nicht zuletzt wegen *Economies of Scale* und der *Spezifität* der Produkte – nur wenige Marktteilnehmer existieren. Darüber hinaus können in Verträgen nicht alle zukünftigen Umweltzustände berücksichtigt werden. Diese Gefahr besteht besonders bei technologisch komplexen Produkten, die häufige Modifikationen erfordern bzw. in unterschiedlichen Mengen benötigt werden. Gerade bei langfristigen Verträgen wird die stärkere Vertragspartei dann der Versuchung opportunistischen Verhaltens erliegen und somit der anderen Vertragspartei entweder *ex post* einen konkreten Schaden zufügen oder *ex ante* bei Antizipation dieser Gefahr extrem hohe Kosten für die Formulierung relationaler (bedingter) Verträge aufbürden. Hingegen werfen kurzfristige Verträge das Problem auf, dass einerseits der Zulieferer nicht bereit sein wird, spezifische Investitionen zu tätigen. Andererseits kann er *First Mover Advantages* erzielen, wodurch wiederum die Zahl der potenziellen Zulieferer verringert wird. All dies führt letztendlich dazu, dass bei einer starken Ausprägung dieser Faktoren die Transaktionskosten durch eine Akquisition verringert werden können. WILLIAMSON räumt ein, dass sich das erläuterte Beispiel zwar zur Untersuchung von Akquisitionen von Lieferanten bzw. von Abnehmern des agierenden Unternehmens eignet, jedoch kaum in Bezug auf horizontale Akquisitionen (S. 122).

TEECE (1988) analysiert die grundlegenden Faktoren, die bei Akquisitionen im Forschungs- und Entwicklungsbereich eine Rolle spielen. Er setzt dabei voraus, dass externe Forschung, also Auftragsforschung, grundsätzlich vorteilhaft ist. Wegen des Transaktionsgegenstandes *Technologie* kann jedoch ein *Marktversagen* auftreten, sodass eine Akquisition erforderlich wird, um die Transaktion überhaupt durchführen zu können. Den Effekt des Marktversagens im Markt für Know-how führt er insbesondere auf folgende Ursachen zurück (Teece, 1976, 1977, 1981, 1988):

• Wegen des technologischen Fortschritts ist es nicht möglich, das Forschungsziel im (Forschungs-)Vertrag *explizit* zu erfassen, das „Produkt" ist also *ex ante* nicht spezifizierbar.

• Des Weiteren besteht für das agierende Unternehmen, das erwägt, einen Forschungsauftrag zu erteilen, die Gefahr eines Lock-in, da das zuerst beauftragte Forschungsinstitut einen *First Mover Advantage* erlangt. Dann wird eine Auftragserteilung an andere Institute in späteren Perioden dadurch erschwert, dass das anfangs gewählte Institut nach dem ersten Forschungsauftrag über nicht transferierbares *Tacit Knowledge* verfügt, das von Auftrag zu Auftrag anwächst. Dadurch wäre bei einem Wechsel des Instituts ein Großteil des beim ersten Forschungsauftrag generierten Know-hows verloren.

• Ein Institut, das bereits über eine selbst entwickelte Technologie verfügt und diese dem agierenden Unternehmen zum Kauf (bzw. zur Lizenznahme) anbietet, wird nicht bereit sein, den potenziellen Käufer vollkommen über die Spezifikationen der Technologie in Kenntnis zu setzen, da dann grundsätzlich die Gefahr besteht, dass er zwar auf einen Kauf verzichtet, die Technologie jedoch trotzdem nutzt. Diese Problematik stellt einen Sonderfall des *Informationsparadoxons* von ARROW (1974) dar: Um den Wert einer Information bestimmen zu können, müssen all ihre Spezifikationen dem potenziellen Käufer offengelegt werden. Dann wird er jedoch die Information nicht mehr benötigen (und somit auch nicht bereit sein, für sie etwas zu bezahlen) – er kennt sie ja bereits (S. 150–152).

- Des Weiteren untersucht TEECE (1988) die Probleme, die bei bestimmten Vertragstypen auftreten. Den *Fixed-Price Contract* sieht er als problematisch an, da es – wie erläutert wurde – nicht möglich sein wird, den Wert der Technologie *ex ante* zu bestimmen. Wenn jedoch versucht werde, dieses Problem durch einen *Cost-Plus Contract* zu umgehen, vermindere dies den Anreiz des Forschungsinstituts, Kosten zu senken. Die dann erforderliche Überwachung durch den Auftraggeber führe im Extremfall dazu, dass letztendlich eine Quasi-Integration stattfinde.

KLEIN et al. (1978) betrachten den Fall, dass der Zulieferer des agierenden Unternehmens *spezifische Investitionen* tätigen kann, die sich ausschließlich in dieser Transaktionsbeziehung nutzen lassen (Asset Specificity; Williamson, 1975 verwendete zunächst den Begriff „Idiosyncracy", übernahm jedoch später den von Klein et al., 1978 geprägten Begriff der „Asset Specificity"). Es wird angenommen, die Durchführung dieser Investitionen sei für beide Seiten vorteilhaft, da sich dadurch die variablen Kosten des Zulieferers senken ließen (spezifische Investitionen sind produktiver). Jedoch eröffnet die Spezifität, also die Tatsache, dass die Investitionen für den Zulieferer den Charakter von *Sunk Costs* aufweisen, dem Abnehmer die Möglichkeit eines opportunistischen Verhaltens: Indem er in Neuverhandlungen den Preis für das Vorprodukt herunterdrückt, kann er sich einen Teil des Kapitalwertes der *Quasi-Rente* des Zulieferers aneignen. Dieser Teil, den der Zulieferer bereit sein wird aufzugeben, bestimmt sich als Differenz zwischen dem Kapitalwert der Quasi-Rente und dem Wert der Investition für die zweitbeste Verwendung. Die Gefahr der Ausnutzung kann der Zulieferer zwar durch einen expliziten, langfristigen Vertrag ausschließen, jedoch werden ihm aufgrund der Ausarbeitung und Durchsetzung des Vertrages Transaktionskosten entstehen. Für Investitionen, die eine hohe Spezifität aufweisen, sehen KLEIN et al. jedoch ausschließlich in einer vertikalen Integration eine Lösung der Problematik.

Die dritte Anwendungsform einer Theorie löst sich auch vom Wortlaut der anderen Fachbeiträge. Bei dieser *teleologischen Anwendung* (griech. τέλος, telos – Ziel) wird vom Grundgedanken einer Theorie ausgegangen. Dabei wird sie jedoch ausdehnend angewendet auf einen Fall, den sie noch deckt, der aber nicht berücksichtigt wurde oder werden konnte. Sie kann jedoch auch teleologisch reduziert werden, indem nur ein Unterfall mehrerer möglicher Fälle betrachtet wird. Beispielsweise waren in den 1980er-Jahren die Möglichkeiten, die das spätere Internet auch für den Privatanwender bieten würde, kaum vorhersagbar. Gerade deshalb kann aber eine ältere Theorie herangezogen und auf diesen Fall angewendet werden. Die teleologische Reduktion kann am Beispiel des eklektischen Ansatzes von DUNNING verdeutlicht werden, der das Auftreten von grenzüberschreitenden Direktinvestitionen zu erklären versucht. Direktinvestitionen sind alle Investitionen im Ausland, ganz gleich, in welcher Form sie getätigt werden. Hierzu zählen also Greenfield Investments (z. B. der Bau einer eigenen Fabrik im Ausland) genauso wie Käufe im Ausland. Die Theorie von DUNNING kann dann teleologisch auf Unternehmenskäufe reduziert werden, wenn ein Grund dafür angegeben wird, dass andere Investitionsformen ausgeschlossen sind.

Anders ist das bei der *Analogie,* die bewusst über den Anwendungsbereich einer Theorie hinausgeht. Hierbei ist zu begründen, warum man eine Analogie vornehmen kann und soll. Es sind alle Gesichtspunkte zu berücksichtigen, die auch bei der Anwendung einer Theorie relevant sind. Besondere Bedeutung kommt dem teleologischen Gesichtspunkt zu, d. h., ob der Zweck und die Interessenlage die Gleichen sind wie bei der ursprünglichen Theorie. Ein Beispiel für eine Analogie wäre die Anwendung des eklektischen Ansatzes von DUNNING nicht nur auf grenzüberschreitende Unternehmenskäufe, sondern auch auf rein nationale Transaktionen. Denn während die Käufe im Ausland noch von Dunnings Theorie gedeckt sind und somit eine teleologische Anwendung darstellen, geht die Anwendung der Theorie im Inland darüber hinaus. Sie wird dann analog angewendet.

Es ist jedoch auch ein *Umkehrschluss* möglich, wenn festzustellen ist, dass für den betreffenden Einzelfall gerade keine Analogie gebildet werden kann *(argumentum e contrario).*

4.2.4 Aufbereitung der theoretischen Grundlagen

Die größte Gefahr, die sich bei einer theoriebasierten Arbeit ergeben kann, besteht in einer mangelnden Eigenleistung. Die Erkenntnisse aus der Theorie sollten nicht einfach nacherzählt, sondern für die eigene Zielsetzung und Gedankenführung komprimiert aufbereitet werden. Dabei ist der Anspruch an das Abstraktionsniveau von der Art der wissenschaftlichen Arbeit abhängig. Während bei einer ersten Studienarbeit noch das erlangte Fachwissen ausführlicher dargestellt werden kann, sollte bei einer Bachelor- oder Masterarbeit eine starke Begrenzung des Grundlagenteils vorgenommen werden. Bei diesen Arbeiten sind die Grundlagen knapp und bündig zu formulieren. Wörtliche Zitate sind nur dann zu verwenden, wenn es sich um prägende Begriffe oder Formulierungen handelt, die nicht besser in eigenen Worten wiedergegeben werden könnten. Das folgende Beispiel verdeutlicht diese Vorgehensweise.

Beispiel 9: Aufbereitung der theoretischen Grundlagen
Im Rahmen der nachfolgenden Analyse der Agency-Beziehungen im Forschungsbereich von Unternehmen wird angenommen, dass sich alle Vertragspartner (beschränkt) rational verhalten und sich am Bernoulli-Prinzip orientieren (Bamberg & Coenenberg, 1996, S. 70–83; Laux, 1998b, S. 162–197; zur Problematik bei Zustandsabhängigkeit vgl. Laux, 1998a, S. 3–13). Alternativen bewerten sie nach dem Erwartungswert des Nutzens. Die Annahme

beschränkter Rationalität erweist sich insbesondere bei Vorliegen einer komplexen und unsicheren Umwelt als angemessen. Je komplexer die Umwelt, desto schwieriger wird die Erfassung sämtlicher Handlungsalternativen. Die Folge ist das Entstehen unvollständiger Verträge, die im Verlauf der Vertragsbeziehung gewisser Anpassungen bedürfen. Jedoch ist die Annahme im Falle der Principal-Agent-Theorie kritisch zu betrachten: So wird zwar beschränkte Rationalität in Bezug auf die Inhalte der Delegationsbeziehung angenommen, was zu asymmetrischer Informationsverteilung führt. Hinsichtlich ihres Entscheidungskalküls handeln Prinzipal und Agent hingegen unbeschränkt rational: Bei Kenntnis der Nutzenfunktion gelingt es den Vertragspartnern *immer*, das Verhalten des anderen zu antizipieren und die Optimallösung zu bestimmen (vgl. zu diesen Annahmen z. B. Shavell, 1979, S. 58).

Bei ihren Entscheidungen agieren die Beteiligten stets im eigenen Interesse, d. h., sie realisieren diejenige Alternative, mit der sie den Erwartungswert des *eigenen* Nutzens maximieren können (Laux, 1990, S. 11). Die Verhaltensannahme der beschränkten Rationalität stützt sich auf die Erkenntnis von SIMON. Dieser entwickelte das Konzept der „Bounded Rationality", demzufolge Individuen zwar rationales Verhalten intendieren, dazu aber nur begrenzt in der Lage sind („intendedly rational, but only limitedly so", Simon, 1976, S. xxviii). SIMON (1957) nennt hierfür zwei Ursachen: einerseits eine limitierte Informationsverarbeitungskapazität des Menschen und andererseits kommunikative Probleme, die sich auf sprachliche Barrieren zurückführen lassen (S. 196–206).

Denn mit den Beschränkungen der menschlichen Informationsaufnahme- und -verarbeitungsfähigkeiten rücken die Kosten der Informationsbeschaffung und -verarbeitung und damit die Kosten der Planung, Anpassung und Überwachung von Transaktionen in den Vordergrund. Angesichts der Ergebnisse von STERN (1999) hinsichtlich des Entscheidungsverhaltens von zukünftigen Forschern in Bewerbungsverhandlungen mit Industrieunternehmen kann die Annahme des beschränkt rationalen Verhaltens bei Forschern in der Industrie als gerechtfertigt angesehen werden.

Die betreffende Arbeit beschäftigt sich mit dem Verhalten von angestellten Forschern in Unternehmen. Als theoretische Grundlage wurde die Principal-Agent-Theorie gewählt, die auf bestimmten Verhaltensannahmen basiert. Der Text stellt die Annahme des beschränkt rationalen Verhaltens dar und versucht, den betrachteten Fall unter den allgemeinen Fall zu subsumieren. Dazu wird zunächst die Annahme der beschränkten Rationalität auf Basis ihres Begründers Herbert A. Simon erläutert. Auf ihn stößt man unwillkürlich bei der Lektüre der neueren Beiträge zur Principal-Agent-Theorie, sodass für die Definition nicht diese späteren abgeleiteten Beiträge, sondern das Original von 1976 bzw. 1957 zugrunde zu legen ist. Der Begründer sollte aufgrund seiner Bedeutung nicht nur im Zitatnachweis, sondern auch im Text genannt werden (narrative citation). Der Nachname kann zur Hervorhebung in Kapitälchen gesetzt werden. Die *durchgearbeiteten* nachfolgenden Beiträge können als Literaturverweis in einer Klammer (parenthetical citation) angegeben werden und zeigen dem Leser, dass auch diese berücksichtigt wurden. Der Argumentationsweg der Subsumtion erfolgt hier implizit, d. h. unausgesprochen: Nach SIMON (1957) ist davon auszugehen, dass sich alle Vertragspartner beschränkt rational verhalten. Ein angestellter Forscher ist ein Vertragspartner, also kann auch bei ihm von einem beschränkt rationalen Verhalten ausgegangen werden. Dass diese Annahme plausibel ist und nicht im Gegensatz zur Realität steht, weist die Zitierung der empirischen Studie von STERN (1999) nach, der für eine bestimmte Situation – nämlich die Bewerbungsverhandlungen mit dem potentiellen Arbeitgeber – für die betrachteten Bewerber ein beschränkt rationales Verhalten festgestellt hat.

4.2.5 Vermeidung argumentativer Trugschlüsse

Leichter als die Angabe von allgemeinen Hinweisen zum Aufbau einer guten Argumentation, ist es zu sagen, wie nicht argumentiert werden sollte. Grundmaxime der Argumentation ist das der Wissenschaft inhärente kritische Denken. Die Gefahr der fehlerhaften bzw. unlogischen Argumentation besteht insbesondere dann, wenn journalistische Texte oder Veröffentlichungen und Analysen von Wirtschaftsakteuren der eigenen Arbeit zugrunde gelegt werden. Man darf sich in diesen Fällen nicht vom „schönen Schein", d. h. der Reputation der Zeitung bzw. der Stellung des Herausgebers blenden lassen. Vielmehr ist in all diesen Fällen die wissenschaftliche Substanz der Argumentation von möglichen Eigeninteressen zu trennen. Denn es ist selbstverständlich und auch nachvollziehbar, dass jede Veröffentlichung den eigenen Interessen dienen soll. Ein Zeitungsredakteur wird sich bei seiner Recherche nicht wissenschaftlichen Methoden bedienen können, sondern zielt darauf ab, in der Kürze der Zeit einen möglichst fundierten, aber auch interessanten Artikel zu verfassen. Er ist dabei auf das verfügbare Material und Expertenmeinungen angewiesen. Anders als in einer wissenschaftlichen Arbeit kann er aber nicht viele divergierende Meinungen zu Wort kommen lassen und diese abwägen. Vielmehr müssen in diesem Fall 2–3 wörtliche Zitate der befragten Experten ausreichen. In dieser Kürze der Zeit wie auch der Abhandlung ist eine differenzierte Betrachtung eines Themas nur selten möglich. Hinzu kommt, dass sich journalistische Texte meist auf eine aktuelle Studie beziehen. Diese wird dann nur über die jeweilige (angesehene) Hochschule benannt und nicht kritisch im Kontext diskutiert. Typisch ist etwa der folgende Satz: „Forscher der Harvard-Universität haben in einer Studie herausgefunden, dass ..." Zwar wird damit dem journalistischen Informationsanspruch genüge getan, doch ist ein solcher journalistischer Text als Quelle für eine wissenschaftliche Arbeit unbrauchbar.

Dass Wirtschaftsakteure wie Unternehmensverbände oder Gewerkschaften Eigeninteressen verfolgen, versteht sich von selbst. Dennoch ist es überraschend, wie viele Studierende in ihren Arbeiten sich auf eben diese wenig verlässlichen Quellen und Veröffentlichungen stützen (vgl. auch Schimmel et al., 2017, S. 116). So werden Zahlen einfach unkritisch von Branchen- oder Arbeitgeberverbänden übernommen, ohne Gegenpositionen wie die der Gewerkschaften zu Wort kommen zu lassen (oder umgekehrt). Es wird zum Teil verkannt, dass es sich bei einer zitierten Stiftung um eine parteinahe Stiftung handelt oder dass das Institut nicht die notwendige Unabhängigkeit besitzt. Die folgende Liste vermittelt einen Eindruck von den in Deutschland ansässigen Stiftungen und Instituten, die von ihrer Organisation oder Finanzierung nicht unabhängig sind:

- Konrad-Adenauer-Stiftung (CDU)
- Friedrich-Ebert-Stiftung (SPD)
- Friedrich-Naumann-Stiftung für die Freiheit (FDP)
- Heinrich-Böll-Stiftung (Grüne)
- Hanns-Seidel-Stiftung (CSU)
- Rosa-Luxemburg-Stiftung (Die Linke)
- Hans-Böckler-Stiftung (DGB)
- Institut der deutschen Wirtschaft (Verbände und Unternehmen der privaten Wirtschaft)
- Initiative „Neue Soziale Marktwirtschaft" (Arbeitgeberverband Gesamtmetall)

Dies bedeutet natürlich nicht, dass alle Veröffentlichungen der vorgenannten Institutionen falsch oder unwissenschaftlich seien. Sie sollten jedoch kritisch überprüft werden.

Ähnliches gilt für die Veröffentlichungen und „Studien" von Unternehmensberatungen, Agenturen oder sonstigen Dienstleistern. Solche Veröffentlichungen werden nicht aus wissenschaftlichem Interesse herausgegeben, sondern dienen zumindest langfristig der Akquisition neuer Aufträge. Manchmal wird ein weit verbreitetes Problem dargestellt, für das das herausgebende Unternehmen (wahrscheinlich) eine Beratungslösung anbietet, oder man möchte sich in einem interessanten Marktsegment mit seiner Expertise positionieren. Auch hier gilt, dass entsprechende Veröffentlichungen grundsätzlich verwendet werden dürfen. Jedoch sollte man sich auch von anderer Stelle Informationen über die tatsächliche Relevanz des Beitrages einholen. Beispiele sind etwa die von Dienstleistern entwickelten Spitzenkennzahlen. Bekannteste Spitzenkennzahl privatwirtschaftlicher Unternehmen sind klassischerweise der Gewinn oder der Shareholder Value Added (SVA). Letzterer ist ein Ergebnis der wissenschaftlichen Forschung der 1980er-Jahre, das insbesondere von Alfred Rappaport geprägt wurde. Auf

Basis des Shareholder-Value-Ansatzes haben Dienstleister eigene Spitzenkennzahlen entwickelt, die den Absatz der eigenen Beratungsdienstleistung fördern sollen. So hat etwa die US-amerikanische Investmentbank Bear Stearns in den 1990er-Jahren den Economic Value Added (EVA) als Spitzenkennzahl entwickelt und sich den Namen als Marke schützen lassen. Ein alternatives Konzept stellt Earnings less Risk-free Interest Charge (ERIC) dar, das von Louis J. Velthuis in Zusammenarbeit mit der Wirtschaftsprüfungsgesellschaft KMPG entwickelt wurde. Während SVA, EVA und ERIC in der Wissenschaft ausführlich diskutiert wurden, sind andere Ansätze recht schnell wieder „in der Versenkung verschwunden".

In Bezug auf Finanzierung und Organisation sind Forscher an Universitäten, Fachhochschulen und den bekannten Wirtschaftsforschungsinstituten (ZEW, ifo, DIW usw.) zwar unabhängig, doch sind auch hier Tendenzen erkennbar, die einen grundsätzlich kritischen Umgang auch mit diesen Quellen erforderlich machen (vgl. zur Situation in den USA Oreskes & Conway, 2012):

- *Auftragsforschung und Gutachten:* Forscher an staatlichen Hochschulen dürfen grundsätzlich auch bezahlte Gutachten und Studien für Dritte verfassen bzw. durch Finanzierung eines Dritten ein von ihm vorgegebenes Forschungsthema untersuchen. Zwar soll hier die wissenschaftliche Unabhängigkeit gewahrt werden, doch kann der Auftraggeber schon über die Themenvorgabe bzw. über die Entscheidung einer Weiterfinanzierung des Vorhabens einen enormen Einfluss auf das Forschungsergebnis ausüben.
- *Drittmittelforschung:* Die (staatlichen) Hochschulen sind weitgehend unterfinanziert und können größere Forschungsvorhaben nur über die Einwerbung sogenannter Drittmittel finanzieren. Neben dem größten staatlichen Drittmittelgeber in Deutschland, der DFG (Deutsche Forschungsgemeinschaft), existieren weitere unabhängige und abhängige Fördereinrichtungen. Die größten hiervon sind die VW-Stiftung sowie die Bertelsmann-Stiftung. Forscher an Hochschulen sind daher darauf angewiesen, mit ihren Forschungsergebnissen für eine gewisse Aufmerksamkeit zu sorgen, um damit die Chancen auf Drittmittel zu steigern.

Zu vermeiden sind jedoch nicht nur Studien und Forschungsbeiträge, die nicht unabhängig entstanden sind. Hinzu kommen auch inhaltliche Schwächen solcher Studien und Beiträge, die sich in Argumentationsfehlern und Trugschlüssen manifestieren. Im Folgenden werden die wichtigsten Fehler bei der Argumentation dargestellt, die es zu erkennen bzw. zu vermeiden gilt.

Non-sequitur-Argument: Eine Argumentationskette soll logisch aufeinander aufbauen. Zu vermeiden sind daher Brüche in der Argumentation, wenn sich die Schlussfolgerung nicht aus den vorher angegebenen Fakten oder Annahmen ergibt. Wenn beispielsweise die Frage behandelt wird, ob ein Unternehmen Schadensersatz an einen Kunden zahlen sollte, dann hängt dies von einer eindeutigen Ursache-Wirkungs-Beziehung ab: Ein Non-sequitur-Argument wird dabei jedoch häufig verwendet: Das verklagte Unternehmen nimmt jährlich X Milliarden Euro oder Dollar ein (noch eindrucksvoller ist es, nicht auf den Gewinn, sondern auf den Umsatz zu verweisen) und könnte damit leicht den Schaden des Kunden ausgleichen. Die Frage, ob ein Unternehmen erfolgreich ist, hat jedoch nichts damit zu tun, ob es für den eingetretenen Schaden verantwortlich gemacht werden kann. Zudem hängt ein Schadensersatz von der Höhe des Schadens ab, den er ausgleichen soll, und nicht von der Profitabilität des verursachenden Unternehmens.

Post-hoc-Argument: Dieser Trugschluss liegt vor, wenn aus einer zeitlichen Nähe zweier Beobachtungen auf eine kausale Beziehung geschlossen wird, ohne diese Kausalität nachzuweisen. Es handelt sich somit um einen Sonderfall des Non-sequitur-Arguments. Dieser in der empirischen Forschung als Scheinkorrelation bekannte Sachverhalt (z. B. Zusammenhang zwischen der Zahl der Störche in der Region und der Geburtenrate) kann auch in der theoretischen Argumentation auftreten. Wenn beispielsweise gegen den Euro als gemeinsame Währung argumentiert würde, so könnte man die sogenannte Griechenlandkrise anführen. Im Zuge der Maßnahmen zur Abwendung der Euro-Krise mussten große Teile der griechischen Bevölkerung massive Einschnitte bei Löhnen und Pensionen hinnehmen. Es wäre jedoch zu kurz argumentiert, diese negativen Folgen für die Bevölkerung ausschließlich als Folge der Euro-Einführung anzusehen, da diesen Folgen eine lange Entwicklung zugrunde liegt.

Ignorieren von Gegenargumenten: Eine der häufigsten argumentativen Trugschlüsse stellt das Ignorieren von Gegenargumenten dar. Diese werden zwar genannt, aber nicht weiter behandelt, sodass auch die Entkräftung des Gegenarguments einfach unter den Tisch fällt. Auch diese Praxis zur Immunisierung der eigenen Argumentation ist unwissenschaftlich, da keine inhaltliche Auseinandersetzung mit dem jeweiligen Gegenargument stattfindet. Vielmehr kann der Verfasser immer darauf verweisen, alle Gegenargumente berücksichtigt zu haben. Ein Beispiel für diesen argumentativen Trugschluss stellt der folgende Textausschnitt dar: „Die politische Begründung für die europäische Währungsunion war, dass nur feste Wechselkurse den Binnenmarkt stärken könnten. Dies steht im Widerspruch zu den sogenannten Monetaristen um Milton Friedman, die gerade den freien Wechselkursen eine Stärkung des grenzüberschreitenden Handels zuschreiben" (das Beispiel ist angelehnt an: Gruber et al., 2009, S. 217). In diesem Fall wird die Argumentation der Monetaristen zwar genannt, aber nicht entkräftet.

Appeals to Pity: Presseberichte oder Veröffentlichungen von Interessengruppen nutzen oftmals eine Sonderform des Non-sequitur-Arguments, indem an das Mitgefühl des Lesers appelliert wird. Auch hier wird eine logische Argumentation vermieden. Ein typischer Fall dieser Vorgehensweise war es, als der Staatsanwalt im Prozess um den Terrorakt des 11. September 2001 gegen den Angeklagten Zacarias Moussaoui die Familien der Opfer *als Zeugen* vernehmen wollte. Es ist unbestreitbar, dass die Tat unermessliches Leid über diese Familien gebracht hat, jedoch können die Angehörigen nichts über eine mögliche Beteiligung des Angeklagten aussagen.

Falsche Analogie: Bei einer Analogie wird davon ausgegangen, dass zwei Sachverhalte ähnlich sind und daher auch gleich behandelt werden können. Analogien sind aufgrund ihres Realitätsbezugs sehr lebhafte Argumentationen und daher oft schwer angreifbar. Jedoch ist bei einer Analogie größtes Augenmerk darauf zu legen, dass die zu vergleichenden Fälle tatsächlich vergleichbar sind. Wenn also beispielsweise General Electric mit dem Einsatz des Six-Sigma-Konzepts im Qualitätsmanagement sehr erfolgreich war, dann muss das nicht zwingend auch für andere Unternehmen gelten. Vielleicht lagen bei General Electric besondere Voraussetzungen vor, die andere Unternehmen nicht teilen, oder es bestand ein anderes Wettbewerbsumfeld.

Zirkelschluss: Ein Zirkelschluss in der Argumentation liegt vor, wenn die zu beweisende Schlussfolgerung mit sich selbst begründet wird. Dies ist nicht immer leicht zu erkennen, da Zirkelschlüsse in eingängigen Formulierungen versteckt werden können. Man könnte argumentieren, dass eine Studie der Stanford-Universität verlässliche Ergebnisse hervorbringt, da es sich bei Stanford um eine vertrauenswürdige Institution handelt. Dies stellt jedoch einen Zirkelschluss dar, weil die Vertrauenswürdigkeit dieser Institution wiederum davon abhängt, dass verlässliche Studienergebnisse ermittelt werden. Die Verlässlichkeit *dieser* infrage stehenden Daten lässt sich nur begründen, indem man das Design, die Durchführung und die Auswertung der Studie untersucht.

Argumentum ad Populum: Hier wird mit der Meinung der Bevölkerung oder einer bestimmten Gruppe, d. h. mit Ergebnissen aus einer Befragung argumentiert, die jedoch nichts darüber aussagen, ob die Meinung der Befragten den Tatsachen entspricht. So sagt es etwa bei einer Untersuchung der Erfolgsrate von Unternehmenskäufen nichts aus, wenn von 100 befragten Vorständen oder

Geschäftsführern 60 % der Ansicht sind, dass Unternehmenskäufe eher Wert vernichten. Sofern es – wie im Ausgangsfall – um die objektive Erfolgsrate geht, lässt sich diese nur anhand einer statistischen Untersuchung von Kennzahlen ermitteln.

Bandwagon Fallacy: Diese Argumentation geht davon aus, dass etwas zu tun oder zu unterlassen ist, weil andere dasselbe tun oder unterlassen. Am häufigsten stößt man im Profisport auf dieses Argument, wenn es um die Frage des Dopings geht. Dies greift jedoch zu kurz. Denn selbst wenn alle anderen Sportler unerlaubte Mittel einsetzen, ist das für den Einzelnen kein Argument, es ihnen gleichzutun. Ähnliches gilt für die strafbare Steuerhinterziehung oder die zulässige Nutzung von Steueroasen, mit der internationale Konzerne ihre Steuerlast auf ein sehr niedriges Niveau drücken. Noch so viele Einzelfälle sind kein Argument, sich genauso zu verhalten. Eine falsche Entscheidung wird nicht dadurch richtig, dass sich andere ebenfalls falsch verhalten. In einer Untersuchung, ob Banken ihren Kunden Beihilfe zur Steuerhinterziehung geleistet haben, genügt es daher nicht, darauf zu verweisen, dass ein infrage stehendes Verhalten einer Bank (Hinweis auf eine Filiale in einer Steueroase und praktische Tipps zur Verschiebung des Vermögens über die Grenze) in der Branche üblich sei. Vielmehr ist es erforderlich, das Verhalten Stück für Stück zu analysieren.

Argumentum ad Baculum: Das Argumentum ad Baculum ist ebenfalls ein Argument, das nicht auf einer schlüssigen Herleitung basiert. Es ist richtet sich vielmehr gegen denjenigen, der das Ergebnis anzweifelt. Das Zweifeln wird implizit oder explizit mit negativen Folgen verknüpft, wie etwa schlechtere Karrierechancen oder die Stornierung eines Auftrags.

Argumentum ad Hominem: Bei dieser falschen Argumentation wird der Vertreter einer Aussage oder These angegriffen und nicht die These selbst. Sie findet daher oft in der Politik Anwendung, wenn bestimmte Thesen mit einer Person verknüpft werden. Die Forderung eines Politikers, die Steuerbelastung für höhere Einkommen zu erhöhen, wird dann damit angegriffen, dass dieser Politiker selbst durch Vortragshonorare in der Wirtschaft Millionen Euro eingenommen habe. Dieser Vorwurf steht jedoch in keiner Beziehung zu seiner Begründung. Vielmehr müsste sich eine schlüssige Argumentation gegen die Steuererhöhung mit den dahinter stehenden Gedanken der Umverteilung und der sozialen Gerechtigkeit auseinandersetzen. Eine Variante des Argumentum ad Hominem greift die Beständigkeit des Sprechers an, indem darauf verwiesen wird, dass er früher etwas anderes vorgeschlagen habe. Jedoch handelt es sich auch hierbei um einen Trugschluss, da dies nicht bedeutet, dass der aktuelle Vorschlag schlecht ist. Eine weitere Variante knüpft an Eigenschaften der Person des Sprechers an. Die Aussage „Wie können Sie sich als Frau gegen eine Frauenquote in Vorständen und Aufsichtsräten aussprechen?" stellt ebenfalls einen Angriff auf die Person dar und setzt sich nicht mit den Argumenten auseinander. Eine perfide Variante bringt die angegriffene Aussage mit einer unpopulären Person in Beziehung. Beispielsweise kann der Vorschlag, Stock Options als Anreizinstrument für den Vorstand einzuführen, damit angegriffen werden, dass auch der Vorstand von Enron – das Unternehmen wurde im Zuge einer der größten Pleiten der Geschichte liquidiert – ebenfalls eine solche zusätzliche Vergütung erhalten habe. Alleine der Verweis auf diese Tatsache reicht nicht aus, sondern es müsste nachgewiesen werden, dass das Anreizsystem mit Stock Options für die Pleite von Enron ursächlich war.

Autoritätsargument: Gerade in der Presse wird häufig mit der Autorität eines Sprechers argumentiert. Artikel beginnen dann häufig mit der Aussage, dass eine Studie der Harvard-Universität zu einem bestimmten Schluss kam. In diesem Fall wird alleine mit der Autorität argumentiert. Dass sich ein Nobelpreisträger für einen bestimmten Vorschlag ausgesprochen hat, ist kein zwingender Beweis für die Güte des Vorschlags. In der aktuellen Managementliteratur wird häufig der frühere CEO von General Electric, Jack Welch, als Begründung für ein Argument herangezogen, da er der erfolgreichste Manager in der Geschichte von General Electric gewesen sei. Ähnliche „Autoritäten" sind André Kostolany (Kapitalmarkt), Warren Buffet (Kapitalmarkt) und Peter Drucker (Management). Aus diesem Grund wird dringend empfohlen, in der wissenschaftlichen Arbeit gänzlich auf derartige in populärwissenschaftlichen und journalistischen Texten zitierten Autoritäten zu verzichten. Alle in der Arbeit verwendeten Studien und Veröffentlichungen sollten nur über den Namen des Autors ohne Hinweis auf seine Stellung, akademischen Grade, beruflichen Erfahrungen oder Nobelpreise zitiert werden.

Fehlende Kausalität: In den Wirtschaftswissenschaften bestehen selten klare und eindeutige Ursache-Wirkungs-Beziehungen. Teilweise müssen diese durch Annahmen in einem Modell erst hergestellt oder sie können empirisch beobachtet werden. Doch ist es nicht ausreichend, etwa einfach zwei Zeitpunkte zu vergleichen. Wenn beispielsweise nach einer Verlängerung der Öffnungszeiten eines Ladengeschäfts von 20 auf 22 Uhr die Umsatzerlöse um 10 % steigen, so kann das nicht einfach auf die veränderten Öffnungszeiten zurückgeführt werden. Vielmehr können auch andere Einflüsse wie etwa die Saison oder eine höhere Kaufkraft ursächlich für die Umsatzsteigerung sein. Behauptete Kausalitäten sollten möglichst mit statistischen Methoden, d. h. empirisch nachgewiesen werden (s. Abschn. 4.3) oder es sollten empirische Studien zitiert werden. Ohne empirische Analysen dürfen Aussagen wie „signifikanter Einfluss" usw. nicht verwendet werden, da sie zwingend die Anwendung statistischer Methoden erfordern. Diese ermöglichen auch die Untersuchung etwaiger Scheinkorrelationen.

Statistische Trugschlüsse: Die statistischen Grundlagen werden häufig missachtet. Dabei sind einzelne Phänomene in wissenschaftlichen Arbeiten verstärkt anzutreffen. Hierzu gehört insbesondere die Missachtung des Gesetzes der großen Zahl, d. h. die Überbewertung von Einzelfällen. Während die Untersuchung eines Einzelfalls etwa in Form einer Fallstudie grundsätzlich eine wissenschaftliche Vorgehensweise darstellt, so sind statistisch signifikante Daten einem Einzelfall vorzuziehen. Ein logischer Fehler ist, eine bereits erhobene Datenbasis um Einzelfälle anzureichern, sodass diese Ergebnisse wieder infrage gestellt werden. AKERLOF (1991) hat dies am Beispiel des Autokaufs eindrucksvoll verdeutlicht, was im Folgenden kurz sinngemäß dargestellt werden soll: Ein Autokäufer möchte seine Kaufentscheidung rein von rationalen und wirtschaftlichen Kriterien leiten lassen. In die nähere Auswahl zieht er einen Mercedes und einen Toyota. Er besorgt sich daher die letzte Pannenstatistik, in der für jedes PKW-Modell die Pannen ausgewertet werden. Das Toyota-Modell kommt in dieser Pannenstatistik besser weg, es ist also verlässlicher, weil weniger Reparaturen anfielen. Mit dieser Information ausgestattet entscheidet er sich, dem Toyota-Händler in der kommenden Woche einen Besuch abzustatten. Am Wochenende berichtet er Freunden von „seinem" neuen Auto. Die Reaktion ist ernüchternd. Ein Freund erzählt, dass sein Schwager mit seinem Toyota im vergangenen Jahr gleich zweimal liegen geblieben sei. Der Autokäufer entscheidet sich aufgrund dessen doch für den Mercedes. Es ist zwar psychologisch verständlich, die private Information höher zu bewerten. Doch statistisch kann ein einzelner Fall nicht die große Fallzahl der Pannenstatistik verändern. Es gilt das Gesetz der großen Zahl. In einer wissenschaftlichen Arbeit sollte daher nur dann auf Fallstudien zurückgegriffen werden, wenn keine validen statistischen Daten zur Verfügung stehen. Es ist jedoch falsch, eine Statistik um Fallstudien zu ergänzen mit dem Ziel, das Ergebnis der Statistik abzuändern oder zu bestätigen. Eine anschließende Fallstudie kann lediglich die Anwendung der Ergebnisse im Einzelfall verdeutlichen.

Reductio ad Absurdum: Hierbei wird in der Argumentation eine bestimmte Entwicklung unterstellt, die „unausweichlich" zu einem offensichtlich unerwünschten Ergebnis führen wird: Die Öffnung des Arbeitsmarktes für Leiharbeiter aus dem außereuropäischen Ausland führt z. B. dazu, dass die Unternehmen alle bisherigen Arbeitnehmer gegen Leiharbeiter austauschen werden. Aufgrund des Wettbewerbs könnte sich kein Unternehmen gegen diesen Trend stellen, da es dann einen enormen Kostennachteil zu tragen hätte. Die Entwicklung würde sich hochschaukeln und erst dann enden, wenn *alle* Arbeitnehmer gegen Leiharbeiter ausgetauscht wurden. Diese Argumentation unterstellt implizit eine „schiefe

Ebene", die – wenn man sich einmal darauf begibt – nicht mehr zu verlassen ist. Vergessen wird dabei, dass der Einsatz von Leiharbeitnehmern nur für bestimmte Bereiche in Unternehmen überhaupt infrage kommt. Diese sind zunächst zu identifizieren, um dann die Auswirkungen davon abzuleiten.

Traditionsargument: Insbesondere in Bezug auf Verfahrensweisen, Strategien und Ähnlichem wird auch darauf verwiesen, dass sich die betreffende Praxis in vielen Jahren bewährt habe. Wie die Statistik zeigt, ist die Vergangenheit jedoch kein geeigneter Schätzer für die Zukunft. Auch wenn bewährte Praktiken und Theorien seit vielen Jahren anerkannt sind, bedeutet dies nicht, dass keine Zweifel zulässig wären. Im Gegenteil fordert der kritische Rationalismus nach POPPER, dass sich wissenschaftliche Erkenntnisse nie endgültig beweisen lassen, sondern sich immer wieder aufs Neue bewähren müssen.

Reiz des Neuen: In modernen Organisationen findet im Gegensatz zum Traditionsargument das Neuheitsargument Anwendung. Denn Wissenschaftler und Praktiker müssen heute intensiver als zuvor täglich um ihre Stellung kämpfen und dürfen nicht den Eindruck der Trägheit erwecken. Dies bedeutet für Wissenschaftler, dass ein Druck existiert, ständig neue Erkenntnisse zu produzieren und diese zu veröffentlichen. Genauso werden in Unternehmen oft auch in Zusammenarbeit mit Unternehmensberatungen laufend neue Projekte ins Leben gerufen. In einer wissenschaftlichen Untersuchung sollte man nicht diesem Reiz des Neuen erliegen. Aktualität ist wichtig – insbesondere bei der verwendeten Literatur. Doch ist eine Theorie nicht alleine deshalb besser, weil sie neu ist. Vielmehr sollte auch überprüft werden, worin der Nutzen des Neuen genau liegt, ohne dass man sich durch die interessante Namensgebung beeindrucken lässt. Ist ein Incentive-System wie etwa Payback nicht vergleichbar mit den bereits vor einem halben Jahrhundert bekannten Rabattmarken? Ist der Economic Value Added, der seit den 1990er-Jahren in vielen Konzernen als neue Zielgröße etabliert wurde, nicht dasselbe wie der Residualgewinn, der schon im Jahre 1955 von LÜCKE und bereits 1937 von PREINREICH beschrieben wurde (Lücke, 1955; Preinreich, 1937)? Worin liegt der Unterschied und ist dieser bedeutsam?

Fragen

Aufgabe 4.1: Überprüfen Sie die folgenden Aussagen zu Leiharbeit und Niedriglöhnen auf Fehler in der Argumentation und ordnen Sie sie den dargestellten Fehlern in der Argumentation zu:

a) Arbeitnehmerüberlassungsgesellschaften sind moderne Sklavenhändler, da auch sie den arbeitenden Menschen als Ware ansehen.

b) In einer repräsentativen Befragung haben 60 % der Befragten geantwortet, dass Niedriglöhne zu mehr Armut führen werden.

c) Ein global agierendes Unternehmen muss über Leiharbeit und Niedriglöhne die Lohnkosten senken, da alle anderen Unternehmen sich so verhalten und es sonst im Wettbewerb nicht bestehen könnte.

d) Ein eindrucksvolles Argument gegen Niedriglöhne ist der Fall von Frau Schmidt und ihrem schwerbehinderten Sohn. Da die Leistungen der Arbeitsagentur und der Krankenkasse nicht ausreichen, um ihrem Sohn ein weitgehend normales Leben zu ermöglichen, ist sie auf zusätzliche Einkünfte angewiesen. Jedoch findet sie keine Stelle außerhalb des Niedriglohnsektors.

e) Niedriglöhne und Leiharbeit sind dadurch gerechtfertigt, dass Arbeitssuchende entsprechende Verträge eingehen.

f) Auch der ehemalige Bundeskanzler Helmut Schmidt sprach sich gegen einen weiteren Ausbau des Niedriglohnsektors aus.

g) Der Ausbau des Niedriglohnsektors und die Einschränkung des Sozialleistungsniveaus haben sich im Nachhinein schon deshalb als Fehler erwiesen, weil die beteiligten Regierungsmitglieder und ihre Berater anschließend hoch dotierte Posten bei internationalen Konzernen und Versicherungen eingenommen haben, die von den Gesetzen profitiert haben.

h) Die Unternehmensberatung McKelvey hat für die Beurteilung der Profitabilität von Unternehmen die Messgröße Leading Companies Profitability Index entwickelt. Hierzu ist zunächst das Profitability Scale zu ermitteln als Turnover minus Expenditures. Anschließend werden die Profitability Scales der führenden Unternehmen absteigend sortiert. Die Rangzahl gibt den Leading Companies Profitability Index an. Unternehmen, die überdurchschnittlich viele Leiharbeitnehmer einsetzen, weisen einen höheren Leading Companies Profitability Index auf.

Aufgabe 4.2: Gemäß einer (hier nicht näher zu beschreibenden) Umfrage lesen 7 % der Deutschen täglich in einem Buch. Hingegen ordneten sich 46 % der Kategorie der Kaum- und Wenigleser zu. Dabei hat sich im Vergleich zur Umfrage des Vorjahrs in jeder Altersgruppe die Tendenz verstärkt, angefangene Texte nicht mehr gründlich durchzulesen. Unter den Jugendlichen bis 19 Jahre gibt jeder Dritte an, die Seiten nur zu überfliegen, um das Interessanteste zu lesen. Welche der folgenden Aussagen sind zutreffend?

a) Mehr Deutsche als im Vorjahr lesen Texte nicht mehr gründlich durch.

b) Immer mehr Deutsche sind Kaum- oder Wenigleser.

c) In der Altersgruppe bis 19 Jahre werden Texte nicht mehr gründlich durchgelesen.

d) Immer mehr Jugendliche bis 19 Jahre sind Kaum- oder Wenigleser.

Aufgabe 4.3: Ein bekanntes Knobelspiel besteht darin, dass die beiden Spieler gleichzeitig mit ihren Händen bestimmte Symbole formen. In einer Variante des Spiels existieren vier Symbole: Schere, Stein, Papier und Brunnen. Die Regeln lauten: Schere schneidet Papier, Stein zerstört Schere, Brunnen wird abgedeckt durch Papier, Schere und Stein fallen in Brunnen. Wenn beide Spieler dasselbe Symbol wählen, ist das Ergebnis unentschieden. Wie sollte ein Spieler sich verhalten? Welche Annahmen sind erforderlich? Untersuchen Sie das Spiel mithilfe der ökonomischen Spieltheorie.

Die folgende Checkliste fasst die wichtigen Punkte zusammen, die bei der theoretischen Argumentation zu beachten sind.

Checkliste „Theoretische Argumentation"

- Definition notwendiger Begriffe
- Nachweis aller sinngemäßen oder wörtlichen Übernahmen durch Zitierungen (in der Regel keine Seite ohne Zitierung, als unverbindliche Daumenregel: durchschnittlich fünf Zitatnachweise je Seite)
- Nachweis aller wichtigen Behauptungen
- Überprüfung der direkten, d. h. wörtlichen Zitate auf Übereinstimmung mit dem Original (keine Blindzitate von Textstellen, die nicht im Original vorliegen)
- Schwerpunkt auf der Gewinnung neuer Erkenntnisse, keine reine Wiedergabe von Lehrbuchwissen
- Logische Stringenz und Vermeidung argumentativer Trugschlüsse

4.3   Empirie

4.3.1 Datenbasis und Datenerhebung

Grundlage der empirischen Forschung sind die verwendeten Daten. Daher kommt der Datenauswahl und -beschaffung eine große Bedeutung zu.

▶   **Tipp** Die zugrunde gelegten Daten müssen aktuell, repräsentativ, objektiv, reliabel und valide sein.

Die verwendeten Daten können qualitativ (nominal- oder ordinal-skaliert) oder quantitativ (intervall- oder verhältnisskaliert) sein. Diese Unterscheidung ist für die Interpretation und die Weiterverarbeitung der Daten von grundlegender Bedeutung. Wenn ein Befragter die Frage „Vernichten Mindestlöhne Arbeitsplätze?" bei einer vierstufigen Auswahlantwort von „stimme sehr zu (1)" bis „stimme gar nicht zu (4)" die „1" auswählt, während ein anderer Befragter eine „2" auswählt, so kann man diesen nicht als „halb so kritisch" bezeichnen. Denn die Zuordnung von Zahlen zu den Auswahlantworten oder entsprechende Skalen von 1 bis 5 oder 1 bis 10 täuschen einen Zusammenhang vor, der nicht existiert. Bei allen Messungen sollten daher immer die Mess- oder Skalenniveaus beachtet werden (zu einem anschaulichen Beispiel der Umsetzung verschiedener Skalierungen im Fragebogen vgl. Huber, 2016, S. 95):

- *Nominal-skalierte Daten* können lediglich eine Klassifikation widerspiegeln, d. h., sie enthalten Informationen darüber, ob die Ausprägungen gleich oder ungleich sind. Typische nominal-skalierte Messungen sind etwa die Fragen nach dem Familienstand oder der Berufstätigkeit. Selbst wenn den Klassifikationen Zahlen zugeordnet werden (1 = ledig), so ermöglichen sie nur die Feststellung, ob zwei Personen den gleichen Familienstand haben oder nicht. Die Zuordnung von Zahlen zu den Auswahlantworten sowie deren Reihung sind beliebig.
- *Ordinal-skalierte Daten* lassen die Bildung einer Rangordnung unter den Auswahlantworten zu, d. h., es kann zwischen mehr und weniger einer Eigenschaft unterschieden werden. Sie eignen sich daher insbesondere für Einstellungsmessungen („stimme sehr zu", „bin sehr zufrieden" usw.).
- *Intervall-skalierte Daten* ermöglichen zusätzlich eine Interpretation des Abstands zwischen zwei Werten. Beispiele sind etwa die Temperatur in Grad Celsius oder das Geburtsjahr. Aufgrund der metrischen Messung kann nicht

nur ein Mehr oder Weniger unterschieden werden, sondern auch wie groß der Temperatur- oder Altersunterschied zwischen zwei Beobachtungen ist.

- *Verhältnis-skalierte Daten* erlauben zusätzlich, das Verhältnis zweier Werte zu interpretieren, weil ein echter Nullpunkt existiert. Solche Messungen sind etwa das Alter oder das Einkommen. So ist ein 40-Jähriger doppelt so alt wie ein 20-Jähriger; eine Person mit einem Jahreseinkommen von 30 000 EUR hat das 1,5-fache Einkommen im Vergleich zu einer Person mit 20 000 EUR Jahreseinkommen. Bei Grad Kelvin kann man von doppelt so heiß sprechen.

Grundsätzlich beinhalten höhere Skalenniveaus die Informationen der darunter liegenden Skalenniveaus. Sie weisen aber den Vorteil auf, dass sie informativer sind, weil sie mehr Eigenschaften der Zahlen enthalten und sich besser inhaltlich interpretieren lassen. Oftmals lässt sich durch eine unwesentliche Veränderung des Messwertes ein höheres Skalenniveau erzielen. Wenn statt des (Intervall-skalierten) Geburtsjahrs das (Verhältnis-skalierte) Alter als Messwert gewählt wird, ermöglicht dies nicht nur die Interpretation des Abstands, sondern auch des Verhältnisses zwischen zwei Beobachtungen. Eine Kodierung, wie sie in Fragebögen oft angewendet wird („1 stimme sehr zu" bis „5 stimme nicht zu"), führt jedoch nicht zu einer Erhöhung des Skalenniveaus.

Eine weitere Einteilung der Daten ist nach dem Zeitpunkt der Erhebung und den Merkmalsträgern möglich:

- *Zeitreihendaten* werden durch über die Zeit wiederholte Erhebungen an denselben Merkmalsträgern, d. h. Objekten oder Personen gewonnen.
- *Querschnittsdaten* werden durch zeitlich ungeordnete Beobachtungen an unterschiedlichen Merkmalsträgern gewonnen.
- *Panel-Daten* werden durch über die Zeit wiederholte Erhebungen an unterschiedlichen Merkmalsträgern gewonnen. Sie kombinieren somit die Eigenschaften von Zeitreihen- und Querschnittsdaten.

Zu Beginn des empirischen Kapitels einer wissenschaftlichen Arbeit sind der Prozess der Datenerhebung bzw. -beschaffung sowie das Ergebnis, d. h. die Stichprobe kurz zu beschreiben. Bei einer selbst durchgeführten Fragebogenanalyse sind daher der Ort und der Zeitpunkt bzw. der Zeitraum der Befragung, der Befragungsinhalt sowie die Zahl der befragten Personen anzugeben. Umfangreiche Angaben wie etwa das Muster des verwendeten Fragebogens sind in den Anhang auszulagern, auf den verwiesen werden sollte. Alle Maßnahmen, die Güte

der Befragung zu erhöhen, sind zu erläutern. Anzugeben sind aber auch alle Einschränkungen, wie etwa die Zahl der nicht vollständig ausgefüllten bzw. nicht
zurückgesendeten Fragebögen.

Wie eine eigene Datenerhebung durchzuführen ist, kann an dieser Stelle
nicht umfassend und für alle Fälle erläutert werden. Es können jedoch allgemeine Anhaltspunkte gegeben werden, die zu beachten sind. Grundsätzlich lassen
sich die folgenden Methoden der Primärforschung unterscheiden (Heister &
Weßler-Poßberg, 2011, S. 132 f.; Hug & Poscheschnik, 2020, S. 102–104):

- Bei einer *Befragung* werden Primärdaten über die Antworten der Befragten
  erhoben. Befragungen können weiter nach der Form (z. B. schriftlich, telefonisch, Internet-basiert) und der Art der Fragen (z. B. geschlossene oder offene
  Fragen) unterschieden werden. Auch wenn die Befragung freiwillig erfolgt, so
  ist doch möglichen ethischen Bedenken Rechnung zu tragen.
- Mit einer *Beobachtung* können Informationen der realen Umwelt erhoben
  werden. Beispielsweise kann die Route der Kunden in einem stationären Einzelhandelsgeschäft mittels Kamera oder Gesichtserkennung untersucht werden
  oder es werden die Klicks bzw. Mausbewegungen der Kunden eines Onlineshops erfasst. Bei allen Beobachtungen ist dem Datenschutz Rechnung zu
  tragen. Innerhalb eines Unternehmens durchgeführte Beobachtungen erfordern
  in Deutschland die vorherige Zustimmung des Betriebsrats.
- Bei einem *Experiment* wird nicht die reale Umwelt betrachtet. Vielmehr
  werden die Daten unter vorher definierten Rahmenbedingungen erhoben.
  Experimente können danach unterschieden werden, ob die Daten mit einer
  Befragung oder einer Beobachtung erhoben werden und ob sie unter künstlichen Bedingungen (Laborexperiment) durchgeführt werden. Da Experimente
  die Probanden immer in vordefinierte Entscheidungssituationen versetzen, sind
  ggf. Anreize zu gewähren, damit die Probanden wahrheitsgemäß und möglichst realistisch agieren. Beispielsweise könnte bei einem Börsenexperiment
  eine reale Gewinnchance zwischen 0 und 50 EUR ausgezahlt werden.

Im Folgenden soll die Befragung als wichtigste Methode der Primärdatenerhe-
bung genauer betrachtet werden:

- Ein Fragebogen ist vor Beginn der Umfrage einem sogenannten *Pre-Test* zu
  unterziehen, um die Verständlichkeit und Eindeutigkeit der Fragen und der
  Auswahlantworten zu prüfen. Beispielsweise kann festgestellt werden, dass
  die demografische Auswahlmöglichkeit „Student" für den Beruf etwa Schüler nicht mit einschließt. Die Probanden des Pre-Tests dürfen jedoch nicht

mehr an der eigentlichen Befragung teilnehmen. Im Text der Arbeit ist auf die Durchführung des Pre-Tests in einem Satz hinzuweisen.

- Der Fragebogen sollte *leserfreundlich* verfasst werden, also insbesondere nicht zu lang sein. Zudem sollten alle Möglichkeiten genutzt werden, den Angesprochenen die Teilnahme an der Befragung zu erleichtern. Hierzu zählen so profane Dinge wie die Bereitstellung eines Kugelschreibers bei stationären Befragungen oder die Beifügung eines adressierten Rückumschlags bei schriftlichen Befragungen. Zumindest bei Großunternehmen kann auf die Vorfrankierung des Umschlags verzichtet werden. Hier spielt eher die Zeitrestriktion eine Rolle. Bei Online-Befragungen sollte auf die Kompatibilität mit den gängigen Browsern, die Gefahr der Aussortierung von E-Mails als Spam sowie die Anzeigefreundlichkeit geachtet werden. Umfangreiche Befragungen sollten eine Fortschrittsanzeige und die Möglichkeit zur Zwischenspeicherung beinhalten.

- Sowohl der Zweck der Befragung bzw. der wissenschaftlichen Arbeit als auch die Person des Befragers und seine Hochschule sollten in den Fragebögen offengelegt werden *(Transparenz)*. Es darf jedoch nicht der Eindruck entstehen, als handele es sich um eine offizielle Befragung durch die Hochschule selbst. Daher muss auch die Stellung des Befragers offengelegt werden (Befragung eines Bachelor- oder Master-Studenten bzw. Doktoranden).

- Die *Anonymität* und der *Datenschutz* sind den Befragten zuzusichern. Die Erhebung von überflüssigen persönlichen Daten ist zu vermeiden. Im besten Falle erhalten die Teilnehmer ein Informationsblatt bzw. können sich dieses bei Online-Befragungen ausdrucken, das die Rahmenbedingungen der Befragung und der Auswertung zusammenfasst.

- Jede *kommerzielle Weiterverwendung* der erhobenen Daten ist auszuschließen. Bei Zusammenarbeit mit Unternehmen (Praktikum bzw. Teilzeit- oder duales Studium) ist eine Weitergabe nicht anonymisierter bzw. nicht aggregierter Daten auszuschließen. Die Zusammenarbeit mit Unternehmen ist anzugeben.

- Auch bei wirtschaftswissenschaftlichen Befragungen können sich *ethische Bedenken* ergeben. Wenn etwa im Rahmen von Arbeiten zu Versicherungen danach gefragt wird, wie der Befragte im Falle von Invalidität, schwerer Erkrankung oder Tod abgesichert ist, kann die Frage selbst oder eine darauf basierende individuelle Auswertung („Ihr Versicherungsschutz ist unzureichend, sie werden in Armut sterben.") Ängste auslösen und damit ethisch bedenklich sein. Zu beachten ist, dass nahezu alle Universitäten Ethikkommissionen gebildet haben, die bei derartigen Befragungen zu informieren sind und bereits im Vorfeld hilfreiche Ratschläge geben können. Bei Nicht-Einholung des Votums einer zuständigen Ethikkommission kann die Befragung wissenschaftlich unredlich sein, was gegebenenfalls Konsequenzen für die Stellung des Befragers (etwa arbeitsrechtliche Maßnahmen bei Doktoranden, die als wissenschaftliche Mitarbeiter angestellt sind) oder für die Arbeit selbst (zum Beispiel Verbot der Verwendung der erhobenen Daten in der wissenschaftlichen Arbeit) nach sich ziehen kann. Mögliche ethische Bedenken sind mit dem Betreuer bzw. im Zuge des Pre-Tests frühzeitig zu identifizieren, da die Ethikkommissionen nur zu festen Terminen tagen. Wenn ein Antrag in den Semesterferien gestellt wird, kann das Votum zum Teil erst Monate später erwartet werden.

- Den befragten Personen oder Unternehmen sollte ein *Anreiz zur Teilnahme* gegeben werden. Insbesondere bei schriftlichen oder Online-Befragungen kann ansonsten nur mit einer geringen Rücklaufquote (10–20 %) gerechnet werden. Bei Privatpersonen kann sich ein solcher Anreiz durch die intrinsische Motivation ergeben („Unterstützung eines Nachwuchswissenschaftlers"). Hierfür bietet sich die oben unter Transparenz geforderte Darstellung des Zwecks der Befragung an. Geldwerte Anreize können etwa durch die Verlosung eines Gutscheins unter allen Teilnehmern gegeben werden. Die Anreize sollten allerdings nicht zu hoch sein, da die Personen nicht nur wegen der Aussicht auf den Gewinn an der Befragung teilnehmen sollten. Üblich ist etwa die Verlosung eines Gutscheins im Wert von 20 EUR. Bei Unternehmensbefragungen spielen Anreize hingegen eine sehr große Rolle. Denn keine Führungskraft im Unternehmen hat die Zeit, an allen möglichen Befragungen teilzunehmen. Vielmehr sollte den teilnehmenden Unternehmen ein Mehrwert geboten werden. Dieser kann etwa darin bestehen, dass allen *Teilnehmern* die anonymisierten und aggregierten Ergebnisse der Befragung oder die wissenschaftliche Arbeit als Ganzes zur Verfügung gestellt werden.

- Aus Gründen der Wissenschaftlichkeit ist während der Durchführung der Befragung auf die *Dokumentation* aller Befragungsparameter zu achten. Bei stationären Befragungen ist etwa zu notieren, wann und wo die Befragung durchgeführt wurde. Bei nicht stationären Befragungen sind die Auswahl und die Zahl der angesprochenen Personen bzw. Unternehmen festzuhalten. Allerdings darf bei der Dokumentation nicht gegen den Datenschutz verstoßen werden, d. h., es ist strikt zwischen dem Rücklauf als solchem und dem Inhalt des zurückgesendeten Fragebogens zu trennen. Vorteilhaft sind hierbei Online-Befragungstools, die diese Trennung bereits softwaretechnisch vorsehen und den zugesicherten Datenschutz glaubhaft machen.

Die folgende Checkliste fasst zusammen, was bei der Datenbasis und -erhebung zu beachten ist.

Checkliste „Datenbasis und -erhebung"

- Überprüfung, ob die empirische Vorgehensweise überhaupt möglich und sinnvoll ist, ggf. Wahl einer theoriebasierten Vorgehensweise (bei guter Literaturverfügbarkeit) bzw. einer Meta-Analyse (bei bereits erfolgten umfassenden empirischen Arbeiten, die den Grenznutzen einer zusätzlichen empirischen Arbeit fragwürdig erscheinen lassen)
- Identifizierung der benötigten Daten für die empirische Analyse (etwa Zeitreihendaten für eine Regressionsanalyse)
- Zeitplanung der Datenerhebung insbesondere bei eigenen Befragungen
- Begründung und Dokumentation der Wahl des Erhebungsverfahrens (Datenbank oder eigene Erhebung) im empirischen Teil der Arbeit
- Dokumentation der Durchführung der Datenerhebung, d. h. der Auswertung der Datenbank bzw. der Durchführung der Befragung in Kurzform im empirischen Teil sowie in ausführlicher Form im Anhang

4.3.2 Fallstudie

Die empirische Forschung mit Fallstudien (Case Studies) hat in den Sozial- und den Lebenswissenschaften (Medizin, Psychologie) eine lange Tradition. Eine Fallstudie untersucht tief gehend ein bestimmtes Forschungsobjekt, den Fall (engl. Case), und seine Umweltbedingungen. Das Forschungsobjekt kann dabei sowohl ein Individuum, eine Organisation, ein Ereignis als auch eine Aktion sein. Grundsätzlich kann auch ein Einzelfall mit anderen Forschungsmethoden untersucht werden. Am bekanntesten ist vielleicht die in der Kapitalmarktforschung eingesetzte Ereignisstudie (Event Study), bei der mittels einer statistischen Zeitreihenanalyse ein bestimmtes Ereignis wie etwa die Reaktion des Aktienkurses auf eine neue Information untersucht wird. Die Fallstudie als empirische Forschungsmethode ist dabei in ihrer Aussagekraft nicht „schwächer" als die statistischen Methoden, auch wenn diese das Gesetz der großen Zahl im Rücken haben. Denn auch die Fallstudie kann nicht nur auf qualitativen, sondern auch auf quantitativen Daten aufbauen. Damit sie jedoch nicht als Erzählung oder Anekdote daherkommt, ist auf eine strukturierte Vorgehensweise besonders zu achten. Dass eine Fallstudie die wissenschaftliche Erkenntnis weiterbringen kann, unterstreicht der Bericht (in der Medizin wird die Fallstudie als Case Report bezeichnet) des Arztes Alois Alzheimer über eine einzelne Patientin, der den

Grundstein zur Erforschung der nach ihm benannten Krankheit legte. Eine in den Wirtschaftswissenschaften bekannte Fallstudie ist Baker (1992).

Die Wissenschaftlichkeit der Fallstudienforschung ergibt sich durch eine strukturierte Analyse des Falls. Anders als bei den statistischen Verfahren der empirischen Forschung wird keine Repräsentativität angestrebt, dass also der betrachtete Fall für die Grundgesamtheit beispielsweise aller Unternehmen repräsentativ ist und die Ergebnisse der Fallstudie verallgemeinert werden können. Vielmehr sind gerade besondere Fälle oder besondere Umstände eines Falls von großem Interesse. Daher kommt auch der Auswahl des Falls eine große Bedeutung zu. Sie sollte anders als bei den statistischen Verfahren nicht zufällig erfolgen, sondern informationsorientiert. Bei der Fallauswahl lassen sich drei Typen von Fällen unterscheiden:

1. Ein *Schlüsselfall* kann gewählt werden, wenn das Fallsubjekt oder die Umstände des Falls von besonderem Interesse sind.
2. Ein *atypischer Fall* zeichnet sich durch die besonderen Einsichten aus, die damit gewonnen werden können. Oftmals sind gerade die atypischen Fälle, die auf Basis der bekannten Theorien nicht ausreichend erklärt werden können, von besonderem Interesse. Dann ist der Fall zwar nicht repräsentativ, bietet aber neue Blickwinkel, wie sie etwa zur Entwicklung der Blue-Ocean-Strategie führten.
3. Ein *lokaler Fall* kann gewählt werden, wenn dem Verfasser der Fallstudie nichtöffentliche Informationen über das Fallsubjekt oder die Umstände vorliegen. Das Beispiel von Alois Alzheimer zeigt, dass die Erforschung der nach ihm benannten Krankheit ohne seine Kenntnis über seine Patientin nicht möglich gewesen wäre. Das Beispiel zeigt aber auch, dass die Verwendung nichtöffentlicher Informationen eine Zustimmung des Rechteinhabers oder eine Anonymisierung sowie ggf. das Votum einer Ethikkommission erfordert.

Zur Sicherstellung der Wissenschaftlichkeit der Fallstudie ist der Struktur besondere Aufmerksamkeit zu widmen. Dabei sind der Zweck, der Ansatz und die Vorgehensweise der Fallstudie klarzustellen:

1. Der *Zweck der Fallstudie* kann evaluativ, d. h. wertend oder explorativ sein.
2. Der *Ansatz der Fallstudie* kann Theorie-testend, Theorie-bildend oder illustrativ sein. Nur mithilfe eines Theorie-testenden Ansatzes ist es möglich, eine Hypothese zu testen. Demgegenüber ist ein Theorie-bildender Ansatz darauf ausgerichtet, eine Hypothese erst zu generieren. Die Überprüfung der

Objekt	Zweck	Ansatz	Vorgehensweise	
			Zahl der Objekte	zeitlich
Schlüsselfall atypischer Fall lokaler Fall	evaluativ explorativ	Theorie-testend Theorie-bildend illustrativ	einzeln mehrere (parallel) mehrere (sequenziell)	retrospektiv Zeitpunkt bezogen diachron

Abb. 4.1 Ausgestaltung der Fallstudienmethode

Hypothese muss dann mit einer anderen Methode erfolgen. Eine illustrative Fallstudie dient lediglich dazu, die Ausführungen oder deren praktische Anwendung an einem Beispiel zu verdeutlichen. Für die Argumentation in der Arbeit spielt sie jedoch keine Rolle.

3. Die *Vorgehensweise der Fallstudie* wird durch mehrere Faktoren geprägt. Zunächst einmal kann die Fallstudie nur ein einzelnes oder mehrere Fallstudiensubjekte umfassen. Die zeitliche Vorgehensweise kann retrospektiv, d. h. über einen Zeitraum zurückblickend, Zeitpunkt-bezogen oder diachron sein. Bei mehreren Fallstudiensubjekten ist auch deren Reihenfolge zu bestimmen, d. h., ob die Fallstudiensubjekte gleichzeitig (parallel), aufeinanderfolgend (sequentiell) oder verschachtelt analysiert werden.

Damit sind über die in Abb. 4.1 dargestellten Variationen insgesamt $3 \times 2 \times 3 \times 3 \times 3 = 162$ verschiedene Ausgestaltungen der Fallstudienmethode möglich (da eine Tabelle sowohl nach Spalten als auch nach Zellen eine klare Untergliederung aufweisen muss, ist diese Darstellung als Abbildung formatiert).

Die Fallstudienstruktur kann gemäß dieser Typologie individuell gestaltet werden. Beispielsweise kann eine wertende, Theorie-testende Fallstudie ein Fallstudiensubjekt retrospektiv untersuchen. Die Aussagekraft einer Fallstudie kann im Popper'schen Sinn nicht in der Verallgemeinerung einer einzelnen empirischen Beobachtung bestehen. Jedoch eignet sich die Fallstudienforschung zur Falsifizierung einer Theorie und ggf. zur Entwicklung einer neuen Theorie. Die Studie Baker (1992) untersucht Hypothesen der Kapitalmarktforschung zu Beginn der 1990er-Jahre. Im Zentrum steht dabei die Auswirkung konglomerater und nicht konglomerater Akquisitionen auf den Unternehmenswert am Beispiel des Unternehmens Beatrice. Die Vorgehensweise ist retrospektiv, wobei die gesamte Unternehmensgeschichte von der Gründung im Jahr 1891 bis zum Leveraged Buy-out (LBO) durch Kohlberg, Kravis, and Roberts (KKR) im Jahr 1985

chronologisch in vier Phasen unterteilt wird. Die Beschreibung und Analyse
der Phasen berücksichtigt jeweils die Akquisitionen und Desinvestitionen des
Unternehmens, die Organisationsstrategie und die Unternehmensführung. Die
empirischen Daten beziehen sich nicht nur auf qualitative Daten wie die Füh-
rungsstile der jeweiligen CEOs, sondern auch auf quantitative Daten wie die
kumulierten abnormalen Renditen, Marketingausgaben und die Marktreaktionen
auf die Ankündigung von Akquisitionen und Desinvestitionen.

4.3.3 Deskriptive Datenanalyse

Vor der Auswertung der erhobenen Daten mithilfe statistischer Verfahren bietet es sich an, die Daten im Zuge einer Informationsverdichtung zu beschreiben
(deskriptive Statistik). Durch die grafische Darstellung mithilfe von Kreis- oder
Balkendiagrammen bzw. Histogrammen kann ein erster Überblick über Häufig-
keiten von Merkmalsausprägungen sowie die zugrunde liegenden Verteilungen
gegeben werden.

Eine Beschreibung ist durch die Berechnung erster Maßzahlen der Verteilung
möglich, wobei mit x_j die Merkmalsausprägung und mit n der Stichprobenumfang
bezeichnet werden.

Das *arithmetische Mittel der Stichprobe* (sample mean) ist das am häufigsten
verwendete Lokalisationsmaß:

$$\bar{x} = \frac{1}{n} \sum_{j=1}^{n} x_j \tag{4.1}$$

Zu beachten ist, dass damit das arithmetische Mittel einer Stichprobe bezeichnet wird, während das arithmetische Mittel der Grundgesamtheit mit dem
griechischen Buchstaben μ (my) bezeichnet wird.

In manchen Fällen ist es jedoch sinnvoller (oder bei ordinaler Messbarkeit
nur möglich), den *Median* (Zentralwert) der statistischen Reihe zu ermitteln. Zur
Bestimmung des Medians werden die Merkmalsausprägungen der Reihe nach
geordnet:

$$x_1 \le x_2 \le \ldots \le x_j \le \ldots \le x_n \tag{4.2}$$

Der Median bestimmt sich dann als

$$x_{Med} = x_{\frac{n+1}{2}}, \text{ falls } n \text{ ungerade} \tag{4.3}$$

oder

$$x_{Med} = \frac{1}{2}\left(x_{\frac{n}{2}} + x_{\frac{n+1}{2}}\right), \text{ falls } n \text{ gerade} \tag{4.4}$$

Dadurch hat der Median im Gegensatz zum arithmetischen Mittel den Vorteil, dass er durch Ausreißer nicht beeinflusst wird, da sie nur mit ihrer Position in der Reihe, nicht aber mit ihrer Merkmalsausprägung berücksichtigt werden. Beispielsweise könnten durchschnittliche Studienzeiten durch einzelne Ausreißer nach oben beeinflusst werden, wenn einzelne Studierende – was in früheren Prüfungsordnungen nicht unmöglich war – 20 oder 30 Jahre studieren. Solche Ausreißer können auch direkt nach der Erhebung in der Grundgesamtheit bereinigt, d. h. eliminiert werden, dann gerät man jedoch schnell in die Gefahr der willkürlichen Manipulation.

Die vorgenannten Lagemaße geben zwar eine zentrale Tendenz einer Verteilung an, sie bieten jedoch kein Maß der Streuung. So können etwa die Noten zweier Vorlesungen bei identischem arithmetischen Mittel in der Streuung stark variieren. Eine Beschreibung ohne ein Streuungsmaß wäre unvollständig. Als wichtigstes Streuungsmaß gilt die *Standardabweichung der Stichprobe* (sample standard deviation):

$$s = \sqrt{\frac{1}{n-1}\sum_{j=1}^{n}\left(x_j - \overline{x}\right)^2} \tag{4.5}$$

Die Standardabweichung der Stichprobe unterscheidet sich durch den Nenner $n - 1$ von der Standardabweichung der Grundgesamtheit, um das Konzept der Freiheitsgrade abzubilden (Berenson et al., 2015, S. 137). Varianz und Standardabweichung werden in Software und Lehrbüchern zum Teil auch mit dem griechischen Buchstaben *sigma,* d. h. σ^2 bzw. σ ausgedrückt. Allerdings sollten die griechischen Buchstaben den Verteilungsparametern der Grundgesamtheit vorbehalten sein.

Ein *Quantil q* teilt die statistische Reihe so auf, dass q % ihrer Beobachtungswerte kleiner oder gleich diesem Wert und gleichzeitig (100 % – q %) ihrer Beobachtungswerte größer oder gleich dem Quantil sind. Deutlich wird das am Median, der nichts anderes ist als das 50%-Quantil. Beispielsweise betrug das 80%-Quantil der Umsätze der 20 größten deutschen Industrieunternehmen im

Jahr 2005 49 Mrd. EUR, d. h., dass 80 % der Unternehmen (d. h. die umsatz-
kleinsten 16) einen Umsatz von bis zu 49 Mrd. EUR hatten und 20 % der
Unternehmen (d. h. die vier umsatzgrößten) einen Umsatz größer oder gleich
49 Mrd. EUR hatten.

Neben dem Streuungsmaß spielen *Konzentrationsmaße* eine große Rolle, d. h.
die Frage, ob die Merkmalssumme auf wenige Merkmalsträger konzentriert ist.
Typisch sind die Konzentrationsmaße für Branchenumsätze oder Vermögensver-
teilungen. So könnte man ermitteln, dass 80 % der Umsatzerlöse einer Branche
von nur 5 % der Unternehmen erwirtschaftet wird oder dass 3 % der Einwohner
über 50 % des Gesamtvermögens in einem Land verfügen. Konzentrationsmaße
sind somit ein Maß für die Ungleichheit in der Verteilung. Allerdings ist davor zu
warnen, die Maßzahl normativ anzuwenden, indem implizit gefordert wird, dass
jede Verteilung möglichst gleich sein sollte. Es ist nach festgestellter Ungleichheit vielmehr theoretisch argumentativ bzw. empirisch nachzuweisen, dass eine
gleichmäßigere Verteilung „besser" wäre. Die Konzentration kann absolut (vier
Unternehmen machen 80 % des Branchenumsatzes aus) oder relativ (5 % der
Unternehmen machen 80 % des Branchenumsatzes aus) gemessen werden. Hierzu
sind die Merkmalsausprägungen wiederum der Größe nach zu ordnen.

Fragen

Aufgabe 4.4: Erläutern Sie die Denkfehler bei den folgenden statistischen bzw.
empirischen Argumentationen:

a) Ein bekannter Witz besagt, dass man zu einer Flugreise unbedingt eine
   Bombe mitbringen sollte. Denn die Wahrscheinlichkeit, dass sich zwei
   Bomben in einem Flugzeug befänden, sei nahezu null.
b) Ein Wissenschaftler fährt mit seiner Familie übers Land und sieht in der
   Nähe eines Bauernhofs eine Schafherde. „Schaut mal", sagt er, „die Schafe
   sind auf der uns zugewandten Seite alle geschoren!" Als Empiriker könne
   er schließlich nicht mehr feststellen, sagt er.
c) Sie haben als Kandidat der Quizshow „Geh auf Ganze!" die letzte Runde
   erreicht und stehen nun vor der Auswahl Ihres Gewinns. Ihren bereits
   sicheren Gewinn von 10 000 EUR können Sie im folgenden Spiel ver-
   vielfachen oder auch vollständig verlieren: Hinter einem von drei großen
   Toren auf der Bühne befindet sich der Hauptpreis der Sendung, ein Neu-
   wagen im Wert von 50 000 EUR. Der Wagen gehört Ihnen, wenn Sie das
   richtige Tor erraten. Wenn Sie sich jedoch für ein falsches Tor entscheiden,
   so gewinnen Sie den „Zonk", ein kleines Stofftier, das Sie immer an diesen

Fehler erinnern wird. Nachdem Sie sich für ein Tor entschieden haben und eines der beiden anderen Tore geöffnet wurde, bietet Ihnen der Quizmaster an, das Tor noch einmal zu wechseln. Sie wissen, dass er selbst das richtige Tor nicht kennt, also bleiben Sie bei Ihrer Entscheidung.

d) Ein Kommilitone, der die Matheklausur mit 1,0 geschrieben hat, während Sie „nur" eine 2,0 vorweisen können, behauptet, er sei doppelt so schlau wie Sie. Überzeugen Sie ihn unter Verwendung der richtigen Begriffe, dass seine Aussage falsch ist.

4.3.4 Ausgewählte statistische Anwendungen

4.3.4.1 Statistisches Testen

Das empirische Arbeiten endet nicht mit der deskriptiven Analyse, d. h. der reinen Beschreibung der erhobenen Daten. Diese sind vielmehr statistisch auszuwerten. Ein grober Fehler ist es, diese Auswertung rein verbal vorzunehmen. Denn eine in der Zielsetzung zur Untersuchung vorausgesetzte Hypothese kann nicht nach dem Bauchgefühl falsifiziert oder nicht falsifiziert werden. Das empirische Arbeiten umfasst immer auch die Anwendung von Verfahren der schließenden Statistik. Aufgrund der Vielzahl an statistischen Anwendungen und Verfahren kann im Folgenden nicht ausführlich und umfassend beschrieben werden, wie vorzugehen ist. Stattdessen soll ein kurzer Überblick über die Verfahren gegeben werden, die bereits im Studium behandelt wurden.

Die statistischen Testverfahren stellen die wichtigste Gruppe von statistischen Anwendungen für empirische wissenschaftliche Arbeiten dar. Ihre Bedeutung ergibt sich daraus, dass mit diesen Verfahren auf Basis der erhobenen Stichprobe eine direkte Entscheidung über eine aufgestellte Hypothese getroffen werden kann. Da die erhobene Stichprobe (z. B. befragte Personen) nicht mit der tatsächlichen Grundgesamtheit (z. B. alle potentiellen Kunden) übereinstimmt, kann nicht festgestellt werden, ob eine Hypothese richtig oder falsch ist. Es kann jedoch festgestellt werden, ob die Hypothese auf Basis der Stichprobe falsifiziert werden kann. Kann sie hingegen nicht falsifiziert werden, so wird sie so lange beibehalten, bis es gelingt, sie zu widerlegen (kritischer Rationalismus).

Eine Hypothese wird allgemein so ausgedrückt, dass ein bestimmter Parameter θ *(theta)* einer Verteilung den Zahlenwert θ_0 annimmt. Bei dem Parameter kann es sich um das arithmetische Mittel μ, die Standardabweichung σ, einen Anteilswert π (pi) oder um eine andere Maßzahl handeln. Im Regelfall wird die zu untersuchende Forschungshypothese als Alternativhypothese formuliert, während das logische Gegenstück (Gegenhypothese) als Nullhypothese verwendet wird. Nur in dem Fall, dass die Forschungshypothese behauptet, es gäbe keinen Unterschied in den Merkmalsausprägungen (Punkthypothese), wird sie zur Nullhypothese. Wenn man diesen Parameter allgemein mit θ bezeichnet, dann lautet die Nullhypothese:

$$H_0 : \theta = \theta_0 \qquad (4.6)$$

Bei der Nullhypothese handelt es sich in diesem Fall um die zu prüfende Ausgangshypothese (Punkthypothese), die durch das anzuwendende Testverfahren entweder verworfen (falsifiziert) oder eben nicht verworfen werden kann. Im letzteren Fall kann sie nach POPPER nicht falsifiziert werden und wird solange als gültig angesehen, bis es gelingt, sie zu falsifizieren.

Die Nullhypothese wird dann verworfen, wenn die Gegenhypothese als richtig angesehen wird. Die Gegenhypothese ist das logische Gegenstück der Nullhypothese; ihre Formulierung hängt daher direkt von der Formulierung der Nullhypothese ab. Wenn die Nullhypothese wie im obigen Beispiel als Punkthypothese formuliert ist, d. h. $\theta = \theta_0$, dann lautet die Gegenhypothese:

$$H_1 : \theta \neq \theta_0 \qquad (4.7)$$

Die Nullhypothese und damit auch die Gegenhypothese können jedoch nicht nur als einfache Punkthypothese formuliert sein, sie können auch zusammengesetzte Hypothesen sein, die sich auf ein Intervall beziehen:

$$H_0 : \theta \geq \theta_0 \quad \text{gegen} \quad H_1 : \theta < \theta_0 \qquad (4.8)$$

oder

$$H_0 : \theta \leq \theta_0 \quad \text{gegen} \quad H_1 : \theta > \theta_0 \qquad (4.9)$$

Allen Testverfahren ist gemein, dass sie von einer Stichprobe auf die Grundgesamtheit schließen. Dieser Rückschluss kann aber auch fehlerhaft sein, wenn die Nullhypothese verworfen wird, obwohl sie richtig ist (Fehler erster Art oder α-Fehler) bzw. wenn die Nullhypothese beibehalten wird, obwohl sie falsch ist (Fehler zweiter Art oder β-Fehler).

Tab. 4.3 verdeutlicht den Zusammenhang.

Tab. 4.3 Fehlerarten bei statistischen Testverfahren

		Realität	
		H_0 ist richtig	H_0 ist falsch
Testentscheidung	H_0 beibehalten	o.k Wahrscheinlichkeit: 1 $- \alpha$	Fehler zweiter Art: β-Fehler Wahrscheinlichkeit: β
	H_0 verwerfen	Fehler erster Art: α-Fehler Wahrscheinlichkeit: α	o.k Wahrscheinlichkeit: 1 $- \beta$

Zwischen dem Fehler erster Art und dem Fehler zweiter Art besteht ein klassischer Trade-off: Je weniger Fehler erster Art zugelassen wird, desto höher ist der Fehler zweiter Art. Die Fehlerwahrscheinlichkeiten können als bedingte Wahrscheinlichkeiten ausgedrückt werden. Die bedingte Wahrscheinlichkeit P (engl. probability) für den Fehler erster Art beträgt:

$$P(H_0 \text{ verwerfen} | H_0 \text{ richtig}) = \alpha \qquad (4.10)$$

Die bedingte Wahrscheinlichkeit P für den Fehler zweiter Art beträgt:

$$P(H_0 \text{ beibehalten} | H_0 \text{ falsch}) = \beta \qquad (4.11)$$

Die Wahrscheinlichkeit, die Nullhypothese beizubehalten unter der Bedingung, dass sie falsch ist, beträgt somit β. Der Trade-off bedeutet, dass je kleiner α ist, desto größer β. Da das Hauptaugenmerk auf dem Fehler erster Art liegt, könnte man fordern, dass $\alpha = 0$ gelten sollte. Dies bedeutet, dass das Testverfahren so angewendet wird, dass eine richtige Hypothese *niemals* verworfen werden kann. Ein solches Testverfahren wäre aber nicht trennscharf, da dann der Fehler zweiter Art die Wahrscheinlichkeit $\beta = 1$ annimmt. In diesem Fall wird eine Hypothese auch dann beibehalten, wenn sie falsch ist. Das Ergebnis ist zwangsläufig, da man, um $\alpha = 0$ zu erreichen, jede Nullhypothese beibehalten muss. Im Ergebnis hängt die Wahl von α somit vom inhaltlichen Problem ab (Mayer, 2013, S. 130).

Zwar ist der Fehler erster Art nie ganz auszuschließen (oder es ist aus den o. g. Gründen nicht sinnvoll, dies zu fordern), doch kann man einen Grenzwert für die Fehlerwahrscheinlichkeit α vorgeben. Meist wird daher $\alpha = 0{,}05$ oder $\alpha = 0{,}01$ gefordert, d. h. die zulässige Fehlerwahrscheinlichkeit beträgt 5 % oder 1 %. α wird dann als *Signifikanzniveau* des Tests bezeichnet. Der

Fehler zweiter Art ergibt sich in diesem Fall automatisch, er ist aber *nicht* die Gegenwahrscheinlichkeit zu α, d. h. es gilt *nicht* $\beta = 1 - \alpha$.

In vielen einführenden Lehrbüchern zur Statistik wird von einem vorgegebenen Stichprobenumfang ausgegangen. Dann ist die oben aufgestellte Behauptung, dass niemals der Fehler erster Art und der Fehler zweiter Art *gleichzeitig* verringert werden können, korrekt. Jedoch ist der Stichprobenumfang bei vielen empirischen Fragestellungen nicht *ex ante*, d. h. im Vorhinein festgelegt, sondern wird vom Verfasser der wissenschaftlichen Arbeit bestimmt. Ein höherer Stichprobenumfang führt dann *c. p.* zu einer höheren Trennschärfe des Tests. Ein idealer Test wäre, wenn beide Fehlerwahrscheinlichkeiten null wären, d. h. $\alpha = \beta = 0$. Dies wird jedoch nicht möglich oder praktikabel sein.

Jedoch kann auch für die Trennschärfe eine Einschätzung der Brauchbarkeit vorgenommen werden, die als *Macht* oder *Güte* eines Tests (engl. power) bezeichnet wird. Die Macht kann bestimmt werden über die Wahrscheinlichkeit, die Hypothese zu verwerfen, in Abhängigkeit vom wahren Parameterwert θ. Diese Wahrscheinlichkeit hängt nicht nur ab vom Stichprobenumfang, sondern auch vom Mittelwert μ und der Standardabweichung σ der Grundgesamtheit, vom Parameterwert sowie vom Signifikanzniveau α. Sind die anderen Werte jedoch gegeben, so kann die Macht des Tests durch Erhöhung des Stichprobenumfangs (z. B. Zahl der befragten Personen) verbessert werden. Allerdings wird ein höherer Stichprobenumfang in der Regel zu höheren Testkosten führen.

Zur Anwendung der einzelnen Testverfahren wird auf die Literatur zur schließenden Statistik (engl. inferential statistics) verwiesen.

4.3.4.2 Regressionsanalyse

Die Regressionsanalyse spielt in der wirtschaftswissenschaftlichen Forschung eine so bedeutende Rolle, dass sich um sie herum eine eigene Disziplin etabliert hat, die Ökonometrie, die mithilfe von empirisch gewonnenen Daten ökonomische Hypothesen überprüft. Darüber hinaus ermöglicht es die Regressionsanalyse, in Modellen allgemein formulierte ökonomische Zusammenhänge mit Leben zu füllen, indem etwa die Zahlenwerte der in einer bestimmten Hypothese enthaltenen Parameter auf Basis empirischer Daten statistisch geschätzt werden. Anschließend können diese so mit Zahlenwerten unterfütterten Modelle für Prognosen oder Simulationen genutzt werden. Wenn also in der Mikroökonomie die nachgefragte Menge eines Gutes als eine Funktion des Preises angegeben wird, so ermöglicht die Regressionsanalyse auf Basis konkreter Zeitreihendaten zu Absatzmengen und Preisen bei Vorgabe einer allgemeinen Bestimmungsformel die Schätzung der Modellparameter. Es handelt sich in diesem Fall um ein *einfaches lineares Modell,* da nur eine unabhängige Variable, nämlich der Preis, betrachtet wird. Diese unabhängige Variable wird als exogene Variable bezeichnet, da sie von außerhalb des Regressionsmodells stammt, d. h., sie wird nicht errechnet, sondern muss empirisch ermittelt werden. In vielen Fällen stellt die Berücksichtigung nur einer exogenen Variablen eine zu starke Vereinfachung (Komplexitätsreduktion) dar. Beispielsweise hängt die Nachfrage nach einem Gut nicht nur von dessen Preis, sondern auch vom verfügbaren Einkommen und den Preisen anderer Güter ab. Die *multiple lineare Regressionsanalyse* erlaubt die Berücksichtigung von zwei oder mehr exogenen Variablen.

Die Regressionsanalyse soll im Folgenden anhand des einfachen linearen Modells verdeutlicht werden. Die Hypothese lautet in diesem Fall, dass sich die Variable Y als lineare Funktion der Variablen X ergibt. Da es sich aus Gründen der Komplexitätsreduktion um ein (die Realität vereinfachendes) Modell handelt, werden andere (zufällige) Einflüsse ausgeblendet. Diese werden mit einer Störvariable U (manchmal auch als Störterm oder mit dem griechischen Buchstaben ε bezeichnet) zusammengefasst. Das einfache lineare Modell wird durch die Parameter α und β bestimmt:

$$Y = \alpha + \beta \cdot X + U. \tag{4.12}$$

Durch die Störvariable wird das ökonomische Modell zum ökonometrischen Modell. Dieses ökonometrische Modell testet nun die im Modellansatz enthaltene Hypothese, indem auf Basis von Zeitreihendaten für Y und X die Modellparameter α und β geschätzt werden. Wurden n Beobachtungen für diese Zeitreihendaten erhoben, so kann der Modellansatz für jede Beobachtung $i = 1, \ldots, n$ wie folgt beschrieben werden:

$$y_i = \alpha + \beta \cdot x_i + u_i. \tag{4.13}$$

Dabei bezeichnet man die Variablen y_i als endogene Variablen, die Variablen x_i als exogene Variablen oder Regressoren und die Variablen u_i als latente Variablen oder als Störterm. Die Bezeichnung von y_i als endogene Variablen folgt aus der Hypothese, dass sich die y_i aus dem Modellansatz heraus errechnen lassen. Die zu schätzenden Variablen α und β heißen Modellparameter oder Koeffizienten (coefficients) und bezeichnen die wahren Werte der Parameter. Diese wahren Werte können mithilfe des Modellansatzes jedoch nur geschätzt werden, sodass nicht α und β direkt ermittelt werden, sondern $\hat{\alpha}$ und $\hat{\beta}$, die als Schätzer oder Schätzparameter bezeichnet werden.

Eine besondere Rolle kommt in der Regressionsanalyse den Störvariablen u_i zu, da diese unbeobachtbar sind und im Modellansatz einfach den Rest „aufnehmen", der durch den Term $\alpha + \beta \cdot x_i$ nicht erklärt werden kann. Im günstigsten Fall handelt es sich bei den u_i tatsächlich nur um eine Zufallsvariable. Jedes noch so gute ökonomische Modell kann durch stochastische Störungen beeinflusst werden, sodass die funktionale Abhängigkeit zwischen x_i und y_i durch diese Störvariablen überlagert wird. Es kann jedoch auch sein, dass die Störvariablen aus Messfehlern der Zeitreihendaten oder – schlimmer noch – aus weiteren, im Modellansatz nicht berücksichtigten exogenen Variablen herrühren. Gerade der letzte Punkt gebietet eine tiefer gehende Analyse der Störvariablen, da nur so die Güte des Modellansatzes überprüft werden kann. Fehler im Modellansatz ließen sich sonst in den Störvariablen „verstecken". Daher müssen für die Störvariablen weiter gehende Annahmen getroffen werden, indem unterstellt wird, sie seien von den Beobachtungswerten x_i sowie von den Modellparametern α und β unabhängig.

Die erste Annahme

$$E(u_i) = 0, \text{ für alle } i = 1, \ldots, n \qquad (4.14)$$

besagt, dass der Erwartungswert der Störvariablen null beträgt. Es gibt zwar Störvariablen, aber sie haben keinen systematischen Einfluss, da sie sich im Durchschnitt gegenseitig aufheben.

Die zweite Annahme

$$Var(u_i) = const., \text{ für alle } i = 1, \ldots, n \qquad (4.15)$$

besagt, dass die Varianz aller Störvariablen identisch ist, sie also homoskedastisch (gleichstreuend) sind. Unterscheiden sich hingegen die Varianzen, so bezeichnet man sie als heteroskedastisch.

Die dritte Annahme

$$Cov(u_i, u_j) = 0, \text{ für } i \neq j \qquad (4.16)$$

besagt, dass die einzelnen Störvariablen nicht korreliert sind, d. h. keine Autokorrelation vorliegt.

Oft werden diese Annahmen durch eine vierte Annahme

$$u_i \sim N(0, \sigma^2) \text{ und unabhängig} \qquad (4.17)$$

ergänzt, die besagt, dass die Störvariablen normalverteilt und paarweise unabhängig sind.

Die Bedeutung der vorgenannten Annahmen liegt darin, dass sie in jeder Regressionsanalyse zu treffen und zu überprüfen sind. Jedoch sollten die Ausführungen bei der Nennung der Annahmen kurz gehalten werden. Die Regression selbst erfolgt in der Regel über die Methode der kleinsten Quadrate (least squares method), bei der die Schätzgerade so durch die Punktewolke gelegt wird, dass die Summe der quadrierten Abweichungen (Residuen) der Schätzwerte von den Beobachtungen minimiert wird.

Die Berechnung der Schätzparameter kann über die Software erfolgen, zum Beispiel über MS Excel. Professionelle statistische Analysen lassen sich über SPSS und SAS erstellen. Die bei der Durchführung der Regression ermittelten Werte sind dem Anhang der wissenschaftlichen Arbeit anzufügen.

▶ **Tipp** Das Statistik-Programmpaket SPSS wurde seit 1968 von der Firma SPSS Inc. (jetzt Teil von IBM) entwickelt; der ursprüngliche Name lautete „Statistical Package for the Social Sciences". Das Programm besitzt eine benutzerfreundliche grafische Oberfläche und enthält die gängigen Methoden der Datenauswertung sowie mehrere Systeme für die graphische Darstellung von statistischen Daten und Kenngrößen.

SAS ist ein Programm zur statistischen Auswertung und Verwaltung von Daten. Es ist in der Lage, Schnittstellen zu Datenbanksystemen wie Oracle herzustellen und somit einen Austausch verschiedener Datenquellen zu ermöglichen. SAS kann auch komplexe Berechnungen anstellen, deren Ergebnisse in Graphiken oder Berichten präsentiert werden können.

Auch wenn die softwaregestützte Berechnung mittlerweile für jedermann ohne tiefer gehende statistische Kenntnisse leicht möglich ist, so ist der *Güte der Anpassung* besonderes Augenmerk zu schenken. Denn eine Regressionsanalyse liefert *immer* ein zahlenmäßiges Ergebnis – auch für ökonomisch unsinnige Modellansätze. Die Güte der Regression ist anhand des Bestimmtheitsmaßes (R-squared) R^2 zu beurteilen, das in jeder Software automatisch ermittelt und angegeben wird. Das Bestimmtheitsmaß gibt den Anteil der durch die exogenen Variablen erklärten Varianz der endogenen Variablen an ihrer Gesamtvarianz an. Das Bestimmtheitsmaß liegt zwischen null und eins und ist umso besser, je näher es an eins liegt. Bei der multiplen linearen Regressionsanalyse, bei der mehrere exogene Variablen berücksichtigt werden, ist das Bestimmtheitsmaß jedoch nicht aussagekräftig, da es sich bei Hinzufügung einer beliebigen weiteren exogenen Variablen verbessern kann. In diesem Fall ist das um die Zahl der Freiheitsgrade bereinigte Bestimmtheitsmaß (adjusted R-squared) heranzuziehen, das die Zahl der exogenen Variablen berücksichtigt. Das bereinigte Bestimmtheitsmaß hat die Eigenschaft, dass es durch Hinzufügen einer weiteren exogenen Variable auch sinken kann, wenn deren Erklärungskraft zu gering ist. Es ist jedoch davor zu warnen, mit dem Modellansatz so lange zu „spielen", bis das (bereinigte) Bestimmtheitsmaß eine gewünschte Größe erreicht. Die Veränderung eines Modellansatzes ohne ein anerkanntes zugrunde liegendes ökonomisches Modell ist unwissenschaftlich. Denn die statistischen Methoden sollen dazu dienen, eine Hypothese zu testen; sie sind nicht dazu da, Hypothesen zu generieren.

Bevor die Schätzparameter mit den Methoden der Statistik analysiert werden, ist zunächst eine banale, aber wichtige Frage zu klären: Hat das Regressionsergebnis ökonomisch einen Sinn? Dies ist nicht unbedingt mit den Beträgen der Schätzparameter als vielmehr mit deren Vorzeichen zu klären. Denn der Modellansatz verkörpert bereits Erwartungen über die Vorzeichen. So wird ein (Standard-)Gut nach der mikroökonomischen Theorie umso *stärker* nachgefragt, je *geringer* der Preis dieses Gutes ist. Ist nun das Vorzeichen des Schätzparameters positiv, so widerspricht dies der ökonomischen Intuition. Sofern in diesem Fall nicht eine weitere ökonomische Erklärung für die Beobachtung gefunden werden kann (das Gut ist etwa ein Luxusgut), so ist ein Regressionsergebnis in aller Regel zu verwerfen, weil es den ökonomischen Erwartungen widerspricht.

Sofern die erhobenen Zeitreihendaten auch Perioden umfassen, in denen Sondereinflüsse wie etwa die deutsche Wiedervereinigung, besondere Krisenjahre oder gesetzliche Veränderungen gewirkt haben, so können diese durch eine oder mehrere sogenannte *Dummy-Variablen* neutralisiert werden. Ein Dummy ist in der Regressionsanalyse eine dichotome künstliche Hilfsvariable, d. h., sie kann nur zwei Werte annehmen – meist null und eins. Wird ein solcher Dummy in der Periode eines Sondereinflusses mit der Ausprägung eins eingesetzt, so kann dieser dadurch berücksichtigt werden, dass für ihn ein eigener Schätzparameter ermittelt wird. Üblich ist auch der Einsatz von Saison-Dummies, um den hinter saisonalen Schwankungen verborgenen Trend zu identifizieren. In diesem Fall werden beispielsweise vier Quartals-Dummies eingesetzt, die in jedem Jahr jeweils einmal die Ausprägung eins annehmen.

Ob ein einzelner Schätzparameter *signifikant* ist, d. h. die entsprechende exogene Variable x_i einen Einfluss auf y_i hat, kann anhand des Signifikanz- oder t-Tests beurteilt werden. Die Bezeichnung t-Test rührt daher, dass für die zum Teil kleinen Stichprobenumfänge die Parameter nicht der Normalverteilung, sondern der t-Verteilung – auch als Student-Verteilung bezeichnet – folgen. Tabelliert wurde diese Verteilung von dem britischen Chemiker und Statistiker William Gosset, der seine Veröffentlichungen bisweilen unter dem Pseudonym „Student" tätigte. Dieser Test entscheidet über die Nullhypothese, dass eine bestimmte exogene Variable *keinen* (signifikanten) Einfluss auf die endogene Variable hat:

$$H_0 : \beta_i = 0 \quad i = 1, \ldots, k \qquad (4.18)$$

Anders als das Bestimmtheitsmaß bezieht sich der t-Test damit nicht auf die endogene Variable, sondern auf die exogenen Variablen. Daraus folgt, dass in der einfachen linearen Regression nur *ein* t-Wert vorliegt, während in der multiplen linearen Regression für jeden Schätzparameter β_i *(i = 1,...,k)* jeweils ein unterschiedlicher t-Wert, d. h. insgesamt k t-Werte vorliegen. Der t-Wert eines Schätzparameters (engl. t-statistics) ist einfach zu berechnen als Quotient

$$\frac{\left| \hat{\beta}_i \right|}{\hat{\sigma}_i}, \qquad (4.19)$$

d. h. als der Betrag des Schätzparameters dividiert durch seine Standardabweichung, die in der Software üblicherweise im Englischen als *Standard Deviation* (S. D.) hinter dem Schätzkoeffizienten angegeben wird. In der Regel erübrigt sich selbst diese Rechnung, da die Software den t-Wert meist bereits als *t-value* oder *t-statistics* ausweist. Dieser Wert kann mit der o. g. Formel gegebenenfalls kontrolliert werden. Als Faustregel gilt die Forderung, dass der Schätzparameter ab einem t-Wert von größer 2 signifikant ist. Dies ist in etwa gleichzusetzen mit einem (zweiseitigen) Test bei einem Signifikanzniveau von $\alpha = 0,05$. Ist ein Schätzparameter hierbei nicht als signifikant zu beurteilen, so hat dies Auswirkung nicht nur auf den betreffenden Schätzparameter; vielmehr ist der gesamte Modellansatz zu verwerfen.

Außer dem t-Wert liefern die meisten Softwareanwendungen den *p-Value* (probability value), der nicht auf einem starren Signifikanzniveau α basiert, sondern die Überschreitungswahrscheinlichkeit angibt, dass die Prüfgröße genau den kritischen Wert zwischen Annahme- und Verwerfungsbereich annimmt. Der *p-Value* sollte möglichst klein sein.

Fragen

Aufgabe 4.5 (in Anlehnung an Diekmann, 2000, S. 603): Der hochmotivierte Controller des Verbands der deutschen Sachversicherer stellt in einer nächtlichen Auswertung der Schadensmeldungen im Gebiet der Berufsfeuerwehr

Stadtprozelten sowie der freiwilligen Feuerwehr Dorfprozelten eine hochsignifikante Korrelation (t-Wert > 3; $R^2 = 0,9$) zwischen der Schadenshöhe (endogene Variable) und der Anzahl der den jeweiligen Brand bekämpfenden Feuerwehrleute (exogene Variable) fest. Überschwänglich empfiehlt er morgens dem Vorstand des Verbands, mit dem zuständigen Brandinspektor Kontakt aufzunehmen. Es solle vereinbart werden, die Zahl der herbeigerufenen Feuerwehrleute zu verringern, da zu viele Feuerwehrleute statistisch nachweisbar einen höheren Schaden verursachten. Sein Vorgesetzter schickt ihn daraufhin nach Hause mit der dringenden Bitte, sich erst einmal auszuschlafen und das Ganze noch einmal zu überdenken. Warum?

Die folgende Checkliste fasst die wichtigen Punkte zusammen, die bei der Regressionsanalyse zu beachten sind.

Checkliste „Regressionsanalyse"

- Angabe und Erläuterung des Modellansatzes inkl. der theoretischen Grundlagen mit umfassenden Zitatnachweisen
- Erläuterung zur Gewinnung der Stichprobe und deren Umstände (z. B. eigene Erhebung oder Zugriff auf Datenbank, bei eigenen Erhebungen zusätzlich: Rücklaufquoten, Befragungszeitraum)
- Kurze deskriptive Analyse der Zeitreihendaten
- Durchführung und Erläuterung der Regression, Angabe der zusammenfassenden Tabellen (Details im Anhang)
- Überprüfung, ob die Schätzparameter ökonomisch sinnvoll sind
- Überprüfung des Bestimmtheitsmaßes (bei multipler linearer Regressionsanalyse: des bereinigten Bestimmtheitsmaßes), ein Wert unter 1 weist auf eine unerklärte Varianz hin
- Überprüfung der t-Werte (t-statistics) der Schätzparameter, Werte unter 2 sind nicht signifikant
- Ökonomische Interpretation und Diskussion der Ergebnisse
- Zusammenfassung der Kernelemente der Regression im Anhang

4.4   Meta-Analyse

4.4.1 Definition des Analyse-Protokolls

Die Meta-Analyse ist eine besondere Form der empirischen Untersuchung und wird dann angewendet, wenn die eigene Datenerhebung nicht möglich oder aufgrund umfangreicher, bereits vorliegender Daten nicht sinnvoll ist. Vor der

Durchführung einer Meta-Analyse ist zunächst das Analyse-Protokoll zu definieren, das die wichtigsten Eckpunkte und Rahmenbedingungen enthält. Es dient sowohl als eigene Leitlinie für die Durchführung der Meta-Analyse als auch als Dokumentation einer strukturierten Vorgehensweise. Das Protokoll nimmt somit die geplante Durchführung der Meta-Analyse vorweg und kann daher auch als Textvorlage bei der schriftlichen Darstellung der in den folgenden Abschnitten zu beschreibenden Schritte verwendet werden. Das Protokoll beginnt mit der Definition der Ziele der Meta-Analyse, die klar abgegrenzt sein sollten. Für diese Fragestellung sollten bereits einige geeignete empirische Untersuchungen bekannt sein, damit die Möglichkeit abgeschätzt werden kann, bei der weiteren Suche auf eine ausreichende Zahl von Studien zu stoßen. Das folgende Beispiel verdeutlicht die Eckpunkte des Analyse-Protokolls.

Beispiel 10: Analyse-Protokoll einer Meta-Analyse
Hypothese: Die von deutschen Unternehmen in den Jahren 1980 bis 2000 durchgeführten Mergers and Acquisitions führten nicht zu einer Wertsteigerung des agierenden Unternehmens.

Ziele der Meta-Analyse: Identifizierung aller empirischen Studien über die Wertsteigerung des agierenden Unternehmens; Nutzung der Daten dieser Studien, um eine statistische Kennzahl über die Wertsteigerung abzuleiten; Untersuchung und Klärung möglicher Hintergrundaktivitäten in den Ergebnissen der einzelnen Studien.

Anschließend ist die *Suchstrategie* ausführlich zu beschreiben, da sie den Kern der Meta-Analyse darstellt. Dabei ist zunächst anzugeben, ob nur veröffentlichte Studien eingeschlossen werden sollen oder auch der Versuch unternommen werden soll, unveröffentlichte Studien zu identifizieren. Es sollten alle zu verwendenden Literatur-Datenbanken aufgelistet werden und eine Begründung für die Nicht-Verwendung einer einschlägigen Datenbank angegeben werden. Es sind zudem die verwendeten Suchbegriffe und die sonstigen Sucheinstellungen aufzulisten. Sollte versucht werden, auch unveröffentlichte Studien zu identifizieren, so sind die entsprechenden Maßnahmen (Anschreiben möglicher Verfasser) anzugeben. Auch ist anzugeben, ob von den Verfassern zusätzliche Daten angefordert worden sind.

Die *Datenbeschaffung* beginnt mit der Darstellung der Ein- und Ausschlusskriterien, die darüber entscheiden, ob eine bei der Literaturrecherche gefundene Studie ausgewertet werden soll. Mögliche Ein- und Ausschlusskriterien sind:

- Art des Studiendesigns
- Art der Veröffentlichung bzw. Durchführung der Studie
- Sprache der Veröffentlichung

- Mehrfach-Veröffentlichungen auf Basis derselben Daten
- Ausschluss von Veröffentlichungen mit kleiner Datenbasis oder vorläufiger Veröffentlichungen
- Ähnlichkeit der Datenbasen
- Vollständigkeit der benötigten Informationen

Sofern über diese konkreten Kriterien hinaus einzelne Studien zum Beispiel aufgrund mangelnder Verlässlichkeit ausgeschlossen wurden oder eine Gewichtung der Studien vorgenommen wurde, so ist die entsprechende Vorgehensweise zu erläutern und zu begründen. Es ist auch die Auswahl der Kennzahlen zu begründen, die den empirischen Studien entnommen werden und im Rahmen der statistischen Auswertung genutzt werden sollen, um die Hypothese gegebenenfalls ablehnen zu können.

Von Bedeutung ist auch die *Planung des Aufwands* und der benötigten Ressourcen. Das folgende Zahlenbeispiel soll die Problematik verdeutlichen: Wenn die Literaturrecherche in der Datenbank 420 veröffentlichte Studien zur Fragestellung ergibt, die möglicherweise im Rahmen der Meta-Analyse auszuwerten sind, benötigte man bei einem geschätzten Zeitaufwand für Download und kurze Durchsicht eines Artikels von 10 Minuten insgesamt 70 Stunden. Selbst wenn 80 % der gefundenen Artikel durch das Lesen des Titels und des Abstracts von der weiteren Berücksichtigung ausgeschlossen werden könnten, so verbleiben bei 2 Minuten Lesezeit immer noch über 25 Stunden.

4.4.2 Publication und Reporting Bias

Eine besondere Problematik im Rahmen der Meta-Analyse stellt der Publication bzw. der Reporting Bias dar. Ein Bias (engl. einseitige Ausrichtung, Vorliebe) besteht dann, wenn bestimmte Studienergebnisse *systematisch* bevorzugt veröffentlicht bzw. verschwiegen werden. Im Gegensatz zu einem zufälligen Übersehen von Studienergebnissen führt diese Systematik zu einer Über- oder Unterschätzung des untersuchten Effekts. Am häufigsten wird der Publication Bias genannt in der Form, dass Studien mit positiven Ergebnissen überrepräsentiert sind. Allgemein ist es auch mit einer systematischen Recherche nicht immer möglich, alle hochrelevanten Studien zu identifizieren. Es besteht allerdings nicht nur der Publication Bias, sondern es können weitere Verzerrungen auftreten, die unter dem Begriff Reporting Bias zusammengefasst werden. Dieser liegt vor, wenn systematisch bestimmte Ergebnisse bzw. Charakteristika bevorzugt werden, weil

- sie wahrscheinlicher veröffentlicht werden (Publication Bias),
- sie früher veröffentlicht werden (Time-Lag Bias),
- sie eher in internationalen Zeitschriften auf Englisch veröffentlicht werden (Language Bias),
- sie mehrfach veröffentlicht werden (Multiple Publication Bias) bzw.
- sie öfter von anderen Autoren zitiert werden (Citation Bias).

Die Berücksichtigung und Vermeidung von Publication und Reporting Bias stellen daher eine wichtige Aufgabe bei der Festlegung der Suchstrategie sowie der Ein- und Ausschlusskriterien dar. Auch wenn der Publication Bias nicht vollständig ausgeschlossen werden kann, können Time-Lag, Language, Multiple Publication und Citation Bias durch eine entsprechende Suchstrategie verringert werden, die auch unveröffentlichte Studien (Time-Lag Bias) sowie Studien, für die nur ein Abstract in Englisch verfügbar ist (Language Bias), berücksichtigt, die mehrfach veröffentlichte Studien zusammenfasst (Multiple Publication Bias) und die definierten Suchworte in mindestens zwei Literaturdatenbanken anwendet (Citation Bias).

Die *Reliabilität* stellt eine weitere Problematik dar, die bei einer Meta-Analyse zu beachten ist. Reliabilität ist gegeben, wenn eine Messgröße frei von Fehlern ist, d. h., wenn eine wiederholte Messung zum gleichen Ergebnis führen würde. Es wäre zu erwarten, dass alle gefundenen Studien diese Anforderung erfüllen. In der Praxis weisen jedoch viele Studien kleinere Fehler auf, die im Rahmen der systematischen Auswertung dieser Studien für eine Meta-Analyse offensichtlich werden. Manchmal werden bestimmte Messergebnisse mehrfach in der Studie erwähnt, wobei sie jedoch unterschiedliche Ausprägungen aufweisen. Während in der Tabelle einer Studie beispielsweise von einem Wert von 60 % die Rede ist, wird im Textteil derselben Studie ein Wert von 61 % genannt. Die Ursache für solche Fehler liegt oft in späteren Überarbeitungen der Studien zum Zwecke der Veröffentlichung. Zudem entsprechen die angegebenen Werte nicht immer der Form, die für die Durchführung der Meta-Analyse benötigt werden, sodass zusätzliche Annahmen getroffen werden müssen, um die Daten anzupassen. Damit die Anpassung die Anforderung der Reliabilität erfüllt, ist diese zu dokumentieren. Sofern bei anderen Studien ebenfalls eine Anpassung notwendig ist, sollte sie anhand der Dokumentation in der gleichen Form erfolgen.

Die *Validität* einer Studie ist gegeben, wenn die dort verwendete Messgröße den Effekt gemessen hat, auf den die Studie abzielte. Eine Studie, die den Erfolg von Unternehmenskäufen anhand der Wiederverkaufsraten der erworbenen Unternehmen während eines definierten Zeitraums nach dem Erwerb misst, besitzt

nicht die erforderliche Validität, da sich durch den Wiederverkauf nicht zwingend
auf einen Misserfolg der ursprünglichen Akquisition schließen lässt.

4.4.3 Statistische Auswertung und Zusammenfassung

Bei der statistischen Auswertung und Zusammenfassung der Ergebnisse der ausgewählten Studien ist zunächst zu unterscheiden, ob diese Ergebnisse dichotom
oder stetig sind. Während bei dichotomen Merkmalen nur zwei Merkmalsauspra-
gungen möglich sind (gesund/erkrankt, insolvent/nicht insolvent usw.), können
stetige (kontinuierliche) Merkmale jeden reellen Wert als Ausprägung annehmen
(z. B. Wertsteigerung bzw. -vernichtung in Euro). Die anzuwendende statistische Methode hängt von der Art der Merkmalsausprägung ab: Bei dichotomen
Merkmalsausprägungen kommt die Mantel-Haenszel-Methode zur Anwendung;
bei stetigen Merkmalsausprägungen die Cochran-Methode.

Die *Mantel-Haenszel-Methode* basiert auf dichotomen Merkmalsausprägungen
und legt als Messgröße typischerweise eine Wahrscheinlichkeit (odds ratio) an.
Dies setzt voraus, dass für jede ausgewählte Studie eine Tabelle über Ursache
und Wirkung zusammengestellt werden kann (Tab. 4.4).

Die zusammengefasste Wahrscheinlichkeit (odds ratio, OR) nach der Mantel-
Haenszel-Methode ergibt sich nun als:

$$OR_{mh} = \frac{\sum_{i=1}^{I} weight_i \cdot OR_i}{\sum_{i=1}^{I} weight_i} \tag{4.20}$$

wobei

$$OR_i = \frac{a_i \cdot d_i}{b_i \cdot c_i} \tag{4.21}$$

$$weight_i = \frac{b_i \cdot c_i}{n_i} \tag{4.22}$$

Tab. 4.4
Zusammenfassung der
Daten der einzelnen Studien
zur Anwendung der
Mantel-Haenszel-Methode

	Ursache	Keine Ursache	Summe
Wirkung	a_i	b_i	g_i
Keine Wirkung	c_i	d_i	h_i
Summe	e_i	f_i	n_i

$$I = Anzahl\,der\,Studien \tag{4.23}$$

Es erfolgt also eine gewichtete Zusammenfassung der in den einzelnen Studien ermittelten Wahrscheinlichkeiten (odds ratios). Als Gewichtungsfaktor wird dabei der Kehrwert der Varianz der jeweiligen Studie herangezogen. Das ermittelte Ergebnis kann mithilfe des *Homogenitätstests* (auch als Heterogenitätstest bezeichnet) überprüft werden. Damit soll die Frage beantwortet werden, ob die Studien als Stichproben aus derselben Grundgesamtheit aufgefasst werden können.

Der Homogenitätstest lautet für die Mantel-Haenszel-Methode wie folgt:

$$Q = \sum_{i=1}^{I}\left[w_i \cdot (\ln O R_{mh} - \ln O R_i)^2\right] \tag{4.24}$$

Der sich ergebende Wert Q ist mit der Chi-Quadrat-Verteilung zu vergleichen, wobei die Freiheitsgrade der Zahl der Studien minus 1 betragen ($I - 1$). Wenn der aus der Chi-Quadrat-Verteilung entnommene Wert den gewählten kritischen Wert α (meist 0,05) überschreitet, ist die Hypothese der Homogenität abzulehnen. Die Studien sind in diesem Fall als heterogen anzusehen, da sie nicht den gleichen Effekt in der gleichen Höhe messen.

Das folgende Beispiel verdeutlicht die Anwendung der Mantel-Haenszel-Methode am Beispiel zweier fiktiver Studien, die den Zusammenhang messen zwischen der Zahl der Mitarbeiter mit regelmäßigem Auslandseinsatz (Ursache) und der Zahl der Mitarbeiter, die an einem Burn-out-Syndrom leiden (Wirkung). Die beiden Studien sind zunächst in einer kombinierten 2×2-Matrix zusammenzustellen (Tab. 4.5).

Die jeweiligen Wahrscheinlichkeiten (odds ratios) für die beiden Studien ergeben sich über die Formel zur Bestimmung der OR_i, d. h.

$$O R_1 = \frac{9 \cdot 157}{4 \cdot 245} = 1,44 \tag{4.25}$$

$$O R_2 = \frac{12 \cdot 183}{8 \cdot 152} = 1,81 \tag{4.26}$$

Die Wahrscheinlichkeit, dass ein Mitarbeiter mit regelmäßigen Auslandeinsätzen am Burn-out-Syndrom erkrankt, beträgt laut Studie 1 somit 1,44 %, nach Studie 2 beträgt sie 1,81 %. Die Schätzung der zusammengefassten Wahrscheinlichkeit nach der Mantel-Haenszel-Methode ergibt sich wie folgt:

Tab. 4.5 Zusammenstellung der Ergebnisse zweier Studien über den Zusammenhang zwischen Auslandseinsätzen und Burn-out-Syndrom

	Regelmäßige Auslandseinsätze	Keine regelmäßigen Auslandseinsätze	Summe
Studie 1			
Burn-out	9	4	*13*
Kein Burn-out	245	157	*402*
Summe	*254*	*161*	*415*
Studie 2			
Burn-out	12	8	*20*
Kein Burn-out	152	183	*335*
Summe	*164*	*191*	*355*

1. *Ermittlung der Gewichtungen* $weight_i$ *für die beiden Studien:*

$$\text{Studie}\,1 : weight_1 = \frac{4 \cdot 245}{415} = 2{,}36 \tag{4.27}$$

$$\text{Studie}\,2 : weight_2 = \frac{8 \cdot 152}{355} = 3{,}43 \tag{4.28}$$

2. *Ermittlung der gewichteten Wahrscheinlichkeiten:*

$$OR_{mh} = \frac{1{,}44 \cdot 2{,}36 + 1{,}81 \cdot 3{,}43}{2{,}36 + 3{,}43} = 1{,}66 \tag{4.29}$$

Die zusammengefasste Wahrscheinlichkeit aus beiden Studien beträgt somit 1,66 %. Der Test auf Homogenität führt zu einem Wert für Q von:

$$Q = 2{,}36 \cdot (\ln 1{,}66 - \ln 1{,}44)^2 + 3{,}43 \cdot (\ln 1{,}66 - \ln 1{,}81)^2 \quad = 0{,}073 \tag{4.30}$$

Dieser Wert ist nun mit der Chi-Quadrat-Verteilung mit $I - 1$ Freiheitsgraden, d. h. einem Freiheitsgrad für $\alpha = 0{,}05$ zu vergleichen. Dabei ist zu beachten, dass α die Irrtumswahrscheinlichkeit angibt. Es muss also der Tabelle der Chi-Quadrat-Verteilung an der Stelle $(1 - \alpha)$ geschaut werden. Der entsprechende Wert lautet:

$$x^2[0{,}95] = 3{,}841 > 0{,}073 \tag{4.31}$$

Da dieser Wert größer als 0,073 ist, kann die Hypothese, die Studien seien nicht homogen, nicht verworfen werden. Die Studien sind folglich homogen. Der Homogenitätstest führt nicht zu einer Ablehnung der Nullhypothese.

Mithilfe der Mantel-Haenszel-Methode lässt sich aus den Wahrscheinlichkeiten mehrerer Studien eine zusammengefasste Wahrscheinlichkeit ermitteln, mit der die tatsächliche Wahrscheinlichkeit geschätzt werden kann. Besonderes Augenmerk ist dabei auf die Definition der Ein- und Ausschlusskriterien zu legen, die sicherstellen, dass die zusammengefassten Ergebnisse überhaupt den gleichen Sachverhalt beschreiben. Die Mantel-Haenszel-Methode ist jedoch nur anwendbar, wenn für die ausgewählten Studien jeweils eine 2×2-Matrix vorliegt, mit der die odds ratios und die Gewichtungen berechnet werden können. Ansonsten müssen diese Studien ausgeschlossen werden, wodurch ein Bias entstehen kann. Problematisch ist die Mantel-Haenszel-Methode allerdings, wenn in den zugrunde liegenden Studien *confounding factors* nicht berücksichtigt wurden, wenn also bestimmte Merkmale das Ergebnis systematisch verfälscht haben könnten. Dies wäre etwa der Fall, wenn auch das Alter einen Risikofaktor für das Burn-out-Syndrom darstellen könnte (z. B. höheres Erkrankungsrisiko im Alter von 35 bis 45 Jahren) und die Entsendung ins Ausland vom Alter des Mitarbeiters abhängt (z. B. hauptsächlich Entsendung von Führungskräften im mittleren Management, die in der Regel ca. 40 Jahre alt sind). In diesem Fall lässt die jeweilige Studie keinen Rückschluss auf die Ursache zu: Ist es nun das Alter oder die Entsendung ins Ausland, was das Risiko für die Erkrankung am Burn-out-Syndrom erhöht? Mit einer geringen Qualität der Einzelstudien sinkt auch die Aussagekraft der Meta-Analyse. Die Möglichkeit der Existenz von *confounding factors* ist daher bei der Interpretation der Meta-Analyse zu diskutieren. Die Mantel-Haenszel-Methode ist jedoch nur eine von verschiedenen Methoden, die zur Zusammenfassung von Wahrscheinlichkeiten zur Verfügung stehen. Daneben existieren noch die Peto-Methode sowie varianz- und konfidenzintervallbasierte Methoden. Zur Anwendung dieser Methoden wird auf die Literatur zur Statistik verwiesen.

Für Studien mit einer stetigen Merkmalsausprägung (z. B. Wertsteigerung in Euro) kann die Mantel-Haenszel-Methode nicht verwendet werden. In diesen Fällen sind andere Methoden anzuwenden, die davon abhängen, ob die ausgewählten Studien jeweils die gleiche Messgröße ansetzen oder die Wirkung anhand unterschiedlicher Messgrößen untersuchen. Beide Vorgehensweisen gehen auf Cochran und Cox (1957) zurück, weshalb die Methoden als *Cochran-Methode mit der gleichen Messgröße* bzw. *Cochran-Methode mit unterschiedlicher Messgröße* bezeichnet werden.

Die Cochran-Methode mit gleicher Messgröße weist dieselbe Grundstruktur auf. Die Durchschnittswerte der einzelnen Studien werden auf Basis ihrer Varianz σ^2, d. h. der quadrierten Standardabweichung gewichtet und zusammengefasst. Der zusammengefasste Durchschnittswert, μ_s, ergibt sich wie folgt:

$$\mu_s = \frac{\sum_{i=1}^{I} w_i \cdot \mu_i}{\sum_{i=1}^{I} w_i} \tag{4.32}$$

wobei

$$w_i = \frac{1}{\sigma_i^2} \tag{4.33}$$

I = Anzahl der Studien
Das 95%-Konfidenzintervall ergibt sich als:

$$\text{C.I.} = \mu_s \pm (1{,}96 \cdot \sigma_s) \tag{4.34}$$

wobei

$$Q = \sum_{i=1}^{I} \left[w_i \cdot (\mu_s - \mu_i)^2 \right] \tag{4.35}$$

Das 95%-Konfidenzintervall gibt an, in welchem Intervall der unbekannte Durchschnittswert μ_s liegt, wenn von einer Konfidenzwahrscheinlichkeit von 95 %, d. h. von einer Irrtumswahrscheinlichkeit von 5 % ausgegangen wird.

Neben dem Konfidenzintervall kann für die Cochran-Methode mit gleicher Messgröße auch der Homogenitätstest durchgeführt werden.

Der Test auf Homogenität lautet für die Cochran-Methode wie folgt:
Q ist mit der Chi-Quadrat-Verteilung mit $I - 1$ Freiheitsgraden zu vergleichen ($\alpha = 0{,}05$).

Zur Cochran-Methode mit unterschiedlichen Messgrößen sowie zu anderen Methoden wird auf die statistische Literatur verwiesen.

Fragen

Aufgabe 4.6: Erarbeiten Sie für den bei der Mantel-Haenszel-Methode beschriebenen Sachverhalt sinnvolle Ein- und Ausschlusskriterien.

4.5 Modell

4.5.1 Wesen ökonomischer Modelle

Modelle sind aus den Wirtschaftswissenschaften nicht mehr wegzudenken. Insbesondere in der Volkswirtschaftslehre basieren viele Erkenntnisse wie etwa in der Mikroökonomie auf Modellen. Ein Modell ist ein vereinfachtes Abbild der Realität. Durch die Vereinfachung soll eine Komplexitätsreduktion vorgenommen werden, ohne die die Ableitung konkreter Aussagen nicht möglich wäre. Denn die Realität ist in den Wirtschaftswissenschaften durch eine enorme Komplexität und Dynamik gekennzeichnet. Millionen von Menschen bestimmen täglich durch ihre von vielfältigen Motiven geprägten und zum Teil irrationalen Entscheidungen über die Ausprägung wirtschaftlicher Variablen wie Preise, Mengen, Kurse, Zinsen usw. Durch ein Modell kann der Blick durch eine Ausblendung irrelevanter Faktoren auf die (vermutlich) wichtigen Faktoren gelenkt werden. Damit beanspruchen Modelle nicht, die Realität exakt abzubilden, vielmehr sollen sie wie in den Naturwissenschaften Laborbedingungen schaffen, um einzelne Faktoren isoliert beobachten zu können. Modelle weisen die folgenden Eigenschaften auf:

- Modelle sind in der Regel mathematisch formuliert, sodass über einen Optimierungsansatz (z. B. Maximierung bzw. Minimierung einer Zielfunktion unter Nebenbedingungen) eine optimale Lösung bestimmt werden kann. Sofern ein mathematischer Ansatz zu aufwendig ist, kann auch ein grafischer Ansatz zugrunde gelegt werden. Die optimale Lösung wird dann (näherungsweise) grafisch bestimmt (z. B. Einzeichnen exemplarischer Indifferenzkurven in der Mikroökonomie).
- Zur Komplexitätsreduktion werden vereinfachende Annahmen getroffen. Diese betreffen meist das Verhalten der Entscheider, die Zahl der Entscheider, die Zahl und Art der betrachteten Güter sowie die Zahl der betrachteten Perioden. Meist wird ein idealtypischer Entscheider vorausgesetzt, der rational auf Basis bestimmter Kriterien über den Kauf eines Gutes entscheidet und dabei nur eine Periode betrachtet. Für ihn werden eine Zielfunktion (z. B. die Maximierung seines Nutzens) sowie mindestens eine Nebenbedingung (z. B. das verfügbare Budget) formuliert, sodass eine mathematische Lösung möglich ist.
- Durch die Veränderung der Ausprägungen einzelner Einflussfaktoren oder die Lockerung der Nebenbedingungen kann deren Auswirkung auf die optimale Lösung untersucht werden. Da dabei die Konstanz aller übrigen Faktoren

unterstellt wird, bezeichnet man diese Art der Analyse als Ceteris-Paribus-Analyse („alles andere bleibt gleich"). Während bei manchen Modellen bereits durch die Bestimmung der optimalen Lösung die gewünschten Erkenntnisse gewonnen werden können (z. B. das Capital Asset Pricing Model in der Kapitalmarkttheorie), gewinnen andere Modelle erst durch die Ceteris-Paribus-Analyse an Bedeutung (z. B. die meisten Modelle in der Mikroökonomie).

Modelle wirken auf den ersten Blick beeindruckend und haben zu beachtlichen Fortschritten in den Wirtschaftswissenschaften geführt. Allerdings weisen sie eine Besonderheit auf, die bei der Interpretation zu berücksichtigen ist: Alle mathematischen Modelle beinhalten die Lösung bereits bei der Formulierung des Modells, d. h., die Lösung und ihre Interpretation sind für den Wissenschaftler nichts Überraschendes. Oder anders gesagt – wie zum Teil negativ ausgedrückt wird: Mathematische Ökonomen sind wie kleine Kinder, die Ostereier verstecken und sich darüber freuen, wenn sie sie an gleicher Stelle wiederfinden. Insofern ist bei der Entwicklung von Modellen darauf zu achten, dass sie bei aller Komplexitätsreduktion nicht trivial sind.

Für Modelle gilt zudem die Einschränkung, die auch für die Theorie gilt: Es wird jeweils nur ein Ausschnitt der Realität betrachtet. Dieser ist im Modell jedoch noch kleiner als beim sonstigen Arbeiten mit der Theorie. Auch dies wurde von Fachkollegen mit Spott belegt: Ein mathematischer Ökonom hat abends am Straßenrand sein Portemonnaie verloren und sucht es unter dem schmalen Lichtkegel der Laterne, aber nicht daneben. Denn hier ist das Licht! Auch wenn diese Suchstrategie in der Praxis nicht erfolgreich sein wird, liefert der kleine Lichtkegel eines Modells in der Wissenschaft noch vielfältige Erkenntnisse, die zusammen mit dem Lichtkegel anderer Modelle ein besseres Verständnis der Realität bieten.

Zuletzt werden die einschränkenden, oft realitätsfernen Annahmen der Modelle kritisiert. So basiert das Capital Asset Pricing Model (CAPM), ein wichtiger Bestandteil der Kapitalmarkttheorie, auf den Annahmen eines vollständigen und vollkommenen Kapitalmarktes, dessen Akteure risikoavers sind, rational handeln, über eine unendliche Reaktionsgeschwindigkeit verfügen und alle gleich informiert sind. Auf Basis dieser Annahmen lässt sich eine Kernaussage des CAPM ableiten: There's no free lunch on the market. Auch hierzu gibt es die Geschichte eines Ökonomen, der achtlos an einer Dollarnote auf der Straße vorbeigeht. Von seinem Begleiter angesprochen, ob er das Geld nicht gesehen hätte, antwortet er: Wenn das Geld tatsächlich da liegen würde, dann hätte es schon jemand anderes aufgehoben! Aber auch diese Kritik verkennt den Sinn der Modelle. Denn das CAPM besagt nicht, dass man das Geld nicht aufheben sollte, sondern es postuliert, wie man sich verhalten soll unter der Voraussetzung, dass sich alle anderen Akteure rational verhalten. Man muss eben davon ausgehen, jemand anderes hätte das Geld schon aufgehoben (Informationseffizienz des Kapitalmarkts).

4.5.2 Argumentation bei mathematischen Modellen

Mathematische Modelle erfordern die Berechnung einer optimalen Lösung, die anschließend weiter interpretiert werden kann. Die Vorgehensweise hängt von den Rahmenbedingungen des Modells ab. In den Wirtschaftswissenschaften herrschen die folgenden Optimierungsansätze vor:

- Optimierung einer Zielfunktion
- Optimierung einer Zielfunktion unter Nebenbedingungen
- Optimierung komplexer ökonomischer Planungs- und Entscheidungsmodelle

Während die Optimierung einer Zielfunktion ohne Nebenbedingungen zum Stoff der Schulmathematik gehört (Analysis) und komplexe ökonomische Planungs- und Entscheidungsmodelle im Master- bzw. Promotionsstudium in vielfältigen Variationen auftreten, soll im Folgenden ein Modell betrachtet werden, das die Optimierung einer Zielfunktion unter Nebenbedingungen erfordert. Zur Lösung komplexer ökonomischer Planungs- und Entscheidungsmodelle wird auf die Literatur zum Operations Research verwiesen. Die dort behandelten Verfahren sind:

- lineare Optimierung bzw. Programmierung mithilfe des Simplex-Algorithmus
- ganzzahlige und kombinatorische Optimierung
- dynamische Optimierung
- Netzplantechnik
- Warteschlangentheorie
- Simulationsverfahren

Im Folgenden soll das Verfahren der Optimierung einer Zielfunktion unter Nebenbedingungen verdeutlicht werden. Der Optimierungsansatz lautet allgemein (ein Beispiel folgt anschließend):

$$\max f\left(x_j\right) \quad \text{für } j = 1, \ldots, m \tag{4.36}$$

unter den Nebenbedingungen

$$g_i(x_j) \leq c_i \quad \text{für } i = 1, \ldots, n \tag{4.37}$$

Die abhängige Variable x_j ist somit auch Bestandteil der Nebenbedingungen, von denen es eine bzw. bis n Nebenbedingungen geben kann. Für $j = 1$ und $i = 2$, d. h. für ein Optimierungsproblem mit einer Variable und zwei Nebenbedingungen kann der Optimierungsansatz wie folgt geschrieben werden:

$$\max f(x) \tag{4.38}$$

unter den Nebenbedingungen

$$g_1(x) \leq c_1 \tag{4.39}$$

$$g_2(x) \leq c_2 \tag{4.40}$$

Die Lösung dieses Problems erfolgt mittels des Lagrange-Ansatzes.
1. Schritt: Formulierung der Lagrange-Funktion

$$f(x) - \sum_{i=1}^{n} \lambda_i \cdot g_i(x) \tag{4.41}$$

Wie die Summenformel zeigt, wird für jede Nebenbedingung i ein Lagrange-Multiplikator λ_i gebildet, der mit der Nebenbedingung multipliziert wird.
2. *Schritt: Formulierung der Bedingungen erster Ordnung*
Diese ergeben sich über die partielle Ableitung der Lagrange-Funktion nach x und Gleichsetzen mit null:

$$\frac{\partial L}{\partial x} = \frac{\partial f}{\partial x} - \sum_{i=1}^{n} \lambda_i \cdot \frac{\partial g_i}{\partial x} = 0. \tag{4.42}$$

3. *Schritt: Angabe der n Nebenbedingungen*
Die Nebenbedingung i lautet allgemein:

$$g_i(x) \leq c_i. \tag{4.43}$$

4. *Schritt: Angabe der Complementary-Slackness-Bedingungen*
Für jede Nebenbedingung i existiert eine solche Bedingung der Form:

$$\lambda_i \cdot [c_i - g_i(x)] = 0. \tag{4.44}$$

5. *Schritt: Lösung des sich daraus ergebenden Gleichungssystems*
Bei der Lösung des Gleichungssystems ist nicht nur die optimale Lösung
zu bestimmen. Vielmehr lassen sich aus der Bestimmungsformel der optimalen
Lösung Rückschlüsse auf deren Einflussfaktoren ziehen. So kann im Wege einer
Ceteris-Paribus-Analyse ein einzelner Einflussfaktor untersucht werden, indem
beschrieben wird, wie sich die optimale Lösung ändert, wenn der Wert der
Variable dieses Einflussfaktors erhöht oder verringert wird. Wenn dies für alle
Variablen in der Bestimmungsformel für die optimale Lösung geschehen ist, können die Nebenbedingungen analysiert werden. Denn nicht nur die Variablen der
ökonomischen Einflussfaktoren, sondern auch die Hilfsvariablen des mathematischen Lösungsweges lassen eine Interpretation zu. Beim Lagrange-Ansatz sind
dies die Werte für die Lagrange-Multiplikatoren λ, die „Schattenpreise" oder
Opportunitätskosten der begrenzten Ressourcen darstellen (ähnliche ökonomische
Interpretationen sind auch bei den anderen Verfahren möglich; zu nennen ist etwa
die duale Lösung beim Simplex-Algorithmus).

Bei jeder ökonomischen Interpretation von Modellen ist jedoch auch die möglicherweise beschränkte Aussagekraft des Modells zu diskutieren. Ein Modell ist
ein vereinfachtes Abbild der Realität. Gerade bei mathematischen Modellen wird
sich in der Lösung immer das wiederfinden, was bei der Problemformulierung
(Zielfunktion und Nebenbedingungen) explizit oder implizit eingesetzt wurde.
Überraschende Erkenntnisse sollten daher vor dem Hintergrund des Modellansatzes diskutiert werden. Das folgende Beispiel verdeutlicht die Anwendung eines
Modells sowie die anschließende ökonomische Interpretation am Beispiel der
normativen Principal-Agent-Theorie. Das infrage stehende Problem ist, ob und
gegebenenfalls wie ein angestellter Manager eine variable Vergütung erhalten soll,
wenn sein Vorgesetzter nicht beobachten kann, ob sich der Manager angestrengt
hat.

Beispiel 11: Modellbasierte Vorgehensweise
3.3.2 Erwartungen und Nutzenkalküle der Entscheider

Das Grundmodell der Principal-Agent-Theorie basiert auf der in Unterabschn. 3.3.1 dargestellten Analyse der pareto-effizienten Risikoteilung von Ross (1979). Neben der Risi-
koteilungsproblematik erfolgt nun jedoch auch eine Einbeziehung der Anreizproblematik,
indem die entscheidende Komponente des Arbeitsleids in das Modell eingeführt wird. Die
Nutzenfunktion des Forschers hängt nun nicht mehr nur von dessen Entlohnung ab, sondern auch von seiner Anstrengung a (Holmström, 1979, S. 74–78). Die Nutzenfunktion
$H(w,a)$ des Forschers wird als additiv separierbar (Pollak, 1967) in die Nutzenkomponente
der Entlohnung $V(w)$ und die Disnutzenkomponente der Arbeitsanstrengung $C(a)$ angenommen (Holmström, 1997, S. 76; Baiman & Demski, 1980, S. 186; Grossman & Hart, 1983,
S. 11). Die Variable w bezeichnet hierbei die Entlohnung und a das gewählte Aktivitätsniveau
des Forschers. Je höher die Arbeitsanstrengung des Forschers ist, desto höher ist auch sein

Arbeitsleid, da er bei höherem Aktivitätsniveau auf alternative Beschäftigungsmöglichkeiten oder Freizeit verzichten muss. Um innere Lösungen des Optimierungsproblems zu gewährleisten, wird in der Regel angenommen, das Arbeitsleid des Agenten steige progressiv mit zunehmender Anstrengung, d. h., es gelte $C'(a) > 0$ sowie $C''(a) > 0$ (z. B. Jewitt, 1988, S. 1178; Gillenkirch, 1997, S. 56). Das Aktivitätsniveau kann er aus dem Intervall $\left[\underline{a}, a\right]$ wählen. Die Nutzenfunktion des Forschers lautet somit $H(w,a) = V(w) - C(a)$, mit $H' > 0$, $x_a \geq 0$. Dabei bezeichnet $V(w)$ den Endvermögensnutzen des Forschers; $\hat{H}$ bezeichnet seinen Mindestnutzen. Der Forscher ist risikoavers, d. h. $V' > 0, V'' < 0$. Außerhalb des Unternehmens bezieht er kein anderes (riskantes) Einkommen; sein Privatvermögen ist konstant. Der Forscher wird am (monetären) Forschungsergebnis x mit dem Anteil $s(x)$ beteiligt ($w = s(x)$). Er ist bereit und in der Lage, auch Zahlungen an den F&E-Manager zu leisten; es bestehen keine Haftungsbeschränkungen.

Der Forscher maximiert seinen Erwartungsnutzen

$$H[s(x), a] = V[s(x)] - C(a). \tag{4.45}$$

Der F&E-Manager erhält nach Abzug des Anteils des Forschers am Forschungsergebnis den Nettoerfolg, $x - s(x)$. Die Nutzenfunktion des F&E-Managers wird mit U bezeichnet. Er ist nicht risikofreudig, d. h. $U' > 0$, $U'' \leq 0$. Auch er bezieht außerhalb des Unternehmens kein anderes (riskantes) Einkommen; sein Privatvermögen ist konstant. Bei Risikoaversion maximiert er seinen Nutzenerwartungswert (Gillenkirch, 1997, S. 55); bei Risikoneutralität maximiert er den Erwartungswert des Nettoerfolges.

Dem Aktivitätsniveau a kommt im Rahmen der Principal-Agent-Theorie eine entscheidende Rolle zu. Zum einen ist es Maß für den Arbeitseinsatz des Agenten und zum anderen die Bezugsgröße für seinen Disnutzen aus diesem Arbeitseinsatz (Holmström, 1979, S. 74–78). Das Aktivitätsniveau vereint als eindimensionaler Skalar eine Vielzahl von Aktionen und Entscheidungen des Agenten; es bildet also die Anstrengung des Forschers ab (Laux, 1999, S. 44). Hinter dem Aktivitätsniveau können sich somit Merkmale wie Arbeitszeit, Arbeitsgeschwindigkeit oder Gründlichkeit verbergen (Stiglitz, 1974, S. 242; Laux, 1990, S. 12). Bei der Analyse wird jedoch vollkommen von den zugrunde liegenden Aktionen und Entscheidungen des Agenten abstrahiert. Größere Anstrengungen, längere Arbeitszeit und verstärkter Einsatz führen lediglich zu einer Erhöhung des Aktivitätsniveaus; sie werden nicht explizit, sondern nur zu dieser Variable aggregiert betrachtet. Während aber bei Arbeitern das Aktivitätsniveau etwa in den von ihnen durchgeführten manuellen Arbeitsschritten besteht, die sich bei einer gewissen Homogenität in einem Skalar zusammenfassen lassen, weisen die (möglichen) Aktionen und Entscheidungen eines Forschers eine extreme Heterogenität auf. Allerdings erscheint es gerechtfertigt, in einer ersten Analyse von sachlichen Zusammenhängen in der Realität zugunsten einer verbesserten mathematischen Handhabbarkeit zu abstrahieren. Daher soll im Folgenden von der Problematik vielschichtiger Aktionen und Entscheidungen abgesehen werden, um den Kernaspekt dieses Abschnitts, dem Konflikt zwischen pareto-effizienter Risikoteilung und Motivation, zu untersuchen. Dabei ist offensichtlich, dass diese Vereinfachung einen gleichgerichteten Zusammenhang zwischen Aktivitätsniveau und Arbeitsleid impliziert, der in der Realität nicht gegeben sein muss.

Der funktionale Zusammenhang zwischen dem Aktivitätsniveau und dem Forschungsergebnis ist nicht deterministisch. Vielmehr erhöht eine Anstrengung des Forschers die Wahrscheinlichkeit für höhere Ergebnisse im Sinne einer stochastischen Dominanz erster Ordnung

(Gillenkirch, 1997, S. 56). Der stochastische Zusammenhang kann auf zwei unterschiedliche Weisen formalisiert werden: über die Zustandsraum-Formulierung bzw. die Mirrlees-Formulierung.

Anlehnend an das Modell von ROSS (1973) ist in der sogenannten *Zustandsraum-Formulierung* die Ergebnisfunktion x abhängig von der Anstrengung a und einem Zufallseinfluss ω (Ross, 1973, S. 134; Harris & Raviv, 1979, S. 246):

$$x = x(a, \omega). \qquad (4.46)$$

Die Abbildung des Umwelteinflusses erfolgt dabei im spieltheoretischen Sinne über einen „Zug" der Umwelt, was durch die Variable ω abgebildet wird. Die Aktionen des Agenten werden dabei *explizit* berücksichtigt: Um den vom F&E-Manager an den Forscher delegierten Forschungsauftrag auszuführen, wählt der Agent eine Aktion $a \in A$, die nach Realisierung einer Zufallsvariable $\omega \in \Omega$ (Ω bezeichnet die Menge aller möglichen Zufallsereignisse) zu dem monetär messbaren Forschungsergebnis $x(a,\omega)$ führt. Ein Beispiel für diese Formulierung wäre die Ergebnisfunktion $x = \pi(a) \cdot \varepsilon$, wobei die „Produktionsfunktion" π den deterministischen Einfluss des Aktivitätsniveaus und ε den Zufallseinfluss abbildet (Gillenkirch, 1997, S. 57).

Bei der sogenannten *Mirrlees-Formulierung* wird das Forschungsergebnis x als Zufallsvariable modelliert; es besteht keine explizite Abhängigkeit zwischen der Ergebnisfunktion und dem Aktivitätsniveau (Mirrlees, 1974, S. 246; Mirrlees, 1976, S. 121; Holmström, 1979, S. 76 f.). Es wird eine Verteilungsfunktion $F(x|a)$ gebildet, in der das Aktivitätsniveau a als Verschiebungsparameter dieser Verteilungsfunktion fungiert. Aus $x_a \geq 0$ ergibt sich $F_a(x|a) \leq 0$. Zusätzlich sei $F_a(x|a) < 0 \; \forall \; a$ und mindestens ein x. Damit ist $F(x)$ stochastisch dominant in a; eine Erhöhung des Aktivitätsniveaus führt zu einer Rechtsverlagerung der Verteilungsfunktion (Laux, 1999, S. 46). Außerdem besitze F eine differenzierbare Wahrscheinlichkeitsfunktion, deren Dichte über a parametrisiert wird:

$$f(x) = f(x|a). \qquad (4.47)$$

Bei einem höheren Aktivitätsniveau a des Forschers steigt also die Wahrscheinlichkeit eines besseren Forschungsergebnisses im Sinne des F&E-Managers.

Fragen

Aufgabe 4.7: Benennen Sie die Annahmen des Capital Asset Pricing Models und erläutern Sie sie.

Die folgende Checkliste fasst die bei der Modellanalyse zu beachtenden Punkte zusammen.

Checkliste „Modell"

- Ableitung der Modellgrundlagen aus der Theorie und Einordnung in die Theorie
- Spezifizierung aller Modellannahmen
- Formulierung der Zielfunktion bzw. des Optimierungsansatzes
- Formulierung der Nebenbedingungen
- Lösung des Modells etwa durch die oben genannte Vorgehensweise mit dem Lagrange-Ansatz
- Ökonomische Interpretation aller Parameter
- Diskussion der Ergebnisse

4.6 Besondere Hinweise für einzelne wissenschaftliche Arbeiten

4.6.1 Arten von wissenschaftlichen Arbeiten

Wie bereits im Vorwort zum vorliegenden Buch angerissen wurde, stellt das wissenschaftliche Arbeiten ein typisches Problemfeld dar. Wie die fachlichen Inhalte des wirtschaftswissenschaftlichen Studiums kann es nicht einfach „angelesen" werden, sondern bedarf eigenständiger Übung und Wiederholung. Anders als die fachlichen Inhalte kann das wissenschaftliche Arbeiten jedoch nicht auf Übungsaufgaben reduziert werden, es müssen vielmehr im Verlauf des Studiums immer wieder wissenschaftliche Arbeiten verfasst werden, die es dem Studierenden erlauben, individuelle Schwächen zu erkennen, um Schritt für Schritt besser zu werden. Daher steigen in den meisten Studienplänen der vorgeschriebene Mindestumfang und die Anforderungen an die zu erstellenden wissenschaftlichen Arbeiten stetig an. Werden im ersten Studienjahr nur kurze Übungs- oder Hausarbeiten verlangt, so wird von fortgeschrittenen Studierenden später oft auch ein mündlicher Vortrag mit anschließender Diskussion (Referat) erwartet. Diese – mitunter äußerst zeitaufwendigen Arbeiten – sollen jeden Einzelnen auf den Höhepunkt seines Studiums vorbereiten: die Erstellung einer eigenständigen Abschlussarbeit. Die „kleineren" Arbeiten sollten daher nicht als notwendiges Übel und Pflichtübung angesehen werden; sie stellen vielmehr eine der wenigen Gelegenheiten dar, das wissenschaftliche Arbeiten praktisch zu üben. Daher sollte bei jeder eingereichten Arbeit nicht nur die Note entgegengenommen werden. Um sich wirklich systematisch verbessern zu können, sollte Einsicht in die bewertete Arbeit und die Korrekturanmerkungen des Betreuers genommen werden. Enthält die Prüfungsversion der Arbeit keine aussagekräftigen Korrekturen, so ist ggf. das Gespräch mit dem Betreuer zu suchen. Obwohl dieses Ansinnen bei den oftmals überfüllten Sprechstunden der großen Universitäten ein unmögliches Unterfangen zu sein scheint, hilft folgende Erkenntnis: Gerade an den Universitäten erfolgen die Betreuung und die Korrektur von Haus- und Seminararbeiten oftmals durch die wissenschaftlichen Mitarbeiter (Assistenten) des betreuenden Professors. Wenn die betreffende Person des wissenschaftlichen Mittelbaus nicht von vornherein bekannt ist, kann sie sicherlich im Lehrstuhlsekretariat erfragt und ein Termin vereinbart werden. An den Fachhochschulen ohne Lehrstuhlorganisation und wissenschaftliche Mitarbeiter bleibt jedoch der betreuende Professor oder der betreuende Lehrbeauftragte der richtige Ansprechpartner. Da Letztere einem Hauptberuf außerhalb der Hochschule nachgehen und nur für einzelne Lehrveranstaltungen eine Lehrverpflichtung übernehmen, sollte notfalls auch ein Feedback per E-Mail oder Telefon in Betracht gezogen werden, da die Wahrscheinlichkeit doch sehr gering ist, dass der Lehrbeauftragte „nur" wegen eines einzelnen Studierenden an die Hochschule kommen wird.

Von der gängigen Strategie des „Sich-Durchwurstelns" – wie Theisen (2021) es treffend bezeichnet – kann nur abgeraten werden (S. 26). Manche Studierende empfinden die Bewertung wissenschaftlicher Arbeiten als in hohem Maße subjektiv, vor allem dann, wenn zwei unterschiedliche Betreuer individuelle Schwerpunkte setzen oder vielleicht sogar gegensätzliche Aussagen treffen. Wenn ein Betreuer sich auf das Fachliche konzentriert und Form- oder Rechtschreibfehler kaum beachtet, sollte man sich nicht ärgern, dass man später noch auf den peniblen Typ trifft, der jeden Fehler anstreicht. Vielmehr sollte man jede Möglichkeit nutzen, seine Schwächen aktiv anzugehen. Das Gleiche gilt für die an vielen Hochschulen eingesetzten Gruppenarbeiten, die nicht immer eine differenzierte Bewertung des individuellen Beitrags jedes einzelnen Studierenden vorsehen. Wenn man sprichwörtlich vorhat, sich vor der Arbeit zu drücken, indem man sie im Sinne eines falsch verstandenen Effizienzbegriffs dem vermeintlich Dummen der Gruppe überlässt, kann dies auch zum Plagiat mit den möglicherweise fatalen Folgen führen. Zufällig in der Straßenbahn einer deutschen Universitätsstadt mitgehörter Dialog (Gedächtnisprotokoll): „Wir haben einfach 'ne Arbeit runtergeladen und die Schriftgröße geändert." Darauf der andere: „Nein, das wär' mir zu gefährlich. Der eine in unserer Gruppe – wie heißt der eigentlich – ist so gut, der hatte beim ersten Treffen nach einer Woche schon die fertige Arbeit dabei!" Dann kann man sich auch darüber freuen, dass der neue Bekannte unter lautem Sirenengeheul ein paar Energy Drinks aus dem eigentlich geschlossenen Kiosk mitbringt. Vielleicht ist es auch der im Studium verlachte Kommilitone, der später die Konzernstrategie eines bekannten Unternehmens formuliert, weil er nicht nur das strukturierte Denken gelernt hat, sondern sich auch auszudrücken weiß.

4.6.2 Übungsarbeiten

Die von den wissenschaftlichen Anforderungen und dem Seitenumfang begrenzte Übungsarbeit ist zum Teil in den Studienplänen vorgeschrieben, wird aber nicht immer benotet. Sie kann einerseits zum Zweck haben, das wissenschaftliche Arbeiten unter realistischen Bedingungen zu üben, sie kann andererseits bei ansonsten überfüllten Seminarveranstaltungen als Auswahlkriterium dienen, um unter den vielen Bewerbern die thematisch interessierten Studierenden herauszufiltern (Theisen, 2021, S. 29). Aufgrund der geringen Vorkenntnisse der Studierenden werden hier meist einfache Themen und zudem Rahmenthemen vorgegeben, innerhalb derer die Bearbeiter das konkrete Thema eigenständig festlegen können. Ob es sich um ein Rahmenthema handelt, ist der Ausschreibung des Betreuers zu entnehmen. Zur Vorgehensweise: Für das zugeteilte Rahmenthema sollte zunächst – sofern es sich nicht um eine praxisorientierte Arbeit handelt – eine interessante und falsifizierbare Hypothese definiert werden, die zum Schluss der Arbeit beantwortet werden sollte. In Bezug auf die gewählte Hypothese ist ein aussagekräftiger Titel der Übungsarbeit zu formulieren. Das zugeteilte Rahmenthema ist *nicht der Titel der Arbeit*. Die Arbeit sollte mindestens enthalten: Deckblatt, Inhaltsverzeichnis, ggf. Abkürzungs-, Abbildungs- bzw. Tabellenverzeichnis, Textteil sowie das (ggf. getrennte) Literatur- und Quellenverzeichnis. Der Textteil sollte nach der Grundstruktur Einleitung – Hauptteil – Schluss aufgebaut sein, wobei der Hauptteil auch mehrere Kapitel umfassen kann und mindestens in Abschnitte (z. B. 2.1 und 2.2 usw.) weiter untergliedert sein sollte. Die Einleitung enthält eine einführende Darstellung des Hintergrunds sowie die zu untersuchende Hypothese. Wörtliche oder sinngemäße Übernahmen fremder Gedanken sind mit Zitatnachweisen zu belegen.

Bei Übungsarbeiten bestehen typische Fehler darin, dass die Zitier- und Formatvorgaben bzw. die Volumenvorgaben (Seiten- bzw. Wortzahl) nicht eingehalten werden, Rechtschreibfehler enthalten sind oder am Thema vorbeigeschrieben wird. Die Volumenvorgabe bezieht sich immer auf den reinen Text inklusive Abbildungen, Tabellen und Fußnoten. Gezählt wird von der arabisch nummerierten Seite 1 bis zur letzten inhaltlichen Seite, d. h., die römisch nummerierte Titelei mit den Verzeichnissen sowie Literatur- und Quellenverzeichnis und Anhang werden nicht mitgezählt. Eine Über- oder Unterschreitung des vorgegebenen Umfangs ist auf jeden Fall zu vermeiden. Gegebenenfalls muss der Text angepasst, d. h. gekürzt oder erweitert werden. Niemals sollte jedoch mit der Formatierung, d. h. den Seitenrändern, den Zeilenabständen oder der Schriftgröße „gespielt" werden, um den Text anzupassen. Aufgrund der Erfahrung des

Betreuers und der Tatsache, dass er mehrere Arbeiten auf dem Tisch liegen hat, wird dies sofort auffallen.

Da es sich um die erste wissenschaftliche Arbeit handelt, sind die folgenden Besonderheiten im Vergleich zu Schulaufsätzen zu beachten:

- Zielorientierung durch Aufstellung einer Hypothese, d. h. keine Nacherzählung von bekanntem Fach- oder Faktenwissen;
- Nachprüfbarkeit durch Zitierung des verwendeten Materials;
- Einhaltung der Formatvorgaben;
- Stringenz der Argumentation durch Definition grundlegender Begriffe und Darstellung der fachlichen Grundlagen;
- Wissenschaftlichkeit der Formulierung durch Verzicht auf die erste Person Singular/Plural, vage Begriffe, Füllwörter wie „vielleicht" und saloppe, umgangssprachliche Ausdrücke wie „Firma", „Internetgigant" etc.;
- Vermeidung von Rechtschreib- und Grammatikfehlern durch mehrmaliges Korrekturlesen.

4.6.3 Haus- und Seminararbeiten

Haus- und Seminararbeiten dienen der vertieften Bearbeitung eines Themas aus dem betreffenden Fachgebiet. Im Gegensatz zu den vorgenannten Übungsarbeiten erfordern sie daher bereits grundlegende Kenntnisse. Je nach Hochschule ist die schriftliche Arbeit dabei die einzige Prüfungsleistung, dann wird sie häufig, aber nicht immer als Hausarbeit bezeichnet, oder sie ist um einen mündlichen Vortrag (Referat) mit anschließender Diskussion zu ergänzen. Im letzteren Fall wird die Arbeit häufig als Seminararbeit bezeichnet (Theisen, 2021, S. 29). Beide Arten von Arbeiten zeichnen sich jedoch nach Theisen (2021) dadurch aus, dass der Studierende das Thema selbstständig bearbeiten muss. In den meisten Fällen werden ihm in der Ausschreibung nur das Thema und die Einstiegsliteratur mitgeteilt (S. 29). Während damit bereits der Titel der Arbeit konkretisiert ist und nicht mehr ausformuliert werden muss oder verändert werden darf, obliegt es dem Studierenden, von dieser Basis ausgehend den Grundstock zu erweitern. Dabei gilt es insbesondere, weitere spezifische Literatur zum eigenen Thema zu finden, indem die Zitatnachweise der Einstiegsliteratur ausgewertet und um eine eigene Literaturrecherche erweitert werden. Nicht alles, was man dabei findet, ist relevant und sollte Verwendung finden. Vielmehr gilt es, das eigene Thema immer im Fokus zu behalten und nicht zu versuchen, es auf die gefundene Literatur umzubiegen.

Schließlich hat sich der Betreuer bei der Wahl des Themas etwas gedacht und alle Themen aus einem bestimmten Themenkreis heraus entwickelt. Daher ist es sinnvoll – sofern nicht durch die Ausschreibung sowieso bekannt – die Themen der anderen Bearbeiter in Erfahrung zu bringen, um Überschneidungen zu vermeiden. Auf eine reine Wiedergabe von Studienwissen und Lehrbuchinhalten sollte verzichtet werden. Durch das Erfordernis, sich innerhalb einer begrenzten Bearbeitungszeit in ein neues Thema einzuarbeiten, stellt die Haus- oder Seminararbeit eine gute Übung für die spätere Abschlussarbeit dar. Zudem bietet sie die Möglichkeit, die Interessengebiete und Arbeitsweisen verschiedener Betreuer kennenzulernen.

Sollte als Prüfungsleistung auch ein Referat erforderlich sein, so ist keinesfalls die schriftliche Arbeit auswendig zu lernen oder gar wörtlich abzulesen. Vielmehr sollte man sich auf die wichtigsten eigenen Thesen besinnen und diese in den Mittelpunkt des Vortrags stellen. Falsch ist es, die Grundlagen des Rahmenthemas des Seminars in den Mittelpunkt zu stellen, da diese ohnehin allen Teilnehmern bekannt sein sollten. Vielmehr sollte man sich darauf vorbereiten, das eigene Thema in das Rahmenthema einordnen zu können. Leitfragen könnten sein: Welche Überschneidungen hat mein Thema mit den Themen der anderen Bearbeiter? Worin grenzt es sich ab?

Im Vergleich zu Übungsarbeiten zeichnen sich Haus- und Seminararbeiten durch die folgenden zusätzlichen Anforderungen aus:

- Verwendung von Aufsätzen aus wissenschaftlichen Fachzeitschriften und weitgehende Vermeidung von Lehrbüchern;
- Notwendigkeit der Einarbeitung in ein unbekanntes Thema;
- Festlegung auf eine konkrete wissenschaftliche Untersuchung (Startliteratur), d. h. eine bestimmte Theorie, ein bestimmtes Modell oder eine bestimmte empirische Untersuchung.

4.6.4 Projektarbeiten im Bachelorstudium

In vielen Bachelor-Studiengängen sind Projektmodule vorgesehen, die der Verbindung von Theorie und Praxis dienen, indem die Studierenden einzeln oder in Gruppen eine definierte Problemstellung in Zusammenarbeit mit einem Unternehmen bearbeiten. Dazu wird meist der interne Betreuer der Hochschule durch einen Unternehmensbetreuer ergänzt. Die in Unterabschn. 2.4.4 beschriebenen Konfliktpotenziale für diese Konstellation sind gerade beabsichtigt. Der Studierende soll die unterschiedlichen Interessen der beteiligten Stakeholder zum Ausgleich bringen. Die in diesem Zusammenhang zu erstellenden Projektberichte oder - arbeiten stellen somit eine ganz besondere Art wissenschaftlicher Arbeiten dar. Als praxisorientierte Arbeiten dienen sie nicht der Überprüfung einer Hypothese, sondern der Erreichung des vorab definierten Projektziels. Dieses kann etwa formuliert sein als: Implementierung eines CRM-Systems für ein mittelständisches Dienstleistungsunternehmen. Trotz dieses Praxisbezugs sollten Projektberichte nicht als theorielose Tätigkeitsberichte missverstanden werden. Schließlich müssen zunächst einmal die Grundlagen von CRM-Systemen erarbeitet werden, bevor ein Anforderungskatalog erstellt und die Umsetzung vorgenommen werden können. Es handelt sich somit dennoch um eine wissenschaftliche Arbeit, bei der jedoch mehr Primärmaterial wie etwa Gesprächsprotokolle oder andere unternehmensinterne Informationen herangezogen und zitiert (!) werden.

Ein weiterer wichtiger Unterschied zu den anderen Arten wissenschaftlicher Arbeiten ist, dass sich die Modulnote in der Regel nicht ausschließlich auf Basis der schriftlichen Arbeit ergibt, sondern auch der Projektverlauf und ggf. eine Projektpräsentation bewertet werden. Für den Studierenden bedeutet dies, dass man nicht einfach „vor sich hin werkeln" darf. Vielmehr ist eine vorherige Planung notwendig, die sinnvollerweise mit den Betreuern abzustimmen ist. Strukturloses Vorgehen rächt sich insbesondere, wenn es sich um eine Gruppenarbeit handelt, da die Gefahr besteht, dass die gruppeninternen Treffen ergebnislos verlaufen. Hier bietet sich die Anwendung des Projektmanagements an. In der Projektplanung sollen ausgehend von der vorgegebenen Zielsetzung die Projektziele, der Meilenstein- oder Terminplan und der Projektstrukturplan entwickelt werden. Zudem sind die Verantwortlichkeiten der Teilnehmer zu definieren. Dies ermöglicht auch, die Kommunikation mit dem Unternehmensbetreuer sowie weiteren Mitarbeitern im Unternehmen zu kanalisieren. Denn nichts ist schlimmer, als dass dieser Personenkreis ständig E-Mails einzelner studentischer Projektteilnehmer erhält. So nachvollziehbar es ist, sich auf diese Weise beim Unternehmensbetreuer in Erinnerung zu rufen und die Eigenaktivität zu unterstreichen, so schädlich wird der dadurch erweckte unprofessionelle Eindruck für die Modulnote sein. Die anschließende Projektdurchführung stellt den Kern der Tätigkeit dar und sollte gemäß der Planung strukturiert verlaufen. Regelmäßige Treffen dienen dazu, den Betreuer auf dem Laufenden zu halten und von ihm wichtiges Feedback einzuholen. In der Projektabschlussphase werden die Projektergebnisse in einem Projektbericht dokumentiert und ggf. in einem Abschlussworkshop präsentiert.

Im Vergleich zu Haus- und Seminararbeiten zeichnen sich Projektarbeiten im Bachelorstudium durch die folgenden Besonderheiten aus:

- Lösung eines praxisbezogenen Problems mithilfe wissenschaftlicher Methoden;
- Anwendung von Methoden des Projektmanagements;
- Erhebung von unternehmensbezogenem Primärmaterial im Anhang und Referenzierung im Text der Arbeit;
- Dokumentation des Projektmanagements und der Problemlösung im Text und Anhang der Arbeit.

4.6.5 Bachelorarbeit

Wie im Vorwort angedeutet, stellt die Bachelorarbeit die Krönung des Studiums dar. Diese Bedeutung ergibt sich nicht nur durch ihre vergleichsweise lange Bearbeitungsdauer oder ihre hohe Gewichtung in der Gesamtnote, sondern auch durch das gewählte bzw. mit dem Studierenden abgestimmte Thema. Mit der Wahl des Themas kann über die Wahlmodule hinaus ein Schwerpunkt gesetzt werden, der auf dem Arbeitsmarkt eine Differenzierung ermöglicht. Der Studierende kann etwa ein Signal setzen, dass er sich für eine bestimmte Branche interessiert. Er kann aber auch, wenn ein Master- oder Promotionsstudium bereits ins Auge gefasst wurde, ein wissenschaftliches Forschungsinteresse signalisieren oder sich damit für eine wissenschaftliche Assistentenstelle qualifizieren. Sofern die Arbeit in Zusammenarbeit mit einem Unternehmen verfasst wird, bietet sich auch die Chance, einem potenziellen Arbeitgeber die eigenen Fähigkeiten unter Beweis zu stellen. Angesichts dieser verlockenden Chancen ist leider häufig festzustellen, dass auch Studierende, die gute Hausarbeiten verfasst haben, nicht die angestrebten Ziele erreichen. In den meisten Fällen ist dies darauf zurückzuführen, dass die relativ großen Freiräume, die bei der Planung und Erstellung der Abschlussarbeit bestehen, falsch genutzt wurden.

Wie das Sportlerbeispiel in Kap. 1 verdeutlichte, muten sich gerade gute Studierende zu viel zu und setzen die Hürde zu hoch an. Wenn etwa die Arbeit in Zusammenarbeit mit einem Unternehmen verfasst wird, sollte der Studierende nicht den Eindruck erwecken, als könne er voll in das Tagesgeschäft eingebunden werden und nebenbei in der Mittagspause und den Abendstunden seine Thesis verfassen. Auch sollte die inhaltliche Zielsetzung auf die Fähigkeiten des Verfassers abgestimmt sein. Das Thema darf zwar fordernd sein, es darf aber nicht *über*fordern. Das Thema und die geplante Vorgehensweise sollten aber auch nicht *unter*fordern. Wer den Großteil seiner Arbeit auf die reine Wiedergabe der Grundlagen verschwendet oder nur mit banalen Ergebnissen aufwarten kann, mag zwar die Prüfung bestehen, doch sollte er keine überdurchschnittliche Note erwarten. Bei Unsicherheit hinsichtlich der an die Arbeit gestellten Anforderungen sollte das Gespräch mit dem Betreuer gesucht werden. Dabei sind aber Fragen, wie „Was muss ich tun, um eine 1 zu erhalten?" zu vermeiden. Noten können nicht vorab garantiert werden. Vielmehr kann gefragt werden, ob inhaltliche Verbesserungen an Zielsetzung und Gliederung nötig sind. Die (verständliche) Notendiskussion ist durch eine fachliche zu ersetzen.

Eine weitere Ursache für das Scheitern des Vorhabens ist eine unzureichende oder falsche Zeitplanung. Nicht nur eine zu starke Einbindung im Job oder Praktikum kann eine Überlastung des Verfassers nach sich ziehen, sondern auch noch offene Prüfungen oder Wiederholungsklausuren. Ganz ohne eine Zeitplanung vorzugehen, kann fatale Folgen haben. Werden zuerst alle gefundenen Materialien kopiert, eingescannt oder auf einem Datenträger abgespeichert, um sie „danach" durchzuarbeiten, so wird dies zu folgendem Ergebnis führen: einen verspäteten Beginn der eigentlichen Arbeit. Durch Lesen schreibt man keine Arbeit! Vielmehr sollte gerade bei der Bachelorarbeit die scheinbar im Überfluss zur Verfügung stehende Zeit nicht dazu verleiten, ineffizient zu arbeiten. Daher sollte etwa in der dritten Woche der Bearbeitungszeit mit der Manuskripterstellung begonnen werden. Dabei sollten niemals fremde Texte etwa aus dem Internet in das eigene Manuskript hineinkopiert werden – auch nicht, wenn der fremde Text mit einer farblichen Markierung oder einem Bearbeitungshinweis als solcher kenntlich gemacht wird. Zu oft sind derartige Markierungen unter dem steigenden Zeitdruck mit ein paar Klicks aufgehoben worden. Ohne ausreichende Zitierung der Originalquelle handelt es sich dann zweifelsfrei um ein Plagiat. Wird die Originalquelle hingegen indirekt zitiert, dann wird immer noch eine Täuschung vorliegen: Eine wörtliche Übernahme wird als sinngemäße Übernahme ausgegeben. Selbst mit den Anführungszeichen und einer direkten Zitierung stellt ein solcher Abschnitt ein Problem dar, da es dann an einem eigenen Beitrag mangelt. In der Zeitplanung wird auch oft verkannt, dass ein solch umfangreiches Manuskript – Bachelorarbeiten umfassen je nach Vorgabe der jeweiligen Hochschule ca. 40–60 Seiten – auch einen viel größeren Korrekturaufwand erfordert. Die letzte Fassung des Manuskripts sollte 1–2 Wochen vor dem Abgabetermin vorliegen, sodass nur noch Korrekturen in Bezug auf Rechtschreibung, Formalia und Vollständigkeit der Verzeichnisse vorgenommen werden müssen, jedoch keine inhaltlichen Änderungen oder Ergänzungen. Falls Dritte das Manuskript Korrektur lesen sollen, ist ihnen genügend Zeit einzuräumen. Auch Verwandte oder Freunde freuen sich nicht, wenn sie einen 40–60-seitigen Text innerhalb eines Tages lesen „müssen". Ganz und gar ausgeschlossen ist, den freundlichen

Helfern eine Fassung zu geben, die noch nicht vom Verfasser Korrektur gelesen wurde.

Neben der Zeitvorgabe sorgt auch die Vorgabe des Mindest- und Höchstumfangs des inhaltlichen Teils für Probleme. Ebenso wie die Abgabefrist ist auch die Volumenvorgabe nicht verhandelbar. Unter- bzw. Überschreitungen werden zu Punktabzügen, in gravierenden Fällen zur Zurückweisung der Thesis führen. In keinem Fall sollte der Text durch wortreiche Sprache oder Verletzung der Formatvorgaben (Seitenränder, Schriftgröße, Zeilenabstand etc.) künstlich aufgebläht oder verkleinert werden. Abgeraten werden muss auch vor der Unsitte, überschüssigen Text, Abbildungen oder Tabellen in den Anhang zu verschieben (so auch Theisen, 2021, S. 179). Spätestens wenn der Gutachter ständig blättern muss, um der Argumentation folgen zu können, wird auch dies mit einem Punktabzug bestraft werden. Dabei spielt der Anhang gerade bei Bachelorarbeiten eine große Rolle, weil er genutzt werden kann, um eine gute Arbeit inhaltlich abzurunden und letzte Zweifel des Gutachters zu zerstreuen. So sind bei empirischen Arbeiten der verwendete Fragebogen bzw. die Rohdaten sowie weitere statistische Angaben wie etwa die Auswertungen von SPSS anzugeben. Modellorientierte Arbeiten können um mathematische Herleitungen ergänzt werden (q. e. d.). Praxisorientierte Arbeiten können die Gesprächsprotokolle von Experteninterviews enthalten sowie weitere Belege, die die Ausführungen im Textteil nachprüfbar machen (Ermittlung branchenspezifischer Kennzahlen, Excel-Kalkulationen etc.) oder Informationen zur Umsetzung der im Textteil erarbeiteten Empfehlungen geben (Anforderungskatalog für benötigte Software, Meilensteinplanung zur Implementierung etc.). Die in Klammern genannten Beispiele sind auch nur als solche und nicht als Empfehlungen aufzufassen. Sie dürfen nicht wahl- und ziellos eingesetzt werden, um unbedingt einen Anhang zu produzieren. Wer einfach zwei oder drei Experteninterviews führt, um die Gesprächsprotokolle in den Anhang aufzunehmen und die eigenen Mühen unterstreichen zu können, wertet seine Arbeit nicht auf, er „verschlimmbessert" sie. Ein Anhang, der für die Argumentation im Textteil nicht benötigt wird, ist nicht nur nutzlos, er ist überflüssig und für den Gutachter unnötiger Ballast (ähnlich Theisen, 2021, S. 180).

Im Vergleich zu Arbeiten während des Studiums zeichnen sich Bachelorarbeiten durch die folgenden zusätzlichen Besonderheiten aus:

• Erstellung einer umfangreichen Arbeit mit ca. 40–60 Textseiten;
• Wahl des Themas und Betreuers;
• Forschungsanspruch bzw. unternehmerische Problemlösung;
• Gewährung eines großen Freiraums und somit geringere Betreuung.

4.6.6 Projektarbeiten im Masterstudium

Ziel der Projekte im Masterstudium ist die Verknüpfung der theoretischen Inhalte des Studiums mit der eigenen beruflichen Praxis. Das Thema des eigenen Projekts sollte daher in der Regel aus dem eigenen Unternehmen bzw. der Branche heraus gewählt werden. Auf die Einhaltung unternehmensinterner Richtlinien zur Verwendung von Daten und Material hat der Studierende eigenständig zu achten und die von der Hochschule zur Verfügung gestellten Möglichkeiten (Sperrvermerk etc.) zu nutzen. Studierende, deren Unternehmen die Verwendung betriebsinterner Informationen verweigert, oder Studierende ohne aktuelle Beschäftigung können auch ein Thema eines fremden Unternehmens wählen, sofern sichergestellt ist, dass die verfügbaren Informationen eine adäquate Bearbeitung des Projekts erlauben. Interessant ist in diesem Fall natürlich, wenn das Projektthema, das im Regelfall vom Studierenden vorzuschlagen ist, so definiert werden kann, dass es sowohl wissenschaftlich interessant als auch für das Unternehmen relevant ist. Die dabei entstehenden Probleme wurden in Unterabschn. 2.4.4 bereits erläutert.

Die Studienleistungen und deren Bewertung erfolgen gemäß einem Projekt- oder Meilensteinplan. Ein Projekt besteht inhaltlich aus der Darstellung der Problemstellung und der Formulierung der sich daraus ergebenden Hypothese, einer Literaturauswahl sowie einem praktischen und einem theoretischen Teil. Die einzelnen Arbeitsschritte sollen am Ende der Bearbeitungszeit in einer wissenschaftlichen Projektarbeit münden, die den Großteil der Gesamtnote ausmacht. Die im Meilensteinplan vorgesehenen Präsentationen des Studierenden sind nicht nur Prüfungsleistungen, sie sollen vielmehr ein strukturiertes Feedback des Betreuers ermöglichen und damit Fragen klären und die weitere Bearbeitung in die richtigen Bahnen lenken. Bei der Projektarbeit und den Präsentationen ist darauf zu achten, dass es nicht gilt, Seiten und Vortragszeit zur Not mit Banalem zu füllen, wie etwa theoretischen Inhalten auf Bachelorniveau oder langatmigen Definitionen unstrittiger Begriffe wie Strategie, Marketing oder Finanzierung. Es geht vielmehr um eine eigenständige Bearbeitung auf Masterniveau. Gerade in Präsentationen ist Weniger oft Mehr. Die vorgegebene Vortragszeit sollte niemals überschritten werden. Dies kann dadurch sichergestellt werden, dass Definitionen auf den Folien zwar angegeben, aber im Vortrag nicht vorgelesen werden. Unwichtiges und Unstrittiges kann in die Back-up-Folien am Ende der Präsentation aufgenommen werden, sodass es in der Diskussion ggf. hervorgeholt werden kann.

Die folgenden Themenbeispiele für den Bereich Finance sollen einen Eindruck davon geben, was (auch im Rahmen der Benotung!) als Masterniveau zu verstehen ist. Sie können als Thema – angepasst auf das eigene Unternehmen – gewählt werden oder Ausgangsbasis für eine eigenständige Problemstellung sein. Wichtig ist, dass in der Bearbeitung der Unternehmensbezug deutlich wird. So erfordert ein international diversifizierter Konzern eine umfassende Diskussion der Kapitalkosten. Mögliche Themen sind:

- Investitionsplanung mittels einer inkrementellen FCF-Planung unter Berücksichtigung von Opportunitätskosten, Externalitäten und Tax Shields sowie Ermittlung des Wertbeitrags mittels WACC-, APV- oder FTE-Methode
- Beschaffung von Eigen- oder Fremdkapital mittels IPO, SEO oder Public Debt (Planung und Implementierung unter Berücksichtigung des Wertpapierrechts)
- Ermittlung der Eigenkapitalkosten mittels des CAPM, Mehrfaktoren- oder Dividend-Discount-Modells
- Statistische Untersuchung der Kapitalmarktreaktionen auf Unternehmensankündigungen anhand beobachteter Überrenditen (CAR)
- Unternehmensbewertung mittels DCF-Methode (Entity-, Equity- oder APV-Ansatz), Multiplikatormethode oder Realoptionsmethode
- Untersuchung der Wechselkursrisiken und Ableitung geeigneter Hedging-Strategien
- Entwicklung und Analyse von Spitzenkennzahlen wie Shareholder Value Added, EVA oder ERIC
- Implementierung eines Risikomanagementsystems und Ermittlung des Value at Risk
- Entwicklung eines Investitionsentscheidungstools in Microsoft Excel
- Covenants bei mittelständischen Familienunternehmen

Die *Problemstellung* sollte eine für das Unternehmen oder die Branche bedeutende Fragestellung behandeln. Dabei kann es sich um ein aktuelles, reales Projekt handeln oder aber auch um einen Projektvorschlag des Studierenden. Die *Hypothese* ist eine wissenschaftliche Aussage, die so exakt formuliert ist, dass sie falsifiziert, d. h. widerlegt werden kann (Unterabschn. 2.3.3).

Die *Literaturauswahl* sollte im Masterstudium höheren wissenschaftlichen Anforderungen genügen. Daher sind Lehrbücher und Internetmaterial mit Ausnahme der angegebenen Startliteratur zu vermeiden. Vorzuziehen sind stattdessen Beiträge in wissenschaftlichen Zeitschriften, die an der eigenen Hochschule oder in den Datenbanken der staatlichen Universitätsbibliotheken (z. B. EBSCO, JSTOR) recherchiert werden können. Hinweise zur Literaturrecherche und Literaturauswahl finden sich in Kap. 3. Folgende exemplarische (!) Liste der zu bevorzugenden Fachzeitschriften für den Themenbereich Finance soll einen Eindruck davon geben, was unter Masterniveau zu verstehen ist:

- Journal of Finance
- Journal of Financial Economics
- Review of Financial Studies
- Journal of Financial and Quantitative Analysis
- Journal of Risk and Insurance

Masterprojekte beinhalten meist sowohl einen Theorieteil als auch einen darauf aufbauenden Praxisteil:

Der *theoretische Teil* der Arbeit sollte das fortgeschrittene Studienniveau widerspiegeln. Definitionen der grundlegenden Begriffe des Projekts (zum Beispiel Strategie, Marketing oder Finanzierung) sind zu unterlassen. Stattdessen sind die zentralen Begriffe des eigenen Themas wie etwa der Begriff Wachstumsstrategie oder Kapitalkosten zu definieren und der theoretische Rahmen darzustellen. Auch hierbei gebietet es das fortgeschrittene Studienniveau, Grundlagenwissen wie etwa die Ansoff-Matrix oder Kapitalwertmethode nur kurz und prägnant darzustellen (eventuell auch nur zu benennen) und den Schwerpunkt auf weiterführende Fragen und die eigene Einordnung zu legen, wie etwa die Ermittlung der Kapitalkosten im diversifizierten Konzern. Besonders geschickt ist es, verschiedene, in der Literatur diskutierte Ansätze zu vergleichen und einen für die zu untersuchende Problemstellung auszuwählen. So könnte man etwa von der im Bachelorstudium gelernten Kapitalwertmethode auf die Adjusted-Present-Value-Methode überleiten, indem herausgearbeitet wird, dass bei Letzterer etwa die Steuervorteile des eigenen Unternehmens separat ermittelt werden können. In der Gliederung ist zu beachten, dass der für den Praxisteil auszuwählende Ansatz im Theorieteil als letzter vorgestellt wird.

Der *praktische Teil* muss zwingend auf dem theoretischen Teil aufbauen und die dort getroffenen Aussagen aufnehmen. Aufgrund des direkten Bezugs zur eigenen beruflichen Tätigkeit fällt es Studierenden erfahrungsgemäß leichter, den praktischen Teil zu verfassen. Jedoch sollte immer beachtet werden, dass eine wissenschaftliche Arbeit zu verfassen ist und kein Besinnungsaufsatz. Außer durch die wissenschaftlichen Inhalte ergibt sich die Wissenschaftlichkeit durch einen sinnvollen Aufbau. Im besten Fall ist bereits durch den Theorieteil die Struktur des praktischen Teils weitgehend vorherbestimmt. In jedem Fall sollte jedoch gerade im praktischen Teil Gebrauch von Abbildungen, Tabellen und Formeln als wissenschaftliche Hilfsmittel gemacht werden. Ein typisches Problem stellt im praktischen Teil die Zitierung dar, da oft unternehmensintern bekannte

Informationen einfach in den Text übernommen werden. Jedoch bedeutet Wissenschaftlichkeit in diesem Zusammenhang, dass alle relevanten Informationen, wie etwa Kapitalkosten, mit externen Quellen abgeglichen und ggf. diskutiert werden. Projektarbeiten im Masterstudium zeichnen sich durch die folgenden Anforderungen aus:

- Lösung fortgeschrittener unternehmerischer Problemstellungen;
- Identifikation und Anwendung anspruchsvoller Techniken, die über die im Bachelorstudium gelernten Grundlagen hinausgehen;
- Verzicht auf Lehrbücher zugunsten von wissenschaftlichen Journals.

4.6.7 Masterarbeit

Die Masterarbeit ist nicht etwa eine längere Bachelorarbeit, was man auch daran erkennen kann, dass viele Prüfungsordnungen dieselbe Wörterzahl bzw. den gleichen Seitenumfang vorgeben. Die Masterarbeit sollte vielmehr bereits einen ersten eigenen Forschungsbeitrag enthalten. Schließlich qualifiziert das Masterstudium mit den dann üblicherweise erworbenen 300 ECTS-Credits formal für die Zulassung zum Promotionsstudium. Daher sollte bereits während des Masterstudiums nach einem geeigneten Thema und einem passenden Betreuer für die Masterarbeit gesucht werden. Möglicherweise ergibt sich aufgrund einer eigenen Haus- oder Projektarbeit im Masterstudium die Idee für eine darauf aufbauende, weiter gehende Untersuchung. Interessant sind vor allem normative Fragestellungen, deren Ziel es ist vorzuschreiben, wie etwas sein sollte, anstatt rein zu beschreiben, wie etwas ist. In Bezug auf die Methodik sollte versucht werden von rein theoretischen Argumentationen auf modellbasierte, empirische oder meta-analytische Vorgehensweisen überzugehen. Denn Mathematik und Statistik sind die Hilfswissenschaften der Wirtschaftswissenschaften, die immer (mehr) die Forschung prägen. War früher hauptsächlich die Kapitalmarkttheorie mathematisch orientiert, so sind mittlerweile fast alle Bereiche wirtschaftswissenschaftlicher Forschung, etwa das Marketing, betroffen. Eine solche „formale" Ausrichtung – im Sinne einer Bearbeitung des Themas mithilfe von Formeln – sollten insbesondere Studierende anstreben, deren Studienabschluss ein „Master of Science" sein wird. Wie bei den Master-Projektarbeiten erläutert, sollten für die Masterarbeit ausschließlich wissenschaftliche Quellen – allen voran Aufsätze in peer-reviewed Journals – Verwendung finden. Die Zitierung von Lehrbüchern erübrigt sich schon deshalb, weil die Fragestellung so gewählt sein sollte, dass sie noch nicht einmal in den bei den Lehrbüchern so seltenen Fußnoten zu finden sein sollte. Um einen Eindruck von dem Anspruch zu erhalten, bietet es sich an, an einem offenen Doktorandenseminar als Gast teilzunehmen oder einen (professoralen) Vortrag zu besuchen. Falls die eigene Masterarbeit tatsächlich einen eigenständigen Forschungsbeitrag enthält, kann sie auch in gekürzter und überarbeiteter Fassung bei einem wissenschaftlichen Journal eingereicht werden. Wer insgeheim mit dem Gedanken eines Promotionsstudiums spielt, hätte damit nicht nur die Chancen der Zulassung erhöht, sondern vielleicht sogar die erste Veröffentlichung für eine kumulative Dissertation vorzuweisen. Auch wenn es mit der Veröffentlichung nichts werden sollte, ergibt sich dennoch ein einmaliger Einblick in den Wissenschaftsbetrieb.

Die Masterarbeit zeichnet sich durch die folgenden Anforderungen aus:

- Wahl eines wissenschaftlich anspruchsvollen Themas im Forschungsschwerpunkt des gewählten Betreuers;
- Anwendung vorwiegend empirischer Forschungsmethoden bzw. Erstellung eines ökonomischen Modells.

Schreibstil und Textgestaltung 5

5.1 Wissenschaftssprache

Die Wissenschaftssprache zeichnet sich insbesondere durch die folgenden Besonderheiten aus (Gruber et al., 2009, S. 67):

- schlüssige Argumentationsketten und begriffliche Genauigkeit,
- überdurchschnittliche Satzlänge und Komplexität des Satzbaus,
- häufige Verwendung von fachsprachlichen Termini,
- Vermeidung des Pronomens „Ich",
- keine direkte Anrede des Lesers,
- exakte Differenzierung zwischen Vermutungen und belegbaren Fakten,
- häufige Verwendung von Nomina (Hauptwörtern) sowie von Passivkonstruktionen.

Grundsätzlich sollte die Thesis einem wissenschaftlichen Stil folgen, d. h., „ich"-Formulierungen (auch Umschreibungen wie „meines Erachtens" oder „m. E."), unwissenschaftliche Formulierungen und „platte Aussagen" sind zu vermeiden (Theisen, 2021, S. 139, 141 f.). Insbesondere ist davor zu warnen, sich an journalistischen Texten, die man im Zuge der Literaturrecherche gelesen hat, ein Beispiel zu nehmen. Wissenschaftliche und journalistische Sprache unterscheiden sich grundlegend. Ein journalistischer (reißerischer) Stil mag in der Einleitung seinen Platz haben, spätestens im Hauptteil sollten die Worte besser abgewogen werden (so auch Schimmel et al., 2017, S. 121). Zuvor definierte Begriffe sind nur in dieser Form weiterzuverwenden. Die Angabe von akademischen Titeln eines Autors wie Professor oder Dr. ist unzulässig, die Angabe seines Vornamens im Text ist unüblich (Theisen, 2021, S. 113). Ebenso wird

© Der/die Autor(en), exklusiv lizenziert durch Springer Fachmedien Wiesbaden GmbH, ein Teil von Springer Nature 2022
M. Oehlrich, *Wissenschaftliches Arbeiten und Schreiben*,
https://doi.org/10.1007/978-3-658-34791-8_5

auch auf die berufliche Stellung (Vorstandsmitglied, CEO usw.) nur in journalistischen Texten hingewiesen. Die journalistische Sprache ist zudem durch die Verwendung des sogenannten O-Tons (Originalton) geprägt, also möglichst vieler direkter Zitate. In der Wissenschaftssprache ist hingegen nur dann direkt zu zitieren, wenn das Gesagte in eigenen Worten nicht besser ausgedrückt werden kann (Brink, 2007, S. 217 zitiert nach Theisen, 2021, S. 165), etwa bei komplexen Begriffsdefinitionen. Die Verbindung mehrerer direkter Zitate mit kurzen Übergangsformulierungen („Er fügte hinzu:") ist unwissenschaftlich.

Journalistische Texte sollen Aufmerksamkeit wecken und spannend sein. Gleichzeitig müssen sie die Information in wenigen Worten zum Leser transportieren. Daher sind Wiederholungen von Wörtern, auch wenn sie Kernbegriffe darstellen, zu vermeiden. Ein gutes Beispiel für diese typische journalistische Stilmethode sind Berichte über den früheren Weltmeister Michael Schumacher. Denn in den Berichten wird der Name Schumacher nur einmal genannt. Wenn im weiteren Verlauf des Textes auf die Hauptperson Bezug genommen wird, so wird der Name gegen substantivierte Adjektive ausgetauscht: Der Kerpener, der 43-Jährige, der siebenfache Weltmeister, der Ferrari-Pilot usw. In wissenschaftlichen Texten führt ein Wechsel in den Begriffen jedoch zu Missverständnissen und Ungenauigkeiten. Es darf also nicht einfach der Begriff „Unternehmenskauf" durch „Fusion" ersetzt werden, da beide Begriffe Unterschiedliches beschreiben. Das bedeutet jedoch nicht, dass wissenschaftliche Texte unbedingt langweilig und spröde sein müssen. Es sind vielmehr andere Instrumente einzusetzen. So ist im Bereich der Formulierung eine Abwechslung zulässig. Es spricht nichts dagegen, einmal etwas zu „verdeutlichen" und später etwas „darzustellen".

Spannung erzeugen journalistische Texte oftmals durch Superlative. Am deutlichsten wird dies, wenn die BILD-Zeitung vom „dümmsten Einbrecher aller Zeiten" berichtet (und auch so titelt). Jedoch verwendet nicht nur die Yellow-Press dieses Stilmittel. Auch in der F. A. Z. liest man Floskeln wie „Immer mehr Bürger …" oder „… wird der Druck auf die Unternehmen immer stärker". Es handelt sich dabei meist um Leerformeln, die im Artikel gar nicht mehr belegt werden (müssen), sondern nur das Interesse des Lesers wecken sollen. In einer wissenschaftlichen Arbeit dürfen sie nur verwendet werden, wenn sie auch statistisch nachgewiesen werden. Selbst in diesem Fall begehen viele Autoren einen logischen Fehler, indem sie vom „teuersten Film aller Zeiten" oder vom „größten Börsengang aller Zeiten" sprechen. Dabei kann man dies immer nur bis zum heutigen Tag behaupten und nicht für die Zukunft. Genau genommen heißt es also „der teuerste Film bisher" und „der größte Börsengang bisher". Da dies wenig beeindruckend klingt, sollte man von solchen Rekordvokabeln lieber Abstand nehmen und mit einer Tabelle verdeutlichen, dass der Fall heraussticht.

Des Weiteren ist auch auf die logische Stimmigkeit der Argumentation zu achten. Alle Behauptungen und angegebenen Fakten sind mit Quellen zu belegen. Jede Aussage mit quantitativen Daten erfordert daher eine Fußnote. Ein Satz, der mit „Die Studie von MILLER hat gezeigt, dass ..." beginnt, benötigt einen Zitatnachweis, der auf eben diese Studie verweist und nicht auf einen Zeitungsartikel. Wenn von mehreren Studien die Rede ist, müssen im Zitatnachweis auch mehrere Studien angegeben werden (so auch Heister & Weßler-Poßberg, 2011, S. 190).

Bestimmte Wörter sollten in einer wissenschaftlichen Arbeit vermieden werden, da sie ein Indiz für eine unwissenschaftliche Arbeits- und Argumentationsweise sind. Anstatt einfach eine alphabetische Liste dieser Wörter anzufügen, die kaum erschöpfend sein könnte, finden sich im Folgenden sortierte Listen, bei denen jeweils die Begründung für die Unwissenschaftlichkeit sowie Verbesserungsmöglichkeiten angegeben werden.

Wörter, die eine *Abschwächung* getroffener Aussagen vornehmen, sind unwissenschaftlich, da sie eine Immunisierung in Bezug auf Gegenargumente darstellen (Theisen, 2021, S. 139: „Angstwörter"). Immer dann, wenn man das Gefühl hat, eine Aussage nicht ohne eine solche Abschwächung treffen zu können, sollte die betreffende Aussage überdacht werden. Es bietet sich eine Differenzierung an. Statt „Schwäne sind meistens weiß." könnte man schreiben: „In der heimischen Fauna sind nur weiße Schwäne zu beobachten." Wie sich mit einer solchen Abschwächung eine Aussage auch ins Gegenteil drehen lässt, zeigen die in der Sowjetzeit populären Radio-Eriwan Witze: „Frage an Radio Eriwan: ‚Stimmt es, dass dieses Jahr das Getreide so hoch wie Strommasten wächst?' Radio Eriwan antwortet: ‚Im Prinzip schon. Nur nicht so hoch, sondern so weit auseinander!' Zu vermeiden sind daher:

> meist, vielleicht, oft, manchmal, in der Regel, im Prinzip, prinzipiell, in den meisten Fällen, häufig, bisweilen, weitgehend, wohl, fast, irgendwie, gewissermaßen, möglicherweise, vermutlich

Abschwächungen der Art „grundsätzlich", „in der Regel" oder „im Prinzip" können verwendet werden, wenn sofort die konkreten Ausnahmen benannt werden.

Eine ähnliche Abschwächung stellt die *Verwendung des Konditionals* mittels des Verbs „können" dar. Die Aussage „In der Steigerung des Gewinns kann eine Ursache für eine Unternehmenswertsteigerung gesehen werden." wird durch die Abschwächung „kann" gegen Gegenargumente immunisiert, da auch tausende andere Sichtweisen für möglich erachtet werden. Dies ist jedoch unwissenschaftlich. Entsprechende Formulierungen mit „kann" sind somit zu vermeiden und nur dann einsetzbar, wenn die Eingrenzung im nachfolgenden Text offen erfolgt, wenn also mit mindestens einem konkreten Gegenargument gearbeitet wird. Zu vermeiden sind daher:

können, scheinen

Überdacht werden sollten auch Wörter, die eine *Absolutheit* ausdrücken (Theisen, 2021, S. 139). Der Satz „Natürlich ergibt $1 + 1 = 2$.“ ist deshalb unwissenschaftlich, weil damit versucht wird, den Leser zu überreden und nicht zu überzeugen. Der Zusatz ist überflüssig, da der Leser sich anhand der inhaltlichen Aussage selbst ein Bild machen muss und nicht auf beschwichtigende Zusicherungen des Verfassers („Glauben Sie mir, es stimmt!“) vertrauen sollte. Zu vermeiden sind daher:

natürlich, selbstverständlich, eindeutig, 100%, immer

Quantifizierungen sind möglichst genau anzugeben. Die Verwendung allgemeiner Begriffe erleichtert zwar das Schreiben, vernachlässigt jedoch die Genauigkeit, auf die es in der Wissenschaft ankommt. Aus diesem Grund enthält die Packungsbeilage eines Medikaments nicht nur vage Angaben über mögliche Nebenwirkungen, sondern statistisch abgesicherte Aussagen. Statt zu schreiben „Bei manchen Patienten können Kopfschmerzen auftreten.“ sollte die Aussage konkretisiert werden: „In 10 von 100 Fällen kommt es zum Auftreten von Kopfschmerzen.“ Soweit möglich, sollten die folgenden Wörter durch genaue Angaben ersetzt werden:

viele, wenige, zahlreiche, häufige, manche

Überflüssige Wörter sind zu vermeiden, was sich nicht immer als einfach erweist. Denn wissenschaftliches Schreiben wird gerade von Studierenden als „Code“ angesehen, den es zu beherrschen gilt. Wissenschaftssprache ist in dieser Sichtweise eine Fremdsprache, die sich durch die Verwendung bestimmter „wissenschaftlicher“ Begriffe und Satzkonstruktionen auszeichnet. Wie bereits erläutert, kommt der wissenschaftlichen Form eine geringere Bedeutung zu als der inhaltlichen Wissenschaftlichkeit. Eine schlechte wissenschaftliche Arbeit wird nicht dadurch besser, dass sie sich eines wissenschaftlichen Jargons bedient. Die floskelhafte Verwendung angeblich wissenschaftlicher Begriffe und Satzkonstruktionen sollte daher vermieden werden. Als Beispiel dient der folgende Satz.

Beispiel 1: Umständliche Satzkonstruktion
Die Tatsache, dass viele Studierende eine signifikante Zahl von Haus- und Projektarbeiten benötigen, um entsprechend auf die notwendigen Anforderungen der Bachelorarbeit vorbereitet zu sein, ist ein Faktum.

Die Satzkonstruktion sowie die Begriffe „signifikant" und „Faktum" erscheinen wissenschaftlich, ohne dass sie dem Satz eine zusätzliche Aussage hinzufügen. Statistische Begriffe aus der empirischen Arbeit wie „signifikant" oder „repräsentativ" sollten nur verwendet werden, wenn sie statistisch abgesichert sind (z. B. mit einem Signifikanztest). Die vorgenannte Aussage lässt sich somit bei Verzicht auf die überflüssigen Wörter kürzer fassen.

Beispiel 2: Verkürzte Satzkonstruktion
Studierende benötigen Schreiberfahrung in Form von Haus- und Projektarbeiten als Vorbereitung auf die Bachelorarbeit.

Vermieden werden sollten folgende scheinbar wissenschaftliche Begriffe und Satzkonstruktionen:

Die Tatsache, dass ..., Fakt ist, dass ..., signifikant, repräsentativ, valide

Zuletzt sollten alle *Füllwörter* vermieden bzw. sparsam eingesetzt werden, deren schiere Masse das Ausmaß des Problems verdeutlicht (Theisen, 2021, S. 139: „Leimwörter"):

nun, ja auch, doch, freilich, eigentlich, abermals, allem Anschein nach, allemal, allenfalls, allenthalben, allesamt, allzu, an sich, andauernd, andernfalls, anscheinend, auch, auffallend, augenscheinlich, ausdrücklich, ausgerechnet, ausnahmslos, äußerst, bekanntlich, bereits, bestenfalls, bloß, dabei, dann und wann, demgegenüber, demgemäß, denkbar, des Öfteren, durchaus, durchweg, eben, ein bisschen, ein wenig, einerseits, einige, einmal, entsprechend, ergo, etliche, folgendermaßen, förmlich, ganz gerne, gänzlich, gar nicht, gemeinhin, gewisse, glatt, glücklicherweise, größtenteils, häufig, hie und da, hingegen, hinlänglich, höchst, im Allgemeinen, im Grunde genommen, im Prinzip, immerzu, in der Tat, indessen, infolgedessen, insbesondere, insofern, irgendein, irgendjemand, irgendwann, irgendwie, ja, je, jedenfalls, jedoch, jemals, längst, lediglich, leider, letztlich, manchmal, mehr oder weniger, mehrfach, meistens, meistenteils, mitunter, möglichst, nämlich, naturgemäß, neuerdings, neuerlich, neulich, offenkundig, offensichtlich, ohne Weiteres, ohnedies, partout, quasi, recht, reichlich, reiflich, restlos, richtiggehend, rundheraus, rundum, schlicht, schlichtweg, schließlich, schlussendlich, schwerlich, selbstredend, seltsamerweise, so, sogar, sowieso, sowohl als auch, stellenweise, stets, trotzdem, überaus, überdies, üblicherweise, umständehalber, unerhört, ungemein, ungewöhnlich, ungleich, unmaßgeblich, unsagbar, unsäglich, unstreitig, unzweifelhaft, vermutlich, voll, voll und ganz, vollends, völlig, vollständig, von neuem, weitgehend, wiederum, wohlgemerkt, womöglich, ziemlich, zumeist, zusehends, zuweilen, zweifelsfrei

Zu vermeiden sind auch Pleonasmen (griech. πλεονασμός, pleonasmós – Überfluss, Übermaß), d. h. Zusätze, die keine weitere Information beinhalten und damit überflüssig sind, wie etwa die „jüdische Synagoge" oder der „Augenoptiker" (so auch Schimmel et al., 2017, S. 147). Eine erschöpfende Auflistung dieser Pleonasmen ist nicht möglich. Die folgende Liste verdeutlicht daher die Gefahr, die von einem Pleonasmus ausgeht. Auch wenn einzelne Formulierungen immer wieder auftreten, werden sie durch Wiederholung nicht besser:

auseinanderdividieren, bereits schon, DIN-Norm, ebenso auch, fachkompetent, fundamentale Grundkenntnis, lediglich nur, noch einmal wiederholen, noch einmal überprüfen, persönliche Anwesenheit, persönliche Meinung, potenzielle Möglichkeit, zeitlich befristet

Ebenfalls in diese Kategorie fallen Wörter, die durch eine unnötige Vorsilbe aufgebläht sind wie z. B. „vorwarnen" statt „warnen". Bei den folgenden Wörtern kann die Vorsilbe ohne Bedeutungsverlust eingespart werden:

abändern, abklären, abmildern, abmindern, absenken, absinken, abzielen, anmieten, ansteigen, anwachsen, auffüllen, aufoktroyieren, aufzeigen, mithelfen, vorankündigen, vorwarnen, zuliefern, zuschicken

Zu vermeiden sind *journalistische oder umgangssprachliche Formulierungen* wie „gut aufgestellt sein", „in die Kassen spülen" und „die Kriegskasse ist gut gefüllt". Es gibt keinen Grund, hier nicht von „hoher Wettbewerbsfähigkeit", „einnehmen" und „hoher Liquidität" zu sprechen.

Ähnlich verhält es sich mit *englischen Begriffen oder Fremdwörtern*, die eine Erfahrung mit dem „Business Speak" bzw. eine gewisse Belesenheit ausdrücken sollen. Jedoch handelt es sich auch hier um ein Stilmittel, das mit Bedacht eingesetzt werden sollte, da sich ein Zuviel schnell ins Gegenteil verkehrt (Theisen, 2021, S. 139; Schimmel et al., 2017, S. 147). Sicher ist unsere Wirtschaftswelt von englischen Fachbegriffen durchsetzt, wie der oft so genannte „Facility Manager" verdeutlicht. Wieso sollten in der Arbeit dann noch mehr Begriffe verwendet werden, für die auch ein deutsches Wort gebräuchlich ist, wie etwa cancel, Briefing, Deadline, Fake, Statement usw.? (Besser ist es in diesem Fall, die Arbeit ganz in Englisch zu schreiben.) Das Gleiche gilt für klassische Fremdworte aus dem Lateinischen oder Griechischen: Sparsam eingesetzt sind sie das

„Salz in der Suppe". Ein Zuviel wird den Leser jedoch bestenfalls erheitern. Häufig liest man Sätze wie den folgenden: „Im finalen Abschnitt sollen die Fundamente für die Dissertation gelegt werden." Es spricht nichts dagegen, hier „im letzten Abschnitt" und „Grundlagen" zu schreiben. Der Begriff „Dissertation" ist in diesem Zusammenhang sogar falsch, weil er sich im Deutschen auf eine Doktorarbeit bezieht. Richtigerweise ist von der „Thesis" oder allgemein von der „vorliegenden Arbeit" zu sprechen (nur im Englischen kann der Begriff *dissertation* auch für wissenschaftliche Arbeiten unterhalb des Promotionsstudiums verwendet werden). Lateinische Floskeln wie *cum grano salis* oder *mutatis mutandis* sind in wirtschaftswissenschaftlichen Arbeiten ganz zu vermeiden. Die einzige Ausnahme besteht für Fachbegriffe wie *ceteris paribus*, *ex ante* und *ex post*.

Die *Political Correctness* verlangt, dass auch im Schriftlichen keine Diskriminierung bestimmter Gruppen stattfindet. Den häufigsten Anwendungsfall stellt die zu vermeidende Diskriminierung von Frauen (oder Männern?) dar. Auch wenn das Ziel der Gleichstellung unbedingt zu befürworten ist (vgl. auch lesenswert Theisen, 2021, S. 142 f.), so führt dies mitunter zu Stilblüten wie der folgenden aus einem ministeriellen Rundschreiben an Schulen.

Beispiel 3: Auswirkungen einer geschlechtsneutralen Sprache
Die zweite Stellvertreterin oder der zweite Stellvertreter haben bei Verhinderung der Schulleiterin oder des Schulleiters und der ständigen Vertreterin oder des ständigen Vertreters die gleichen Rechte und Pflichten wie die Schulleiterin oder der Schulleiter. Deshalb ist eine besonders enge Zusammenarbeit mit der Schulleiterin oder dem Schulleiter und der ständigen Vertretung Voraussetzung für die gemeinsame Arbeit. Der zweiten Stellvertreterin oder dem zweiten Stellvertreter werden Schulleitungsaufgaben im gegenseitigen Einvernehmen übertragen. Diese können je nach Situation der einzelnen Schule verschieden sein.

Zwar lassen sich durch Anfügung von (Klammer-)Zusätzen, Schrägstrichen, dem sogenannten Binnen-I bzw. neuerdings dem Gendersternchen alle Geschlechter berücksichtigen (Mitarbeiter/innen, MitarbeiterInnen oder Mitarbeiter*innen), doch sind diese Zusätze nicht nur unschön, sondern im Falle deklinierter (gebeugter) Wörter grammatisch kaum möglich („der Anspruch des/der Mitarbeiter/s(in)"). Im besten Fall findet sich ein geschlechtsneutrales Wort wie etwa das im vorliegenden Buch verwendete „Studierende" für Studentinnen und Studenten. So kann auch statt „Mitarbeiter" oder „Beschäftigter" geschlechtsneutral von „Personal" gesprochen werden. Allerdings handelt es sich dabei um feststehende Begriffe, die in den unterschiedlichen Teildisziplinen der Wirtschaftswissenschaften nicht synonym verwendet werden dürfen. Zur Vermeidung von Wortungetümen bieten sich hier zwei Möglichkeiten an:

1. Beim ersten Auftreten eines geschlechtsspezifischen Begriffs kann darauf hingewiesen werden, dass die männliche (oder weibliche) Form immer beide Geschlechter umfasst. Diese Variante wurde bereits im römischen Recht, genauer in den Digesten L 16.1, verwendet, in denen sich zu Beginn der Hinweis „Verbum hoc si ‚Quis‘ tam masculos quam feminas complectitur" findet („Der Ausdruck wenn ‚jemand‘ umfasst ebenso männliche wie weibliche Personen.").

2. Die amerikanische Variante basiert auf dem Gedanken der *affirmative action,* sodass die benachteiligte Gruppe bevorzugt wird. In englischsprachigen Arbeiten wird dementsprechend aus *dem* CEO (Chief Executive Officer) elegant eine weibliche Form gemacht, indem bei späterer Bezugnahme etwa „she" oder das Pronomen „her" verwendet wird (diese Variante wird durchgängig in Schimmel et al., 2017 umgesetzt).

Das folgende abschließende Textbeispiel verdeutlicht den journalistischen Schreibstil, der zwar seine Zwecke zu erfüllen vermag, jedoch den Ansprüchen wissenschaftlichen Schreibens nicht gerecht wird. Die Sätze sind mit hochgestellten Satznummern versehen, um im Folgenden einfacher darauf Bezug nehmen zu können.

Beispiel 4: Unwissenschaftlicher Text

[1]Die Wirtschaft wird immer internationaler. [2]Die Firma sitzt in Stralsund, der Kunde in Shanghai und die nächste Geschäftsreise geht nach Seattle. [3]„Da muss man wissen, mit wem man es zu tun hat.", sagt der renommierte Jobexperte und Buchautor Jürgen Meier. [4]Ein Auslandsaufenthalt könne einen Mitarbeiter nur weiterbringen. [5]„Das Eintauchen in andere Kulturen bietet jedem besondere Chancen, sich persönlich wie beruflich weiterzuentwickeln, und es stärkt die Kommunikations- und Kontaktfähigkeit – eine der wichtigsten Fähigkeiten im heutigen Berufsleben", weiß der Experte.

Der erste Satz enthält eine platte Aussage, die dennoch nicht unbedingt richtig sein muss. Der Verfasser möchte damit die Bedeutung des Themas hervorheben, was jedoch misslingt, da der Bezug zum Nachfolgenden unklar ist. Zunächst einmal ist zu fragen, ob man überhaupt von *der* Wirtschaft sprechen kann. Denn die getroffene Aussage wird man für Großunternehmen, spezialisierte Dienstleister und Touristikunternehmen bejahen, der stationäre Einzelhandel ist davon aber ebenso wenig betroffen wie eine Volksbank oder Sparkasse, die nur einen regionalen Kundenstamm haben. Es muss demnach differenziert werden, in welchen Sektoren die behauptete Entwicklung beobachtet werden kann. Zudem bedarf der Begriff „international" einer näheren Betrachtung. Ohne hier auf die Einzelheiten einzugehen, unterscheidet die Theorie nach BARTLETT und GOSHAL zwischen international, multinational, global und transnational. Zuletzt ist die Behauptung in dieser pauschalen Form fragwürdig, da etwa der grenzüberschreitende Handel keine Besonderheit unserer Zeit ist. Es gab ihn schon in der Antike. Die Seidenstraße und die Verbreitung der römischen Währung sind eindrucksvolle Beispiele. Auch in der Zeit vor dem Zweiten Weltkrieg bestanden grenzüberschreitende Handels- und Kapitalverflechtungen. Die Behauptung sollte daher nicht nur differenziert, sondern auch mit Daten belegt werden. Als Datenquelle kommen etwa die Statistiken der United Nations Conference on Trade and Development (UNCTAD) infrage.

Der zweite Satz soll die „zunehmende Internationalisierung" an einem fiktiven Beispiel verdeutlichen, was ebenfalls misslingt. Wenn überhaupt ein Beispiel notwendig ist, dann wäre es sinnvoller, ein reales Beispiel im Rahmen einer Fallstudie zu beschreiben. Es könnte etwa ein kleines Unternehmen herausgegriffen werden, das nur wenige Mitarbeiter hat, dessen wichtigste Geschäftspartner aber im Ausland sitzen. Der Begriff „Firma" ist in diesem Zusammenhang falsch, da die Firma laut Handelsgesetzbuch nur der Name eines Handelsgewerbes ist (§ 17 HGB). Nur in der Umgangssprache wird er synonym mit „Unternehmen" verwendet. (Letzteres ist auch nicht synonym mit „Unternehmung", auch wenn dies oft zu lesen ist.)

Das direkte Zitat im dritten Satz ist überflüssig, da es keine Information beinhaltet, sondern nur eine Selbstverständlichkeit wiedergibt. Man sollte *immer* wissen, mit wem man es zu tun hat. Der anschließende Verweis auf den Urheber des Zitats ist journalistisch gebräuchlich, jedoch genügt er nicht den Ansprüchen des wissenschaftlichen Schreibens. Der Urheber sollte im Text – wenn überhaupt notwendig – nur über den Nachnamen zitiert werden. Zusätze zur beruflichen Stellung, zum Renommee oder zur Expertise sind unwissenschaftlich. Zudem reicht in den meisten Fällen ein indirektes Zitat. Nur dann, wenn die Aussage nicht genauso gut in eigenen Worten wiedergegeben werden kann, ist das direkte Zitat zu wählen.

Der vierte Satz beinhaltet die Hauptaussage des Textauszugs, ohne dass diese mit Argumenten begründet wird. Sie ist zudem falsch, da ein Auslandsaufenthalt nicht nur positive, sondern auch negative Folgen für die Person haben kann. Zu denken ist etwa an einen „Kulturschock", erhöhte gesundheitliche und situative Gefahren sowie die Trennung von sozialen Kontakten. Auch beruflich muss ein Auslandsaufenthalt nicht immer positive Auswirkungen haben. Die größte Gefahr besteht in der gescheiterten Wiedereingliederung nach der Rückkehr aus dem Ausland. Insbesondere bei längerer Abwesenheit besteht die Gefahr, dass der entsandte Mitarbeiter am alten Arbeitsort vergessen und überflüssig wird. Seine Stelle wird mit einer Vertretung besetzt, die sich in dieser Zeit bewähren kann. Ehemalige Kollegen können ebenfalls beruflich aufsteigen, ohne dass der entsandte Mitarbeiter überhaupt von freien Führungspositionen erfahren würde. Zudem löst sich die Einbindung in unternehmensinterne Netzwerke langsam auf, was die eigene informale Stellung schwächt. Statt der getroffenen Aussage, die auch durch das direkte Zitat im fünften Satz nicht richtig gestellt wird, sollte eine Klassifizierung in positive und negative Auswirkungen eines Auslandsaufenthalts vorgenommen werden. Dabei sollte mindestens auch zwischen den persönlichen oder sozialen sowie den beruflichen Auswirkungen unterschieden werden. Daher bietet sich eine Darstellung in Tabellen- oder Listenform an. In diesen können die Ergebnisse der eigenen Literaturauswertung zusammengefasst werden, was die Eigenleistung unterstreicht. Entsprechende Quellen- und Zitatnachweise machen die Vorgehensweise überprüf- und nachvollziehbar.

Der fünfte Satz enthält wiederum ein überflüssiges direktes Zitat. Auch die Einbindung „weiß der Experte" ist journalistisch und nicht wissenschaftlich. Die erste Hälfte des Zitats stellt einen Zirkelschluss dar, weil die Vorteile des Auslandsaufenthalts mit den Chancen begründet werden, „sich persönlich wie beruflich weiterzuentwickeln". Die Aussage wird mit sich selbst begründet. Besser wäre es, die in der zweiten Hälfte des Satzes enthaltene Aussage in die oben genannte Tabelle einzuschließen.

Insgesamt erfüllt der Textausschnitt nicht einmal die Grundanforderungen des wissenschaftlichen Schreibens. Für den behandelten Sachverhalt hat sich im Personalmanagement der Begriff „Expatriate" durchgesetzt, der nicht verwendet wurde. Andere grundlegende Begriffe wurden falsch (Firma) oder unüberlegt (international) eingesetzt. Folglich bleibt der Text oberflächlich und besteht weitgehend aus Allgemeinplätzen.

Aufgabe 5.1: Lesen Sie die folgenden Textbeispiele und notieren Sie eventuelle Fehler in der Wissenschaftssprache:

a) Kreps, Linde und andere definieren die ökonomischen Besonderheiten von immateriellen Gütern wie folgt (Linde, 2015, S. 15 f.):

b) Prof. Dr. Wilhelm Rall konstatiert dazu: „Darüber hinaus haben sich Prozesse, Organisations- und Arbeitsbedingungen für praktisch die gesamte Wirtschaft dramatisch verändert" (Rall, 2019, S. 5).

c) Der Chairman des Verbands, Jay Berman, sagt hierzu im Vorwort zum Digital Music Report 2004: „Public awareness of the legal issues around online music distribution, a crucial part of our industry's online strategy, is much higher internationally than it was a year ago. Nearly 70 % of surveyed respondents in four major European markets are aware that unauthorised file-swapping is illegal" (IFPI, 2004, S. 5 f.). Er fügte hinzu: „We believe that the music industry's internet strategy is now turning the corner, and that in 2004 there will be, for the first time, a substantial migration of consumers from unauthorized free services to the legitimate alternatives that our industry is providing internationally" (IFPI, 2004, S. 1).

d) Bereits im Jahr 1921 wurden in der Musikbranche 106 Mio. US$ für Tonträger umgesetzt – in der Filmbranche dagegen lediglich 93 Mio. US$ (Tschmuck, 2003, S. 52).

e) Studien haben gezeigt, dass Informationsgüter einen immer größeren Anteil an der Wirtschaftsleistung ausmachen (Miller, 2014).

5.2   Strukturierung der Absätze

Da die Gliederung nur das Grundgerüst des Gedankengangs darstellt, ist auch innerhalb des Textes auf eine durchgehende Strukturierung zu achten. Dies erfolgt insbesondere durch die Gliederung des Textes in Absätze, die jeweils einen in sich abgeschlossenen Bereich des Gliederungspunktes umfassen (so auch Schimmel et al., 2017, S. 152: „Zweite Hälfte der Miete"). Diese Absätze sollten im Regelfall eine Seite nicht überschreiten. Dabei ist darauf zu achten, dass zu Beginn und am Ende des Absatzes „Verbindungswörter" wie daher, deshalb, folglich usw. möglichst vermieden werden, da diese wiederum gegen eine Trennung der Absätze sprechen. Die Untergliederung des Textes in Absätze sollte sich an den enthaltenen Sinneinheiten bzw. Argumenten orientieren. Man sollte die Absätze so bilden, dass jeder Absatz eine klare kurze Überschrift bekommen könnte. Keinesfalls ist es sinnvoll, in einem Absatz unterschiedliche Gedankengänge zu vermischen. Folglich gibt es auch kein einheitliches Maß, wie lang ein Absatz sein muss oder höchstens sein dürfte. Zwar kann in der Regel bei Prüfungsarbeiten aufgrund des breiten Korrekturrands von ca. drei Absätzen pro Seite ausgegangen werden (so auch Ebel & Bliefert, 2009, S. 32). Doch wird diese Regel auch oft gebrochen. Beispielsweise wird bei der Darstellung der Vorgehensweise („Gang der Untersuchung") für jedes Kapitel ein eigener Absatz verwendet. Da sich die Zusammenfassung in 1-2 Sätzen wiedergeben lässt, wird auch der Absatz entsprechend kurz. Durch unterschiedlich lange Absätze wird der Text lebhafter. Ein Endlos-Absatz hingegen „wirkt nicht nur unästhetisch und ermüdet den Leser" (Ebel & Bliefert, 2009, S. 32).

Auch innerhalb der Absätze ist auf einen zusammenhängenden Gedankengang zu achten. Oft können Gegenüberstellungen und Klassifikationen auch sprachlich prägnant eingeleitet werden. Bei der Gegenüberstellung von zwei Punkten bieten sich Formulierungen wie „Zum einen …, zum anderen" an. Besonders interessant

ist auch die Gegenüberstellung mit „während". So kann die in Kap. 2 darge-
stellte Klassifikation nicht nur mit Listenpunkten, sondern auch mit „während"
dargestellt werden, wie die folgende Gegenüberstellung verdeutlicht.

Beispiel 5: Strukturierung der Absätze
Variante 1
Für die Wirtschaftswissenschaften bietet die Unterteilung in eine positive bzw. normative
Analyse eine hilfreiche Orientierung bei der Formulierung einer Hypothese:

- Bei der *positiven Analyse* geht es darum, reale Sachverhalte wissenschaftlich zu erfassen
  und ihre Folgen zu prognostizieren.
- Die *normative Analyse* strebt hingegen danach zu untersuchen, wie der Untersuchungsgegenstand ausgestaltet sein *sollte,* um ein vorausgesetztes Effizienzkriterium (z. B. Pareto-
  Effizienz) zu erfüllen. Ergebnis der normativen Analyse ist demnach ein konkreter Vorschlag, weshalb sie auch als präskriptive Analyse bezeichnet wird.

Variante 2
Für die Wirtschaftswissenschaften bietet die Unterteilung in eine positive bzw. normative Analyse eine hilfreiche Orientierung bei der Formulierung einer Hypothese: Während
es bei der *positiven Analyse* darum geht, reale Sachverhalte wissenschaftlich zu erfassen und
ihre Folgen zu prognostizieren, strebt die *normative Analyse* danach zu untersuchen, wie
der Untersuchungsgegenstand ausgestaltet sein sollte, um ein vorausgesetztes Effizienzkriterium (z. B. Pareto-Effizienz) zu erfüllen. Ergebnis der normativen Analyse ist demnach ein
konkreter Vorschlag, weshalb sie auch als präskriptive Analyse bezeichnet wird.

Falsch ist jedoch, mit „zum einen" oder „einerseits" einzuleiten, wenn die
Gegenposition erst viele Zeilen später oder gar nicht mehr folgt. Das Gleiche gilt
für „zunächst", dem zwingend ein „dann" folgen muss. Für die Darstellung von
mehr als zwei Argumenten bietet sich eine Liste an. Dabei ist auch an die korrekte
Zitierung des verwendeten Materials zu denken, die entweder mit Zitatnachweisen für jeden Absatz oder mit einem einmaligen Zitatnachweis vor dem die Liste
einführenden Doppelpunkt erfolgen kann. Die erste Vorgehensweise bietet sich
an, wenn die Argumente oder Daten aus verschiedenem Material stammen. Die
zweite bietet sich an, wenn sie aus nur einer oder zwei Fundstellen zusammengestellt wurden. Damit werden auch optisch identische Zitierungen verhindert. Das
folgende Beispiel verdeutlicht die Variante mit individuellen Zitatnachweisen.

Beispiel 6: Zitierweise bei Aufzählungspunkten
Von Unternehmensakquisitionen verspricht man sich die folgenden Steuervorteile:

- Mit der Nutzung von bisher nicht in Anspruch genommenen Verlustvorträgen des Akqui-
  sitionsobjektes können die Gewinne des erwerbenden Unternehmens (teilweise) steuer-
  mindernd ausgeglichen werden (Huemer, 1991, S. 19).

- Falls die Aktiva des Zielunternehmens eine hohe Differenz zwischen Verkehrswert und Buchwert aufweisen, bewirkt eine Aufwertung dieser Aktiva zum Verkehrswert (step up) eine Erhöhung der Abschreibungsbasis, die *ceteris paribus* zu einem geringeren Gegenwartswert der Steuerschuld führt (Huemer, 1991, S. 19).
- Ein Unternehmen ohne vorteilhafte interne Investitionsprojekte kann durch den Kauf eines schnell wachsenden Unternehmens, das (noch) keine steuerpflichtigen Gewinne erwirtschaftet, Steuerzahlungen auf das gegenwärtige Einkommen durch Steuern auf die Veräußerung von Unternehmensanteilen ersetzen, die erst beim Verkauf der Beteiligung zu leisten sind, wenn bis dahin noch kein steuerpflichtiger Gewinn angefallen ist (Weston et al., 1990, S. 210 f.). Hierdurch kann eine Steuerstundung bis zum Verkaufszeitpunkt der Anteile erreicht werden, die zu einem geringeren Gegenwartswert der Steuerschuld führt.
- Wenn beide Unternehmen (das erwerbende und das Akquisitionsobjekt) Gewinne erzielen, kann bei einer akquisitionsbedingten Minderung der Varianz der Gewinne gleichfalls der Kapitalwert der Steuerzahlung gemindert werden. Denn das Finanzamt ist asymmetrisch an den Erfolgen des Unternehmens beteiligt. Gewinne müssen sofort versteuert werden, während erst in späteren Perioden die Möglichkeit besteht, Verluste zu verrechnen. Wie MAJD und MYERS (1984) zeigen, können die Ansprüche des Finanzamtes als ein Portefeuille von Call-Optionen auf den steuerpflichtigen Gewinn jeweils eines Jahres angesehen werden. Falls das Unternehmen einen steuerpflichtigen Gewinn erwirtschaftet, übt das Finanzamt seine Option aus und erhebt Steuern; falls ein Verlust entsteht, wird auf eine Ausübung der Option verzichtet. Eine risikodiversifizierende Akquisition, durch die ein gemeinsamer Gewinn mit niedrigerer Varianz entsteht, führt gleichermaßen zu einem niedrigeren Wert dieser Optionen, was gleichbedeutend ist mit einem geringeren Gegenwartswert der Steuerschuld.

Aufgabe 5.2: Lesen Sie den folgenden Text zu Synergien bei Unternehmensakquisitionen (auf Zitatnachweise wurde verzichtet) und unterteilen Sie ihn in genau vier Absätze

Die Realisierung von Synergieeffekten stellt das am häufigsten vorgebrachte – und zugleich umstrittenste – Motiv von Akquisitionen dar. Wie GROTE anmerkt, ist diese Verwirrung um den Begriff der „Synergie" auf die häufige Verwendung in Verbindung mit Unternehmensakquisitionen zurückzuführen. Für die vorliegende Arbeit bietet sich jedoch die folgende enger gefasste Definition an: Positive Synergieeffekte bestehen, wenn durch ein Zusammenwirken bzw. eine Zusammenfassung bestimmter Ausführungsfunktionen (Aktivitäten) von Geschäftsfeldern (zweier Unternehmen) zusätzliche Vorteile erzielt werden können, die zur Folge haben, dass die Summe der Marktwerte der beiden Unternehmen größer ist als die Summe der beiden Marktwerte vorher. Einerseits ist an dieser Stelle zu beachten, dass dadurch das Value Additivity Principle der Kapitalwertmethode verletzt wird, da hier der gemeinsame Kapitalwert nach Realisierung der Synergieeffekte eben nicht identisch

ist mit der Summe der Kapitalwerte vorher. Andererseits wird dabei vorausgesetzt, dass die jeweiligen Unternehmen jeweils sämtliche Möglichkeiten
für eine optimale Unternehmensstrategie genutzt haben. Diese Annahme ist
notwendig, um sicherzustellen, dass die Wertsteigerungseffekte nicht durch
eine Änderung der Strategie verursacht werden. PORTER veranschaulicht das
Zusammenwirken anhand des Konzeptes der Wertkette (Value Chain): Beim
Zusammenwirken einzelner Aktivitäten der Wertketten zweier Unternehmen
können Synergieeffekte auftreten. Im Beispiel sind dies die Logistik sowie
die Technologieentwicklung zweier Geschäftsfelder der Unternehmen A und
B. Bei der Ermittlung von Synergieeffekten ist allerdings zu beachten, dass
bei einer Zusammenfassung verschiedener Aktivitäten grundsätzlich nicht
nur positive, sondern gleichzeitig auch (unvermeidbare) negative Synergieeffekte auftreten können: Durch die zur Realisierung der Synergiepotenziale
notwendige gemeinsame Nutzung von Aktivitäten können einerseits Koor-
dinierungskosten entstehen, da zur Abstimmung der beiden Geschäftsfelder
beispielsweise (Arbeits-)Zeit und vielleicht auch zusätzliche Ressourcen benötigt werden. Andererseits können Kompromisskosten auftreten, die darin
begründet sind, dass zur gemeinsamen Nutzung von Aktivitäten eine Standardisierung erfolgen muss. So müssen gemeinsam genutzte Vorprodukte
so entworfen werden, dass sie sich zur Verwendung in beiden Geschäftsfeldern eignen. Zum Beispiel können Außendienstmitarbeiter, die nun die
Produkte oder Dienstleistungen von zwei Geschäftsfeldern zu vermarkten
haben, nicht mehr so exakt über die Produktspezifikationen informiert sein wie
bei der vormals individuellen Betreuung der Abnehmer durch zwei (jeweils
auf ein Geschäftsfeld) spezialisierte Gruppen von Außendienstmitarbeitern.
Eine weitere Art von negativen Synergieeffekten stellen Inflexibilitätskosten
dar. Diese können einerseits dadurch entstehen, dass auf Veränderungen des
(Wettbewerbs-)Umfeldes nicht mehr so flexibel reagiert werden kann, da nun
von einer Anpassung der gemeinsam genutzten Aktivität beide Geschäftsfelder
tangiert werden, obwohl dies vielleicht nur für eines erwünscht wird. Wenn
also in einem Geschäftsfeld wegen einer plötzlich gestiegenen Wettbewerb-
sintensität eine besondere Qualität von einem Vorprodukt verlangt wird, das
gleichzeitig auch in einem anderen Geschäftsfeld Verwendung findet, dann
wird eine erneute Abstimmung hinsichtlich des Ausmaßes der Qualitätser-
höhung des Vorprodukts notwendig. Denn vielleicht sieht sich das andere
Geschäftsfeld gerade einem Kostendruck gegenüber, sodass unter der Ver-
teuerung des Vorproduktes seine Wettbewerbsfähigkeit leiden würde. Daher
sind bei der Bewertung von Synergiepotenzialen gleichzeitig auch die erwar-
teten negativen Synergieeffekte zu berücksichtigen, sodass eine Entscheidung

nur anhand des Saldos der positiven und negativen Effekte getroffen werden kann. Synergieeffekte sind jedoch weder eine notwendige noch eine hinreichende Bedingung für Unternehmenszusammenschlüsse (und damit auch für Unternehmensakquisitionen), da sie sich auch über eine Marktlösung realisieren lassen. So könnte zum Beispiel bei Existenz von Economies of Scale durch den Verkauf freier Kapazitäten am Markt eine hohe Produktionsmenge erzielt und damit die Stückkosten gesenkt werden. Im Falle einer herausragenden Prozesstechnologie des Unternehmens wäre eine Lizenzvergabe an andere Unternehmen denkbar. Da solches Know-how ein immaterielles Gut darstellt, das durch die Nutzung nicht verbraucht wird (vielleicht aber im Zeitablauf veraltet), und bei der Lizenzvergabe darauf geachtet werden kann, dass nicht gerade ein direkter Konkurrent diese Technologie erhält, müssen im Lichte des Ansatzes des Synergiemanagements Marktlösung und Akquisition gleichwertige Alternativen darstellen. Jedoch stellt nicht nur der Verkauf von überschüssigen Kapazitäten des agierenden Unternehmens eine alternative Realisierungsmöglichkeit von Synergieeffekten dar: Überschüssige Kapazitäten könnten auch durch internes Wachstum Verwendung finden.

5.3 Satzbau

Auch innerhalb eines Satzes ist auf eine sinnvolle Strukturierung zu achten. Beispielsweise sollte vermieden werden, die Hauptinformation eines Satzes in einem Nebensatz zu verstecken. Formulierungen wie die folgenden zwingen gerade zu einer umständlichen Strukturierung:

- Es ist festzustellen, dass …
- Hierbei ist wichtig zu erwähnen, dass …
- Von besonderer Wichtigkeit ist, dass …
- Zusammenfassend kann man sagen, dass …

Derartige Satzkonstruktionen können ohne Informationsverlust in einen Hauptsatz überführt werden. Ebel und Bliefert (2009) benennen für die folgenden Beispiele in Klammern, durch welches einzelne Wort der jeweilige Nebensatz eingespart werden kann (S. 31):

- Es ist bekannt, dass … (bekanntlich)
- Es steht zu vermuten, dass … (vermutlich)

- Daraus folgt, dass … (folglich)
- Es ist nicht anzunehmen, dass … (kaum)
- Hierbei ist zu berücksichtigen, dass … (allerdings)
- Es ist erforderlich, dass … (muss, müssen)

Zudem sollten die Satzelemente so angeordnet werden, dass Missverständnisse vermieden werden und die Bezüge klar sind. Statt zu schreiben „Bedingt durch die Zentralisierung der Entscheidungsbefugnisse auf die Unternehmensleitung ist eine Überlastung eben dieser zu befürchten." ist die folgende Satzkonstruktion besser und einfacher: „Die Zentralisierung der Entscheidungsbefugnisse auf die Unternehmensleitung wird zu deren Überlastung führen." Denn die Wissenschaftssprache sollte bei aller Exaktheit nicht unverständlich oder durch umständlichen, überlangen Satzbau geprägt sein.

Zum wissenschaftlichen Schreibstil gehört auch die Genauigkeit bei der Formulierung. Der Verfasser einer wissenschaftlichen Arbeit sollte es sich im Laufe seines Studiums angewöhnt haben, die eigenen Texte kritisch zu lesen und alle ungenauen bzw. missverständlichen Formulierungen so lange zu drehen und zu wenden, bis seine hohen Ansprüche erfüllt sind. Denn es geschieht leicht, dass der erste Textentwurf den Gedanken nur unzureichend abbildet. Oft kann dies auf eine ungeeignete Satzstellung zurückgeführt werden. Das folgende Beispiel verdeutlicht diese Problematik.

Beispiel 7: Ungeeignete Satzstellung
Definiert wird das Total Quality Management nach BRÜGGEMANN und BRENNER als Führungsstrategie, die durch Steigerung der Kundenzufriedenheit den langfristigen Unternehmenserfolg sichern soll.

Gemäß der Satzstellung „Total Quality Management nach BRÜGGEMANN und BRENNER" wird der Eindruck erweckt, als handele es sich dabei um eine Entwicklung dieser beiden Autoren. Der Verfasser wollte sich jedoch nur auf eine Definition dieser beiden Autoren beziehen und diese von anderen Definitionsversuchen anderer Autoren abgrenzen. Der Satz kann durch eine einfache Umstellung der Satzteile berichtigt werden.

Beispiel 8: Korrigierte Satzstellung
Nach BRÜGGEMANN und BRENNER wird das Total Quality Management definiert als Führungsstrategie, die durch Steigerung der Kundenzufriedenheit den langfristigen Unternehmenserfolg sichern soll.

Bei dieser Satzstellung wird deutlich, dass sich der Verfasser nur auf die Definition des Total Quality Managements nach BRÜGGEMANN und BRENNER bezieht.

Das folgende Beispiel einer ironisch gemeinten Handlungsanweisung für das Abfassen eines Anwaltsschreibens zeigt, wie nicht vorgegangen werden sollte (wörtlich übernommen von Rössner & Klaner, 1999, S. 6).

Beispiel 9: Handlungsanweisung für das Abfassen eines Anwaltsschreibens

1. Schritt: Sie nehmen einen ganz normalen Satz.
Vielen Dank für Ihren Brief. Wir beantworten Ihre Fragen, sobald wir mit Herrn Müller darüber gesprochen haben.

2. Schritt: Sie reichern den Satz mit Substantiven an. Ersetzen Sie einfach alle Verben durch Hauptwörter oder Streckverben. Und vergessen Sie nicht, die Substantive mit der Endung „-ung" aufzublähen.
Vielen Dank für Ihren Brief. Wir kommen in Beantwortung Ihrer Fragen auf Sie zurück, sobald wir Rücksprache mit Herrn Müller gehalten haben.

3. Schritt: Sie anonymisieren (zur Wahrung des Anwaltsgeheimnisses) den Text.
Vielen Dank für das vorgenannte Schreiben. Die Unterfertigten kommen in Beantwortung der darin aufgeworfenen Fragen auf diese zurück, sobald sie Rücksprache mit dem Mandanten gehalten haben.

4. Schritt: Sie übersetzen alles ins Passiv.
Für das vorgenannte Schreiben möchten wir uns bedanken. Die Unterfertigten werden in Beantwortung der darin aufgeworfenen Fragen auf diese zurückkommen, sobald unsererseits Rücksprache mit dem Mandanten gehalten werden konnte.

5. Schritt: Sie würzen Ihre Arbeit mit unnötigen Adjektiven und Partizipien.
Bezug nehmend auf das vorgenannte Schreiben möchten wir uns bedanken. Die Unterfertigten werden in alsbaldiger Beantwortung der darin aufgeworfenen interessanten Fragen umgehend auf diese zurückkommen, sobald unsererseits die unverzichtbare Rücksprache mit dem derzeit abwesenden Mandanten gehalten werden konnte.

6. Schritt: Wiederholen Sie abschließend unbedingt noch einmal Schritt 2.
Bezug nehmend auf das vorgenannte Schreiben möchten wir unseren Dank aussprechen. Die Unterfertigten werden in alsbaldiger Erledigung der darin aufgeworfenen interessanten Fragen umgehend auf diese Bezug nehmen, sobald unsererseits die unverzichtbare Rücksprache mit dem derzeit auf einer Reise befindlichen Mandanten gehalten werden konnte.

In der Praxis des wissenschaftlichen Schreibens gleicht der erste eigene Textentwurf oftmals dem Ergebnis des letzten Schrittes der obigen Handlungsanweisung (in der ersten Fassung des Manuskripts für das vorliegende Buch lautete dieser Satz noch wie folgt: In der Praxis des wissenschaftlichen Schreibens ist oftmals festzustellen, dass der erste eigene Textentwurf dem Ergebnis des letzten Schrittes der obigen Handlungsanweisung gleicht). Es sind dann die einzelnen Schritte kritisch rückwärts zu gehen. Unnötige Adjektive sind zu streichen und Passivkonstruktionen sowie Nominalisierungen auf ihre Notwendigkeit hin zu überprüfen.

5.4   Begriffe und Definitionen

Eine große Bedeutung kommt den Definitionen zu. Es sind nicht „sklavisch" alle Begriffe zu definieren und zu erklären. Den größten Raum sollten Begriffe einnehmen, die strittig bzw. für die Arbeit von grundlegender Bedeutung sind. Einen *Glossar* anzufügen, macht nur dann Sinn, wenn aufgrund des Themas viele fachspezifische Begriffe (etwa technischer oder naturwissenschaftlicher Art) verwendet werden mussten. Das folgende Beispiel verdeutlicht, dass bei einer Arbeit über Akquisitionen der Begriff der Akquisition zunächst zu definieren ist.

Beispiel 10: Begriffsdefinition
Der Begriff „(Unternehmens-)Akquisition" beschreibt im engen Sinne die Übernahme eines vormals rechtlich selbstständigen Unternehmens durch den Kauf *aller* Vermögensgegenstände bzw. *aller* gesellschaftsrechtlicher Unternehmensanteile. Neben dieser engen, eindeutigen Definition werden in weiter gefassten Abgrenzungen (zur Diskussion vgl. z. B. Schade, 1990, S. 30–35; Sieben & Sielaff, 1989, S. 1) auch der Erwerb rechtlich unselbstständiger, in sich geschlossener Teilbereiche (Pausenberger, 1989b, Sp. 19; Sieben & Sielaff, 1989, S. 1) eines Unternehmens sowie der Erwerb einer bestimmten Quote von Anteilen eingeschlossen, mit deren Stimmrechten ein maßgeblicher Einfluss auf die Geschäftspolitik des Zielunternehmens ausgeübt werden kann. In der Regel werden Beteiligungen mit Stimmrechtsanteilen über 75 % als Akquisition bezeichnet, falls die Ausübung dieser Stimmrechte nicht vertraglich eingeschränkt ist. Anteilskäufe mit einer Stimmrechtsbeteiligung von über 50 bis 75 % können *im Einzelfall* als Unternehmensakquisition klassifiziert werden (Kirchner, 1990, S. 31).
    Zur Vereinfachung wird im Folgenden von einem vollständigen Unternehmenskauf ausgegangen, d. h., es werden *alle* Anteile eines Unternehmens erworben, das eine eigene Rechtspersönlichkeit besitzt. Die Gültigkeit der Aussagen für Akquisitionen in der *weiten Abgrenzung* wird dadurch nicht beeinflusst; die Ausführungen können dann analog angewendet werden. Des Weiteren wird davon ausgegangen, dass mit der Akquisition strategische Ziele verfolgt werden, da bei einem rein investmentorientierten Unternehmenskauf eine kapitalmarkttheoretische Betrachtung anhand der Rendite-Risiko-Kombination, die durch die *Beteiligung* erzielt wird, ausreichend sein wird (Petersen, 1994, S. 10).

5.5   Abbildungen und Tabellen

Abbildungen und Tabellen sind das „Salz in der Suppe". Sinnvoll eingesetzt, können sie aus einer guten eine hervorragende Arbeit machen. Sie können aber auch einen miserablen Eindruck verstärken oder erst entstehen lassen. Jeder Gutachter von wissenschaftlichen Arbeiten hat eine Vielzahl solcher Beispiele erfahren (müssen). So wurde in einer betriebswirtschaftlichen Masterarbeit an einer staatlichen Hochschule das Kapitel über die Gründung einer Niederlassung im Ausland nicht nur mit einem Foto der Baugrube, sondern auch mit einem Foto des Mietwagens und der beschwerlichen Anfahrt illustriert. Der Leser gewinnt schon beim ersten Durchblättern einer solchen Arbeit den Eindruck, dass wissenschaftliche Grundsätze nicht beachtet wurden. Wie beim Text gilt auch für Abbildungen und Tabellen, dass sie mit der Fragestellung und Zielsetzung der Arbeit im Einklang stehen müssen und geeignet sein sollten, einen Beitrag zur Erfüllung der Zielsetzung zu leisten. Zu warnen ist daher vor allen seitenfüllenden Abbildungen und Tabellen, die mit dem Ziel hineinkopiert wurden, die Arbeit optisch aufzublähen (so auch Schimmel et al., 2017, S. 145 f.). Dazu gehören auch Fotografien eines Produkts oder der Screenshot einer Internetseite, wenn diese nicht wissenschaftlich-abstrakt analysiert, d. h. auseinandergenommen werden. Statt der Fotografie eines Produkts können anhand einer (Explosions-)Zeichnung seine physischen Merkmale erläutert werden. Statt eines Screenshots einer Internetseite kann ihr Aufbau durch abstrakte Untergliederung in einzelne Segmente verdeutlicht werden. Statt eines Fotos eines Wissenschaftlers wie Michael E. Porter oder eines Unternehmers wie Steve Jobs (Apple) kann ein Verzeichnis seiner wichtigsten Veröffentlichungen (Werkverzeichnis) oder seiner Produktentwicklungen oder Patente erstellt werden.

Der Einsatz von Abbildungen und Tabellen bietet sich an, um komplexe Sachverhalte anschaulich darzustellen und somit die Erläuterungen im Text kürzer fassen zu können. Jedoch ist jede Abbildung und Tabelle auch im Text zu erläutern (Theisen, 2021, S. 172). Um dem Leser den Umgang mit diesen Fremdkörpern im Text zu erleichtern, ist *vor* der Abbildung bzw. Tabelle im Text auf diese zu verweisen und einzuleiten; nach der Abbildung bzw. Tabelle können Details erläutert werden. Abbildungen und Tabellen dürfen niemals ohne einen einleitenden Text einem Gliederungspunkt folgen.

Insbesondere in der Einleitung können Abbildungen und Tabellen genutzt werden, um die Bedeutung des Themas herauszustellen. Das folgende Beispiel verdeutlicht diese Form der Verwendung sowie die Einbettung der Abbildung im Text anhand einer Arbeit über Mergers und Acquisitions.

Beispiel 11: Verwendung einer Abbildung im Text
Mergers und Acquisitions geraten durch zahlreiche Transaktionen immer wieder in den Blickpunkt des öffentlichen Interesses. Aber auch, wenn meist nur die großen, spektakulären Transaktionen eine größere Aufmerksamkeit erlangen, handelt es sich dabei lediglich um einen Bruchteil der Transaktionen eines Jahres. Dies belegt die Statistik deutlich: Die Anzahl der Mergers und Acquisitions mit deutscher Beteiligung hat sich nach einem starken Anstieg in den 1990er-Jahren und anschließendem Absturz wieder stabilisiert (Abb. 5.1.).

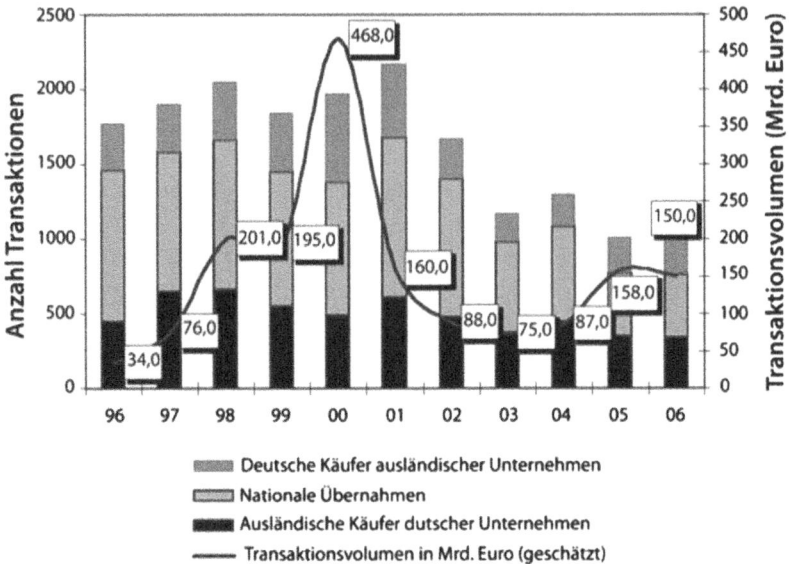

Abb. 5.1 Anzahl und Volumen der M&As mit deutscher Beteiligung. (Quelle: M&A International, Kronberg im Taunus)

So waren im Jahr 2006 (gemäß der hier zugrunde gelegten Abgrenzung) 991 Übernahmen zu verzeichnen.

Diese Zahlen können jedoch nur einen Teil der eigentlichen Trendentwicklung widerspiegeln. Denn anders als in den USA sind in Deutschland keine aussagekräftigen statistischen Daten hinsichtlich des Transaktionsvolumens, also des Gesamtwertes der Transaktionen eines Jahres in Euro, verfügbar. Dies ergibt sich aus dem Umstand, dass hierzulande ein Großteil der M&A-Transaktionen nicht über die Börse getätigt und infolgedessen der Kaufpreis nicht offengelegt wird. Somit ist eine Verzerrung durch die unterschiedlichen Größen der erworbenen Unternehmen unvermeidbar, da in dieser Statistik die Akquisitionen von großen und kleinen Unternehmen gleich gewichtet werden.

Jede Abbildung oder Tabelle muss eine Beschriftung sowie eine Nummerierung erhalten, die jeweils für die Abbildungen und Tabellen getrennt zu erfolgen hat. Die Beschriftung steht bei wissenschaftlichen Arbeiten üblicherweise unter der Abbildung bzw. Tabelle (so auch Theisen, 2021, S. 176 f.) und wird nicht mit einem Punkt abgeschlossen. Ein Zitatnachweis wird als „parenthetical citation" in Klammern der Beschriftung angefügt. Bei Verwendung von Abbildungen und

Tabellen ist vor dem Text ein Abbildungs- bzw. Tabellenverzeichnis aufzunehmen (römische Seitennummerierung). Die Gestaltung der Abbildung muss klar und eindeutig sein. Unbedingte Angaben sind die Achsenbezeichnungen (Jahr, Anzahl bzw. Volumen), die Einheiten (Mrd. Euro, Stück usw.), die Legende sowie die Quellen. Die Bezugnahme auf die Abbildung kann – wie im Beispiel – durch einen Klammerzusatz am Ende des Satzes erfolgen. Auf die Abbildung kann jedoch auch explizit verwiesen werden, wobei der bestimmte Artikel entfällt: „Abb. 5.1 verdeutlicht die Entwicklung der Zahl der M&A-Transaktionen mit deutscher Beteiligung." (Es darf *nicht* lauten: „Die Abb. 5.1...").

Bei der inhaltlichen Gestaltung von Abbildungen und Tabellen sind die folgenden Grundsätze zu beachten:

- Die Abgrenzungskriterien müssen – wie es die Unternehmensberatung McKinsey einmal formuliert hat – „me-ce" sein, d. h. mutually exclusive (überschneidungsfrei) und collectively exhaustive (erschöpfend). Die Überschneidungsfreiheit ist im Textbeispiel gegeben, da deutsche Käufer deutscher Unternehmen, deutsche Käufer ausländischer Unternehmen sowie ausländische Käufer deutscher Unternehmen erhoben werden. Zugleich ist die Abgrenzung erschöpfend, da – wie angegeben – alle M&A-Transaktionen mit deutscher Beteiligung erfasst werden. Es wurden beispielsweise nicht die Übernahmen deutscher Unternehmen im Ausland vergessen. Ein wichtiges Merkmal einer erschöpfenden Abbildung oder Tabelle ist die Kategorie „Sonstige".
- Die Daten und Informationen in Abbildungen und Tabellen müssen aktuell sein. Oftmals findet man in der Literatur eine interessante Darstellung, die jedoch auf Daten von vor 5 Jahren basiert. In diesem Fall sollte die Darstellung nicht übernommen werden; vielmehr ist eine eigene Abbildung oder Tabelle mit selbst recherchierten Daten zusammenzustellen. Als Quellen sind nicht nur die Datenquellen, sondern auch die ursprüngliche Darstellung anzugeben, welche die Idee geliefert hat.
- Die Abbildungen und Tabellen sind auf die eigenen Bedürfnisse anzupassen. Unwichtige Informationen, die im Rahmen der eigenen Arbeit keine Rolle spielen, sind wegzulassen oder zusammenzufassen. Unbedingt notwendige Informationen sind hinzuzufügen. Der Quellennachweis hat die gewählte Vorgehensweise widerzuspiegeln (Tab. 5.1). So sind auch etwaige andere Begriffe an die eigenen im Text verwandten Begriffe anzupassen, sofern sie deckungsgleich sind.

Tab. 5.1 Beispiele für Zitatnachweise an Abbildungen und Tabellen

Vorgehensweise	Zitatnachweis	Bemerkung
Eine Abbildung bzw. Tabelle wurde aus der Literatur gescannt bzw. als Bild-Datei aus dem Internet eingefügt	(Müller, 2020, S. 1)	Nicht empfohlen; die Abbildung bzw. Tabelle sollte möglichst selbst erstellt, d. h. nachgezeichnet werden
Eine Abbildung bzw. Tabelle wurde aus der Literatur originalgetreu entnommen, jedoch technisch selbst erstellt, d. h. nachgezeichnet	(Müller, 2020, S. 1)	Das reine Nachzeichnen einer Abbildung oder Tabelle ist keine wissenschaftliche Leistung und rechtfertigt daher keine andere als eine direkte Zitierung
Eine Abbildung bzw. Tabelle wurde leicht verändert aus der Literatur entnommen, d. h. gekürzt oder es wurden Begriffe ausgetauscht	(modifiziert nach Müller, 2020, S. 1)	Der Hinweis dient dem Schutz des Lesers vor dem Missverständnis, es handele sich um ein Original; die Eigenleistung des Verfassers ist gering
Eine Abbildung bzw. Tabelle aus der Literatur lieferte die Vorlage für eine eigene Abbildung oder Tabelle, d. h., es wurden nicht nur sprachliche, sondern auch inhaltlich-konzeptionelle Änderungen vorgenommen	(in Anlehnung an Müller, 2020, S. 1)	Es handelt sich um eine eigene Leistung, die vergleichbar ist mit dem eigenständig formulierten indirekten Zitat
Mehrere Abbildungen oder Tabellen wurden zusammengefasst	(in Anlehnung an Müller, 2020, S. 1; Schmidt, 2015, S. 10)	Es handelt sich um eine umfangreichere eigene Leistung

(Fortsetzung)

- Abbildungen und Tabellen sollten keine trivialen Sachverhalte wiedergeben. Insbesondere sind Fotos von Unternehmen, Produkten o. Ä. zu vermeiden und abstrakte Darstellungen zu wählen. Statt des Screenshots einer Homepage kann etwa eine Aufteilung der Homepage in abstrakte Bereiche den Aufbau erläutern.

Größere Abbildungen wie etwa Organigramme können nach den Vorgaben der meisten Hochschulen auch im Querformat in die Arbeit eingefügt werden. Dabei

Tab. 5.1 (Fortsetzung)

Vorgehensweise	Zitatnachweis	Bemerkung
Auf Basis von Daten aus der Literatur bzw. Quellen wurde eine eigene, neue Abbildung bzw. Tabelle erstellt	(eigene Abbildung nach Statistisches Bundesamt, 2020)	Es handelt sich um eine Eigenleistung; der Nachweis des Ursprungs der Daten bzw. Informationen dient der wissenschaftlichen Nachprüfbarkeit
Ohne Verwendung von weiterem Material wurde eine eigene neue Abbildung bzw. Tabelle erstellt	(eigene Abbildung)	Der Hinweis kann auch entfallen, da alle Stellen ohne Zitatnachweis als Eigenleistung des Verfassers anzusehen sind

ist zu beachten, dass auch dann die Vorgaben bezüglich der Seitenränder eingehalten werden und die Formatierung der Kopfzeile und die Seitenzahlen nicht unterbrochen werden. Sollte eine Abbildung oder Tabelle selbst im Querformat nicht lesbar eingefügt werden können, so kann sie als Falttafel in den Anhang der gedruckten Abschlussarbeit eingefügt werden (Theisen, 2021, S. 173). Dabei wird die Abbildung oder Tabelle *im Querformat* auf ein DIN-A3-Blatt gedruckt. Dieses wird in der Mitte gefaltet und in den Anhang eingelegt. Die Herausforderung besteht darin, auch dieses Blatt einheitlich zu formatieren, die Seitenzählung fortzuführen und bei der Bindung der fertigen Arbeit darauf zu achten, dass das Blatt nur am innen liegenden Rand eingebunden wird. Wenn dies gelingt, kann der Leser nach einem Hinweis im Haupttext der Arbeit die Abbildung oder Tabelle herausklappen. Im Haupttext der Arbeit sollte jedoch auf DIN-A3-Seiten verzichtet werden, da dieser meist einer Seitenbeschränkung unterliegt. Das Einfügen von DIN-A3-Seiten kann hier als Versuch gewertet werden, diese Vorgabe zu umgehen.

Aufgabe 5.3: Benennen Sie die Fehler von Abb. 5.2

Aufgabe 5.4: Lesen Sie die Regeln des Papier-Stein-Schere-Brunnen-Spiels in Kap. 4. Entwerfen Sie eine Abbildung oder Tabelle, aus der sich die optimale Strategie eines Spielers ablesen lässt. Gehen Sie dabei davon aus, dass der andere Spieler zufällig ein Symbol wählt und selbst keiner Strategie folgt.

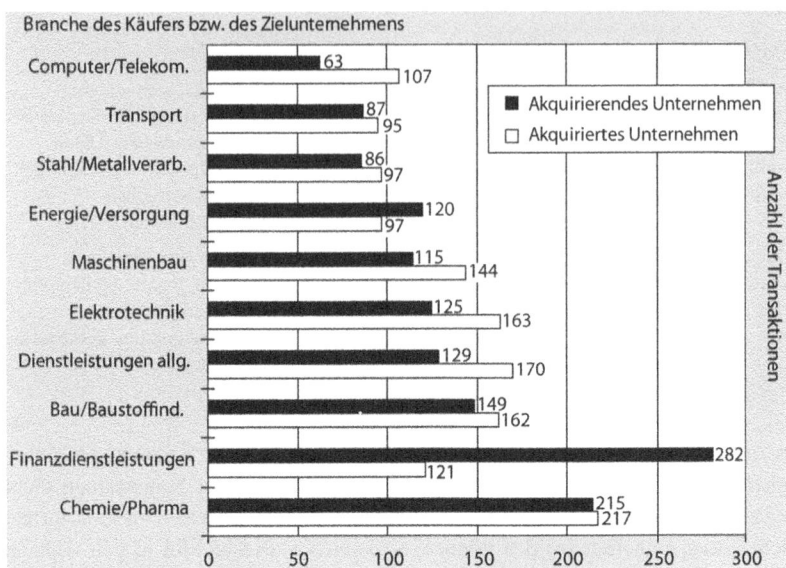

Abb. 5.2 Aufgliederung der (Akquisitions-)Transaktionen in Deutschland nach der Branche des Käufers bzw. des Zielunternehmens (Quelle: M&A Review Database)

Checkliste „Abbildungen und Tabellen"

- Überprüfung der Notwendigkeit der Abbildung bzw. Tabelle
- Nachweis von originalgetreuen oder sinngemäßen Übernahmen
- Überprüfung der Achsenbeschriftungen bzw. der Zeilen- und Spaltenüberschriften
- Überprüfung der Skalierung (z. B. Euro, Mio. Euro oder Stück)
- Überprüfung der Sinnhaftigkeit und Vollständigkeit der Abbildung
- Aktualität der Daten, d. h. in der Regel keine Übernahme von Abbildungen bzw. Tabellen aus älteren Quellen
- Bezugnahme und Einbindung der Abbildung bzw. Tabelle im Text, d. h. kein bloßes Hineinkopieren von scheinbar wichtigen Abbildungen oder Tabellen oder zum Füllen der Seiten
- Keine Abbildung oder Tabelle ohne Vortext direkt nach einem Gliederungspunkt
- Laufende Nummerierung der Beschriftung der Abbildung oder Tabelle
- Korrekte Zuordnung als Abbildung oder Tabelle (letztere besteht immer aus Zeilen und Spalten, Formeln sind keine Abbildungen)

5.6 Äußere Form und Abgabe der Arbeit

Die äußere Form und die formale Abgabe der wissenschaftlichen Arbeit stellen aus der Perspektive des vorliegenden Buches, das sich auf das wissenschaftliche Schreiben konzentriert, nur Randgebiete dar. Da dennoch jede wissenschaftliche Arbeit nicht nur verfasst, sondern auch formal eingereicht werden muss, sollen im Folgenden kurze Hinweise in Bezug auf dieses Themengebiet gegeben werden. Für Details wird auf die anschließende kommentierte Bibliographie verwiesen. Die Hinweise sind allgemeiner Natur und wurden auf Basis der Vorschriften und Praxis einiger deutschsprachiger Hochschulen und Universitäten verfasst. Es sind jedoch vorrangig die möglicherweise abweichenden Vorschriften an der eigenen Hochschule zu beachten. Diese sind meist in der Studien- und Prüfungsordnung, in hochschulinternen Richtlinien für wissenschaftliche Arbeiten bzw. in ähnlichen Dokumenten kodifiziert. Diese Dokumente sollten zu Beginn der Bearbeitung beschafft werden. Fragen sind mit dem Betreuer bzw. dem Prüfungsamt abzuklären. Hochschulweite Stellen wie etwa das Studierendensekretariat oder die allgemeine Studienberatung können bei konkreten Fragen in der Regel nicht weiterhelfen, da die Vorschriften disziplinabhängig sind und je nach Fachbereich bzw. Fakultät abweichen können. Wichtige formale Fragen wie etwa Fristverlängerungen sind schriftlich oder zumindest per E-Mail festzuhalten, um Missverständnisse auszuschließen und das Besprochene später gegebenenfalls beweisen zu können.

Die Arbeit sollte frei von Rechtschreib- oder Formatierungsfehlern und zudem einheitlich gestaltet sein. Es reicht nicht aus, sich auf die Fehlerkorrektur der Textverarbeitung zu verlassen, da auch diese inhaltliche oder sinnhafte Fehler nicht erkennen kann. So ist das Wort „Kapital" korrekt geschrieben und wird von der Rechtschreibprüfung nicht beanstandet, der Satz „Im folgenden Kapital wird beschrieben …" ist jedoch falsch. Man sollte auch überlegen, die automatische Fehlerkorrektur und Formatierung auszuschalten und sich lieber auf das eigene Urteil zu verlassen. Das verhindert unbeabsichtigte und sinnentstellende Autokorrekturen und schärft zudem das Auge für Fehler. Bei englischsprachigen Arbeiten, die an vielen Hochschulen ebenfalls möglich sind oder im Master sogar Pflicht, ist der Wahl der Sprache besonderes Augenmerk zu schenken. Das American English bietet sich an, da es einfacher und handlicher ist als British English. In der kommentierten Bibliographie sind die bewährten Nachschlagewerke für englischsprachige Arbeiten aufgeführt.

Im Folgenden sollen einige Rechtschreib- und Grammatikfehler genannt werden, die immer wieder in wirtschaftswissenschaftlichen Arbeiten zu finden sind. An erster Stelle sind die Wörter zu nennen, die trotz oder gerade wegen

der Rechtschreibprüfung der Textverarbeitung häufig falsch geschrieben werden
(Tab. 5.2).

Die *Bezeichnung von Unternehmen* bereitet vielen Studierenden Schwierig-
keiten. Zunächst einmal besteht Verwirrung über einzelne Begriffe. Oftmals
werden „Konzern" und „Firma" synonym für „Unternehmen" verwendet. Während dies in der Alltagssprache noch akzeptabel sein mag, ist eine solche (falsche)
Vereinfachung in der wirtschaftswissenschaftlichen Arbeit nicht zulässig. Denn

Tab. 5.2 Häufige Tipp- und Grammatikfehler

Falsche Schreibweise	Richtige Schreibweise
Vorraus, im Vorraus	Voraus, im Voraus
per anno, per annum	Pro anno (p. a.)
Kapital	Häufig ändert die Autokorrektur in Word das Wort „Kapitel" in „Kapital"
Wegen dem	Wegen des (die Präposition „wegen" erfordert den Genitiv)
In 2022	2022, im Jahr 2022 (die Präposition „in" gefolgt von einer Jahreszahl ist ein Anglizismus)
Des Berichts gemäß/entsprechend/zufolge	Dem Bericht gemäß/entsprechend/zufolge
Optimalstes Ergebnis	Bestes Ergebnis, optimales Ergebnis („optimal" ist bereits die Steigerung)
Einzigste Maßnahme	Einzige Maßnahme
Im September diesen/jenen Jahres	Im September dieses/jenes Jahres
Email, eMail	E-Mail
Entgegen des Gesetzes	Entgegen dem Gesetz (die Präposition „entgegen" erfordert den Dativ)
Fond, Investmentfond	Fonds, Investmentfonds (einen Fond benötigt man in der Küche!)
Mittelständig	Mittelständisch
Know-How, Start-Up	Know-how (Duden-Empfehlung) oder Knowhow; Start-up. Aus dem Englischen stammende Substantivierungen, die aus einem Verb und einem Adverb gebildet wurden, werden gewöhnlich mit Bindestrich und Kleinschreibung des Adverbs geschrieben
Standart	Standard

während der „Konzern" ein Zusammenschluss rechtlich selbstständiger Einheiten unter gemeinsamer Leitung bedeutet, ist die „Firma" laut Handelsgesetzbuch nur der Name eines Handelsgeschäfts. Auch der in den Wirtschaftswissenschaften häufig anzutreffende Begriff „Unternehmung" ist nicht mit dem „Unternehmen" gleichzusetzen. Ein weiteres Problem betrifft den bestimmten Artikel vor Unternehmensnamen. Die Regel ist jedoch einfach, dass in Anlehnung an den juristischen Sprachgebrauch immer der Rechtsformzusatz den bestimmten Artikel bestimmt. Damit kommt es bei den aktuellen Rechtsformzusätzen in Deutschland mit Ausnahme des (eingetragenen) Vereins immer zur Verwendung des weiblichen bestimmten Artikels „die". Während diese Regel für die Deutsche Bank AG unmittelbar einsichtig ist, ist der Artikel für *die* Handelsbetrieb AG und für *den* Turn- und Sportgemeinschaft e. V. überraschend, weil es ja *der* Betrieb und *die* Gemeinschaft heißt. Dennoch sollte diese juristische Praxis unbedingt angewendet werden. Des Weiteren ist nur bei der Firma das kaufmännische Et-Zeichen (&) zu verwenden.

Besonderes Augenmerk ist auf die sprachliche und textliche Gestaltung von Zahlenangaben zu legen. Jahreszahlen können an der falschen Stelle zu Missverständnissen führen: „Die Weltwirtschaftskrise hat 1929 Stiftungen den Verlust des gesamten Kapitals eingebracht." In diesem Fall kann durch Hinzufügen von „im Jahr 1929" (nicht: „in 1929") die Verwechslung mit der Zahl der Stiftungen, die ihr Kapital eingebüßt haben, verhindert werden: „Die Weltwirtschaftskrise hat im Jahr 1929 Stiftungen den Verlust des gesamten Kapitals eingebracht."

Sprachliche und inhaltliche Fehler finden sich oft auch bei den *Mengeneinheiten*. Der Singular lautet Million, der Plural Millionen. Die Maschine hat 1 Million Euro gekostet, aber nicht „Millionen". Die meisten *Währungen* werden im Deutschen nur dann in den Plural gesetzt, wenn kein abstrakter Geldbetrag, sondern die realen Scheine und Münzen gemeint sind. Der Unternehmenswert beträgt 10,5 Mio. Euro, nicht aber 10,5 Mio. Euros. Aber: Trotz hoher Sicherheitsmerkmale sind Unmengen gefälschter Euros im Umlauf. Wichtige Ausnahme von dieser Regel ist die dänische Krone. Für die Bezeichnung der Währung wird empfohlen, diese im Text immer auszuschreiben (z. B. Euro, US-Dollar, britisches Pfund Sterling). In Abbildungen und Tabellen mit mehreren Währungen bieten sich hingegen die offiziellen Währungscodes wie bspw. USD, GBP an. Tab. 5.3 gibt die wichtigsten Währungscodes an.

Auch *Ländernamen* werden mitunter falsch verwendet. Zwar werden die meisten Ländernamen ohne direkten Artikel verwendet, doch gibt es einige Ausnahmen. So ist der direkte Artikel bei allen Ländern männlichen bzw. weiblichen Geschlechts oder im Plural vorangestellt:

Tab. 5.3 Ausgewählte
Währungscodes

Code	Währung
USD	US-Dollar
EUR	Euro
GBP	Pfund Sterling
JPY	Yen
CHF	Schweizer Franken
CNY	Remnibi Yuan
RUB	Russischer Rubel

- männlich: der Irak, der Iran, der Jemen, der Kongo, der Libanon, der Niger, der Sudan, der Tschad, der Vatikan
- weiblich: die Dominikanische Republik, die Mongolei, die Schweiz, die Slowakei, die Türkei, die Ukraine, die Zentralafrikanische Republik
- Plural: die Bahamas, die Niederlande, die Philippinen, die Salomonen, die Seychellen, die USA, die Vereinigten Arabischen Emirate

Die männlichen Ländernamen können auch sächlich gebraucht werden, sodass der direkte Artikel wegfällt. Wichtigste Besonderheit bei den Adjektiven ist dasjenige für die USA: US-amerikanisch. Für die Schweiz existieren im Deutschen zwei Adjektive: schweizerisch und Schweizer. Eventuelle Veränderungen in den (politischen) Ländernamen wie zuletzt die Umbenennung von Birma in Myanmar können einer Liste des deutschen Auswärtigen Amtes entnommen werden (aktuellste Version im Internet: „Länderverzeichnis für den amtlichen Gebrauch in der Bundesrepublik Deutschland").

Ein weiteres sprachliches Problem in wissenschaftlichen Arbeiten stellt die *Getrenntschreibung* (nicht: Getrennt Schreibung) von Substantiven dar. Während zusammengesetzte Wörter (sog. Komposita) im Englischen im Zweifel in der Regel getrennt und ohne Bindestrich geschrieben werden wie „book store", schreibt man im Deutschen „Buchhandlung". Aus Wortgruppen bzw. Abkürzungen zusammengesetzte Wörter werden mit Bindestrich geschrieben: Know-how-Transfer, Kick-off, KMU-spezifisch.

Auch die *Zeichensetzung* erfolgt oftmals falsch. Häufigster Fehler ist das fehlende Komma vor „um ... zu". Denn Infinitivgruppen, die mit „als", „anstatt", „außer", „ohne", „statt" oder „um" eingeleitet werden, erfordern ein Komma. Nur beim Infinitiv mit „zu" ohne Einleitung kann das Komma weggelassen werden, wenn keine Missverständnisse entstehen können. Zudem werden meist überflüssige Kommas gesetzt insbesondere von Verfassern, die oft auf Englisch schreiben. Denn das im Englischen vorherrschende Komma trennt auch adverbiale Bestimmungen: „Summarizing the results, it can be shown ..." Im Deutschen werden jedoch nur Nebensätze durch ein Komma abgetrennt, die im Gegensatz zur adverbialen Bestimmung immer ein Prädikat enthalten. „Im Unterschied zu rein nationalen Unternehmen [kein Komma] stehen multinationale Unternehmen zusätzlichen Herausforderungen gegenüber." Die adverbiale Bestimmung am Anfang des Satzes ist eben kein Nebensatz, sodass kein Komma gesetzt werden darf. Anders ist dies beim folgenden Satz: „Während rein nationale Unternehmen nur durch einen begrenzten Aufgabenkatalog gekennzeichnet sind, stehen multinationale Unternehmen zusätzlichen Herausforderungen gegenüber." In diesem Satz enthält der mit „während" eingeleitete Satzteil ein Prädikat („gekennzeichnet sind"). Damit wird der Satzteil zu einem Nebensatz, der mit einem Komma abzutrennen ist. Auch vor den Vergleichswörtern „als" und „wie" wird nur dann ein Komma gesetzt, wenn ein Prädikat folgt: „Die Umsatzerlöse waren größer, als zunächst prognostiziert worden war." Hingegen enthält der folgende Satz kein Prädikat, sodass kein Komma gesetzt werden darf: „Die Umsatzerlöse waren größer [kein Komma] als zunächst prognostiziert."

Neben dem Komma werden oft auch die *Anführungsstriche* falsch eingesetzt. Diese können die folgenden vier Funktionen übernehmen:

1. Ein- und Ausleitung direkter Rede: „Die Einhaltung der Umweltschutzziele des Kyoto-Protokolls ist nicht nur eine Aufgabe der Staaten, sondern auch der Unternehmen", sagte der Bundeskanzler.
2. Kenntlichmachung von Zitaten: Nach Adam Smith wirkt der Marktmechanismus wie eine „unsichtbare Hand".
3. Hervorhebung einzelner Wörter oder Wortgruppen: Der Begriff „Firma" stammt aus dem Handelsgesetzbuch und ist damit nicht mit „Unternehmen" gleichzusetzen.
4. Kenntlichmachung von Ironie oder Distanzierung: Die „Freisetzung" von Mitarbeitern nach einer Fusion ermöglicht die Realisierung von Synergiepotenzialen.

Gerade die letzte Funktion von Anführungsstrichen führt dazu, dass falsch gesetzte Anführungszeichen den Sinn entstellen können. Denn häufig werden Anführungsstriche gesetzt, um einzelne Worte zu betonen. Eine solche Betonung ist im Text jedoch besser nur mit typografischen Mitteln möglich (z. B. Kursivschrift). Ansonsten könnten sie dem Leser eine Ironie signalisieren, die der Verfasser gar nicht beabsichtigt hat. Das folgende Textbeispiel soll dies verdeutlichen.

Beispiel 14: Sinnentstellende Anführungszeichen
Die „Ausbildung" der beiden Google-Gründer bestand in einem Promotionsstudium der Informatik.

Diese Anführungsstriche bedeuten dem Leser, dass das Wort „Ausbildung" (hier sind die Anführungsstriche berechtigt, da es sich ganz offensichtlich um eine Hervorhebung handelt), ironisch gemeint ist. Eine mögliche Interpretation des Textbeispiels könnte sein, dass es sich bei dem betreffenden Studium nicht um eine vollwertige Ausbildung handelt.

Eine Hervorhebung oder Distanzierung kann alternativ zu den Anführungszeichen auch mit dem Signalwort „sogenannte" erfolgen: Die sogenannte Freisetzung von Personal ist eine typische Maßnahme der Kostensenkung nach Fusionen. Bei Verwendung eines solchen Signalworts oder einer typografischen Hervorhebung sind jedoch keine zusätzlichen Anführungsstriche zu setzen.

Ein weiteres Problem stellt die falsche Verwendung des *Apostrophs* dar, mit dem häufig (in falscher Analogie zum Englischen) das Genitiv-s bzw. das Plural-s abgetrennt wird. Die Abkürzung „KMU" steht für kleine und mittlere Unternehmen. Es heißt jedoch nicht: „KMU's sind nach der Definition der EU-Kommission ..." vielmehr lautet der Genitiv „des KMUs" bzw. der Plural „die KMUs".

Die Einheitlichkeit der Gestaltung besteht in der gleichen Wahl von Schriftart, Schriftgröße, Tabulatoren, Einrückungen sowie der Liniendicke bei Abbildungen. Sie kann durch Verwendung einer Formatvorlage sichergestellt werden, bei deren Einstellung die Formatierungsvorgaben der Hochschule zugrunde gelegt werden.

Bei der Texterstellung sind auch *geschützte Leerzeichen* zu verwenden (Tastenkombination bei MS Word: Strg+Shift+Leertaste). Dieses Leerzeichen weist einen festen Abstand (Festabstand) zum nächsten Zeichen aus und es wird nicht in die nächste Zeile umgebrochen (Trennungssperre). Ein geschütztes Leerzeichen wird in der Layoutansicht und beim Ausdruck wie ein normales Leerzeichen angezeigt. Bei der Anzeige der Absatzmarken und sonstigen ausgeblendeten Formatierungssymbole (Alle anzeigen, Schalter: ¶) wird jedoch deutlich, welche Leerstelle aus einem normalen Leerzeichen (Darstellung über einen hochgestellten Punkt „·") und welche aus einem geschützten Leerzeichen besteht (Darstellung über das Grad-Zeichen „°"). Beim Schreiben des Textes sollten die geschützten Leerzeichen an der notwendigen Stelle direkt eingegeben werden. Nur so können spätere Korrekturen vermieden werden, die sich ansonsten selbst bei kleinen Änderungen im Text ergeben, die jeweils die automatische Silbentrennung und den Zeilenumbruch beeinflussen. Geschützte Leerzeichen sind einzugeben bei der Formatierung von Zahlen (100°000), Einheiten (10°l/100°km), Abkürzungen (z.°B., d.°h.) sowie sonstigen zusammenhängenden Zahlen- bzw. Buchstabenkombinationen (§°119°BGB). Das geschützte Leerzeichen verhindert ein willkürliches Auseinanderreißen zusammengehörender Zeichen durch einen erweiterten Abstand bzw. einen Zeilenumbruch. Ein notwendiger Zeilenumbruch an der Stelle des Leerzeichens wird verhindert und die Zeichen werden in die nächste Zeile verschoben. Tab. 5.4 verdeutlicht, an welchen Stellen geschützte Leerzeichen bereits bei der Eingabe des Textes aufzunehmen sind, indem statt der Leertaste die Kombination Strg+Shift+Leertaste gedrückt wird. Die Darstellung der Tabelle entspricht der Formatierungsansicht in Word (Tastenkombination: Strg+*). Hierbei werden geschützte Leerzeichen durch das Gradzeichen und normale Leerzeichen durch einen hochgestellten Punkt angezeigt.

Wie die Paragraphenzitierung verdeutlicht, können lange Textabstände im Einzelfall zu einem uneinheitlichen Schriftbild führen. Wenn im Beispiel „§°433°Abs.°1°BGB" nach dem Paragraphenzeichen umgebrochen werden müsste, was durch die Trennungssperre verhindert wird, wird der gesamte Ausdruck in die nächste Zeile verschoben. Dies führt jedoch zu einer großen Lücke in der vorhergehenden Zeile. Microsoft Word erweitert die verbliebenen (normalen) Leerzeichen so, dass der Blocksatz beibehalten wird. Das Ergebnis sind große Lücken zwischen den einzelnen Wörtern, die das Schriftbild stören. In diesem Fall ist die zweite in Tab. 5.4 aufgeführte Variante zu wählen, bei der nicht die gesamte Paragraphenkette zusammengehalten, sondern nur die Aufspaltung der einzelnen Sinneinheiten verhindert werden soll.

Tab. 5.4 Verwendung geschützter Leerzeichen

Verwendungsart	Beispiel (Ansicht: Alle anzeigen)
Formatierung von Zahlen (Tausender, Millionen)	100°000, 100°000°000
Einheiten hinter Zahlen	10°l/100°km, 110°EUR
Abkürzungen	z.°B., d.°h.
Paragraphenangaben	§°433°Abs.°1°BGB oder §°433·Abs.°1°BGB
Seitenangaben in Zitatnachweisen	S.°15, S.°15°f.
Rechenzeichen im Text (die nicht über die Funktion „Formel" erstellt wurden)	GK°=°EK°+°FK

In vielen wissenschaftlichen Arbeiten finden sich *typografische Fehler,* die sich durch die Suchen-und-Ersetzen-Funktion von Microsoft Word leicht beheben lassen. Es empfiehlt sich, nach der Fertigstellung des Textes im Zuge der Erstkorrektur die folgenden Schritte durchzugehen:

1. Bei der Texterstellung werden an vielen Stellen *mehrfache Leerzeichen* eingefügt, die zunächst nicht auffallen, bei einer ungünstigen Trennung jedoch zu einer Störung des Schriftbildes führen können. Der dadurch entstehende Eindruck der Nachlässigkeit sollte unbedingt vermieden werden. Die Korrektur ist in der Regel ganz einfach: Im Eingabefeld der Funktion „Suchen und Ersetzen" wird im Feld „Suchen nach:" die Leertaste zweimal gedrückt und im Feld „Ersetzen durch:" einmal. Durch Drücken der Schaltfläche „Alle ersetzen" werden aus allen doppelten Leerzeichen im Text einfache Leerzeichen. Um sicher zu gehen, dass keine doppelten Leerzeichen verbleiben, kann dies so lange wiederholt werden, bis keine doppelten Leerzeichen mehr gefunden werden. Denn bei dieser Vorgehensweise werden aus drei Leerzeichen im ersten Durchgang zwei Leerzeichen, im zweiten Durchgang eins. Die Nutzung der Funktion „Suchen und Ersetzen" ist jedoch nur möglich, wenn der Text keine bewussten mehrfachen Leerzeichen etwa für Einrückungen oder Tabellenformatierungen enthält. Im Zweifel sollte jede Ersetzung manuell bestätigt werden. An dieser Stelle zeigt sich, wie wichtig die richtige Anwendung der Funktionen der Textverarbeitung ist. Steinzeitliche Formatierungen durch mehrfaches Drücken der Leertaste sind von Anfang an zu vermeiden. Formatierungen sollten nur über Tabulatoren bzw. Einrückungen vorgenommen werden – vorzugsweise in der definierten Formatvorlage und nicht im betreffenden Absatz selbst.

2. Ebenfalls durch den Schreibprozess oder die Nutzung von Literaturverwaltungssoftware werden häufig *aufeinanderfolgende Punkte* eingefügt. Während drei Punkte als Kennzeichnung einer Auslassung beim direkten Zitat erforderlich sind, sind zwei aufeinanderfolgende Punkte nach der deutschen Rechtschreibung unzulässig. Der Punkt nach einer Abkürzung bzw. der Punkt nach der Abkürzung f. (folgende) am Ende eines Zitatnachweises fällt weg, wenn er auf einen Punkt am Satzende trifft. Auch hier kann die Funktion „Suchen und Ersetzen" genutzt werden, um entsprechende Stellen aufzufinden (Suche: „..", Ersetze durch: „."). Um zu vermeiden, dass Auslassungspunkte wegfallen, ist in diesem Fall jedoch nur eine manuelle Vorgehensweise empfehlenswert.

3. Der *Gedankenstrich* wird bei der Texteingabe oft als Bindestrich eingegeben. Jedoch ist der Bindestrich viel kürzer als der Gedankenstrich. Auch hierbei kann die Funktion „Suchen und Ersetzen" zunutze gemacht werden. Denn

ein Gedankenstrich zeichnet sich – auch wenn er bei der Texteingabe nur als Bindestrich eingegeben wurde – dadurch aus, dass eine Leerstelle vorausgeht und eine Leerstelle folgt. Es kann also einfach nach „--" gesucht und der Bindestrich durch einen Gedankenstrich ersetzt werden.

Die folgende Checkliste fasst zusammen, worauf bei der äußeren Form der Arbeit zu achten ist.

Checkliste „Äußere Form der Arbeit"

- Einhaltung der Formatvorgaben gemäß den hochschulinternen Vorgaben
- Verwendung von Formatvorlagen der Textverarbeitung
- Einheitliche Gestaltung von Abbildungen und Tabellen (Liniendicke, Rahmen)
- Aktivierung der automatischen Silbentrennung und Überprüfung auf falsche und ungeschickte Trennungen (ggf. manuelle Trennung mittels geschützter Trennstriche)
- Sparsamer Einsatz von Hervorhebungen im Text (vorzugsweise Kursivschrift, mehrere Hervorhebungsarten vermeiden)
- Rechtschreibprüfung am PC und ggf. am Ausdruck
- Einheitliche Gestaltung des Literaturverzeichnisses
- Ggf. Überprüfung des Ausdrucks und jeder Kopie auf technische Fehler und Einhaltung der Seitensortierung
- Gestaltung des Titelblatts gemäß den Vorgaben der Hochschule
- Übereinstimmung des Titels in der Arbeit mit dem zugewiesenen Thema (Wort für Wort, jede Änderung bzw. Ergänzung ist vorher abzusprechen)
- Abgleich der Abkürzungen und Symbole mit dem Abkürzungs- bzw. Symbolverzeichnis (sofern vorhanden)
- Überprüfung der Einrückungen bzw. Tabulatoren in den Verzeichnissen am Anfang der Arbeit
- Entfernung aller Markierungen und Überarbeitungshinweise (Löschen der Funktion „Änderungen nachverfolgen" sowie aller eingefügten Kommentare in der Druckversion der Arbeit)
- Aktualisierung aller Querverweise und automatisch erstellter Verzeichnisse durch „alles markieren" und Drücken der Taste F9
- Mehrfache Überprüfung aller Änderungen, die kurz vor Abgabe erfolgten

Bei der *Abgabe der Arbeit* ist auf die an der eigenen Hochschule geltenden Bestimmungen Rücksicht zu nehmen. Eine Thesis ist meist in gebundener Form mit zusätzlicher elektronischer Fassung einzureichen, womit eine nachträgliche Veränderung ausgeschlossen werden soll. Die Klemmbindung bzw. die Spiralbindung erfüllen diese Vorgaben nicht und sind daher in der Regel unzulässig. Ob ein Hardcovereinband gewählt wird, liegt meist im Ermessen des Studierenden. Er erleichtert manchem Korrektor die Lektüre und Notizen in der Arbeit. Zu beachten ist auch die Zeit, die für das Binden der Exemplare benötigt wird.

Viele Copy-Shops können Klebebindungen aus technischen Gründen nicht bei Einzelexemplaren vornehmen und produzieren daher die innerhalb 1–2 Tagen abgegebenen Exemplare mehrerer Kunden in einem Durchgang. Es kann somit nicht immer von einem Sofort-Service ausgegangen werden. Aus diesem Grund ist es empfehlenswert, einen Copy-Shop (und zumindest eine Alternative) einige Wochen vor dem Abgabetermin zu besuchen und das Notwendige zu besprechen.

Neben der Art der Bindung bzw. des Einbands ist zu klären, ob eine (ehrenwörtliche) Erklärung, dass die Arbeit selbst und ohne nicht angegebene Hilfsmittel erstellt wurde, angefügt werden muss. In diesem Fall ist der von der Hochschule vorgegebene Wortlaut in der Sprache, in der die Arbeit verfasst ist, originalgetreu zu übernehmen und die eingereichte Arbeit im Original zu unter-schreiben. Keinesfalls sollte die Erklärung in Kopie der Originalarbeit eingefügt werden. Die Abgabefrist und die entgegennehmende Stelle sind der Prüfungsord-nung zu entnehmen und sollten bei Beginn der Arbeit etwa mit dem Prüfungsamt noch einmal abgestimmt werden. Dabei ist auch auf die üblichen Öffnungszeiten zu achten.

Die folgende Checkliste fasst zusammen, was bei (der Vorbereitung) der Abgabe der Arbeit zu beachten ist.

Checkliste „Abgabe der Arbeit"

- Abgabefrist (Öffnungszeiten beachten)
- Abgabeort (zuständige Stelle, Ansprechpartner, Adresse, Parkmöglichkeiten, Telefon-nummer)
- Art der Bindung
- Anzahl der abzugebenden Exemplare
- (Ehrenwörtliche) Erklärung
- Notwendige Unterschriften im Original
- Ggf. zusätzliche notwendige Dokumente (Lebenslauf, Formulare, Projekt- oder Arbeits-bericht, Bestätigung des Ausbildungsunternehmens bei dualen Studiengängen bzw. des Partnerunternehmens bei praxisorientierten Arbeiten)
- Ggf. postalische Abgabe (Zulässigkeit, Fristberechnung über Poststempel, Art des Nach-weises, genaue Empfängeradresse, keine Postfachadresse für Pakete!)
- Ggf. persönliche Abgabe beim Betreuer (Zulässigkeit, Öffnungszeiten des Sekretariats bzw. Terminabsprache mit dem Betreuer, schriftliche Bestätigung der Abgabe)
- Ggf. Beifügung der Arbeit und/oder des Anhangs auf CD/DVD, die mit dem Namen des Verfassers und dem Inhalt zu beschriften sind, vorzugsweise über das Einkleben einer Papierhalterung am Ende der Arbeit bzw. Hochladen einer elektronischen Version (in beiden Fällen nochmalige Prüfung der Lesbarkeit der Daten!)

Zusammenfassung

6

Auch wenn es schwierig ist, die zahlreichen Hinweise des vorliegenden Buches zusammenzufassen, so können doch einige Grundprinzipien festgestellt werden, deren Beachtung die Qualität der wissenschaftlichen Arbeit steigern. Diese werden im Folgenden stichpunktartig zusammengestellt. Für weitere Details sei auf die entsprechenden Abschnitte verwiesen.

Die *Wissenschaftlichkeit* einer Arbeit ergibt sich nicht (nur) anhand der äußeren Form der Arbeit. Zitate zählen zwar zu den formalen Anforderungen an jede wissenschaftliche Arbeit; sie stellen jedoch lediglich die „Verpackung" dar. Bedeutender und das häufigere Problem ist eine mangelnde inhaltliche Wissenschaftlichkeit. Diese findet ihren Ausdruck insbesondere in der Einstellung des Verfassers. Denn Wissenschaft strebt nach der Gewinnung neuer Erkenntnisse, womit reine „Besinnungsaufsätze" über ein Thema oder Zusammengeschriebenes ausgeschlossen sind. Es sollte also zu Beginn, während der Erstellung und nach der Fertigstellung der Arbeit Gewissheit darüber bestehen, was die Neuheit ausmacht. Des Weiteren drückt sich die Wissenschaftlichkeit in dem Streben nach Objektivität und Nachprüfbarkeit aus.

Die *Stringenz der Argumentation* ist die Voraussetzung dafür, dass die Schlüsse logisch aus dem bereits Vorhandenen abgeleitet werden. Es werden somit keine Behauptungen aufgestellt, sondern Schlussfolgerungen ergeben sich auf Basis von Theorie, Daten oder Modellen „von selbst". Erfüllt wird diese Anforderung durch eine Gliederung auf Ebene der Kapitel aber auch innerhalb einzelner Abschnitte und Absätze.

Die *Beantwortung der Forschungsfragen und Nicht-Ablehnung der Hypothese* setzen voraus, dass diese zunächst klar formuliert, letztendlich aber auch beantwortet werden. Manche wissenschaftliche Arbeit lässt den Leser am Ende mit offenen Fragen zurück, da sich der Verfasser um die Beantwortung einzelner (Teil-)Fragen gedrückt hat. Dabei sollte der Verfasser ehrlich zu sich selbst sein,

M. Oehlrich, *Wissenschaftliches Arbeiten und Schreiben*, https://doi.org/10.1007/978-3-658-34791-8_6

indem Lücken nicht wortreich zugedeckt werden, sondern als Anlass für eine Überarbeitung genommen werden. Vielleicht ist für manche Lücke zumindest eine teilweise Beantwortung möglich. Alle verbleibenden Fragen sollten in der Zusammenfassung offen angesprochen werden. Sie können die Basis für den Ausblick sein, der angibt, wo aus Sicht des Verfassers die Notwendigkeit für eine weiter gehende wissenschaftliche Untersuchung besteht.

Am wichtigsten ist es, die *Position des Lesers* zu verstehen und diese selbst einzunehmen. Der Leser – sei es nun der Gutachter der wissenschaftlichen Arbeit oder etwa der betriebliche Betreuer bei einer praxisorientierten Arbeit – wird Erwartungen hegen, die es zu erfüllen gilt. Neben dem wissenschaftlichen Anspruch und ggf. der praktischen Umsetzbarkeit der Ergebnisse gehört dazu die Vorfreude auf eine spannende Lektüre eines interessanten Themas. Ob diese Erwartung erfüllt wird, lässt sich nur über eine kritische Distanz zur eigenen Arbeit feststellen. Diese erhält man, wenn das Dokument in regelmäßigen Abständen von der Einleitung bis zum Schluss durchgelesen wird. Wenn der Verfasser seine Arbeit nicht selbst gelesen hat, warum sollte dies dann jemand anderes tun? Am besten eignet sich dazu ein Tag nach einer (hoffentlich vorhandenen) Arbeitspause. Beim Lesen sind auch etwaige Verweise mitzulesen (die entsprechenden Abschnitte könnten verschoben worden sein), genauso wie die Nützlichkeit und Nutzbarkeit des Abkürzungsverzeichnisses sowie des Literaturverzeichnisses zu prüfen sind. Bewährt hat sich die Praxis, notwendige Korrekturen auf einem großen Monitor anstelle eines Laptops vorzunehmen, damit die zusammenhängende Lektüre nicht unterbrochen werden muss. Es bietet sich an, die volle Bildschirmbreite zu nutzen, um einen optimalen Eindruck der Arbeit zu erhalten. Auf diese Weise können verschiedene Seiten einfacher miteinander verglichen werden, sodass es etwa auffällt, wenn der gleiche Sachverhalt mit unterschiedlichen Begriffen bezeichnet wird (etwa „Cash Flow" auf Seite 2 und „Einzahlungsüberschuss" auf Seite 20). Mithilfe dieser Vorgehensweise wird die Arbeit Schritt für Schritt runder werden und die verbliebenen „Baustellen" werden abnehmen, sodass der Verfasser bei Herannahen des Abgabetermins nur noch wenige (Überarbeitungs-)Hinweise aus dem Dokument löschen muss.

Anhang 1: Kommentierte Bibliographie

Die folgenden Bücher behandeln andere Schwerpunkte als das vorliegende. Sie bieten daher alternative bzw. ergänzende Hilfestellungen bei besonderen Fragestellungen. Die genauen bibliographischen Angaben sind im Literaturverzeichnis aufgeführt. Diese kommentierte Bibliographie ist inspiriert durch das Vorbild von Manuel René Theisen: „Wissenschaftliches Arbeiten", der in seinem Buch bis zur 15. Auflage einzelne Bücher vorgestellt hat.

Brandt, Edmund: Rationeller schreiben lernen: Hilfestellung zur Anfertigung wissenschaftlicher (Abschluss-)Arbeiten
Das Buch bietet im essayistischen, erzählerischen Stil einen Einstieg in die Anfertigung wissenschaftlicher Abschlussarbeiten. Es ist primär auf Studierende und Absolventen juristischer Studiengänge ausgerichtet, die im Rahmen ihrer Hochschulausbildung weit überwiegend Klausuren verfassen und damit wenig Erfahrung im wissenschaftlichen Schreiben haben.

Chicago Manual of Style
Dieses umfangreiche Nachschlagewerk gehört bei allen englischsprachigen Arbeiten direkt neben den „Duden" auf den Schreibtisch. Es ist nicht nur als gedruckte Auflage erschienen, sondern auch über http://www.chicagomanualof style.org im Internet aufrufbar.

© Der/die Herausgeber bzw. der/die Autor(en), exklusiv lizenziert durch Springer Fachmedien Wiesbaden GmbH, ein Teil von Springer Nature 2022
M. Oehlrich, *Wissenschaftliches Arbeiten und Schreiben*,
https://doi.org/10.1007/978-3-658-34791-8

Gruber, Helmut/Huemer, Birgit/Rheindorf, Markus: Wissenschaftliches Schreiben: Ein Praxisbuch für Studierende der Geistes- und Sozialwissenschaften
Die Autoren geben in ihrem praxisorientierten Buch eine Einführung in den Prozess des wissenschaftlichen Schreibens. Der Schwerpunkt liegt dabei auf der Strukturierung der Argumentation sowie auf deren sprachlichen Umsetzung. Das Buch richtet sich an Studierende in den Geistes- und Sozialwissenschaften, sodass sich die Vorgehensweisen nicht immer mit denen in den Wirtschaftswissenschaften decken.

Krämer, Walter: So lügt man mit Statistik
Dieses Buch, sachkundig und humorvoll, ist hilfreich für alle, die im Zuge der Bearbeitung mit der Statistik zu tun haben. Es zeigt, wo Vorsicht vonnöten ist. Es stellt dubiose Praktiken bei der graphischen Aufbereitung von Daten bloß, entlarvt die Illusion der Präzision, führt vorsortierte Stichproben, naive Trends und gefälschte Tests vor, deckt synthetische Superlative und manipulierte Mittelwerte auf, sieht statistischen Falschmünzern bei Basismanipulationen zu. Vorkenntnisse sind nicht erforderlich: Die vier Grundrechenarten und eine gewisse Skepsis gegenüber Datenhändlern aller Art genügen.

Lepsius, Oliver/Meyer-Kalkus, Reinhart (Hrsg.): Inszenierung als Beruf: Der Fall Guttenberg
Keine wissenschaftliche Arbeit hat die deutsche Öffentlichkeit so erfasst wie die Doktorarbeit des Wirtschafts- und späteren Verteidigungsministers zu Guttenberg. Als im Februar 2011 die Süddeutsche Zeitung zum ersten Mal über die Plagiatsvorwürfe berichtete, begann das ganze Land plötzlich über Fußnoten und wissenschaftliche Zitiervorschriften zu diskutieren. Mehrere Wochen hinweg wurde die Frage erörtert, ob jemand angesichts einer – nach eigener Aussage – „so fehlerhaften Doktorarbeit" als Bundesminister noch tragbar ist. Es wurden Fragen über Spezialthemen diskutiert, wie etwa die, ob man einen akademischen Grad „ruhen lassen" oder gar „zurückgeben" könne. Das von Lepsius und Meyer-Kalkus herausgegebene Sammelwerk fasst die Ergebnisse eines Workshops am Wissenschaftskolleg zu Berlin aus dem April des gleichen Jahres zusammen. Während die meisten Beiträge des Sammelwerks für den an den damaligen Ereignissen Interessierten interessant sein dürften, ist in Bezug auf das wissenschaftliche Arbeiten der Beitrag von Steinfeld (2011) hervorzuheben, der sich mit dem Eigentum an Wissen, den Folgen des Diebstahls von geistigem Eigentum (Plagiat), aber auch mit dem Wesen einer wissenschaftlichen Arbeit beschäftigt. Der Beitrag entwickelt etwa den Gedanken, dass einige Doktorarbeiten nur noch eine „Pantomime von Wissenschaft" vorführen. Ohne die Absicht,

neues Wissen zu schaffen, werden Karriereinteressen verfolgt, für die der Doktorgrad Voraussetzung oder förderlich ist. Die Fußnoten dienten dann nicht dazu, den Urheber eines Gedankens offen zu legen. Vielmehr solle damit „die Fassade einer durchgehenden Argumentation" (Steinfeld, 2011, S. 48) errichtet werden.

Rieble, Volker: Das Wissenschaftsplagiat: Vom Versagen eines Systems
Die Plagiatsproblematik wurde seit dem Jahr 2011 vor allem mit dem Fall zu Guttenberg einer breiten Öffentlichkeit bekannt. Auch die nachfolgenden Fälle von „Zitierfehlern" betrafen meist Doktorarbeiten von Politikern. Dabei ist die Täuschung bei – wenn auch fortgeschrittenen – Prüfungsarbeiten nur die Spitze des Eisbergs. Der Professor für Arbeitsrecht und Bürgerliches Recht, der selbst mehrfach mit seinen Veröffentlichungen Opfer von Plagiaten wurde, geht schonungslos mit den am Wissenschaftsbetrieb Beteiligten ins Gericht. Verlage, Universitäten und Wissenschaftsinstitutionen schweigen Fälle von Wissenschaftsplagiaten systematisch tot und beschädigen damit das Vertrauen in die Wissenschaft. Der Autor beschreibt im ersten Teil des Büchleins (120 S.) zahlreiche Fälle von Plagiaten in den Rechtswissenschaften, von Prüfungs-Mogeleien über Plagiate durch hauptberufliche Wissenschaftler bis hin zum Fall eines gewerblichen Plagiators. Letzterer hat aus dem offenen und geschlossenen Strafvollzug heraus eine Vielzahl von rechtswissenschaftlichen Zeitschriftenbeiträgen und Büchern aus Plagiaten zusammengestellt. Als er damit auffiel und wiederum rechtskräftig verurteilt wurde, veröffentlichte er 24 „Fachbeiträge" zum GmbH-Recht unter dem Namen eines Automechanikers und eines Mitarbeiters einer Autovermietung. So erheiternd manche Darstellungen angesichts der Dreistigkeit der Plagiatoren sind, so erschreckend ist es, wenn über die Plagiate von bekannten Universitätsprofessoren aus Darmstadt und Berlin berichtet wird. In den weiteren Teilen des Buches wird ausgehend vom Status quo ein rechtliches und wissenschaftliches System der Plagiatsabwehr entwickelt.

Schimmel, Roland/Basak, Denis/Reiß, Marc: Juristische Themenarbeiten
Das Buch setzt einen beruhigenden Kontrast zum vorherrschenden Trend der immer knapperen, studierfreundlichen Neuauflagen, seitdem der „Theisen" ab der 16. Auflage „neu konzipiert" und mit Stopp-Schildern und weiteren gewöhnungsbedürftigen Piktogrammen versehen wurde. Schimmel et al. bieten für Studierende der Rechtswissenschaften einen Fundus an hilfreichen Informationen. Das „Anleitungsbuch" bietet neben zahlreichen Beispielen zu Formulierungen, Gliederung etc. viele praktische Tipps. Es besticht zudem durch die intensive

Literaturarbeit und den umfangreichen Fußnotenapparat. Insbesondere Studierenden mit rechtswissenschaftlichen Themen (Steuerrecht, Arbeitsrecht etc.) ist es
daher sehr zu empfehlen.

Sick, Bastian: Der Dativ ist dem Genitiv sein Tod
Der Autor hat als sprachkundiger Redakteur der Süddeutschen Zeitung festgestellt, wie groß selbst bei Muttersprachlern, die tagtäglich mit der deutschen
Sprache arbeiten, die Unsicherheit bezüglich grammatikalischer Grenzfälle ist.
In seinem Buch, das mittlerweile um weitere Bände ergänzt wurde, hat er diese
Grenzfälle lesenswert und kurzweilig zusammengestellt. So ist es etwa falsch,
wenn in den Nachrichten darüber berichtet wird, dass nach einem Unfall „Menschen evakuiert" werden. Denn „evakuieren" bedeutet luftleer machen. Daher
kann man nicht Menschen evakuieren, sondern nur Gebäude oder Ähnliches. Das
Buch sei jedem empfohlen, der sich für die deutsche Sprache interessiert und
sein Sprachgefühl nicht mit einem Lehrbuch, sondern unterhaltsam auffrischen
und erweitern möchte.

Strunk, William: The Elements of Style
Dieses kurze, aber gehaltvolle Buch wurde von Prof. Strunk um 1919 herum
als Manuskript für seine Studierenden herausgegeben. Es handelt sich um einen
Klassiker über die Verwendung des American English im Schriftlichen. Es enthält klare Hinweise zum Satzbau, zur Zeichensetzung, zur Grammatik sowie
zum Gebrauch einzelner Wörter. Eine empfehlenswerte Lektüre für alle, die
eine wissenschaftliche Arbeit in Englisch verfassen. Es ist mittlerweile in vielen
Ausgaben erschienen.

*Theisen, Manuel R.: Wissenschaftliches Arbeiten: Erfolgreich bei Bachelor- und
Masterarbeit*
Das Standardwerk zum wissenschaftlichen Arbeiten – neugestaltet, bewährte
Qualität. Schwerpunkte sind die organisatorische Gestaltung des wissenschaftlichen Arbeitsprozesses sowie die formale Gestaltung der Arbeit. Es besticht
durch die zahlreichen Zusatzinformationen etwa über die steuerliche Absetzbar-
keit der Kosten für die wissenschaftliche Arbeit. Das Buch ist jedem Studierenden
als grundlegendes Nachschlagewerk empfohlen. So werden etwa fast alle an
den Hochschulen eingesetzten Zitiermethoden ausführlich dargestellt. Dem Buch
liegt eine jahrzehntelange Beschäftigung des Verfassers mit der Lehre des wissenschaftlichen Arbeitens – die erste Auflage erschien 1984 – zugrunde. Als
Bestseller gilt es als Standardwerk und der Autor als *der* Experte des Gebiets.
Der Leser profitiert von den regelmäßigen Überarbeitungen und Aktualisierungen

(in der Regel alle 24 bis 36 Monate), mit denen der Autor aktuelle Entwicklungen nachzeichnet. In der aktuellen Auflage wurde eine praktische Kurzanleitung „Zitieren" zum Ausklappen neu aufgenommen.

Twain, Mark: Die schreckliche deutsche Sprache/The Awful German Language
Vielen der Eigenheiten, die den Gestaltungs- und Differenzierungsreichtum unserer Muttersprache prägen – Genus, relativ freie Wortstellung, vielfältige Möglichkeiten der Wortbildung und spannungsreiche Parenthesen etwa –, stehen Ausländer oft fassungslos gegenüber. Noch immer ist Mark Twains Klage über die „schreckliche deutsche Sprache" das wohl amüsanteste Beispiel für das – eher vergebliche – Bemühen, der Tücken des Deutschen Herr zu werden. Es ist mittlerweile in vielen Ausgaben erschienen.

Anhang 2: VHB-JOURQUAL-Gesamtranking

Im Folgenden wird das Ranking von betriebswirtschaftlich-relevanten Zeitschriften auf der Grundlage von Expertenurteilen des VHB-JOURQUAL abgedruckt. Die Bewertung des wissenschaftlichen Niveaus und der wissenschaftlichen Anforderungen erfolgte bei VHB-JOURQUAL im Rahmen einer Internet-Befragung der ordentlichen und außerordentlichen Mitglieder des Verbands der Hochschullehrer für Betriebswirtschaft (VHB) sowie der beim VHB gemeldeten Habilitierenden und Juniorprofessoren/-innen. Abgedruckt sind nur die Kategorien A und B. Zur Anwendung des Rankings wird auf Kap. 3 verwiesen.

Rang Titel Wiss. Qualität gewichtet Rating-Kategorie

1. Journal of Marketing Research JMR 9,737 A+
2. Marketing Science 9,736 A+
3. Journal of Finance 9,621 A+
4. American Economic Review 9,612 A+
5. Journal of Marketing 9,539 A+
6. Journal of Financial Economics 9,535 A+
7. Journal of Consumer Research 9,393 A+
8. Administrative Science Quarterly 9,315 A+
9. Management Science MS 9,294 A+
10. Review of Financial Studies 9,264 A+
11. Academy of Management Journal 9,154 A+
12. Journal of Accounting Research 9,104 A+
13. Accounting Organizations and Society 9,100 A+
14. Research in Organizational Behavior 9,011 A+
15. Journal of Economic Behavior and Organization 8,993 A
16. Journal of Applied Psychology 8,965 A
17. Contemporary Accounting Research 8,937 A
18. Journal of the ACM JACM 8,919 A

© Der/die Herausgeber bzw. der/die Autor(en), exklusiv lizenziert durch Springer Fachmedien Wiesbaden GmbH, ein Teil von Springer Nature 2022
M. Oehlrich, *Wissenschaftliches Arbeiten und Schreiben*,
https://doi.org/10.1007/978-3-658-34791-8

19. Strategic Management Journal 8,918 A
20. Journal of Financial and Quantitative Analysis 8,886 A
21. Journal of the Academy of Marketing Science 8,886 A
22. Organization Science 8,886 A
23. International Journal of Research in Marketing 8,885 A
24. Games and Economic Behavior 8,877 A
25. Review of Accounting Studies 8,873 A
26. Mathematical Finance 8,862 A
27. Journal of Economics and Management Strategy 8,845 A
28. Information Systems Research 8,828 A
29. Journal of Accounting and Economics 8,813 A
30. Operations Research 8,783 A
31. Journal of Law Economics and Organization 8,761 A
32. Accounting Review 8,672 A
33. European Economic Review 8,645 A
34. Journal of International Business Studies JIBS 8,624 A
35. Mathematical Programming 8,581 A
36. Academy of Management Review 8,556 A
37. Organizational Behavior and Human Decision Processes 8,546 A
38. Organization Studies 8,545 A
39. Transportation Science 8,523 A
40. Fuzzy Sets and Systems 8,511 A
41. Research in Sociology of Organizations 8,510 A
42. Economics Letters 8,457 A
43. Finance and Stochastics 8,442 A
44. Journal of Service Research 8,396 A
45. Journal of Retailing 8,393 A
46. Journal of Human Resources 8,390 A
47. Mathematics of Operations Research 8,372 A
48. Organization and Administrative Science 8,363 A
49. International Journal of Game Theory 8,354 A
50. MIS Quarterly 8,328 A
51. Naval Research Logistics 8,308 A
52. Journal of Risk and Uncertainty JRU 8,306 A
53. European Journal of Operational Research EJOR 8,290 A
54. Journal of Operations Management 8,287 A
55. INFORMS Journal on Computing 8,279 A
56. ACM Transactions on Database Systems 8,270 A

57. Journal of Occupational and Organizational Psychology (früher: Journal of Occupational Psychology) 8,240 A
58. International Journal of the Economics of Business 8,235 A
59. Information Systems 8,230 A
60. Artificial Intelligence 8,228 A
61. Journal of International Marketing 8,227 A
62. Journal of Accounting and Public Policy 8,221 A
63. Applied Mathematical Finance 8,218 A
64. International Journal of Industrial Organization 8,216 A
65. Journal of Institutional and Theoretical Economics Zeitschrift für die gesamte Staatswissenschaft 8,205 A
66. FinanzArchiv 8,200 A
67. Journal of Banking and Finance 8,183 A
68. Journal of Industrial Economics 8,176 A
69. Marketing Letters 8,172 A
70. Annals of Operations Research 8,165 A
71. Journal of Organizational Behavior 8,158 A
72. Journal of Risk and Insurance JRI 8,153 A
73. Journal of Management Inquiry 8,149 A
74. OR Spectrum ehemals OR Spektrum 8,131 A
75. IIE Transactions 8,101 A
76. Journal of Financial Intermediation 8,095 A
77. International Journal of Electronic Commerce 8,095 A
78. Management Accounting Research 8,076 A
79. Organization 8,074 A
80. Journal of the AIS 8,047 A
81. Journal of Business Finance and Accounting 8,037 A
82. Ecological Economics 8,026 A
83. Behavioral Research in Accounting 8,025 A
84. Transportation Research. Part B Methodological 8,021 A
85. Steuer und Wirtschaft. Zeitschrift für die gesamten Steuerwissenschaften 7,999 B
86. Journal of Management Studies 7,994 B
87. Journal of Money Credit and Banking 7,990 B
88. Journal of Management Accounting Research 7,985 B
89. Journal of Heuristics 7,973 B
90. Accounting Auditing Accountability Journal 7,967 B
91. Journal of Business Venturing 7,961 B
92. Journal of Business 7,949 B

93. International Journal of Physical Distribution and Logistics Management formerly and Materials Management 7,943 B
94. Decision Sciences 7,937 B
95. IEEE Computing in Science and Engineering 7,932 B
96. Operations Research Quarterly 7,924 B
97. Journal of Product Innovation Management 7,923 B
98. Work Employment and Society 7,921 B
99. German Economic Review 7,907 B
100. Journal of Empirical Finance 7,906 B
101. International Journal of Human Resource Management 7,901 B
102. Psychology and Marketing 7,900 B
103. Mathematical Methods of Operations Research formerly Zeitschrift für Operations Research ZOR 7,887 B
104. Abacus: Journal of accounting, finance and business studies 7,886 B
105. European Financial Management 7,872 B
106. European Finance Review 7,850 B
107. Operations Research Letters 7,850 B
108. Zeitschrift für Umweltpolitik und Umweltrecht 7,828 B
109. Journal of International Accounting Research 7,828 B
110. Managementforschung Jahrbuch 7,820 B
111. International Journal of Finance 7,796 B
112. Geneva Papers on Risk and Insurance Theory 7,786 B
113. Decision Support Systems 7,780 B
114. Human Relations 7,778 B
115. Information Systems Journal 7,770 B
116. ZfbF Schmalenbachs Zeitschrift für betriebswirtschaftliche Forschung 7,767 B
117. Journal of the Operational Research Society 7,766 B
118. International Journal of Accounting 7,760 B
119. British Journal of Management 7,757 B
120. Journal of Applied Behavioral Science 7,733 B
121. Small Business Economics 7,727 B
122. Omega 7,726 B
123. Scandinavian Journal of Management 7,725 B
124. Journal of Managerial Psychology 7,713 B
125. Journal of World Business formerly Columbia Journal of World Business 7,711 B
126. Wirtschaftsinformatik formerly Angewandte Informatik 7,704 B
127. European Journal of Purchasing and Supply Management 7,696 B

128. International Journal of Production Research 7,690 B
129. Applied Psychology. An International Review 7,682 B
130. Schmalenbach Business Review 7,677 B
131. Leadership Quarterly 7,655 B
132. Communications of the ACM CACM 7,637 B
133. European Accounting Review 7,636 B
134. Computers and Operations Research 7,630 B
135. Journal of Derivatives 7,622 B
136. Long Range Planning 7,619 B
137. Research Policy. A Journal Devoted to Research Policy Research Management and Planning 7,602 B
138. Journal of International Management 7,552 B
139. Human Resource Management Journal 7,539 B
140. International Journal of Service Industry Management 7,539 B
141. Marketing. Zeitschrift für Forschung und Praxis ZFP 7,526 B
142. Journal of Consumer Satisfaction Dissatisfaction and Complaining Behavior 7,517 B
143. Interfaces 7,515 B
144. Journal of Advertising Research JAR 7,503 B
145. Business Strategy and the Environment 7,479 B
146. ACM Transactions on Information Systems 7,473 B
147. Critical Perspectives on Accounting 7,466 B
148. Journal of Management 7,457 B
149. Journal of Business Research 7,451 B
150. Journal of Accounting Literature 7,448 B
151. European Journal of Information Systems 7,441 B
152. Journal of Risk 7,424 B
153. Accounting and Business Research 7,419 B
154. Journal of Corporate Finance 7,407 B
155. Journal of Interactive Marketing 7,389 B
156. Journal of Accounting Auditing and Finance 7,389 B
157. International Journal of Logistics Management 7,372 B
158. Journal of Consumer Psychology 7,368 B
159. International Journal of Production Economics 7,367 B
160. Zeitschrift für Betriebswirtschaft ZfB 7,366 B
161. Journal of Futures Markets 7,354 B
162. Organizational Psychology 7,342 B
163. Production and Operations Management 7,328 B
164. Personnel Psychology 7,319 B

165. Journal of Business Ethics 7,308 B
166. Advances in Consumer Research 7,308 B
167. International Transactions in Operational Research 7,296 B
168. IEEE Transactions in Engineering Management 7,290 B
169. Journal of Strategic Marketing 7,282 B
170. Zeitschrift für angewandte Umweltforschung ZAU 7,277 B
171. European Journal of Industrial Relations 7,271 B
172. Sloan Management Review MIT 7,270 B
173. Die Betriebswirtschaft DBW 7,269 B
174. RD Management 7,268 B
175. International Studies of Management and Organization 7,265 B
176. Journal of Consumer Behaviour 7,245 B
177. Journal of Applied Corporate Finance 7,237 B
178. Journal of Applied Management Studies 7,217 B
179. IEEE Internet Computing 7,213 B
180. Human Resource Management Review 7,206 B
181. IEEE Computer 7,202 B
182. Management International Review MIR 7,201 B
183. European Journal of Finance 7,200 B
184. IEEE Software 7,183 B
185. Lecture Notes in Computer Science 7,163 B
186. Journal of Consumer Affairs 7,132 B
187. Journal of Economics and Business 7,113 B
188. Management Decision 7,111 B
189. Zeitschrift für Arbeits und Organisationspsychologie 7,108 B
190. Accounting Horizons 7,097 B
191. Zeitschrift für Personalforschung ZfP 7,074 B
192. Academy of Marketing Science Review Online 7,068 B
193. Kredit und Kapital 7,015 B

Anhang 3: Statistischer Anhang

Siehe Tab. A.1, A.2, A.3.

Tab. A.1 Griechisches Alphabet

A	α	Alpha
B	β	Beta
Γ	γ	Gamma
Δ	δ	Delta
E	ε	Epsilon
Z	ζ	Zeta
H	η	Eta
Θ	θ	Theta
I	ι	Iota
K	κ	Kappa
Λ	λ	Lambda
M	μ	My
N	ν	Ny
Ξ	ξ	Xi
O	ο	Omikron
Π	π	Pi
P	ρ	Rho
Σ	σ	Sigma
T	τ	Tau
Υ	υ	Ypsilon
Φ	φ	Phi
X	χ	Chi
Ψ	ψ	Psi
Ω	ω	Omega

Tab. A.2 Kritische Werte der Normalverteilung für unterschiedliche Signifikanzniveaus α

Signifikanzniveau	Kritische(r) Wert(e)			
	zweiseitig		einseitig	
	unterer	oberer	unterer	oberer
0,001 (0,1 %)	−3,2905	+3,2905	−3,0902	+3,0902
0,01 (1 %)	−2,5758	+2,5758	−2,3263	+2,3263
0,05 (5 %)	−1,9600	+1,9600	−1,6449	+1,6449
0,1 (10 %)	−1,6449	+1,6449	−1,2816	+1,2816

Quelle: Eigene Berechnung unter Verwendung der Funktion NORM.S.INV in MS Excel

Tab. A.3 Kritische Werte der t-Verteilung für unterschiedliche Signifikanzniveaus α und Freiheitsgrade ν

ν/α	0,1	0,05	0,025	0,01	0,005	0,001	0,0005
1	3,0777	6,3138	12,7062	31,8205	63,6567	318,3088	636,6192
2	1,8856	2,9200	4,3027	6,9646	9,9248	22,3271	31,5991
3	1,6377	2,3534	3,1824	4,5407	5,8409	10,2145	12,9240
4	1,5332	2,1318	2,7764	3,7469	4,6041	7,1732	8,6103
5	1,4759	2,0150	2,5706	3,3649	4,0321	5,8934	6,8688
6	1,4398	1,9432	2,4469	3,1427	3,7074	5,2076	5,9588
7	1,4149	1,8946	2,3646	2,9980	3,4995	4,7853	5,4079
8	1,3968	1,8595	2,3060	2,8965	3,3554	4,5008	5,0413
9	1,3830	1,8331	2,2622	2,8214	3,2498	4,2968	4,7809
10	1,3722	1,8125	2,2281	2,7638	3,1693	4,1437	4,5869
11	1,3634	1,7959	2,2010	2,7181	3,1058	4,0247	4,4370
12	1,3562	1,7823	2,1788	2,6810	3,0545	3,9296	4,3178
13	1,3502	1,7709	2,1604	2,6503	3,0123	3,8520	4,2208
14	1,3450	1,7613	2,1448	2,6245	2,9768	3,7874	4,1405
15	1,3406	1,7531	2,1314	2,6025	2,9467	3,7328	4,0728
16	1,3368	1,7459	2,1199	2,5835	2,9208	3,6862	4,0150
17	1,3334	1,7396	2,1098	2,5669	2,8982	3,6458	3,9651
18	1,3304	1,7341	2,1009	2,5524	2,8784	3,6105	3,9216
19	1,3277	1,7291	2,0930	2,5395	2,8609	3,5794	3,8834
20	1,3253	1,7247	2,0860	2,5280	2,8453	3,5518	3,8495
21	1,3232	1,7207	2,0796	2,5176	2,8314	3,5272	3,8193
22	1,3212	1,7171	2,0739	2,5083	2,8188	3,5050	3,7921
23	1,3195	1,7139	2,0687	2,4999	2,8073	3,4850	3,7676
24	1,3178	1,7109	2,0639	2,4922	2,7969	3,4668	3,7454
25	1,3163	1,7081	2,0595	2,4851	2,7874	3,4502	3,7251
26	1,3150	1,7056	2,0555	2,4786	2,7787	3,4350	3,7066
27	1,3137	1,7033	2,0518	2,4727	2,7707	3,4210	3,6896
28	1,3125	1,7011	2,0484	2,4671	2,7633	3,4082	3,6739
29	1,3114	1,6991	2,0452	2,4620	2,7564	3,3962	3,6594
30	1,3104	1,6973	2,0423	2,4573	2,7500	3,3852	3,6460

(Fortsetzung)

Tab. A.3 (Fortsetzung)

v/α	0,1	0,05	0,025	0,01	0,005	0,001	0,0005
31	1,3095	1,6955	2,0395	2,4528	2,7440	3,3749	3,6335
32	1,3086	1,6939	2,0369	2,4487	2,7385	3,3653	3,6218
33	1,3077	1,6924	2,0345	2,4448	2,7333	3,3563	3,6109
34	1,3070	1,6909	2,0322	2,4411	2,7284	3,3479	3,6007
35	1,3062	1,6896	2,0301	2,4377	2,7238	3,3400	3,5911
36	1,3055	1,6883	2,0281	2,4345	2,7195	3,3326	3,5821
37	1,3049	1,6871	2,0262	2,4314	2,7154	3,3256	3,5737
38	1,3042	1,6860	2,0244	2,4286	2,7116	3,3190	3,5657
39	1,3036	1,6849	2,0227	2,4258	2,7079	3,3128	3,5581
40	1,3031	1,6839	2,0211	2,4233	2,7045	3,3069	3,5510
41	1,3025	1,6829	2,0195	2,4208	2,7012	3,3013	3,5442
42	1,3020	1,6820	2,0181	2,4185	2,6981	3,2960	3,5377
43	1,3016	1,6811	2,0167	2,4163	2,6951	3,2909	3,5316
44	1,3011	1,6802	2,0154	2,4141	2,6923	3,2861	3,5258
45	1,3006	1,6794	2,0141	2,4121	2,6896	3,2815	3,5203
46	1,3002	1,6787	2,0129	2,4102	2,6870	3,2771	3,5150
47	1,2998	1,6779	2,0117	2,4083	2,6846	3,2729	3,5099
48	1,2994	1,6772	2,0106	2,4066	2,6822	3,2689	3,5051
49	1,2991	1,6766	2,0096	2,4049	2,6800	3,2651	3,5004
50	1,2987	1,6759	2,0086	2,4033	2,6778	3,2614	3,4960
51	1,2984	1,6753	2,0076	2,4017	2,6757	3,2579	3,4918
52	1,2980	1,6747	2,0066	2,4002	2,6737	3,2545	3,4877
53	1,2977	1,6741	2,0057	2,3988	2,6718	3,2513	3,4838
54	1,2974	1,6736	2,0049	2,3974	2,6700	3,2481	3,4800
55	1,2971	1,6730	2,0040	2,3961	2,6682	3,2451	3,4764
56	1,2969	1,6725	2,0032	2,3948	2,6665	3,2423	3,4729
57	1,2966	1,6720	2,0025	2,3936	2,6649	3,2395	3,4696
58	1,2963	1,6716	2,0017	2,3924	2,6633	3,2368	3,4663
59	1,2961	1,6711	2,0010	2,3912	2,6618	3,2342	3,4632
60	1,2958	1,6706	2,0003	2,3901	2,6603	3,2317	3,4602

(Fortsetzung)

Tab. A.3 (Fortsetzung)

v/α	0,1	0,05	0,025	0,01	0,005	0,001	0,0005
61	1,2956	1,6702	1,9996	2,3890	2,6589	3,2293	3,4573
62	1,2954	1,6698	1,9990	2,3880	2,6575	3,2270	3,4545
63	1,2951	1,6694	1,9983	2,3870	2,6561	3,2247	3,4518
64	1,2949	1,6690	1,9977	2,3860	2,6549	3,2225	3,4491
65	1,2947	1,6686	1,9971	2,3851	2,6536	3,2204	3,4466
66	1,2945	1,6683	1,9966	2,3842	2,6524	3,2184	3,4441
67	1,2943	1,6679	1,9960	2,3833	2,6512	3,2164	3,4417
68	1,2941	1,6676	1,9955	2,3824	2,6501	3,2145	3,4394
69	1,2939	1,6672	1,9949	2,3816	2,6490	3,2126	3,4372
70	1,2938	1,6669	1,9944	2,3808	2,6479	3,2108	3,4350
71	1,2936	1,6666	1,9939	2,3800	2,6469	3,2090	3,4329
72	1,2934	1,6663	1,9935	2,3793	2,6459	3,2073	3,4308
73	1,2933	1,6660	1,9930	2,3785	2,6449	3,2057	3,4289
74	1,2931	1,6657	1,9925	2,3778	2,6439	3,2041	3,4269
75	1,2929	1,6654	1,9921	2,3771	2,6430	3,2025	3,4250
76	1,2928	1,6652	1,9917	2,3764	2,6421	3,2010	3,4232
77	1,2926	1,6649	1,9913	2,3758	2,6412	3,1995	3,4214
78	1,2925	1,6646	1,9908	2,3751	2,6403	3,1980	3,4197
79	1,2924	1,6644	1,9905	2,3745	2,6395	3,1966	3,4180
80	1,2922	1,6641	1,9901	2,3739	2,6387	3,1953	3,4163
81	1,2921	1,6639	1,9897	2,3733	2,6379	3,1939	3,4147
82	1,2920	1,6636	1,9893	2,3727	2,6371	3,1926	3,4132
83	1,2918	1,6634	1,9890	2,3721	2,6364	3,1913	3,4116
84	1,2917	1,6632	1,9886	2,3716	2,6356	3,1901	3,4102
85	1,2916	1,6630	1,9883	2,3710	2,6349	3,1889	3,4087
86	1,2915	1,6628	1,9879	2,3705	2,6342	3,1877	3,4073
87	1,2914	1,6626	1,9876	2,3700	2,6335	3,1866	3,4059
88	1,2912	1,6624	1,9873	2,3695	2,6329	3,1854	3,4045
89	1,2911	1,6622	1,9870	2,3690	2,6322	3,1843	3,4032
90	1,2910	1,6620	1,9867	2,3685	2,6316	3,1833	3,4019

(Fortsetzung)

Tab. A.3 (Fortsetzung)

ν/α	0,1	0,05	0,025	0,01	0,005	0,001	0,0005
91	1,2909	1,6618	1,9864	2,3680	2,6309	3,1822	3,4007
92	1,2908	1,6616	1,9861	2,3676	2,6303	3,1812	3,3994
93	1,2907	1,6614	1,9858	2,3671	2,6297	3,1802	3,3982
94	1,2906	1,6612	1,9855	2,3667	2,6291	3,1792	3,3971
95	1,2905	1,6611	1,9853	2,3662	2,6286	3,1782	3,3959
96	1,2904	1,6609	1,9850	2,3658	2,6280	3,1773	3,3948
97	1,2903	1,6607	1,9847	2,3654	2,6275	3,1764	3,3937
98	1,2902	1,6606	1,9845	2,3650	2,6269	3,1755	3,3926
99	1,2902	1,6604	1,9842	2,3646	2,6264	3,1746	3,3915
100	1,2901	1,6602	1,9840	2,3642	2,6259	3,1737	3,3905
150	1,2872	1,6551	1,9759	2,3515	2,6090	3,1455	3,3566
200	1,2858	1,6525	1,9719	2,3451	2,6006	3,1315	3,3398
300	1,2844	1,6499	1,9679	2,3388	2,5923	3,1176	3,3233
∞	1,2816	1,6449	1,9600	2,3263	2,5758	3,0902	3,2905

Quelle: Eigene Berechnung unter Verwendung der Funktion T.INV in MS Excel

Literatur- und Quellenverzeichnis

Die in den Beispielen zitierte Literatur wird hier nicht aufgeführt.

Akerlof, G. A. (1970). The market for „lemons": Quality uncertainty and the market mechanism. *Quarterly Journal of Economics, 84*(3), 488–500.

Akerlof, G. A. (1991). Procrastination and obedience. *American Economic Review, 81*(3), 1–19.

American Psychological Association. (2020). *Publication manual of the American Psychological Association* (7. Aufl.). https://doi.org/10.1037/0000165-000

Atteslander, P. (mit Cromm, J., Grabow, B., Klein, H., Maurer, A. & Siegert, G.). (2010). *Methoden der empirischen Sozialforschung* (13. Aufl.). Erich Schmidt Verlag.

Bailey, E. P. (1997). *The plain English approach to business writing.* Oxford University Press.

Baker, G. P. (1992). Beatrice: A study in the creation and destruction of value. *The Journal of Finance, 47*(3), 1081–1119.

Bamberg, G., Baur, F. & Krapp, M. (2017). *Statistik: Eine Einführung für Wirtschafts- und Sozialwissenschaftler* (18. Aufl.). Walter de Gruyter.

Bamforth, N. (2013). Combating plagiarism: The experience at Oxford University. In T. Dreier & A. Ohly (Hrsg.), *Plagiate: Wissenschaftsethik und Recht* (S. 66–79). Mohr Siebeck.

Berenson, M. L., Levine, D. M. & Szabat, K. A. (2015). *Basic business statistics: Concepts and applications* (13. Aufl.). Pearson.

Bohnsack, R. (2014). *Rekonstruktive Sozialforschung: Einführung in qualitative Methoden* (9. Aufl.). Verlag Barbara Budrich.

Brandt, E. (2013). *Rationeller schreiben lernen: Hilfestellung zur Anfertigung wissenschaftlicher (Abschluss-)Arbeiten* (4. Aufl.). Nomos.

Brink, A. (2007). *Anfertigung wissenschaftlicher Arbeiten: Ein prozessorientierter Leitfaden zur Erstellung von Bachelor-, Master- und Diplomarbeiten in acht Lerneinheiten* (3. Aufl.). Oldenbourg.

Bryman, A. & Bell, E. (2015). *Business research methods* (4. Aufl.). Oxford University Press.

Clayton, J. (2003 Juli). Writing an executive summary that means business. *Harvard Management Communication Letter,* Article C0308E.

Cochran, W. G. & Cox, G. M. (1957). *Experimental designs.* Wiley.

Cochran, W. G. (1954). The combination of estimates from different experiments. *Biometrics, 10*(1), 101–129.

Deutsch, E. (2003). Das Verfahren vor den Ombudsgremien der Wissenschaft. *Versicherungsrecht, 54*(1), 1197–1203.

Deutscher Bundestag. (2011a Februar 23). *Stenografischer Bericht über die 92. Sitzung am 23. 2. 2011*, 17. Wahlperiode, S. 10362 (B).

Deutscher Bundestag. (2011b Februar 23). *Zu Guttenberg in der Fragestunde im Bundestag zur Plagiatsaffäre* [Video]. YouTube. https://www.youtube.com/watch?v=XHxUl2 toMT8

Deutsche Forschungsgemeinschaft. (2001). *Abschlußbericht der Task Force F. H.*, überarbeitete Fassung vom Februar 2001.

Die Klon-Lüge. (2006). *Der Spiegel*. http://www.spiegel.de/spiegel/print/d-49976959.html

Diekmann, A. (2009). *Empirische Sozialforschung: Grundlagen, Methoden, Anwendung* (20. Aufl.). Rohwolt.

Dreier, T. & Ohly, A. (Hrsg.). (2013a). *Plagiate: Wissenschaftsethik und Recht*. Mohr Siebeck.

Dreier, T. & Ohly, A. (2013b). Lehren aus der Vergangenheit – Perspektiven für die Zukunft. In T. Dreier & A. Ohly (Hrsg.), *Plagiate: Wissenschaftsethik und Recht* (S. 155–184). Mohr Siebeck.

Ebel, H. F. & Bliefert, C. (2009). *Bachelor-, Master- und Doktorarbeit: Anleitung für den naturwissenschaftlichen Nachwuchs* (4. Aufl.). Wiley-VCH.

Ebers, M. (2008). Worauf kommt es an, um aus guter Forschung eine Aufsatzveröffentlichung zu machen? *Die Betriebswirtschaft, 68*, 381–386.

Engel, F. W. (1982). Persönlichkeitsschutz für Wissenschaftliche Arbeiten und Forschungsergebnisse. *Gewerblicher Rechtsschutz und Urheberrecht, 84*, 705–714.

Fernsehübertragung der Erklärung von Herrn Freiherr zu Guttenberg. (2011 Februar 18). ZDF. http://www.heute.de/ZDFheute/inhalt/15/0,3672,8213359,00.html

Gesetz über Urheberrecht und verwandte Schutzrechte – Urheberrechtsgesetz (UrhG) vom 9. 9. 1965 (BGBl. S. 1273), zuletzt geändert durch Gesetz vom 1. 9. 2017 (BGBl. I, S. 3346).

Glass, G. V. (1976). Primary, secondary and meta-analysis of research. *Educational Researcher, 10*(5), 3–8.

Gruber, H., Huemer, B. & Rheindorf, M. (2009). *Wissenschaftliches Schreiben: Ein Praxisbuch für Studierende der Geistes- und Sozialwissenschaften*. Böhlau.

Heister, W. & Weßler-Poßberg, D. (2011). *Studieren mit Erfolg: Wissenschaftliches Arbeiten für Wirtschaftswissenschaftler* (2. Aufl.). Schäffer-Poeschel.

Henkel, C. B. (1992). *Akquisitionen und Kooperationen als strategische Alternativen aus Sicht der deutschen Automobilindustrie* [unveröff. Dissertation]. Universität St. Gallen.

Hofmann, F. (2016). *Promotionsfabriken: Der Doktortitel zwischen Wissenschaft, Prestige und Betrug*. Ch. Links Verlag.

Huber, A. (2016). *Marketing* (3. Aufl.). Vahlen.

Hug, T. & Poscheschnik, G. (2020). *Empirisch Forschen* (3. Aufl.). UVK Verlag.

Hug, T. (2001). Erhebung und Auswertung empirischer Daten: Eine Skizze für AnfängerInnen und leicht Fortgeschrittene. In T. Hug (Hrsg.), *Wie kommt Wissenschaft zu Wissen? Bd. 2: Einführung in die Forschungsmethodik und Forschungspraxis* (S. 11–29). Schneider-Verlag.

Jansen, D. (2018 Januar). *How to write a high-impact executive summary.* https://gradcoach.
com/how-to-write-an-executive-summary

Karush, W. (1939). *Minima of several variables with inequalities as side constraints* [unveröff.
Master Thesis]. University of Chicago.

Kommission „Selbstkontrolle in der Wissenschaft" der Universität Bayreuth. (2011 Mai 5).
*Bericht an die Hochschulleitung der Universität Bayreuth aus Anlass der Untersu-
chung des Verdachts wissenschaftlichen Fehlverhaltens von Herrn Karl-Theodor Freiherr
zu Guttenberg.* Universität Bayreuth. http://www.uni-bayreuth.de/presse/info/2011/Ber
icht_der_Kommission_in_Anlagen_10_5_2011_.pdf

Krämer, W. (2015). *So lügt man mit Statistik.* Campus.

Kuhn, H. W. & Tucker, A. W. (1951). Nonlinear programming. *Proceedings of the 2nd
Berkeley Symposium* (S. 481–492). University of California Press.

Lahusen, B. (2006). Goldene Zeiten. Anmerkungen zu Hans-Peter Schwintowski, Juristische
Methodenlehre. UTB basics Recht und Wirtschaft. *Kritische Justiz, 39*(4), 398–417.

Lepsius, O. & Meyer-Kalkus, R. (Hrsg.). (2011). *Inszenierung als Beruf: Der Fall Guttenberg.* Suhrkamp Verlag.

Lücke, W. (1955). Investitionsrechnung auf der Basis von Ausgaben oder Kosten? *Zeitschrift
für handelswissenschaftliche Forschung/N.F., 7*(2), 310–324.

Mantel, N. & Haenszel, W. (1959). Statistical aspects of the analysis of data from retrospec-
tive studies of disease. *Journal of the National Cancer Institute, 22*(4), 719–748.

Mayer, H. O. (2013). *Interview und schriftliche Befragung: Grundlagen und Methoden
empirischer Sozialforschung* (6. Aufl.). Oldenbourg.

Merton, R. K. (1987). The focused interview and focus groups. *Public Opinion Quarterly, 51*(4), 550–566.

Merton, R. K. (1989). *Auf den Schultern von Riesen. Ein Leitfaden durch das Labyrinth der
Gelehrsamkeit.* Athenäum.

Nash, J. (1950). The bargaining problem. *Econometrica, 18*(2), 155–162.

Niehues, N., Fischer, E. & Jeremias, C. (2014). *Prüfungsrecht* (6. Aufl.). C. H. Beck.

Oehlrich, M. (2001). *Strategische Analyse von Unternehmensakquisitionen: Das Beispiel
der pharmazeutischen Industrie.* Deutscher Universitäts-Verlag; Gabler. (unveränd. Nachdruck der 1. Aufl. 1999)

Oreskes, N. & Conway, E. M. (2012). *Merchants of doubt: How a handful of scientists
obscured the truth on issues from tabacco smoke to global warming.* Bloomsbury Press.

Popper, K. R. (1984). *Logik der Forschung* (8. Aufl.). Mohr.

Posner, R. A. (2007). *The little book of plagiarism.* Random House.

Preinreich, G. (1937). Valuation and amortization. *The Accounting Review, 12*(3), 209–226.

Rieble, V. (2010). *Das Wissenschaftsplagiat: Vom Versagen eines Systems.* Vittorio Kloster-
mann.

Rieble, V. (2013). Erscheinungsformen des Plagiats. In T. Dreier & A. Ohly (Hrsg.), *Plagiate: Wissenschaftsethik und Recht* (S. 31–50). Mohr Siebeck.

Rössner, M. C. & Klaner, A. (1999). Kleiner Workshop – In sechs Schritten zum juristischen
Satz. *Anwaltsreport, 3*(1), 6.

Schimmel, R. (2018). *Juristische Klausuren und Hausarbeiten richtig formulieren* (13. Aufl.).
Vahlen.

Schimmel, R., Basak, D. & Reiß, M. (2017). *Juristische Themenarbeiten: Anleitung für Klausur und Hausarbeit im Schwerpunktbereich, Seminararbeit, Bachelor- und Master-Thesis* (3. Aufl.). C. F. Müller.

Schimmel, R., Weinert, M. & Basak, D. (2011). *Juristische Themenarbeiten: Anleitung für Klausur und Hausarbeit im Schwerpunktbereich, Seminararbeit, Bachelor- und Master-Thesis* (2. Aufl.). C. F. Müller.

Schulze-Fielitz, H. (2004). Rechtliche Rahmenbedingungen von Ombuds- und Untersuchungsverfahren zur Aufklärung wissenschaftlichen Fehlverhaltens. *Wissenschaftsrecht, 37*(1), 100–124.

Schwarze, J. (2013). *Grundlagen der Statistik: Bd. 2. Wahrscheinlichkeitsrechnung und induktive Statistik* (10. Aufl.). NWB Verlag.

Schwarze, J. (2014). *Grundlagen der Statistik: Bd. 1. Beschreibende Verfahren* (12. Aufl.). NWB Verlag.

Sick, B. (2016). *Der Dativ ist dem Genitiv sein Tod*. Kiepenheuer & Witsch.

Siepmann, D., Gallagher, J. D., Hannay, M. & Mackenzie, J. L. (2008). *Writing in English: A guide for advanced learners*. A. Francke.

Steinfeld, T. (2011). Eine Fassade von Wissenschaft. Über Autorität und Demut im akademischen Betrieb, gedankliches Eigentum und politisches Kalkül, aus Anlass einer letztlich gescheiterten Promotion. In O. Lepsius & R. Meyer-Kalkus (Hrsg.), *Inszenierung als Beruf: Der Fall Guttenberg* (S. 45–55). Suhrkamp Verlag.

Stoetzer, M. (2012). *Erfolgreich recherchieren*. Pearson.

The bluebook: A uniform system of citation (20. Aufl.). (2015). Harvard Law Review Association.

Strunk, W. (1919). *The elements of style*. Priv. Print.

The University of Chicago. (2017). *Chicago manual of style* (17. Aufl.). The University of Chicago Press.

Theisen, M. R. (mit Theisen, M.). (2021). *Wissenschaftliches Arbeiten: Erfolgreich bei Bachelor- und Masterarbeit* (18. Aufl.). Vahlen.

Thonemann, U. (2010). *Operations Management: Konzepte, Methoden und Anwendungen* (2. Aufl.). Pearson.

Thuls, G. O. (2016). *Wissenschaftliche Arbeiten schreiben mit Microsoft Office Word 2016, 2013, 2010, 2007*. mitp.

Turabian, K. L. (2013). *A manual for writers of research papers, theses and dissertations* (8. Aufl.). University of Chicago Press.

Twain, M. (2014). *Die schreckliche deutsche Sprache* (W. Pieper, Übers.). Pieper & The Grüne Kraft.

Universität Bayreuth. (2011a Februar 23). *Universität Bayreuth erkennt zu Guttenberg den Doktorgrad ab* [Pressemitteilung]. https://www.presse.uni-bayreuth.de/de/archiv/2011/040-037-gutten.pdf

Universität Bayreuth. (2011b Mai 6). *Fall zu Guttenberg: Kommission legt ihren Abschlussbericht vor* [Pressemitteilung]. https://www.presse.uni-bayreuth.de/de/archiv/2011/091-089-guttenberg.pdf

VGH Baden-Württemberg, Beschluss vom 13. 10. 2008 – 9 S 494/08 – NVwZ-RR 2009, S. 285–287.

Von Neumann, J. & Morgenstern, O. (1944). *Theory of games and economic behavior*. Princeton University Press.

Weber, S. (2009). *Das Google-Copy-Paste-Syndrom: Wie Netzplagiate Ausbildung und Wissen gefährden* (2. Aufl.). Heise.

Weber-Wulff, D. (2003). Kein Kavaliersdelikt – Wie man Plagiate entdeckt und was dann getan werden muss. *Forschung & Lehre, 10*(1), 307–308.

Weber-Wulff, D. (2013). Technische Möglichkeiten der Aufdeckung von Verstößen – Was kann, wie und durch wen kontrolliert werden? In T. Dreier & A. Ohly (Hrsg.), *Plagiate: Wissenschaftsethik und Recht* (S. 135–154). Mohr Siebeck.

Stichwortverzeichnis

The manufacturer's authorised representative in the EU is Springer
Nature Customer Service Centre GmbH, Europaplatz 3, 69115 Heidelberg,
Germany. If you have any concerns regarding our products, please
contact ProductSafety@springernature.com

Printed and bound by CPI Group (UK) Ltd, Croydon, CR0 4YY
28/04/2026
02098499-0005